Philosophie
für Dummies

Tom Morris

Philosophie
für Dummies

Entdecken Sie die spannende Welt
der Philosophen

Übersetzung aus dem
Amerikanischen von
Aref Banakonandeh

mitp

Die Deutsche Bibliothek – CIP-Einheitsaufnahme:

Morris, Tom:
Philosophie für Dummies / Tom Morris. Übers. aus dem Amerikan.
von Aref Banakonandeh. - Bonn : MITP-Verlag, 2000
  Einheitssacht.: Philosophy For Dummies <dt.>
  ISBN 3-8266-2865-9

ISBN 3-8266-2865-9
1. Auflage 2000

Übersetzung der amerikanischen Originalausgabe:
Tom Morris: Philosophy For Dummies

Printed in Germany

Ein Unternehmen der verlag moderne industrie AG & Co. KG, Landsberg

Lektorat: Esther Neuendorf
Druck: Media-Print, Paderborn
Umschlaggestaltung: Sylvia Eifinger, Bornheim
Satz und Layout: Lieselotte und Conrad Neumann, München

Inhaltsverzeichnis

Teil III
Was ist das Gute?　　　　　　　　　　　　　　　*103*

Kapitel 7
Was ist gut?　　　　　　　　　　　　　　　*105*

Kapitel 8
Glück, Sittlichkeit und das gute Leben　　　　　　*119*

Teil VI
Was ist dran am Tod?   _213_

Einführung

Ich wünschte nur, dass die Philosophie in ihrer Gesamtheit uns vor Augen treten könnte, so wie sich das ganze Firmament von einem Ende zum anderen gespannt unseren Blicken zum Betrachten darbietet. Es wäre ein Anblick, der dem des Firmamentes sehr ähnelte. Ganz sicher würde die Philosophie alle Sterblichen dann mit Liebe für sie erfüllen. Wir gäben all jene Dinge auf, von denen wir in Unkenntnis dessen, was wirklich groß ist, glaubten, dass sie groß und erhaben seien.

Seneca (Stoischer Philosoph aus dem ersten Jahrhundert)

Philosophie für Dummies? Was für eine Idee! Ist es das perfekte Oxymoron, ein Widerspruch in sich; ist es ein unmögliches Konzept, eine Übung in Vergeblichkeit, die sich messen könnte mit *Infenitesimalrechnung II für Kleinkinder* oder auch *Neurochirurgie für Dummköpfe*?

Nein. Ganz und gar nicht. Schon der antike Philosoph Sokrates (fünftes Jahrhundert v. Chr.) war der Ansicht, dass wir alle als Dummies beginnen, wenn wir anfangen, uns mit den letzten Fragen zu beschäftigen. Würden wir uns aber erst einmal in aller Bescheidenheit eingestehen, wie wenig wir tatsächlich wissen, so könnten wir mit dem Lernen wirklich beginnen.

Plato (ca. 428-347 v. Chr.), Sokrates' berühmter Schüler, hat uns eine interessante Geschichte darüber überliefert: Er berichtet, dass Sokrates erfahren hatte, dass das Orakel von Delphi ihn als den weisesten Mann in ganz Athen ausgerufen hätte. Bestürzt über diese Bekanntmachung ging er los und suchte die für ihre Weisheit berühmten Männer in Athen auf. Nachdem er sie gründlich befragt hatte, wurde ihm schnell klar, dass es nicht viel auf sich hatte mit ihrem angeblichen Wissen über die wirklich bedeutenden Dinge. Diese Erfahrung half ihm dabei, nach und nach zu begreifen, dass seine eigene Weisheit darin bestehen müsse einzusehen, wie wenig er wirklich über die Dinge wisse, auf die es am meisten ankomme. Am wichtigsten sei es deshalb, soviel wie möglich über diese herauszufinden. Nicht der selbstzufriedene und selbstsichere Gelehrte verkörpere die Weisheit, sondern nur der wirklich neugierige und aufgeschlossene Sucher der Wahrheit.

Das Wort Philosophie bedeutet schlicht »Liebe zur Weisheit«. Dies kann man leicht verstehen, wenn man sich klarmacht, dass Liebe nichts anderes ist als Hingabe und dass Weisheit bloß darin besteht, Einsichten in das Leben zu gewinnen. Die Philosophie ist dann am stärksten und überzeugendsten, wenn sie mit leidenschaftlicher Hingabe versucht, sich den grundlegendsten Einsichten und Wahrheiten über das Leben anzunähern.

Auch Aristoteles (384-322 v. Chr.) hatte einst eine Eingebung, die uns hier nützen kann. Dieser große Denker, der lange Zeit Platos Student gewesen war und später Lehrer Alexander des Großen wurde, sagte einst: »Die Philosophie beginnt mit dem Staunen.« Mit diesem Satz hatte er ganz recht. Wenn wir nur einmal damit begännen, wirklich über unser Leben ins Staunen zu geraten, über die Dinge, die wir als selbstverständlich erachten, sowie über all die großen Fragen, die wir normalerweise aufgrund unseres gehetzten Tagesablaufes zu ignorieren verstehen, dann wäre der erste Schritt auf dem Weg zur Philosophie getan. Wenn wir noch dazu hartnäckig über diese Dinge nachdächten und unser logisches Denken so schulten, dass es uns gelänge, immer besser darin zu werden, so begännen wir als gute Philosophen zu handeln. Die Philosophie können wir aber nicht wirklich leben, solange wir nicht in Übereinstimmung mit unseren Einsichten handeln. Um Philosophen im eigentlichen Sinne des Wortes zu werden, müssen wir unser Wissen in die Tat umsetzen.

Nicht der ist weise für mich, der nur mit Worten weise umzugehen weiß, sondern der, der seine Weisheit mit Taten bezeugt.

St. Gregory

Über dieses Buch

Ich habe den größten Teil meines Lebens auf Erden damit zugebracht, mich mit den Fragen herumzuschlagen, die ich in diesem Buch behandeln werde. Mein Studium begann ich an der Universität von North Carolina und belegte Religion als Hauptfach; nebenher beschäftigte ich mich aber doppelt so viel mit Philosophie. Meine Doktorarbeit über Religionsphilosophie wurde schließlich meine erste Buchveröffentlichung. In Yale verbrachte ich sechs Jahre und schloss mein Studium mit zwei Magistergraden sowie einem Doktorhut in Philosophie und Religionswissenschaften ab, etwas, das nur ein anderer vor mir geschafft hatte. Mein Ziel war es, keinen Grundbaustein der Philosophie auf dem anderen zu lassen. Meine Doktorarbeit bildete dabei die Basis für meine nächsten beiden Bücher. Mit ihr begann für mich das Abenteuer des Fragens und Verstehens, das der eigentliche dem Buch zugrunde liegende Ansporn ist und das hinter allem steht, was das Buch zu vermitteln versucht.

Die fünfzehn anderen Bücher über Philosophie, die ich vor dem Buch, das Sie gerade in Händen halten, geschrieben habe, stellen die akademische Seite meiner Vorbereitungen für dieses dar. Was mich und meine philosophischen Studien jedoch so richtig voran gebracht und mir den praktischen Einfluss großer Ideen auf eine gute Lebensführung gezeigt hat, war das intellektuelle Klima in den Hörsälen und Seminarräumen der Universität von Notre Dame, wo ich fünfzehn Jahre lang Studenten unterrichtet habe.

Als Professor der Philosophie habe ich während meiner Zeit in Notre Dame manchmal mehr als ein Achtel der gesamten Studentenschaft eines Jahres unterrichtet. Mein populärstes Seminar war: Philosophie für Erstsemester – Einführung in die Philosophie. Dieser Kurs war alles andere als eine Trockenübung in Philosophiegeschichte, kein Fußnote-an-Fußnote-Fügen und auch kein Sich-Abrackern mit Namen und Theorien, Daten und Buchtiteln, ohne auf deren Bedeutung für das heutige moderne Leben zu achten. Stattdessen haben meine Stundeten und ich gemeinsam mit der dem Thema angemessenen Prise Lebendigkeit und Humor einen Blick auf jene grundlegenden Probleme der Philosophie geworfen, ohne die wir die wesentlichen Dinge des Lebens nicht verstehen könnten.

Philosophische Fragen beschäftigen sich oft mit ernsten Themen. Diese müssen jedoch nicht unbedingt mit akademischem Ernst behandelt werden. Es sollte möglich sein, Spaß dabei zu haben, über Dinge nachzudenken, auf die es in unserem Leben ankommt. Während meiner Seminare in Notre Dame habe ich zum Beispiel ebenso viele verrückte und seltsame Alltagsgeschichten über das Leben am Ende des 20. Jahrhunderts erzählt wie über das Leben der großen Philosophen aus früheren Zeiten. Persönliche Geschichten aus meinem eigenen stürmischen Leben beflügelten die Vorstellungskraft der Erstsemesterstudenten im Fach Philosophie oft in genau dem richtigen Maße, um sie soweit zu bringen, die Bedeutung von bestimmten philosophischen Fragen über das Leben anschaulich zu begreifen und manchmal sogar den besten Weg zu deren Beantwortung zu erahnen.

Philosophie ist so toll; wer hätte das gedacht?

Ein Student in Notre Dame

Seit jener Zeit an der Universität ist mir das unglaubliche Abenteuer vergönnt gewesen, als öffentlich tätiger Philosoph leben zu können. Ich konnte meine Zeit mit der Prüfung meines eigenen Gewissens und der Errichtung eines Weltbildes zusammen mit Menschen aus der ganzen Welt und aus beinahe allen gesellschaftlichen Schichten verbringen. Ich habe mit tausenden von Firmenchefs, Militärangehörigen, Erziehern sowie mit zehntausenden von Managern, Inhabern von Handwerksbetrieben und einfachen Arbeitern gesprochen. Von all diesen habe ich mehr erfahren als ich mir je hätte vorstellen können.

Besonders meine ausgiebige Arbeit in der Welt der Geschäftsleute hat mir gezeigt, wie viele außerordentlich kluge Menschen es in unserer Zeit gibt. Es sind die, die sich in ihrem Beruf durch erhebliche Klugheit und manchmal sogar durch ein außerordentliches Maß an Intelligenz auszeichnen, die sich aber im Umgang mit den letzten Fragen des Lebens nicht wie Dummies fühlen wollen, selbst wenn sie niemals dazu kommen, über solche Fragen ausführlicher oder systematischer nachzudenken. In diesem Buch habe ich versucht, all das zu verwenden, was ich in der Vergangenheit gelernt habe, um Ihnen dabei zu helfen, einige der großen Abgründe zu überbrücken, die nur zu häufig zwischen der akademischen Philosophie und den praktischen Belangen des wirklichen alltäglichen Lebens eines jeden Menschen bestehen.

Die größten Philosophen haben immer versucht, das Leben des Menschen zu verstehen. Sie haben sich bemüht, die tiefstmöglichen Einsichten in diese Welt zu erlangen. Sie haben nichts für selbstverständlich genommen, sondern Fragen gestellt und Dinge ergründet auf der Suche nach Erleuchtung, Einsicht und dem, was manche »Aufklärung« nennen. Wir alle wollen den Zusammenhang, den Kontext verstehen, in dem wir leben, handeln und existieren. Dem Leser und der Leserin zumindest eine Starthilfe auf dem Weg dahin bieten zu können, ist das bescheidene Ziel dieses Buches.

Unter den Blinden ist der Einäugige König.

Michael Apostolius

Man muss keine überragenden Talente besitzen, um von einem genaueren Blick auf die grundlegenden Fragen seines Lebens profitieren zu können. Ein erweitertes Maß an Verstehen ist ein Schritt in die richtige Richtung.

Bei unserer Betrachtung der großen philosophischen Fragen werden wir uns umfassend damit beschäftigen müssen, was die wichtigsten Dinge des Lebens sind, worin Menschsein in der Welt besteht, worum es im Leben überhaupt geht und wie wir so leben können, dass sich ein Maximum an Zufriedenheit einstellt. Wir werden geradewegs einige von denjenigen Fragen elementarster Art angehen, vor denen wir uns zu oft drücken und die wir nie wirklich zu beantworten versuchen.

Ich liebe es geradezu, ein Vollzeitphilosoph zu sein. Die Leute kommen auf mich zu und fragen mich die erstaunlichsten Dinge. Manchmal erzählen sie mir sogar die unglaublichsten Geschichten. Es sind genau diese Fragen und Geschichten, die uns dabei auf unserem Weg helfen werden, die großen Fragen zu beantworten, indem sie uns nämlich einen intellektuellen und gefühlsmäßigen Zugang zu ihnen verschaffen.

Philosophische Probleme sind alle auf interessante Weise miteinander verwoben. Sie können an jeder beliebigen Stelle des Buches zu lesen anfangen. Die einzelnen Kapitel sind unabhängig voneinander angeordnet, so dass Sie in jedem beliebigen anfangen können zu schmökern. Wenn Sie aber von hier aus Kapitel um Kapitel weiterlesen, so werden Sie natürlich genau entsprechend meinen Gedankengängen voran schreiten. Worauf es jedoch ankommt, ist, dass Sie dies nicht unbedingt auch tun müssen. Das Buch, das Sie in Händen halten, ist durchaus auch zum Nachschlagen geeignet. Es ist zu Ihrer Bequemlichkeit gedacht und versucht, so viele Ihrer Fragen zur Philosophie und deren Problembereichen zu beantworten wie es nur geht.

Wie man dieses Buch liest

Die Zitate von großen Philosophen und anderen wichtigen Denkern, die Sie überall im Buch finden können, stellen sozusagen das Salz in der Suppe dar. Man braucht sie nicht unbedingt zu lesen um zu verstehen, worum es im Haupttext geht; man sollte sie sich jedoch auf keinen Fall entgehen lassen, falls man an Sätzen voller Weisheit und Wissen interessiert ist. Man kann das Buch auf fast jeder beliebigen Seite aufschlagen und auf Einsichten stoßen, die zwar nicht von mir stammen, die Ihnen zu präsentieren ich aber das Glück und das Vergnügen habe. Wenn man will, kann man auch den durch Balken hervorgehobenen Text überspringen, da er nur zusätzliche Informationen oder Sichtweisen zu dem liefert, was gerade im Text behandelt wird. Er ist zwar ein Lesevergnügen, aber nicht unbedingt erforderlich. Achten Sie aber vor allem auf die Icons, die Sie auf Geschichten, tolle Ideen und Dinge hinweisen werden, mit denen Sie sich vielleicht besonders beschäftigen möchten.

Anders als in den anderen *Dummies*-Büchern benutze ich das Wort »wir« sehr häufig in diesem Buch. Dies geschieht aus einem bestimmten Grund. Im Bereich der Philosophie gibt es letzten Endes keine maßgebenden Experten. Ihre Fragen gehen uns alle gleichermaßen an. Ich werde Sie häufig darum bitten, sich intuitiv auf bestimmte dieser Fragen einzulassen und manchmal andeuten, zu welchem Ergebnis wir normalerweise kommen, wenn wir sie zu beantworten versuchen. Ich werde versuchen, die Tiefenstruktur der Erfahrungen, die wir alle in unserem Leben machen, zu skizzieren. Ich werde Sie außerdem darum bitten, über viele der Fragen selbst einmal nachzudenken. Wir befinden uns zusammen auf einer Reise des Verstehens. Also: Es sei Ihnen unbenommen, sich mit mir in Verbindung zu setzen, wenn Sie denken, dass ich mich in einem bestimmten Punkt irre.

Was Sie nicht unbedingt zu lesen brauchen

Zusammenfassungen und Listeneintragungen sind zu Ihrer Bequemlichkeit. Sie stellen keine wesentlichen Bestandteile des Buches dar, sondern liefern lediglich hilfreiche Zusatzinformationen. Lesen Sie sie nach Belieben durch. Wenn Sie nicht genug Zeit haben sollten, überschlagen Sie sie einfach. Selbst wenn Ihnen dabei interessante Dinge entgehen, so werden Sie die wichtigsten Ideen dennoch mitbekommen.

Für den Fall, dass Sie sich dabei ertappen, wie gebannt und mit glasigem Blick für längere Zeit auf eine Seite des Buches zu starren, so versuchen Sie sich einfach wieder zu fangen. Die Philosophie hat manchmal diese Wirkung. Und bitte, versuchen Sie nie mit dem Buch in der Hand einzuschlafen. Es könnte andere Menschen zu der irrigen Annahme verleiten, dass die Philosophie *nicht* aufregend, erhebend und mitreißend ist.

Törichte Vermutungen

Ich vermute, dass Sie mit der Philosophie im Wesentlichen noch unvertraut sind. Die Fragen, die die Philosophie stellt, sind Ihnen aber sicher bekannt; einige von ihnen kennen Sie bestimmt schon seit Ihrer Kindheit. Was Ihnen aber vermutlich noch unbekannt ist, ist das systematische philosophische Denken. Ich setze natürlich nicht voraus, dass Sie schon einmal in einem Philosophieseminar gesessen oder gar eine Toga getragen haben. Was ich lediglich annehme, ist, dass Sie vielleicht manchmal über das Leben und die Welt nachdenken und versuchen, sich ein wenig besser darin zurechtzufinden.

In der Philosophie ist es gefährlich, sich zu einem Sachverhalt eine Meinung zu bilden. Folgen Sie mir hier also ein Stückchen weiter. Lassen Sie nicht von Ihren Fragen ab; benutzen Sie sie, um den Inhalt des Buches zu hinterfragen und seien Sie darauf vorbereitet, Ihre eigenen Erfahrungen und Einsichten in das Leben zur Bewertung dessen, was ich sage, einzusetzen. Falls Sie aber zu den seltenen Lesern gehören, die schon einmal in einem Philosophiekurs gesessen haben oder sogar einen akademischen Grad in Philosophie haben, so stellen Sie einmal für einen Weile alles, was Sie zu wissen glauben, zurück und versuchen Sie, mit unverstelltem Blick erneut an die Sache heranzugehen. Sollten Sie jedoch alles aus Ihrem Kurs wieder vergessen haben, so wird es ein Leichtes sein, neu zu beginnen. Willkommen in meiner Welt der Philosophie.

Die Gliederung des Buches

Dieses Buch ist in sieben Teile unterteilt. Jeder Teil führt Sie in einen wichtigen Bereich des philosophischen Denkens ein.

Teil I: Was ist überhaupt Philosophie?

Dieser Teil liefert Ihnen eine erste Orientierung darüber, was Philosophie ist und was die Philosophen tun. Wer waren die großen Philosophen, und warum waren viele von ihnen ebenso umstritten wie einflussreich. Wir werden uns außerdem damit beschäftigen, warum es so wichtig ist, philosophische Fragen über das Leben zu stellen und zu verstehen suchen, inwiefern unsere Überzeugungen bestimmend für unsere Wahrnehmung der Welt sind. Der erste Teil stimmt uns auf die philosophische Suche nach Weisheit und Wissen ein.

Teil II: Woher wissen wir überhaupt etwas?

Was ist eine Überzeugung oder Annahme? Was ist Wissen? Wie können wir sicher sein, in unserem Leben die echte und einzige Wahrheit über die Dinge zu erfahren? Unsere Überzeugungen sind der Führer, der uns durch das Leben geleitet. Es ist sehr wichtig, dass sie stimmen und uns sicher leiten.

In diesem Teil werde ich Sie mit einigen der wichtigsten Fragen im dem Bereich der Philosophie bekannt machen, der als *Epistemologie*, d.h. als Lehre von der Erkenntnis, bekannt ist. Wir werden nach der Rolle der Vernunft im Leben fragen und danach, wann man eine Annahme vernünftig nennen darf. Wir werden einige der seltsamsten und tiefgründigsten Fragen, die jemals gestellt worden sind, untersuchen. Diese Fragen gehen zurück bis zu die alten stoischen Philosophen Griechenlands. Schließlich werden wir einen Blick auf das Wesen von Beweisen werfen und uns fragen, ob es jemals vernünftig sein kann, etwas ohne gute Gründe anzunehmen.

In Teil II werden wir darüber hinaus einige Werkzeuge entwickeln, die uns dabei behilflich sein werden, einige der umstrittensten der großen Fragen der Philosophie anzugehen.

Teil III: Was ist das Gute?

Wie ist es um die Moral in unserer Welt bestellt? Sind falsch und richtig bloß subjektiv, oder gibt es objektive Maßstäbe für das menschliche Verhalten? In diesem Teil werden wir uns einigen wenigen grundlegenden Fragen zuwenden, die uns erlauben, die Rolle von Ethik und Moral im Leben zu verstehen.

Falls Sie nicht sicher sind, wie moralische Fragen mit anderen Aspekten unseres Lebens zusammenhängen, so hoffe ich, dass Sie dieser Teil in dieser Hinsicht schlauer machen wird. Wir werden fragen, was Charakter ist, und die Bedeutung der goldenen Regel für ein gutes Leben kennenlernen.

Teil IV: Sind wir jemals wirklich frei?

Moralisches Handeln setzt Freiheit voraus. Man kann nicht ernsthaft gelobt oder getadelt werden für etwas, was man nicht selbst in der Hand hatte. Viele unserer Einstellungen und Gefühle verleiten uns dazu anzunehmen, dass wir unser eigenes Geschick selbst in der Hand haben oder zumindest unseren Tagesablauf selbst bestimmen können. Können wir das wirklich? Oder ist unser freier Wille nicht vielmehr eine Illusion?

In diesem Teil werden wir einige der interessantesten Argumente gegen die gängige Vorstellung untersuchen, dass wir auf irgendeiner tieferen Ebene frei seien. Wir werden uns verschiedene philosophische Ansichten über die Freiheit anschauen und versuchen, zu einer vernünftigen Einsicht zu gelangen, die den Begriff der Freiheit mit unserer Erfahrung versöhnen kann.

Teil V: Das unglaubliche, unsichtbare Du?

Sind wir bloß komplizierte organische Körper, oder haben wir außerdem eine nichtkörperliche Seele? Ist am Menschen mehr dran als nur das, was man mit bloßem Auge sehen kann, vielleicht noch unterstützt von Mikroskopen und Kernspinntomographen?

In Teil V werden wir die uralte Frage zu beantworten versuchen, ob der Mensch eine Seele besitzt oder nicht. Wir werden die philosophischen Argumente sowohl dafür als auch dagegen in Betracht ziehen und das bisher zu diesem Thema Gesagte bewerten. Bin ich ein beseelter Mensch oder nicht? Und was ist mit Ihnen? Dieser Teil kann Ihnen dabei helfen, sich ein Urteil zu bilden.

Teil VI: Was ist dran am Tod?

In Teil VI werden wir uns mit einem der schwierigsten Themen überhaupt auseinandersetzen. Wir werden die vielfältigen Formen der Angst vor dem Tode untersuchen und uns dann anschauen, womit uns die Philosophen der Vergangenheit getröstet haben, um uns unsere Furcht vor dem endgültigen Abschied vom Leben zu nehmen.

In diesem Teil werde ich Sie mit den Argumenten für und gegen ein Leben nach dem Tode bekannt machen. Bestehen wir nach dem Tod unseres Körpers weiter, oder ist er das absolute Ende? Wir werden sehen, was die Philosophen dazu gesagt haben und uns dann unsere eigene Meinung zu diesem entscheidenden Thema zu bilden versuchen.

Außerdem werden wir uns mit der für manche größten Frage überhaupt auseinandersetzen. Was ist die schlechthin höchste Form der Realität? Ist sie materiell oder könnte sie geistiger Art sein? Wir werden uns mit dem großen Streit über dieses Thema beschäftigen und die wichtigsten Argumente dafür und dagegen untersuchen.

Teil VI wird uns in die Lage versetzen zu erkennen, wie alle Hauptthemen der Philosophie miteinander in Verbindung stehen. Jeder von uns formt sich sein Weltbild, während er sein Leben führt. Ist dieses von Vernunft und Einsicht geprägt oder nicht? Dieser Teil kann Ihnen dabei helfen, darüber nachzudenken, was die Eckpfeiler Ihres Weltbildes sein sollten.

Zum Schluss werde ich kurz eines der wichtigsten Argumente für die Existenz Gottes vorstellen. Wir werden uns außerdem der Frage widmen, worin sich die theistische von der atheistischen Weltsicht unterscheidet.

Teil VII: Der Zehnerteil

Dieser Teil des Buches wird Sie in die Lage versetzen, Ihre Freunde mit Ihrem philosophischen Wissen zu beeindrucken. Wenn Sie für das Wochenende auf Parties kleine Portionen philosophischen Wissens und geschichtlicher Details über die großen Philosophen benötigen, so lesen Sie Teil VII. Nachdem Sie Ihr Wissen bei Ihren Freunden losgeworden sind, sollten Sie jedoch Ihre Gesprächspartner für einige Momente alleine lassen und sich schnell ein weiteres Getränk besorgen oder Ihren Teller neu auffüllen, um ihnen so Zeit zu geben, Ihre unerwartete Belesenheit zu bewundern.

In dem Buch verwendete Icons

Über das ganze Buch verteilt habe ich Icons gesetzt, um die Aufmerksamkeit des Lesers auf bestimmte interessante Punkte zu lenken.

Neben diesem Icon finden Sie Informationen zu großen Denkern.

Dieses Icon weist auf eine tolle Idee oder einen Geistesblitz hin, die Ihnen dabei helfen können, ein Problem zu verstehen oder dieses von einer anderen Seite aus zu betrachten.

Neben diesem Zeichen findet sich eine Geschichte aus meinem Leben oder aus einem der Bücher, die ich bisher gelesen habe. Erwarten Sie lebhafte Anregungen zum Nachdenken. Vielleicht auch die Sorge um meine geistige Gesundheit, schließlich bin ja auch ich ein Philosoph.

Dieses Icon führt Sie zu einem Hinweis, wie Sie ein schwieriges Problem besser verstehen können.

Das ist unser Zeichen für Gefahr. Wenn Sie es sehen, seien Sie vorsichtig mit vorschnellen Urteilen. Dieses Icon warnt Sie vor philosophischen Fehlschlüssen.

Ein Rat vom Autor

Dieses Buch ist voller Fragen, über die Sie sicher schon lange einmal nachdenken oder sich mit jemandem unterhalten wollten, wozu Sie aber aus Mangel an Zeit oder Gelegenheit tatsächlich nie gekommen sind. Der beste Weg, all das zu verstehen, womit ich Sie vertraut machen werde, ist, mit Ihrem Freund oder Ehepartner darüber zu diskutieren. Sprechen Sie miteinander über die Dinge, die Ihnen auf diesen Seiten begegnen werden, unterhalten Sie sich über die verschiedenen Sichtweisen und vergleichen Sie Ihre Gedanken und Gefühle mit jemandem, den Sie für ebenbürtig halten. Wir müssen alle in dieser Welt zurechtkommen, wobei niemand alle Antworten besitzt. Wenn wir uns jedoch gegenseitig dabei helfen, intensiv über die grundsätzlichsten Fragen, die sich uns stellen, nachzudenken, so werden wir in der Lage sein, unser Leben in neuem, hellerem Licht zu sehen.

Das Buch liefert Ihnen die perfekte Entschuldigung, über all die Dinge zu sprechen, über die man sich im Alltag für gewöhnlich nie unterhält. Erzählen Sie einfach, dass Sie gerade ein interessantes Buch über Philosophie lesen, in dem der Autor Sie darum bittet, jemanden nach seiner Meinung zu einem Problem zu fragen, das Ihnen selbst nicht ganz klar erscheint. Wenn Ihr neugewonnenes Wissen aber anfängt, die Leute zu faszinieren und sie Ihr Buch leihweise haben möchten, dann lächeln Sie nur und sagen ihnen, wo sie ihr eigenes Exemplar kaufen können. Sagen Sie, dass Sie sich einfach nicht von Ihrem trennen möchten.

Und lassen Sie mich außerdem wissen, was Sie selbst über dieses Buch denken. Schicken Sie mir Ihre e-mail mit Ihren eigenen Kommentaren an die Website: `www.MorrisInstitute.com`. Unter dieser Adresse sind ich und meine fröhlichen philosophischen Kollegen jederzeit erreichbar. Ich möchte unbedingt erfahren, was Sie über all die Themen, die in diesem Buch angeschnitten werden, denken. Sie betreffen uns alle gleichermaßen.

Teil I

Was ist überhaupt Philosophie?

The 5th Wave   By Rich Tennant

@RICHTENNANT

... und möge der beste Mann, wie zweideutig der Begriff auch immer ist, gewinnen.

In diesem Teil...

In diesem Teil werden wir uns anschauen, was Philosophie ist. Was haben die bärtigen, in Togas gekleideten Männer eigentlich seinerzeit begonnen? Und wie sollen wir die heutige Suche nach philosophischem Wissen bewerten?

Große Denker, tiefe Gedanken

In diesem Kapitel

▶ Einige allgemein verbreitete Missverständnisse der Philosophie, die wir den glänzenden Denkern der Vergangenheit verdanken

▶ Betrachtung über die Bedeutung des geprüften Lebens – des lebenswerten Lebens

▶ Mit welchen Fragen wir uns auf der Suche nach Verstehen beschäftigen werden

---

Untypische Unterhaltung für das 20. Jahrhundert:

Er: »Hey, Liebling, was willst du heut abend machen?«

Sie: »Wie wär's mit etwas Philosophie?«

Er: »Das hört sich toll an.«

Sie: »Lad mal die Nachbarn ein.«

Seien wir mal ehrlich: Seit mindestens hundert Jahren genießt die Philosophie in unseren Breiten nicht mehr den Zuspruch, der ihr eigentlich gebührt. Diese Situation ändert sich jedoch langsam. Die Philosophie als die tiefste, aufregendste und letztendlich praktischste Aktivität des menschlichen Geistes ist lange genug missverstanden worden. Damit muss nun Schluss sein. Wir werden in diesem Buch gemeinsam etwas dagegen unternehmen.

Einige wenige Nüsse geben dem Kuchen Biss

Es gibt vielleicht keine andere Tätigkeit des menschlichen Geistes, die so sehr missverstanden und zu Unrecht schlecht gemacht worden ist wie die Philosophie. Der große amerikanische Historiker Henry Adams beschrieb einmal die ganze Philosophie als ein Unternehmen, das aus nichts weiter bestünde als aus »unverständlichen Antworten auf unlösbare Probleme«. Schon im 16. Jahrhundert erklärte der französische Essayist Michel de Montaigne: »Philosophieren bedeutet zweifeln.« Doch wem macht der Zweifel schon Spaß? Der Zweifel ist oft unangenehm. Er kann sogar beängstigend sein.

Friedrich Nietzsche, der Querdenker unter den Philosophen des 19. Jahrhunderts, ging sogar noch einen Schritt weiter und behauptete, die Philosophie sei »ein Explosivstoff, in dessen Gegenwart alles in Gefahr gerate«. So kann es schließlich nicht weiter verwundern, wenn der englische Dichter John Keats, einer der Vorläufer Nietzsches, fragt: »Verflüchtigt sich nicht jeder Reiz, sobald er nur mit der Kälte der Philosophie in Berührung kommt?«

In der Antike beschwerte sich der römische Staatsmann und Schriftsteller Cicero über die Philosophen. Er sagte: »Es gibt nichts, was nicht absurd genug wäre, als dass es nicht schon irgendein Philosoph gesagt hätte«. Natürlich war er selbst auch »eine Art Philosoph«. Was ist aber mit den anderen Philosophen, die diese Bezeichnung tragen? Was denken wir über sie?

Philosophen? Verrückte! Philosophen? Nicht von dieser Welt! Philosophen? Schwarzseher! Wenn wir das Wort Philosoph hören, so kommt uns gleich das Bild von schlecht gepflegten Akademikern in den Sinn, die, nachlässig bekleidet mit Sakkos aus Tweed, ungebügelten Hemden und knitterigen Hosen, durch das Leben mit Kreidestaub auf ihren Kleidern wandeln, sich ihre Bärte streichen und finsteren Blickes ihre obskuren Ideen im Kopfe wälzen, während sie gleichzeitig die ganze Zeit so gewichtige Worte wie »Tod« und »Verzweiflung« in Großbuchstaben an die Tafel schreiben.

Noch mehr Anhänger der Philosophie

Die folgenden Zitate enthalten Kommentare einiger berühmter Personen der Geschichte über die Philosophie und die Philosophen:

Die Philosophie ist eine solch prozesswütige Dame, dass man am besten daran tut, ebensosehr bei Gericht, wie über sie Bescheid zu wissen.

Sir Isaac Newton

Man hat gesagt, dass die Metaphysik darin bestünde, gute Gründe für unseren instinkthaften Glauben zu finden.

W. Sommerset Maugham

Das Staunen ist das Fundament der ganzen Philosophie; ihr Fortschreiten geschieht durch das fortgesetzte Untersuchen der Dinge; ihr Ende schließlich ist die Unwissenheit.

Montaigne

Die Philosophie würde sogar einem Engel einen Dämpfer verpassen ...

John Keats

Alle Philosophien sind letzten Endes Unsinn. Einige jedoch sind größerer Unsinn als andere.

Samuel Butler

Die Philosophie besteht hauptsächlich darin, dass ein Philosoph behauptet, alle anderen Philosophen seien Dummköpfe. Meistens kann er dies sogar beweisen. Ich sollte allerdings hinzufügen, dass er damit normalerweise im gleichen Zuge beweist, dass er selbst auch ein solcher ist.

H. L. Mencken

Wenn ich eine Provinz zu bestrafen hätte, so würde ich sie von einem Philosophen regieren lassen.

Friedrich der Große

Man kann sich bei den Philosophen nur auf eine Sache verlassen; sie werden immer anderen Philosophen widersprechen.

William James

Wenn der, der zuhört, nicht weiß, was der, der spricht, meint, und wenn der, der spricht, selbst nicht weiß, was sein Sprechen bedeutet – das ist Philosophie.

Voltaire

Es gibt nichts, was nicht seltsam und unglaublich genug wäre, als dass es nicht schon irgendein Philosoph gesagt hätte.

Descartes (der Vater der modernen Philosophie,
so merkwürdig und unglaublich das auch scheinen mag)

Ich habe in meinem Leben immer wieder versucht, ein Philosoph zu werden; aber ich weiß nicht, die Heiterkeit meines Wesens hat mich beständig daran gehindert.

Oliver Edwards (18. Jahrhundert)

Im Jahre 1707 schrieb Jonathan Swift die folgende Anmerkung:

Die verschiedenen Meinungen der Philosophen haben genauso viele Verderbnisse des Geistes über die Welt gebracht wie die Büchse der Pandora solche über den Körper, nur mit dem Unterschied, dass die ersteren den Menschen auch ihre Hoffnung geraubt haben.

In unserer eigenen Epoche ging der vielgelesene amerikanische Journalist und Literaturkritiker H. L. Mencken sogar so weit zu sagen: »Es gibt in der menschlichen Geschichte keinen Hinweis darauf, dass es je einen glücklichen Philosophen gegeben hat.« (Aber denken Sie daran, dass diese Leute nie *mich* getroffen haben!)

Wie haben wir das Ganze hier eigentlich zu verstehen? Die Philosophie, wenn sie nur richtig betrieben wird, sollte eigentlich genau das *Gegenteil* sein von all dem düsteren und pessimistischen Gerede, das ihr gemeinhin nachgesagt wird. Sie sollte aufregend, befreiend, provozierend, erhellend und hilfreich sein und außerdem *Spaß machen*. Die Philosophen selbst sollten eine großartige Begleitung auf jeder Party abgeben und zum Schreien komisch sein. (OK, vielleicht gehe ich hier ein bisschen weit.)

Wenn Weisheit erlangbar sein soll, so lasst sie uns nicht nur gewinnen, sondern auch genießen.

Cicero

Ich muss allerdings zugeben, dass ich zumindest einige wenige große Denker in der Geschichte kenne, die ich glücklicherweise nicht als Nachbarn habe. Einige ihrer Bücher sind darüber hinaus ... na ja, vielleicht sollte ich sagen »nicht gerade brillant«. Und da wir schon mal dabei sind, unsere ehrliche Meinung zum Besten zu geben, will ich hier freimütig zugeben (natürlich ohne Namen zu nennen), dass ich sogar schon einmal einige ausgesprochen ungesellige Außenseiter unter den Philosophen getroffen habe, deren einzige erkennbare Leistung darin bestand, einen Doktorhut einer berühmten Universität ihr eigen zu nennen und vielleicht noch einige unverständliche Publikationen unter ihrem eigenen Namen veröffentlicht zu haben. Zu allem Unglück sind sie jedoch außerdem noch Dozenten an irgendeiner Universität, die dort vor verwirrten und manchmal perplexen Studenten zu Botschaftern der Philosophie werden. Manchmal aber sind die Dinge eben doch nicht das, was sie zu sein scheinen.

Man findet oft Weisheit unter einem schäbigen Tuch.

Caecilius Statius

Die Philosophie an sich als ursprüngliche Tätigkeit des menschlichen Geistes kann und sollte erhebend sein. Obendrein können die Philosophen auch zu unseren ständigen Begleitern werden. In diesem Zusammenhang sollte ich vielleicht den großen Dichter John Milton zitieren, der schrieb:

Wie bezaubernd ist die göttliche Philosophie!
Nicht schroff und unverständlich wie schwerfällige Narren glauben,
Sondern musikalisch wie Apolls Laute
Und ein immerwährendes Fest des Nektars Süße,
Wo keines Übermaßes Unbill herrscht.

Mit anderen Worten: Eine wirklich großartige Veranstaltung.

Derselbe Cicero, der seine Stimme gegen schlechte Philosophen erhob, scheute nicht davor zurück, gute zu preisen. Er beschrieb Sokrates einmal als den »ersten Menschen, der die Philosophie auf den Marktplatz getragen hat«. In vielerlei Hinsicht folgen wir in diesem Buch Sokrates' Vorbild. Ich möchte die Philosophie wieder zurück auf den Marktplatz der ernsthaft um unsere Aufmerksamkeit wetteifernden Ideen bringen. Ich beabsichtige, einige ziemlich abgehobene Ideen wieder auf die Erde zurückzubringen und ihre Relevanz für unser tägliches Leben zu überprüfen. Mein Ziel ist es, Ihnen mehr Klarheit über die Fragen zu verschaffen, auf die es am meisten ankommt, über die wir aber normalerweise am wenigsten nachdenken. Ich hoffe, dass es uns gelingen wird, gemeinsam den menschlichen Geist zu erforschen und uns dabei im Fortschreiten selbst unseren Weg zu bahnen. Genauer ansehen werden wir uns eine Reihe von aufregenden Ideen sowie eine Vielzahl erstaunlicher Fragen und neuer Sichtweisen auf das, was wir tun. Wir werden wohl nicht in der Lage sein, auf jede aufkommende Frage eine definitive Antwort zu geben. Wenn Sie mir jedoch auf meinem Weg folgen, so werden Sie sicherlich größere Fortschritte als Sie je für möglich gehalten hätten dabei machen, die Fragen und Themen dieses Buches sowohl schätzen zu lernen als auch zu verstehen. Ich werde vielleicht manchmal verrückt klingende Fragen stellen; ich verspreche Ihnen aber, dass das Nachdenken über diese Fragen Ihnen neue und erstaunliche Sichtweisen auf unser Leben ermöglichen wird. Das Ziel des Buches ist nicht mehr und nicht weniger als die Suche nach Erkenntnis selbst.

Das Leben ist ein Fest nur für die, die wissend sind.

Ralph Waldo Emerson

Sokrates über die alles entscheidende Untersuchung

 Sokrates liebte es, die Straßen entlang zu schlendern oder auf Feste zu gehen und dabei jeden, den er traf oder dem er begegnete in philosophische Diskussionen zu verwickeln. Für ihn war die Philosophie nicht eine trockene, den Verstand herausfordernde Disziplin, ein Spiel für Pedanten und Gelehrte, sondern etwas, das für ein gutes Leben unabdingbar ist. Er ging sogar soweit, die folgende berühmte Sentenz aufzustellen:

Ein Leben, das sich nicht selbst geprüft hat, ist es nicht wert, gelebt zu werden.

Wie haben wir diesen Satz zu verstehen? Jeder glaubt zu wissen, was er bedeutet: »Dieses Auto ist keine 40.000 DM wert.«; oder: »Dieses T-Shirt ist keine 150 DM wert.«; oder auch: »Die Tickets für dieses Konzert sind keine 80 DM pro Person wert.« Aber was genau bedeutet es zu behaupten, dass eine bestimmte Art zu leben, ein bestimmter Lebensstil, d.h. das, was Sokrates das »ungeprüfte Leben« nannte, es nicht wert sei, gelebt zu werden?

Grundsätzlich gilt, dass ein Gegenstand dann seinen Preis wert ist, wenn sein Gegenwert mindestens so hoch ist, wie der Preis, den man für ihn bezahlt hat. Dieser Preis entspricht dem gleichem Wert, den auch die Anstrengung oder die Energie besitzt, die man in die Beschaffung der Ressourcen, die zur Begleichung des Preises notwendig waren, gesteckt hat. Wenn ich mir etwas kaufen möchte, so überlege ich mir immer, ob der Wert des Artikels auch wirklich der Höhe des geforderten Preises entspricht. Ist er wirklich diese Menge Geldes wert? Entspricht sein Wert wirklich der Arbeit, die ich benötigte, um das für seinen Erwerb nötige Geld zu verdienen?

Der Preis für ein Paar Schuhe, den eine wohlhabende Person noch als günstig einstufen würde, mag einer weniger begüterten Person schon viel zu hoch erscheinen. Der über ein geringeres Einkommen verfügende Käufer muss vielleicht viel zu hart oder zu lange arbeiten, um dieselbe Menge Geldes zu verdienen. Ihm erscheint daher der Preis für die Schuhe ihrem Wert überhaupt nicht angemessen.

Was aber hat dieser urteilsmäßige Allgemeinplatz mit Sokrates' berühmtem Spruch zu tun? Was eigentlich sind die Kosten – der Wert – des »ungeprüften Lebens«? Um das zu beantworten, müssen wir verstehen, was Sokrates mit seinem Satz meinte.

Was ist das »ungeprüfte Leben«? Leider ist es genau die Art Leben, das viel zu viele Menschen leben: Aufstehen, anziehen, essen, zur Arbeit fahren, Mittagspause einlegen, noch etwas mehr arbeiten, nach Hause fahren, wieder essen, fernsehen, Zeitschriften durchblättern, sich mit Familienmitgliedern oder Freunden am Telefon unterhalten, Schlafanzug anziehen und schließlich einschlafen – nur um dann dasselbe immer und immer wieder und Tag für Tag zu wiederholen, ohne jemals darüber nachzudenken, was das Ganze soll oder wie das Leben eigentlich gelebt werden sollte.

Solange wir noch Kinder sind, entscheiden andere, was wir anziehen und essen sollen und wann wir spielen können. Selbst wenn wir älter sind, bestimmen noch viel zu oft andere darüber, was wir tagsüber tun. Wir treffen viele Entscheidungen; oft jedoch können wir dabei nur aus einer eingeschränkten Anzahl von Möglichkeiten auswählen, die uns durch unsere Umwelt, unsere Familien, unsere Vorgesetzten bei der Arbeit und schließlich auch durch unsere Gewohnheiten vorgegeben sind. Fast nie halten wir inne und besinnen uns auf das, was wir wirklich im Leben wollen, wer wir sind oder was wir werden wollen, was wir in der Welt bewirken möchten und damit auf das, was wirklich das Richtige für _uns_ ist. Genau das aber meint die Rede vom ungeprüften Leben, das Leben, das wir beinahe als Schlafwandler durchlaufen, den Stunden, Tagen und Jahren bewusstlos anheimgegeben. Es ist ein Leben, das automatisch abläuft und das auf Werten und Überzeugungen aufgebaut ist, die niemals wirklich überprüft oder auf ihren Gehalt hin getestet worden sind.

 Viele Leute scheinen die Selbstbefragung zu fürchten, so als wenn die Bewertung und der Blick auf ihre eigenen Glaubensüberzeugungen und Werte irgendeine Bedrohung für sie darstellen würde. Eine philosophisch reflektierende Betrachtung unserer grundlegendsten Überzeugungen und der Dinge, für die wir uns engagieren, muss nicht unbedingt eine unterminierende Wirkung haben. Sie könnte sogar im Gegenteil einen _reinigenden_ Effekt haben. Das fundamentale Ziel philosophischen Nachdenkens ist nicht negativ verstandene Kritik oder sonst irgendeine Form von Verneinung oder Ablehnung; ihr wahres Ziel ist _Verstehen_. Ein tieferes Verstehen mündet nämlich oft in ein Sich-wieder-Besinnen, in einen Verzicht auf unnötige und unwichtige Handlungsweisen sowie die anschließende Übernahme von vernünftigeren. Auf diese Weise können wir die Balance unseres Lebens in eine positive Richtung verschieben.

Das ungeprüfte Leben ist hingegen eines ohne tiefgehendes Verstehen des eigenen Lebens. Es ist kein Leben, das in selbstbestimmter positiver Veränderung ruht.

Das Schlimme ist, dass Sie einen hohen Preis dafür zahlen müssen, ein solches Leben zu leben. Worin besteht dieser Preis? Was sind die Kosten eines solchen Lebens? Sokrates benennt diese Kosten, wenn er sagt, dass das ungeprüfte Leben nicht den Preis wert ist, den man für es bezahlen muss; es sei einfach ein Leben, das es nicht wert ist, _gelebt_ zu werden.

Den Preis, den man für ein ungeprüftes Leben zu zahlen hat, ist daher genau das – das _ganze Leben_. Man kann schlechterdings keinen höheren Preis zahlen. Sokrates sagt jedoch nicht, dass das ungeprüfte Leben _überhaupt_ nichts wert sei. Klug wie er ist, hat er die Möglichkeit offen gehalten zu glauben, dass jedes Leben einen Wert besitzt, egal wie unreflektiert das Leben auch sein mag. Dieser große Philosoph betonte bloß, dass das ungeprüfte Leben, in das man alle seine Energien hineinsteckt, ohne die Richtung, die es nimmt, selber bestimmen zu können, nicht den zu zahlenden hohen Preis wert sei.

Die Philosophie als ein reflektierendes Tun, das den Menschen ein sinnvolleres Leben bescheren kann, erfordert hingegen den Einsatz unserer Lebensenergien für etwas, das vielleicht die Mühen wert ist. Ist daher das geprüfte Leben immer per se eines, das es wert wäre, gelebt zu werden? Sokrates hat dies so nie behauptet. Seine Aussagen über das ungeprüfte Leben scheinen jedoch eine solche Schlussfolgerung nahezulegen. In seiner Weisheit überließ er es aber einem jeden Menschen, nach Prüfung seines eigenen Lebens diese Folgerung selbst zu ziehen. Ich hoffe, dass das, was Sie in dem Buch finden können, Ihnen dabei hilft, den Weg zu einer solchen Prüfung Ihres eigenen Lebens zu finden.

Mache es zu deinem Anliegen, dich selbst kennenzulernen. Dies ist die schwierigste Aufgabe auf der Welt.

Cervantes

Die Fragen, die wir uns stellen werden

In diesem Buch werden wir uns genauso wie in meinem Philosophieseminar an der Universität Notre Dame mit Fragen zu den folgenden Bereichen beschäftigen: Glauben, Zweifel und Wissen; das Gute; der freie Wille und der Determinismus; der Tod, das Leben nach dem Tod sowie die Existenz Gottes.

Wir werden die meisten wichtigen Theoriebereiche der Philosophie streifen: Logik, Epistemologie, Ethik, Metaphysik und Religionsphilosophie. Außerdem werden wir viele der wichtigsten Denker der Geschichte zu Rate ziehen. Während des ganzen Buches werde ich versuchen, die Diskussion gleichermaßen praktisch wie theoretisch zu halten, weil ich denke, dass der beste Gebrauch, den man von der Theorie machen kann, in der Verbesserung der eigenen Lebenspraxis liegt. Bei jedem aufkommenden Problem werden wir uns fragen, welchen Bezug es zu unserem Leben hat und wie es uns dabei helfen kann, in dieser Welt unseren Weg weiter voranzuschreiten.

Oft kann man von den unerwarteten Fragen eines Kindes mehr lernen als von Erwachsenen, die sich auf der Straße bloß gemäß ihrer von irgendwoher übernommenen Vorstellungen und aufgrund der Vorurteile ihrer Erziehung unterhalten.

John Locke

 Hier sind einige der Fragen, die in diesem Buch behandelt werden:

✔ Wie können wir überhaupt etwas wissen?

✔ Warum ist Vernunft für ein gutes Leben so wichtig?

✔ Was bedeutet das Wort *gut* wirklich?

✔ Ist die Moral bloß eine persönliche Angelegenheit, oder existieren objektive moralische Regeln, die für jeden Menschen verpflichtend sind?

✔ Warum sollten wir moralisch handeln?

✔ Warum stimmen die Menschen in Moralfragen so wenig überein?

✔ Ist der Mensch wirklich frei, oder sind all unsere Handlungen bestimmt durch die Gene und unsere Umgebung?

✔ Ist es prinzipiell möglich, die Zukunft detailgenau vorherzusagen?

✔ Was unterscheidet einen Menschen von einem Roboter?

✔ Hat der Mensch eine Seele, oder ist er bloß ein komplexer biologischer Organismus?

✔ Was ist der Tod?

✔ Warum haben so viele Menschen Angst vor dem Tod?

✔ Gibt es ein Leben nach dem Tod?

✔ Woher kommt die Vorstellung, dass ein Gott existieren müsse?

✔ Gibt es Gott wirklich?

✔ Warum gibt es soviel Böses in der Welt?

✔ Lassen sich diese Fragen endgültig beantworten, oder bleibt uns nichts anderes übrig, als sie zu glauben?

✔ Was _ist_ der Glaube eigentlich?

✔ Wie kann der Mensch glücklich werden?

Diese Fragen decken allerdings nur einen Teil dessen ab, was ich in diesem Buch behandeln werde.

Es ist besser, nur einige der überhaupt möglichen Fragen zu fragen, als alle ihre Antworten zu kennen.

James Thurber

Philosophie als eine Aktivität

In diesem Kapitel

▶ Was es heißt, von der Philosophie als einer Aktivität zu sprechen

▶ Erfahren Sie hier, wie man selbst philosophiert

▶ Wie man die Kraft des Glaubens wertschätzen lernt

▶ Blick in Platos Höhle

Die Philosophie ist keine Theorie, sondern eine Tätigkeit.

Ludwig Wittgenstein (1889-1951)

Die Philosophie im eigentlichen Sinne ist mehr eine Aktivität des Geistes als ein Wissensgebäude. Praktiziert man sie so wie in der Antike, ist sie sogar eine Heilkunst. Sie ist darüber hinaus eine Übung in geistiger Selbstverteidigung sowie eine Form der Therapie. Sie ist jedoch noch viel mehr, sie ist so etwas wie der Atlas der Seele, der Kartograph der menschlichen Reise durch das Leben, auf den heutzutage viel zu viele Menschen verzichten.

In diesem Kapitel werden wir genau erfahren, worin diese Aktivität des Geistes besteht und wie man sie gut ausübt. Ich werde Ihnen die Kraft, die der menschliche Glauben in unserem Leben für uns hat, zeigen und mache Sie mit einem Gleichnis Platos vertraut, das aufgrund seiner Anschaulichkeit bis in unsere Tage hinein gewirkt hat und den Menschen dabei geholfen hat, (Sinnes-) Täuschung und Wahrheit zu unterscheiden.

Das Abenteuer des Geistes

Die Philosophie kann mitunter ein Abenteuer des Geistes sein – geistiges Höhlenforschen, mentales Felsenklettern, kognitives Wildwasserfahren oder auch das Auskundschaften unbekannten Geländes. Sie scheint manchmal nichts anderes zu sein, als eine Art Extremsport mit Begriffen und Ideen.

Wir werden bei unseren philosophischen Untersuchungen bisweilen bis an die Grenzen unserer gewohnten Weltanschauung geraten. Mitunter werden wir sie zeitweise ganz fallen lassen müssen. Unser Geist befindet sich dann sozusagen im freien Fall, und uns bleibt nur zu hoffen übrig, dass sich unser Fallschirm bei Bedarf wieder öffnen werde. Wenn wir soweit gehen, dann aus dem Grund, die äußersten Grenzen unserer alltäglichen Annahmen über die Welt erfahrbar zu machen. Wir wollen wissen, welchen Status diese Annahmen und Überzeugungen haben, die die Grundlage für unsere tagtäglichen Entscheidungen im Leben bilden und die uns normalerweise selbstverständlich erscheinen.

Wir werden die Dinge so gründlich wie möglich in Frage stellen, um sie so tiefgehend wie möglich zu verstehen. Das Hauptziel hierbei ist, die Frage, wer wir sind und welchen Platz wir wirklich in der Welt einnehmen, besser beantworten zu können.

Meistens jedoch kann man sich die Philosophie als ein Bündel von existentiellen Überlebenspraktiken vorstellen, die mit Entschlossenheit auf eine Art Such-und-Rettungs-Aktion der Seele angewendet werden. Die Philosophie ist weder ein Spiel noch ein Sport des Geistes. Sie ist vielmehr diejenige Verwendung unseres Geistes, die für ein Zurechtkommen im Leben am Unerlässlichsten ist.

Wir erkunden unseren Weg

Bei unserer eigenen gegenwärtigen wie zukünftigen philosophischen Kursbestimmung ist die Befragung der großen Denker der Vergangenheit damit vergleichbar, einen ortskundigen Polizisten oder Taxifahrer nach der Richtung zu fragen, anstatt verloren in der Gegend herumzuirren. Es wird zwar nicht zu vermeiden sein, dass wir ein wenig auf eigene Faust Erkundigungen anstellen; jeder gute Ratschlag und jede brauchbare Richtungsauskunft kann jedoch nur hilfreich bei unseren eigenen Bemühungen sein.

Bei allen Expeditionen in fremdes Gebiet macht es sich bezahlt, einen einheimischen Führer zu engagieren, selbst wenn wir am Ende selbst den Berg hinaufklettern müssen. Die großen Denker, die vor uns den Weg gegangen sind, werden uns auf unserem Weg hin zu einer eigenen Sicht der Dinge jederzeit behilflich sein können.

Der bekannte amerikanische Essayist und Philosoph Ralph Waldo Emerson schrieb einmal:

Ehrfürchtige junge Männer, die sich in Bibliotheken wie zu Hause fühlen, glauben, dass es ihre Pflicht sei, die Ansichten zu übernehmen, die sie bei Cicero, Locke und Bacon gelesen haben; dabei vergessen sie jedoch, dass auch Cicero, Locke und Bacon einst, als sie ihre Bücher schrieben, nichts weiter als junge Männer in Bibliotheken gewesen waren.

Jeder von uns ist versucht zu sagen: »Wer bin ich schon, dass gerade ich über diese Dinge nachdenken soll?« Genauso kann man fragen, wer zum Teufel Sokrates schon war, dass er anfing, über diese Dinge nachzudenken? Wer war schon Plato? Um 100 n. Chr. schrieb Seneca:

Plato war nicht von Beginn an der erhabene Philosoph; erst die Philosophie machte ihn dazu.

Uns gehen die Fragen der Philosophie genauso und im gleichen Maße an wie die Menschen früherer Zeiten. Da es aber das Verdienst der Alten ist, den Prozess des Denkens schon begonnen zu haben, können wir von ihrem Denken natürlich auch profitieren:

Wer mit den Weisen umzugehen pflegt, dem wird die Weisheit auch zutage.

Menander

Wir befragen die Schriften der großen Philosophen der Vergangenheit nicht aus dem Grund, um auf unsere Fragen nach den letzten Dingen der Philosophie eine endgültige Antwort zu bekommen, sondern deswegen, weil sie uns dabei helfen können, überhaupt mit dem Philosophieren anzufangen. Darüber hinaus können wir uns die philosophischen Irrwege, die sie schon gegangen sind, auf diesem Wege ersparen. Zu Beginn des Jahrhunderts erklärte William Ralph Inge:

Der Zweck, den die Beschäftigung mit der Philosophie hat, ist, seinen eigenen Verstand kennenzulernen, nicht jedoch den der anderen.

Wenn wir also philosophieren, so dienen uns die Texte der großen Philosophen nicht dazu, ihre Ideen noch einmal zu rekapitulieren oder bei ihnen Antworten auf unsere Fragen zu finden, sondern dazu, bei ihnen Unterstützung und Anregung für unser eigenes philosophisches Bemühen zu finden.

Ralph Waldo Emerson sagte:

Bücher sind das Beste auf der Welt, wenn sie nur auf intelligente Weise genutzt werden; wenn nicht, so sind sie mit das Schlechteste. Welches Ziel verfolgen alle Bücher letztendlich? Kein anderes als das, den Menschen zu inspirieren.

Ich hoffe, dass ich Sie mit diesem Buch genauso inspirieren kann, wie ich selbst durch die Bücher anderer inspiriert worden bin, und dass es Ihnen dabei hilft, sich mit der Philosophie ein wenig näher zu beschäftigen und aus ihr ein wenig Lebensklugheit zu ziehen. Erlauben Sie mir, Ihnen als Führer auf diesem Weg ins Reich der Philosophie zu dienen, genauso wie auch ich viele Führer auf diesem Weg nutzen werde.

Die große Kraft der eigenen Überzeugungen

Lassen Sie mich Ihnen gleich zu Beginn eine wichtige Lehre über die Rolle von Annahmen und Überzeugungen in unserem Leben anhand einer Geschichte mitteilen. Sie dient dazu, unser Bedürfnis nach philosophischer Strenge zu demonstrieren. Die Geschichte lautet folgendermaßen:

Meine Familie hatte mich schon seit längerem darum gebeten, für uns einen eigenen gasbetriebenen Gartengrill zu kaufen, einen mit einem eingebauten Propangastank. Ich zögerte erst noch, da ich von Leuten gehört hatte, dass Propangas aufgrund seiner leichten Entflammbarkeit und seiner Giftigkeit gefährlich sei. Ich meinte mich auch daran erinnern zu können, gehört zu haben, dass Propangas von Natur aus geruchlos sei und dass deswegen bei der Herstellung eine Substanz beigefügt wird, die es erlaubt, aus einem Leck austretendes Gas sofort mit der Nase wahrzunehmen.

Als meine Familie also beschloss, mir zum Vatertag einen Gasgrill zu schenken, willigte ich schließlich ein und erfüllte ihnen ihren langersehnten Wunsch. Meine Frau rief beim Sears Versandhandel an und bestellte das De-Luxe-Modell. Da Philosophen meist nur geschickt im Umgang mit Ideen sind und von technische Dingen normalerweise nichts verstehen, sorgte meine Frau in weiser Voraussicht auch gleich dafür, dass der Grill direkt bei Lieferung aufgebaut wurde.

Einige Tage später erhielten wir einen Anruf von Sears, dass der Grill versandfertig sei. Daraufhin kaufte meine Frau alle nötigen Essenssachen sowie das Grillzubehör und bereitete die Party vor. Als der Grill schließlich geliefert wurde, wurde mir gesagt, dass ich den Gastank selbst an den Grill anschließen müsse, sobald ich mit dem Grillen anfangen wolle. Sie erklärten, dass sie den Tank und den Grill unbedingt separat anliefern müssten. Ich nahm an, dass das so seine Ordnung hätte, weil sonst die Gefahr bestünde, dass möglicherweise austretendes Gas den Fahrern schadete.

Als sie abgefahren waren, begann ich mit Hilfe einer Montageanleitung mit der Arbeit. Ich fummelte eine Weile mit den Schläuchen und Verbindungsteilen herum und merkte schnell, wie ich nach mehreren Fehlversuchen langsam aber sicher aus der Puste kam. Ich arbeitete natürlich im Freien, so dass eventuell freiwerdendes Gas sich schnell verziehen konnte; anscheinend jedoch nützte das nicht allzu viel, da ich viel zu viel von dem Gas einatmete. Interessiert schaute meine Familie dabei zu, wie ich meine Arbeitstechnik änderte. Ich nahm nun einen tiefen Atemzug, spurtete zum Grill, führte fieberhaft einige Handgriffe aus und rannte schließlich außer Reichweite des Gases, wo ich wieder tief einatmete. Ich machte das so lange, bis ich dachte, dass die Verbindung von Tank und Grill ausreichend fest sei. Der Grill wollte jedoch auch nach mehrmaligem Probieren nicht angehen. Während ich die Verbindungen nochmals überprüfte, konnte ich fühlen, wie mir immer benommener und übler wurde.

Wir entschieden uns dazu, Sears anzurufen. Ich erklärte ihnen die Situation und wies auf die Tatsache hin, dass mir schlecht sei und dass ich offensichtlich zu viel Propangas eingeatmet hatte. Ein Zustand geistiger Vewirrtheit begann einzusetzen, und ich hatte Angst, kostbare Gehirnzellen zu verlieren. Meine Lungen schmerzten. In meinem umnebelten Zustand hörte ich, wie der Mann von Sears mir schließlich eine Frage stellte:

»Wo haben Sie den Tank mit dem Gas gekauft?«

»Was meinen Sie? Der Grill wurde heute nachmittag mit dem Tank geliefert und der Mann sagte, dass man ihn direkt anschließen könne.«

»Ja, das stimmt, bis auf die Tatsache, dass das so nichts bringt. Wir verkaufen unsere Grills nur mit neuen, leeren Tanks. Sie müssen sie dann selbst auffüllen lassen. Deshalb ist ihr Grill auch nicht angegangen. Ihrer ist leer.«

Mann, ich sage Ihnen, kam ich mir blöde vor. Ich bin beinahe erstickt, nur weil ich so fest von etwas überzeugt war, was sich hinterher als falsch herausstellte. Ich entwickelt körperliche Symptome wegen etwas, das es gar nicht gab. Ich konnte es riechen. Mir wurde schwindlig und übel. Alles jedoch, was es brauchte, um mein physisches Wohlbefinden wieder herzustellen, war eine Dosis neuer Informationen. Ich fühlte mich ein wenig beschämt. Meine Frau und meine Kinder hörten gar nicht mehr auf zu lachen. Schließlich gingen sie und bestellten für uns alle Pizza.

Die Menschen können schon aufgrund ihrer bloßen Vorstellungen sterben.

Chaucer

In einer Hinsicht hat mir dieser Tag wirklich weitergeholfen. Als Philosoph lernte ich etwas wirklich Entscheidendes über den Einfluss unserer Überzeugungen und Einbildungskraft auf unsere Wahrnehmung. Gleichzeitig erfuhr ich auch etwas über die verborgenen Annahmen, die unserem

Denken, Handeln und Fühlen zugrunde liegen und dieses steuern können. Der Geist ist in der Tat ein machtvolles Instrument. Falsche, d.h. irrige Überzeugungen können einen großen Einfluss auf uns haben.

Platos Höhle

 Plato erfand ein eindrückliches Gleichnis für diese falschen Überzeugungen und Annahmen, denen wir nur zu oft Glauben schenken. Er schrieb, dass alle Menschen gleichsam wie angekettet auf dem Boden einer Höhle leben würden. Ihre Blicke fielen dabei auf eine Wand, auf der die Schatten von Objekten zu sehen seien, die die Menschen in der Höhle aber selbst direkt nicht sehen könnten. Statt dessen würden sie diese Schatten für deren eigentliche wirkliche Existenz halten.

Platos Höhlengleichnis war wirklich sehr ausgefeilt. Man müsse sich vorstellen, so fuhr er fort, dass hinter den Köpfen der Menschen in der Höhle ein Feuer brenne, dessen Schein die Schatten von Gegenständen auf die vor ihnen befindliche Höhlenwand werfe, die alles seien, was die Menschen in der Höhle je zu sehen bekämen. Wenn nun einer von diesen Höhlenmenschen seine Fesseln abstreifte, seine Lage in der Höhle zum ersten Mal so sähe, wie sie in Wirklichkeit ist und sich daranmachte, die Höhle zu verlassen und ins helle Tageslicht zu treten, so würde er zuerst geblendet werden von den grellen Sonnenstrahlen, mit denen verglichen das Feuer in der Höhle nur ein allerschwächster Abglanz wäre. Eine Weile darauf aber würden sein Augen beginnen, sich an das helle Licht zu gewöhnen. Er begänne, einzelne Gegenstände zu erkennen, wie z.B. Tiere, Felsen oder Bäume. Des Unterschiedes gewahr werdend zwischen der äußeren Welt und der armseligen dämmerigen Schattenwelt, in der er so lange gefangen war, würde er in die Höhle zurückkehren, um seine Kameraden dazu zu überreden, ihre Fesseln ebenso wie er abzustreifen und mit ihm in das Licht der Wirklichkeit hinauszutreten.

Der philosophische Houdini

Der Mensch, der zuerst der Höhle entkam, in der wir nach Plato leben, war ein Philosoph. Er war es, der erkannte, dass unser aller Leben in gewisser Weise durch lauter Illusionen bestimmt wird, dass wir gefangen gehalten werden von Ketten, die wir uns nicht selbst angelegt haben und dass wir durch diese nur gleichsam die Schatten der Dinge wahrnehmen und erkennen können, nicht aber die Dinge an sich. Wenn er den anderen in der Höhle von seiner seltsamen Reise ins Licht erzählt, davon dass er die wirklichen Dinge gesehen habe, so werden einige jubeln, die anderen jedoch werden ihn verhöhnen. Dem Menschen fällt es nun einmal nicht allzu schwer, sich mit seinen Illusionen zu arrangieren. Außerdem fühlen wir uns sehr leicht bedroht von Berichten über uns bisher unbekannte und viel tiefgründigere Wahrheiten. Nichtsdestotrotz versucht aber der wahre Philosoph so viele seiner Mitgefangenen wie möglich zu befreien, um ihnen so ein Leben in der helleren und klareren Wirklichkeit jenseits der engen Beschränkungen ihrer gewohnten Wahrnehmungswelt zu ermöglichen.

Platos Höhlengleichnis stellt ein anschauliches Bild für die eigentliche Aufgabe der Philosophie dar. Ihr Ziel müsse es sein, uns von unseren Illusionen zu befreien und uns dabei zu helfen, unsere Sinne für die eigentliche der Welt zugrunde liegende Realität zu schärfen.

Welche Illusionen bestimmen im Moment Ihr Leben? Welche Dinge schätzen Sie wert, die diese Wertschätzung eigentlich gar nicht verdienen? Welche Dinge, die über einen echten Wert verfügen, entgehen vielleicht Ihrer Aufmerksamkeit? Welche der Annahmen in und über Ihr Leben fußen auf äußerem Schein und nicht auf der Realität? Die meisten Menschen sind Gefangene aller möglichen Illusionen. Die Aufgabe der richtig praktizierten Philosophie ist es, uns von diesen Ketten zu befreien.

Letztendlich haben wir keine Wahl dabei, Philosophen zu sein oder zumindest eine Philosophie zu besitzen. Wir handeln unvermeidlicherweise auf der Basis irgendeiner philosophischen Weltanschauung, wie ausgearbeitet oder rudimentär sie auch immer sein möge. Wir haben die Wahl zwischen einer schlechten Philosophie, die wir, ohne uns weiter Gedanken über sie zu machen, einfach aus der uns umgebenden Kultur mit all ihren Vorurteilen übernehmen können, und einer guten Philosophie, die einen Menschentyp voraussetzt, der unablässig nachdenkt und die Dinge kritisch hinterfragt.

Wir sind entweder gute oder schlechte Philosophen. Qualität aber stellt sich nur bei entsprechender Sorgfalt ein. Sorgfältiges Nachdenken führt daher zur besten Philosophie. Hält Ihre Lebensphilosophie Sie gefangen oder befreit sie Sie? In diesem Buch versuche ich einige der Mythen und Allgemeinplätze unserer eigenen Zeit aufzulösen und aus der Höhle unserer irrigen und falschen Annahmen und Überzeugungen auszubrechen. Was wir suchen, ist philosophische Aufklärung und Befreiung.

Der erste Tag des Rests Ihres Lebens muss weder in Platos Höhle beginnen noch dort enden.

Plato als Quelle des Denkens

Plato wird von vielen als die Hauptquelle der ganzen abendländischen Philosophie angesehen.

Plato ist der Ursprung aller Dinge, über die noch immer von gelehrten Männern geschrieben und gesprochen wird.

Ralph Waldo Emerson

Die zutreffendste Beschreibung der europäischen philosophischen Tradition ist, sie als eine endlose Reihe von Fußnoten zu Plato anzusehen.

Alfred North Whitehead

Die Liebe zur Weisheit

In diesem Kapitel

▷ Die drei Fähigkeiten, die die Philosophie im Menschen entwickelt

▷ Das Wesen philosophischer Analyse

▷ Die Bedeutung philosophischer Urteile und Bewertungen

▷ Die Kraft überzeugender, logischer Argumente

▷ Die Rolle der Weisheit, des wahren Ziels der Philosophie

Die Dinge haben ihre bestimmten Zeiten, zu denen sie populär sind, und selbst solche Dinge, die hohes Ansehen genießen, wechseln mit den Moden. Die Weisheit jedoch hat einen Vorteil: Sie ist immerwährend.

Balthasar Gracian

*J*e mehr Sie sich in das Thema vertiefen, desto mehr Gründe werden Sie entdecken, in Ihrem Leben philosophische Texte zu lesen, zu studieren und sich praktisch mit ihnen zu beschäftigen. Die Philosophie als Denkart fördert drei geistige Fähigkeiten des Menschen, die für jeden von uns von großer Wichtigkeit sind. Die Philosophie befördert außerdem die Weisheit des Menschen.

Zuerst werde ich mich in diesem Kapitel einen Moment diesen drei Fähigkeiten zuwenden. Dann spreche ich ein wenig mehr über die Weisheit – im Besonderen darüber, worin sie besteht und warum sie so wichtig ist.

Drei unverzichtbare Fähigkeiten des Philosophen

Einfach gesagt ist die Philosophie nichts weiter als ein Art zu denken. Genau genommen jedoch ist die Philosophie ein *Bündel* von Denkarten. Sie ist eine Gesamtheit geistiger Werkzeuge. Diese Tatsache hat eine direkte Auswirkung auf die Frage, warum wir überhaupt Philosophie studieren. Wir studieren sie nicht nur aus dem Grunde, um unsere Freunde und Arbeitskollegen mit unserem profunden Wissen zu beeindrucken oder unsere Familienangehörigen mit unserer Tiefgründigkeit oder durch das Stellen merkwürdiger Fragen in Erstaunen zu versetzen (obwohl manchem Studienanfänger des Faches Philosophie diese Möglichkeit am reizvollsten erscheint). Der eigentliche Grund, weshalb wir Philosophie studieren, ist, dass sie unsere geistigen Fähigkeiten fördert und uns neue Perspektiven auf unser Leben und die Welt eröffnet.

Während meiner Zeit als Dozent an der Universität Notre Dame musste jeder Student dort zwei Kurse in Philosophie belegen. Die Tatsache, dass noch weiter zurück in der Vergangenheit die Studenten sogar vier Kurse in Philosophie belegen mussten, milderte die anfänglichen Proteste der Studenten nur wenig. Warum sollte ein Student der Medizin oder der Volkswirtschaft seine Zeit überhaupt mit Philosophie vergeuden? War diese Regel nicht genauso sinnvoll, wie jeden Studenten ein Seminar in antiker babylonischer Entomologie belegen zu lassen? Steckte dahinter nicht bloß ein esoterisches Überbleibsel aus der Zeit, als noch die Geisteswissenschaften den Stundenplan der Studenten beherrschten, der in der Form heutzutage sowieso keinen Bezug mehr zur Wirklichkeit aufwiese?

Warum sollte eigentlich ein sehr beschäftigter Geschäftsmann sich Zeit für die Lektüre philosophischer Texte nehmen? Warum zum Teufel sollten Eltern, die mit der Erziehung ihrer Kinder sowieso schon genug zu tun haben, je ein Buch über Philosophie zur Hand nehmen? Was könnte dabei schon herauskommen? Die folgenden Abschnitte geben Ihnen vielleicht einige Antworten darauf.

Paralyse ohne Analyse

Die Philosophie als Denkart fördert unsere Fähigkeit, komplizierte Probleme zu analysieren. Sie hilft uns dabei, geistige Knäuel aufzulösen. Sie lehrt uns, wie man an den Kern eines Problems herankommt. Mit ihrer Hilfe lernen wir das Unwichtige vom Wichtigen zu scheiden und zu fragen: Was ist wirklich wichtig hier? Was ist der Kern der Frage? Wie kann ich die Frage in mehrere kleinere, leichter beantwortbare Teilfragen zerlegen?

Die Fähigkeit zu analysieren brauchen wir überall im Leben. Anwälte analysieren komplizierte Sachverhalte und lösen juristische Fragen; Ärzte ordnen Symptome Krankheiten zu; Kriminalkommissare versuchen Beweise zu deuten; Geschäftsleute müssen verwickelte Verträge durchschauen; Eltern schließlich müssen die Konflikte innerhalb der Familie entwirren, um sie in den Griff zu bekommen. Die Fähigkeit, Sachverhalte zu analysieren, ist für alle Schichten der Gesellschaft nützlich. Das analytische Verfahren ist derart bedeutsam für das philosophische Denken, dass eine der wichtigen philosophischen Richtungen des 20. Jahrhunderts sogar aufgrund der Tatsache, dass sie die zentrale Stellung dieser Fähigkeit so in ihren Mittelpunkt stellte, als analytische Philosophie bekannt geworden ist. Ganz allgemein gilt jedoch, dass alle Philosophen ohne analytisches Denken nicht auskommen können.

Letzten Endes lehrt uns die Philosophie, wie wir unser Leben auf analytische Weise deuten sollen: Wer bin ich? Was will ich im Leben wirklich? Was ist überhaupt der Sinn unserer Existenz? Wie kann ich glücklich werden? Welchen Beitrag kann ich für die Beförderung des Guten in der Welt leisten? Was sind meine größten Talente? Wie kann ich meine Zeit am besten nutzen?

Indem wir uns anschauen, wie die großen Philosophen wichtige Fragen der menschlichen Existenz analysiert haben, und indem wir dabei von deren Methoden lernen, werden wir in der Lage sein, unsere eigenen analytischen Fähigkeiten zu entwickeln und diese auf verschiedene Bereiche unseres Lebens anzuwenden. Ich will damit aber weder sagen, dass das analytische Vermögen des Menschen die wichtigste geistige Fähigkeit überhaupt ist noch dass der Ausübung philosophischen Analysierens die Schlüsselstellung in unserem Leben gebührt. Das tut es nicht, so wichtig das Analysieren auch sein mag. Wenn wir aber nicht fähig sind, die Umstände, die unser Leben bestimmen, zu analysieren und dem, was auf uns zukommt, entsprechend zu begegnen, so werden wir unweigerlich im Leben immer wieder wie gelähmt und hilflos dastehen.

Der Mensch ist wie ein Schilfrohr, das schwächste Ding in der Natur, aber dennoch ist er ein denkendes Schilfrohr.

Blaise Pascal

 Das Analysieren ist eine unerlässliche Fähigkeit. Sie muss jedoch zweckmäßig eingesetzt werden. Es gibt ein wohlbekanntes Phänomen, allgemein als *analytische Paralyse* bezeichnet, das sich einstellt, wenn aktives Handeln oder auch der gefühlsmäßige Bezug zu den Dingen durch zuviel Nachdenken verhindert wird. Ein Mensch kann Gegenstände, über die er nachdenkt, zu Tode analysieren. Wie in Kapitel 1 erläutert, ist das ungeprüfte Leben vielleicht nicht wert gelebt zu werden; das *ungelebte* Leben jedoch ist ganz sicher überhaupt keine philosophische Prüfung wert. Das bloße Denken kann niemals ein Ersatz für echte Handlungen sein. Es sollte uns lediglich bei der Entscheidung, was wir tun sollen, leiten. Alle an sich guten Dinge, und ganz bestimmt auch das logisch-analytische Denken, können falsch gebraucht werden. Es hängt von uns ab, ob wir auf kluge Weise von ihm Gebrauch machen.

Der entscheidende Punkt, auf den ich hier aufmerksam machen möchte, ist, dass das Lösen von Problemen um so leichter fällt, je besser man bei der Analyse von schwierigen Problemen wird. Die Philosophie fördert genau diese Fähigkeit, die dem Menschen sein ganzes Leben lang nützlich ist. Das ganze Geheimnis des Denkens und Handelns ist, dass man ohne die Fähigkeit zum analytischen Denken sehr viel eher in seinem Leben an Schwierigkeiten scheitern wird als das mit dem Beherrschen dieser Fähigkeit der Fall wäre. Richtiger analytischer Scharfsinn kann den Menschen wahrhaft voran bringen.

Die Fähigkeit des Beurteilens

Die Philosophie trainiert sowohl das analytische Denken als auch die Fähigkeit, widerstreitende Behauptungen einzuschätzen und zu beurteilen. Hat der Mensch einen freien Willen, oder sind all unsere Handlungen durch Vererbung und Umweltfaktoren bestimmt? Existiert Gott, oder existiert er nicht? Gibt es ein Leben nach dem Tod, oder stirbt mit dem Körper auch der Geist und die Seele des Menschen? Hat das Leben einen Sinn, oder ist alles, was wir tun, letztlich ohne Sinn und Bedeutung? Ist Rollschuhfahren gesund, oder ist es bloß der schnellste Weg, um ins Krankenhaus zu kommen? (Zugegeben, nicht alle Fragen sind wirklich von kosmischer Dimension.)

Wir werden oft im Alltag mit widerstreitenden Behauptungen und Vorschlägen konfrontiert, die wir dann gegeneinander abzuwägen haben: Sollten wir mehr Geld in die Steigerung der Qualität unseres Produktes investieren, oder sollten wir nicht vielleicht einfach nur den Werbeetat erhöhen? Die einen sagen, dass wir mehr Forschung und Entwicklung bräuchten; die anderen behaupten, dass mehr Marketing vonnöten sei. Eine Gruppe von Experten sagt, dass Kinder mehr Freiheit benötigten; die andere erwidert darauf, dass ihnen im Gegenteil mehr Disziplin und klar definierte Grenzen gut täten. Wie wägt man solche widerstreitenden Forderungen gegeneinander ab? Wie bewertet man sie? Die Philosophie schult den Geist in der hohen Kunst des gegeneinander Abwägens.

Nicht alles, was glänzt, ist auch aus Gold. Schein und Wirklichkeit können voneinander abweichen. Heutzutage leben wir in einer Welt des Scheins, der Übertreibung und der Werbung. Platos Höhle ist größer und tiefer als je zuvor (siehe Kapitel 2). Illusionen regieren die Welt. Jeder will irgend etwas verkaufen, und jeden Tag werden wir mit Forderungen bombardiert, dass wir lernen müssten, die Dinge gegeneinander abzuwägen. In einer Welt widerstreitender Ansichten, die miteinander um unsere Wertschätzung wetteifern, wie sollen wir da die Spreu vom Weizen trennen? Vorsicht ist hier äußerst wichtig. Was wir brauchen, ist kritisches Urteilsvermögen. Dieses Urteilsvermögen, die Fähigkeit des gegeneinander Abwägens, kann durch die Philosophie auch befördert werden.

Des Menschen Urteil ist fehlbar.

Ovid

In der Philosophie werden Meinungen oder Ansichten bewertet, indem man Beweise fordert, die ihre Wahrheit plausibel erscheinen lassen. Dabei vergleichen wir die zu bewertende Aussage mit anderen Aussagen, von deren Plausibilität oder sogar Wahrheit wir schon überzeugt sind.

Bei der Beurteilung einer Weltanschauung oder einer wichtigen philosophischen Lehrmeinung (ebenso bei der Beurteilung von ganz allgemeinen Dingen des täglichen Lebens) müssen die folgenden drei Grundfragen gestellt werden. Wir wollen sie die drei Ks nennen:

✔ **(K1) Besteht Kohärenz?** Sind die verschiedenen Teile der geäußerten Anschauung oder Meinung logisch miteinander vereinbar? Sind sie auf sinnvolle und sich nicht gegenseitig ausschließende Weise miteinander verknüpft? Sind sie kohärent, d.h. in sich schlüssig?

✔ **(K2) Sind sie komplett?** Beinhalten die Aussagen und Behauptungen zu einem Thema alle für dieses Thema relevanten und unbedingt zu berücksichtigenden Aspekte, oder gibt es irgendwo Lücken oder blinde Flecken in der Argumentation?

✔ **(K2) Sind sie korrekt?** Es ist für Aussagen nicht genug, nur vollständig und in sich schlüssig zu sein. Es müssen außerdem genügend Beweise für ihre Wahrheit verfügbar sein. Schlüssigkeit ist notwendig; Vollständigkeit ist wichtig, aber nur die Korrektheit, der Wahrheitsgehalt einer Aussage erfüllt zusätzlich die Bedingung, die man an sie zu stellen hat. Mit einer in sich stimmigen Aussage, die jedoch nicht mit äußeren Tatsachen übereinstimmt, kann man für den praktischen Gebrauch wenig anfangen.

Dies sind also die 3 Ks zur Beurteilung von Aussagen: Kohärenz, Komplettheit und Korrektheit. Eine philosophische Anschauung mag bis zu einem gewissen Grade, jedoch nicht vollständig, korrekt sein, d.h. sie ist vielleicht in begrenztem Maße korrekt, ohne aber komplett genug zu sein. Ein Urteil über eine solche Anschauung macht einem deutlich, dass sie noch weiter begründet werden muss. Sie scheint zwar im Ganzen richtig zu sein, ist aber was ihre weniger wichtigen Teile anbelangt inkohärent. Bevor eine solche Anschauung nicht durch weitere Überlegung und Verfeinerung logisch kohärenter, d.h. zusammenhängender gemacht worden ist, kann man sie nicht als Ganze akzeptieren. Wir müssen generell alle drei Kriterien auf Urteile oder Anschauungen anwenden, um diese abschließend beurteilen zu können. Wenn wir dieses Schema nur immer im Hinterkopf behalten, so werden wir in der Lage sein, unser Urteilsvermögen durch die philosophische Untersuchung eines vorliegenden Urteils egal welcher Art auch immer beträchtlich zu steigern.

Der Gebrauch von Argumenten

Die Philosophie fördert unsere Fähigkeit zur Analyse und Beurteilung von Sachverhalten. Sie lehrt uns aber auch den richtigen Gebrauch von Argumenten.

Argumente im philosophischen Sinne sind weder Spielmarken für Schreiwettkämpfe noch Einsätze in verbalen Auseinandersetzungen im Stile eines zwischen zwei Parteien ausgetragenen Tauziehens. Als ich in den späten Siebzigern auf die Universität ging, begann ich meinen Tag häufig damit, dass ich mir Talkshows im Fernsehen ansah. Selbst zu jener Zeit, als es noch kaum Zuschauerbeteiligung oder auf kontrovers geführte Debatten ausgerichtete Talkshow Sendungen gab, erstaunte es mich immer wieder zu sehen, was die im Fernsehen auftretenden Leute unter einem vernünftigen Austausch von Ideen und Argumenten verstanden. Die auf der Stirn und am Hals heraustretenden Blutadern, die verkniffenen Münder und roten Gesichter, die stets Erwiderungen wie »Ach *wirklich*?«, »*Wer* sagt das?« oder »Das ist bloß *Ihre* Ansicht!« begleiteten, schienen dem Ruf nach echten Argumenten völlig unzugänglich zu sein. Das war natürlich lange vor den gegenwärtig praktizierten Gewohnheiten des Stühle-Werfens, Tretens, Spuckens und An-den-Haaren-Ziehens, die heutzutage im Fernsehen als Ersatz für Argumente herhalten müssen. Ich beziehe mich hier übrigens nicht nur metaphorisch auf die entsprechenden Runden mit politischen Experten. Die Kultur als Ganze schient heutzutage zunehmend zu vergessen, was echte Argumente wirklich sein können.

Ein Argument im philosophischen Sinne ist eine durchdachte Anordnung von Sätzen, vermittels derer man Beweise für die Wahrheit einer Schlussfolgerung vorbringt. Mit Argumenten zielt man jedoch nicht direkt auf einen anderen Menschen, so wie man z.B. ein Gewehr auf eine Zielscheibe richten würde. Man streitet sich nicht in erster Linie *mit* jemandem; man präsentiert lediglich Argumente für eine logische Schlussfolgerung, die zum einen oft als ein Mittel eingesetzt werden, um einen anderen Menschen zu überzeugen, zum anderen aber manchmal bloß dazu dienen, für einen selbst herauszufinden, wo die Wahrheit liegt.

Das Ziel des Argumentierens und Diskutierens sollte nicht das Bestreben sein, siegen zu wollen, sondern der Fortschritt.

Joseph Joubert

Die Vernunft

Das Analysieren ist eine Funktion der Vernunft, genauso wie das Urteilen und das Argumentieren. Was aber genau *ist* die Vernunft? Alle Philosophen verwenden diesen Begriff, ja drängen ihn uns geradezu auf. Gleichzeitig aber machen sie uns auf seine Stärken und Schwächen aufmerksam.

Wir können uns die Vernunft ganz einfach als eines der Vermögen des Geistes vorstellen, ebenso wie es die Vorstellungskraft und die Wahrnehmung sind. Die Vernunft ist diejenige Kraft unseres Geistes, die uns erlaubt, logisch von einer Sache auf die andere zu schließen, die es ermöglicht, einen Zusammenhang von Ursache und Wirkung zu entdecken und die uns schließlich in die Lage versetzt, aus allgemeinen Sätzen Schlussfolgerungen zu ziehen. Kraft unserer Vernunft können wir die Wahrheit in den Dingen entdecken.

»Benutz Deinen Kopf« sagen wir manchmal zu einem Freund, womit wir ihm zu verstehen geben wollen, dass er doch bitte einmal von seiner Vernunft Gebrauch machen solle. (»Setz mal Dein Spatzenhirn in Bewegung« ist die manchmal gebrauchte, weniger höfliche Version desselben Ratschlags.)

In der Geschichte der Philosophie gab es immer wieder Philosophen, die meinten, dass die Vernunft alles tun könne – von der Entdeckung der «Ersten Prinzipien» bis zur Ableitung aller weniger grundlegenden wahren Sätze aus diesen Prinzipien. Andere wiederum waren der Meinung, dass uns nur die Erfahrung der empirischen Welt, d.h. alles, was uns die fünf Sinne an Informationen über die Welt liefern, Wahrheiten über die Zusammenhänge der Welt und unser Leben liefern könne. Das Hin-und-her-Pendeln zwischen zwei Extremen charakterisiert einen großen Teil der Philosophiegeschichte. Häufig beschreibt es auch unser Leben selbst. »Rationalisten« sind für uns Menschen, die die Vernunft für sehr wichtig halten und Argumente verlangen, wenn sie irgend etwas glauben sollen. Im Gegensatz dazu nennen wir jemanden »Empiristen«, wenn dieser ständig auf die Bedeutung der Sinneswahrnehmung für unsere Erkenntnis hinweist und nichts anderes gelten lassen will. Ein typischer Ausspruch eines Empiristen ist z.B.: »Ich werde das erst dann glauben, wenn ich es mit eigenen Augen gesehen habe.« Aber selbst die Philosophen, denen die Erfahrung als das Wichtigste im Erkenntnisprozess erscheint, anerkennen die Rolle der Vernunft beim Analysieren von Zusammenhängen, bei der Wahrnehmung, bei der Bewertung und schließlich beim logischen Schlussfolgern.

In der Philosophie ist deshalb der Austausch von Argumenten nicht die Art von Dingen, bei denen man entweder gewinnt oder verliert. Es handelt sich nicht um einen Wettkampf des Geistes. Selbst wenn man mit einer anderen Person über irgendein wichtiges Thema im herkömmlichen Sinne des Wortes eine argumentative Auseinandersetzung führt und man den anderen von der Richtigkeit seiner Meinung überzeugen will, so sollte man dennoch dazu in der Lage sein, ein auch im philosophischen Sinne gutes Argument hervorbringen zu können. Das Studium philosophischer Texte kann entscheidend dazu beitragen, die eigenen Fähigkeiten in diesem Bereich zu steigern.

Jeder von uns muss dazu fähig sein, andere auf überzeugende Art und Weise von seiner Meinung zu überzeugen. Nicht nur Anwälte sind hiervon abhängig. Der überzeugende Gebrauch von Argumenten ist z.B. ein wichtiger Teil der Tätigkeit eines jeden im Bereich des Managements arbeiten-den Menschen; er ist außerdem für alle Eltern bei der Erziehung ihrer Kinder wichtig, genauso wie für Pfarrer, Lehrer und Wissenschaftler. Ein gutes und überzeugendes Argument hilft uns dabei, mit dem Verstand zu sehen, worin die Wahrheit einer Sache begründet liegt.

In meinem ersten Jahr auf dem College gelangte ich zu einer wichtigen Erkenntnis hinsichtlich der Grenzen von Argumenten. Aus irgendeinem Grund hatte das Thema Haare immer eine große Rolle in meiner Familie gespielt – Kopfhaare wie auch Gesichtshaare. Bis ich aufs College ging, bestanden meine Eltern darauf, dass ich mich täglich rasierte und meine Haare ganz kurz schneiden lassen solle. Sobald ich endlich alleine lebte, hörte ich auf, mir meine Haare zu schneiden und ließ mir einen Fu-Manchu-mäßigen Schnurrbart stehen. Dies war in den frühen Siebzigern, als ein Großteil der Rebellion der sechziger Jahre für meine Generation tatsächlich erst stattfand. Schlaghosen, super lächerliche Hemden und lange Haare beherrschten die Szenerie. Mir läuft es eiskalt den Rücken runter, wenn ich heute daran denke, wie ich damals ausgesehen habe. Es war einfach so, dass ich damals meine neu gewonnene Freiheit genießen wollte und außerdem noch mit meiner äußeren Erscheinung herumexperimentierte. Einige Monate nach meinem Auszug von zu Hause traf ich meine Mutter zum ersten Mal wieder. Sie bot mir augenblicklich 100 DM an, damit ich mir meinen Schnurrbart abrasieren lasse und weigerte sich standhaft, sich so mit mir zusammen in der Öffentlichkeit zu zeigen. Ich wünschte mir, ich wäre damals nicht so prinzipientreu gewesen. Zwei Wochen später nämlich fing der Schnurrbart dermaßen an zu jucken, dass ich ihn mir, ohne 100 DM dafür einstecken zu können, abrasierte. An jenem Tag versuchte meine Mutter jedoch jede nur denkbare Strategie. Sie sagte zu mir sogar: »Jeder, der sich einen Bart oder Schnurrbart wachsen lässt, scheint irgendwie psychisch nicht in Ordnung zu sein.«

Da ich gerade meinen ersten Philosophiekurs besuchte und dabei lernte, wie man seine Meinung mit Argumenten vertreten kann, beschloss ich, mein neugewonnenes Wissen hier einmal zu testen. Ich erinnerte mich plötzlich an das, was die Philoso-phen »falsifizieren« nennen. Konkret bedeutet falsifizieren, dass man jede allgemeine Behauptung der Form *Alle A = B* dadurch widerlegen kann, dass man für einen Fall zeigt, dass A nicht gleich B ist (man versucht also kurz gesagt ein Gegenbeispiel zu finden). Ich zählte also alle mir bekannten berühmten Männer der Geschichte auf, von denen ich wusste, dass sie einen Bart oder Schnurrbart hatten, die aber, nach allem was man wusste, trotzdem vor psychischer Gesundheit und weltlichem Erfolg nur so strotzten. Während ich mich so vom antiken Griechenland bis zum amerikani-schen Bürgerkrieg vorarbeitete, musste ich plötzlich innehalten, da mir Folgendes einfiel:

»Mutter,« sagte ich und versuchte dabei so überzeugend wie nur möglich zu klingen, in der Gewissheit, nun einen unumstößlichen Beweis für meine These zu haben, dass Gesichtshaare und ein gesunder geistiger Zustand sehr wohl zusammengehen, »Papa hat *immer* einen Schnurrbart getragen!«

»Siehst Du, was ich meine?«, antwortete sie wie aus der Pistole geschossen.

Der Text eines alten Country Songs geht so: »Des einen Menschen Zimmerdecke ist des anderen Boden.« Manchmal kann die Bewertung oder Analyse eines Argumentes zwei unterschiedliche Ergebnisse haben. Wovon ich glaubte, es sei die denkbar überzeugendste Widerlegung einer allgemeinen und nach meiner Überzeugung falschen Behauptung, war für mein Gegenüber im Gegensatz dazu bloß eine besonders klare Bestätigung ihrer eigenen emphatisch vorgetragenen Meinung.

Jede Frage hat zwei Seiten.

Protagoras

Natürlich besteht manchmal Uneinigkeit über die Stichhaltigkeit eines für ein Argument wichtigen Beweises. Mitunter sind Menschen auch einfach nicht willens, die Wahrheit zu sehen oder sich auf rationale Argumente überhaupt einzulassen. Das vernünftigste Argumentieren scheitert oft daran, sich gegen stark gefühlsmäßig geprägten Widerstand durchsetzen zu müssen.

Gefühle und Logik sind manchmal unvereinbar. An verschiedenen Stellen des Buches werde ich auf wichtige Sachverhalte dieser Art zurückkommen. Worum es mir hier geht, ist einfach zu erklären.

Zum einen kann sich an der richtigen Stelle die Fähigkeit, stichhaltig zu argumentieren als sehr wichtig für das Erkennen der Wahrheit erweisen; zum anderen kann sie entscheidend dazu beitragen, andere Menschen davon zu überzeugen, uns in unserem Bemühen zu folgen. Ein überzeugendes Argument bietet zwar keine Garantie dafür, dass man auch das gewünschte Ergebnis erzielt; es ist aber auf jeden Fall stets einem schlechten Argument vorzuziehen. Zusammen mit der Vorstellungskraft und mit Gefühlen sind Argumente außerdem das entscheidende Element, das einem dabei hilft, einen anderen Menschen für die Wahrheit und das Eintreten für diese zu gewinnen. Vernünftig zu argumentieren ist eine der Fähigkeiten, die den Menschen am meisten charakterisiert, und die die Philosophie am nachhaltigsten einübt.

Die Gefahren des Argumentes: Eine kurze Anleitung zum Überleben

Wie lassen sich Argumente überhaupt sinnvoll einsetzen? Wie kann man bei einem Streit über eine bestimmte Frage mit ihrer Hilfe eine andere Person auch überzeugen? Zu diesem Thema gab es durch die Jahrhunderte immer wieder alle möglichen Ratschläge. Manche dieser Ratschläge sind philosophischer Natur, manche psychologischer und wiederum andere sind rein pragmatischer Art.

Als erstes der pragmatische: Man kann ihn beispielsweise bei Leontinus Gorgias finden »Antworte bei Disputen auf deines Gegenübers Ernsthaftigkeit mit einem Scherz und auf seinen Scherz mit Ernsthaftigkeit.« Mit anderen Worten: Bemühe dich, deinen Gegner aus dem Gleichgewicht zu bringen. Diese Praxis ist mehr eine Unterabteilung der Rhetorik, die in den Bereich der Überredungskunst gehört, und nicht so sehr Teil der Philosophie, bei der es um die Suche nach Wahrheit geht. Die meisten pragmatischen Ratschläge zum Gebrauch von Argumenten unterstellen genau dies, dass es einem nur darum gehe, den anderen besiegen zu wollen und nicht, dass man auf die Wahrheit aus ist.

Der psychologische Ratschlag warnt uns häufig davor, dass die Wahrheit im Gespräch mit anderen Menschen nicht vermittelbar sei. Sir Thomas Browne z.B. schrieb: »Bei allen Auseinandersetzungen kommt man der Wahrheit nur in dem Maße näher, wie man in der Lage ist, seine Emotionen zu zügeln.« Man hört oft, dass bei Diskussionen normalerweise mehr heiße Luft als tatsächlich Erhellendes produziert wird. Gefühle trüben die Vernunft. Bei einer Debatte zwischen mehreren Personen sind die Teilnehmer manchmal sogar dazu bereit, alles zu tun, um ihr Gesicht zu wahren. Joseph Adison bemerkte einmal: »Die Disputanten erinnerten mich an einen Tintenfisch, der, wenn er sich nicht selbst aus einer Lage befreien kann, das ihn umgebene Wasser mit seiner Tinte schwärzt, bis er selbst dadurch unsichtbar geworden ist.« Mit Publius Syrus Worten gesprochen: »In einem hitzigen Gespräch neigen wir dazu, die Wahrheit aus den Augen zu verlieren.«

Zum Schluss nun einige gemäßigte philosophische Ratschläge eher praktischer Art: Protagoras beteuerte, dass jede Frage zwei Seiten habe. Im 18. Jahrhundert fügte Henry Fielding das Folgende hinzu: »Für beide Seiten lässt sich trefflich streiten.« Immer wenn man intelligente Leute dabei beobachtet, wie sie eine Position verteidigen oder sich für einen Standpunkt einsetzen, so kann man vernünftigerweise annehmen, dass diese Position oder Standpunkt nicht kompletter Blödsinn ist. Verallgemeinernd kann man glaube ich sagen, dass es nicht allzu viele aufrichtige, intelligente und gut informierte Menschen gibt, die in absolut jeder Beziehung unrecht haben. Seien Sie also aufgeschlossen für die Wahrheit, die auch eine Ihnen widersprechende Ansicht beinhalten kann. Oscar Wilde allerdings versuchte uns mit der ihm eigenen Übertreibung zu warnen: »Derjenige, der beide Seiten einer Frage sieht, ist jemand, der überhaupt gar nichts sieht.« Die Vernunft oder der gesunde Menschenverstand jedoch zwingen uns weder dazu, im Leben eine ausgewogene aber unentschiedene Haltung einzunehmen, noch raten sie uns dieses an.

Und natürlich besteht das Leben aus viel mehr als nur aus Argumenten und Disputen. Sokrates bemerkte einmal: »Du liebst Argumente, und nun glaubst Du, ich habe nichts als Argumente im Sinn.« Niemand von uns will sich Diskussionen entziehen; auf der anderen Seite glauben wir aber auch nicht, dass es das einzige im Leben ist, um dessentwillen es sich lohnt zu leben.« Erzählen Sie Ihren Freunden auf der Universität, die zu Beginn ihres Philosophiestudiums stehen: Nicht einmal Sokrates dachte nur an Argumente und daran, wie man sie einsetzen könne.

Weisheitsregeln

Die Philosophie als eine unsere Aufmerksamkeit verdienende Tätigkeit des menschlichen Geistes nur aus dem Grunde zu rühmen und zu empfehlen, weil sie unsere analytischen Fähigkeiten, unser Urteils- und Argumentationsvermögen steigert, ist ungefähr dasselbe wie zu sagen, dass Gehirnchirurgie aus dem Grunde eine so tolle Sache sei, weil sie die Augen-Hand-Koordination des Chirurgen trainiere. Die Philosophie kann wohl manchmal wie Aerobics für den Geist oder Gewichtheben für die Seele erscheinen. Ihr wichtigstes Charakteristikum jedoch ist das, was in der Übersetzung ihres Namens zum Ausdruck kommt.

Die Weisheit ist das höchste Gut des menschlichen Geistes. Die Philosophie ist die Liebe zur Weisheit und das Bestreben, sie zu erlangen.

Seneca

 Die Philosophie ist deswegen eine der erhabensten Tätigkeiten, denen wir uns überhaupt hingeben können, weil sie die _Weisheit_ in unserem Leben fördert. Die Weisheit wiederum ist von zweierlei Nutzen: Sie erzeugt Tiefe und hat großen praktischem Wert.

Weisheit heißt zunächst einmal nichts anderes, als Einsicht in das Leben zu gewinnen. Einsicht selbst ist eine Art von Scharfblick oder Scharfsinn im Urteilen, der durch die äußere Erscheinung hindurchbricht und sich an den Realitäten festbeißt. Die Weisheit geht bis auf den Kern der Dinge.

In der Antike sprach Seneca von der Weisheit als »der einzigen Freiheit«. Juvenal nannte die Weisheit »die Bezwingerin des Schicksals«. Im Neuen Testament sagt Jesus: »Du wirst die Wahrheit erkennen, und die Wahrheit wird dich befreien.« Die Weisheit ist nichts anderes, als die Wahrheit über das im Leben zu wissen, auf das es wirklich ankommt. Wir erlangen sie, wenn wir unseren Blick auf das Wesentliche der Dinge richten und diese zumindest andeutungsweise zu verstehen lernen.

Ein weiser Mensch lässt sich nicht leicht vom trügerischen Äußeren der Dinge in die Irre leiten. Die Weisheit lässt sich nicht so leicht auf falsche Fährten locken. Sie sieht in allen Dingen ihre verborgenen Seiten. Sie ist geduldig und gibt nur wohl überlegte Antworten.

Die Weisheit lässt sich außerdem nicht zu überstürzten oder übereilten Handlungen hinreißen.

Ein weiser Mensch besitzt _Tiefe_. Balthasar Gracian schrieb in seinem im 17. Jahrhundert erschienenen Handbuch des Erfolges _Die Kunst der weltlichen Weisheit_ die folgenden Sätze über die Tiefe:

Du bist nur so weit ein wirklicher Mensch als Du über Tiefe des Geistes verfügst. Wie beim Diamanten so ist das Innere zweimal so wichtig wie die Oberfläche. Es gibt Menschen, die bestehen nur aus ihrem Äußerem, wie ein aus Geldmangel unvollendet gebliebenes Haus. Nach außen hin erscheinen sie so prächtig zu sein wie ein Palast; in ihrem Inneren jedoch sind sie so dürftig wie das Innere einer einfachen Hütte.

Ein weiser Mensch ist niemals nur ganz äußerer Schein und ohne jede Substanz. Aller äußere Glanz existiert bei ihm nicht ohne eine starke Verankerung in der Realität. Der Kern der Dinge, ihre wesentliche Eigenart, bleibt ihm nicht verborgen. Ihren wahren Wert kann er jederzeit einschätzen.

 Das oberflächliche Leben ist zur bestimmenden Lebensweise auf der Welt geworden. Die Menschen kratzen sozusagen nur an der Oberfläche des Lebens, ohne es je wirklich in seiner ganzen Tiefe zu leben. Die Philosophen jedoch beharren auf seiner Tiefe.

Die Weisheit ist für die Welt das, was die Gesundheit für den Körper ist.

La Rochefoucauld

Die Weisheit ist aber auch und vor allem praktisch. Sie gibt uns praktische Hilfestellung für ein gutes Leben. Deshalb ist sie es auch wert, dass wir Zeit und Mühe investieren, sie zu erlangen. Die großen Philosophen sind bloß Menschen, die dabei manchmal Außergewöhnliches geleistet haben. Manche von ihnen sind zu falschen Ergebnissen gekommen. Andere wiederum sind bei ihrer Suche nach der Wahrheit fündig geworden. Aber selbst jene Philosophen, deren Schlussfolgerungen sich als grundfalsch herausstellten, weisen uns manchmal den richtigen Weg, der uns der Wahrheit ein Stückchen näher bringt.

Verstehen Sie mich hier bitte nicht falsch. Ich behaupte nicht, dass alle Philosophen praktische Fragen zu beantworten suchen oder uns Weltanschauungen vermitteln wollen, die uns in unserem Alltagsleben helfen können. Die griechischen Philosophen vor Sokrates beschäftigten sich oft mit Fragen kosmischer Dimension, die zum Leben der Menschen damals und heute keinen direkten Bezug hatten und haben. Die Vorsokratiker waren bemüht, die Frage nach dem Wesen des Universums zu beantworten und nicht die, wie wir am besten in dieser Welt leben können. Ihre Antworten darauf waren teilweise ziemlich seltsam, wie man den folgenden Beispielen entnehmen kann:

Thales: *Alle Dinge gehen aus dem Wasser hervor.*

Anaximander: *Alles besteht aus dem Apeiron* [Unerfahrbares, Unendliches].

Anaximenes: *Alle Dinge entstammen der Luft.*

Heraklit: *Alles fließt.*

Pythagoras: *Die Zahlen sind die Prinzipien des Seienden.*

Parmenides: *Alle Veränderung ist nur Schein. Die Welt des sinnlich Wahrnehmbaren ist nur eine Illusion.*

Die Vorsokratiker versuchten das Universum zu verstehen. Ihre philosophischen Einsichten zeugen von einer bemerkenswerten denkerischen Leistung, die nicht immer so merkwürdig klingende Schlussfolgerungen zum Ergebnis hatten. In gewisser Weise betrieben sie wissenschaftliche Kosmologie, ohne jedoch über ausreichendes naturwissenschaftliches Wissen und Kenntnis der entsprechenden Methoden verfügt zu haben, die für die Erforschung der Natur und ihrer Geheimnisse unabdingbar sind. Dennoch waren sie die Vorläufer für die heutige moderne Naturwissenschaft.

Anfangs war die Philosophie viele hundert Jahre lang noch nicht scharf getrennt von vielen Bereichen des menschlichen Denkens, die wir heute als eigenständige Wissensgebiete betrachten. Die frühen Philosophen waren eine Art Protowissenschaftler. Noch bevor sich wissenschaftliche Disziplinen wie Biologie, Chemie, Zoologie, Physik, Mathematik und Psychologie herausbildeten, waren die Philosophen damals schon Mathematiker, Psychologen etc. Noch heute heißen manche naturwissenschaftliche Lehrstühle an europäischen Universitäten »Lehrstuhl für Naturphilosophie (bzw. Naturlehre)«. Über einen langen Zeitraum hinweg war das Reich der Philosophie fast grenzenlos.

Die Philosophie aber, die erstmals in Griechenland mit Sokrates, Plato und Aristoteles auf den Plan trat und deren Wissensbezogenheit auch in den Schriften von Konfuzius und Lao Tse sowie vielen anderen fernöstlichen Denkern zu finden ist, diese Philosophie führte zu einer Tradition philosophischen Fragens, auf die sich die Menschen auch heute noch beziehen. Diese Tradition strebt in ihren besten Vertretern sowohl Tiefe des Geistes als auch Nützlichkeit für die Belange des menschlichen Lebens an.

Die sokratische Suche nach Weisheit

 Sokrates ist ein ziemlich außergewöhnliches Beispiel für einen Menschen, der die Suche nach der Weisheit tatsächlich gelebt hat. Er selbst hinterließ keine Schriften. Sein Philosophieren fand immer im mündlichen Disput mit anderen Menschen statt, unglücklicherweise nicht immer mit solchen, die ihm auch wohlgesonnen waren. Nachdem er die angeblich weisesten Männern Athens gefunden hatte, stellte er ihnen Fragen zu bedeutungsvollen Themen. Als er zu dem Schluss gekommen war, dass ihre Antworten doch nicht so weise waren, wie immer behauptet wurde, sagte er ihnen dies schließlich auch offen ins Gesicht. Wie man sich vorstellen kann, machte ihn dies nicht unbedingt zum populärsten Mann Athens.

Viele junge Leute in Athen waren von Sokrates' außerordentlicher Intelligenz so sehr beeindruckt, dass sie sich ihm auf seinen Wegen anschlossen. Sie imitierten seine Fragekunst und stießen damit schließlich noch mehr Bürger der Stadt vor den Kopf. Als Sokrates siebzig Jahre alt war, hatten er und seine Anhänger so viele einflussreiche Bürger Athens verärgert, dass er schließlich angeklagt und vor Gericht gestellt wurde. Ihm wurde vorgeworfen, dass er die Jugend korrumpieren würde und dass er nicht an die Götter Athens, sondern an andere Götter glauben würde.

 Plato gibt von diesem Geschehen einen fesselnden Bericht: Sokrates' Schicksal befand sich in Händen von 501 ausgewählten Bürgern Athens, die die Beweise gegen ihn abwägen mussten und per Abstimmung über sein Schicksal zu befinden hatten. Nach allem was wir wissen, hätte er dem Todesurteil entgehen können, wenn er sich nur dazu bereit erklärt hätte, das Philosophieren in den Straßen und den damit verbundenen Aufruhr in der Öffentlichkeit in Zukunft zu unterlassen. In seiner Antwort an die über ihn zu Gericht Sitzenden erwog er diese Möglichkeit und gab ihnen schließlich eine einfache Antwort, deren Worte noch heute nachhallen. Seine Erwiderung lautete folgendermaßen:

Hohes Gericht, ich bin sehr dankbar und Euer Freund, aber ich werde eher den Göttern als Euch gehorchen und solange wie ich fähig und in der Lage bin, werde ich niemals mit dem Philosophieren aufhören, noch Euch zu ermahnen und, wie es meine Art ist, wen immer ich auch treffe, auf das Folgende hinzuweisen: Athener, du bist ein Bürger der großartigsten Stadt, gerühmt sowohl wegen ihrer Weisheit als auch wegen ihrer Stärke. Schämst du dich nicht deines Strebens nach immer mehr Reichtum, Ruhm und Ehre, während du dich nicht sorgest um, noch einen Gedanken verschwendest an die Weisheit oder die Wahrheit, oder an das Wohlergehen deiner Seele?

Er fuhr fort mit den Worten:

Wenn also einer von euch dies bestreitet und sagt, er sorge sich doch um all dies, so werde ich ihn nicht einfach ziehen lassen oder mich abwenden, sondern ich werde ihn befragen, ihn untersuchen und auf die Probe stellen und, wenn ich glaube, er habe das Gute, wie er sagt, nicht erlangt, so werde ich ihm Vorwürfe machen, da er die wichtigsten Dinge gering achtet und niederen Dingen seine Aufmerksamkeit widmet. In dieser Weise werde ich jeden behandeln, sei er jung oder alt, Bürger oder Barbar, und besonders euch Bürger der Stadt, da ihr einer Herkunft mit mir seid. Seid versichert, dass das der Götter Auftrag an mich ist und es keinen größeren Dienst an die Stadt gibt, als mein Gehorsam den Göttern gegenüber. Denn ich wandele durch die Straßen der Stadt und tue nichts als euch, ob jung oder alt, zu überzeugen, davon abzulassen, euch um euren Körper oder euren Reichtum zu kümmern, anstatt gleiches Maß für euer größtmögliches Seelenheil aufzubringen. Ich aber sage euch: »Nicht Reichtum bringt euch Tugend, sondern letzteres bringt euch Reichtum und alle anderen öffentlichen und privaten Segen des Menschen.«

Das Urteil, das nach seiner Rede gefällt wurde, war *schuldig*. Die Strafe für sein Vergehen war der Tod. Die Strafordnung jener Zeit räumte jedoch auf Gesuchen des Angeklagten die Möglichkeit ein, noch ein anderes Strafmaß zu verhängen. Wenn dies den zu Gericht sitzenden Bürgern vernünftig erschienen wäre, so hätten sie sich höchst wahrscheinlich gegen die Verhängung der Todesstrafe entschieden.

Danach gefragt, welche Strafe für das, was er getan habe, gerecht sei, überlegte Sokrates einen Moment und sagte dann, dass er lebenslang freie Kost und Logis der besten Art verdiene, genau dasselbe, was auch die olympischen Athleten bekämen.

Statt dessen bekam er Gift.

Sei, wenn Du kannst, weiser als andere Leute; sage ihnen dies aber nicht.

Lord Chesterfield

Die Weisheit ist es wert, dass man sich um sie bemüht. Und doch ist trotz ihrer erheblichen Bedeutung für ein gutes Leben vielleicht nichts anderes so selten anzutreffen wie die Weisheit.

Der frühere US-Präsident Calvin Coolidge bemerkte einmal: »Einige Menschen leiden unter einem Mangel an Arbeit, andere an einem Mangel an Wasser, die meisten aber an einem Mangel an Weisheit.« Heute gilt dieser Satz in noch viel stärkerem Maße.

Heutzutage ist vielleicht nichts weniger selbstverständlich als wirkliche Weisheit und das Wissen darüber, wie man am besten lebt, auch wenn manche sagen, dazu gehöre nicht viel. Wir sollten versuchen, unser schon gewonnenes Wissen zu vermehren, indem wir uns die wesentlichen Fragen, die zum Verständnis unseres Lebens und unsere Lage in der Welt gehören, ein wenig genauer anschauen.

 Ist die Suche nach der Wahrheit die Zeit und Mühe wert? Sokrates glaubte, dass sie sein Leben wert sei.

Wenn Sie sich nun den vielen philosophischer Fragen zuwenden, die in diesem Buch behandelt werden, so können Sie erwarten, dass Ihnen jederzeit Fragen von philosophischer Tiefe und praktischer Bedeutung für Ihr Leben begegnen. Wir streben nach Weisheit für die Reise, auf der wir uns befinden. Wir dürfen uns nie mit weniger zufrieden geben.

Teil II

Woher wissen wir überhaupt etwas?

In diesem Teil...

In diesem Teil werden wir uns mit unseren Überzeugungen als Überzeugungen näher beschäftigen. Außerdem werden wir uns anschauen, was wir über die Wahrheit wissen und darüber sprechen, was wir überhaupt wissen können. Wann ist ein Mensch vernünftig? Muss man für die Wahrheit der eigenen Ansichten und Überzeugungen immer den Beweis liefern? Teil II gibt uns einige Hilfsmittel an die Hand, die wir im Verlaufe des Buches immer wieder benötigen werden. Wenn Sie gerne wissen möchten, wie wir zu vernünftigen Ansichten gelangen können, so ist dieser Teil genau richtig für Sie.

Überzeugungen, Wahrheit und Wissen

In diesem Kapitel

▷ Die schrittweise Entwicklung der für die Suche nach der Wahrheit benötigten Hilfsmittel

▷ Was sind Überzeugungen und Ansichten eigentlich?

▷ Die Erkenntnis und das Wissen in analytischer Perspektive

▷ Klarere Einsicht in das Wesen von Wahrheit und Vernunft

Der Mensch ist das, was er glaubt.

Anton Tschechov

D er Philosoph Ludwig Feuerbach sagte einmal: »Der Mensch ist, was er isst.« Ich bevorzuge jedoch die Ansicht Tschechovs. Ich betrachte mich lieber als jemanden, der aus der Summe seiner Anschauungen und Überzeugungen besteht als bloß daraus, was er über die Jahre an Hamburgern, Chips und Schokoladenkeksen gegessen hat. Sind Sie da nicht gleicher Meinung mit mir?

In diesem Kapitel stelle ich einige sehr wichtige Fragen, die sich aus der Beschäftigung mit Überzeugungen, Wahrheit und Wissen ergeben. Wir beginnen unsere philosophische Suche damit, dass wir uns Klarheit über die wichtigsten Elemente der philosophischen Analyse verschaffen. Nachdem ich Sie mit den erforderlichen fundamentalen Begriffen bekannt gemacht habe, können wir dann schließlich unsere philosophischen Erkundigungen beginnen.

Unsere Überzeugungen als Überzeugungen

Unsere Überzeugungen sind die Landkarten unserer Wirklichkeit. Sie leiten uns durch den Tag. Sie sind die Brille, durch die wir die Welt sehen. Sie sind außerdem die Quelle, aus der unsere Handlungen, Einstellungen und Gefühle fließen.

Es gibt nichts Wichtigeres als das, woran Sie glauben. Die Dinge, die Sie wertschätzen, sind von ebenso großer Bedeutung. Manche Philosophen meinen, dass der Grund hierfür darin besteht, dass an den Wert einer Sache zu glauben nichts anderes sei, als eine besondere Art von Überzeugung. Wenn Sie etwas wertschätzen, sind Sie einfach der Meinung, dass es wichtig und der Wertschätzung würdig ist.

Ihre Gefühle sind sicherlich ein wesentlicher Bestandteil Ihrer Person, genauso wie Ihre Wünsche, Hoffnungen und Träume. Alle diese Bestandteile sind aber ein Ergebnis Ihrer Überzeugungen oder sind auf irgendeine andere Art von diesen abhängig. Sie wünschen sich das, von dem Sie glauben, es sei gut oder angenehm. Sie erhoffen sich etwas, weil Sie glauben, dass es zu Ihrem persönlichen Glück oder ganz allgemein zu Ihrem Erfolg im Leben beitragen kann. Wie man es auch dreht und wendet, Ihre Überzeugungen sind entscheidend dafür, wer Sie sind.

Die Philosophie ist die Liebe und das Streben nach Weisheit. Jeder von uns sehnt sich früher oder später nach Lebensweisheit. Niemand möchte als Dummkopf durchs Leben gehen, beeinträchtigt durch irrige Annahmen und Überzeugungen bezüglich wichtiger Dinge, oder in die Irre geführt werden von falschen Werten, die einem nichts als Unglück bringen. Aus diesem Grund haben die Philosophen immer darauf hingewiesen, dass es sehr wichtig für uns sei, unsere Überzeugungen einmal genau zu untersuchen. Sind sie wirklich gerechtfertigt? Sind sie überhaupt wahr? Können sie uns in unserem Leben ein guter Führer sein? Besitzen wir durch unsere gegenwärtigen Ansichten und Überzeugungen ein wirkliches Wissen über die Welt und über uns, oder aber ist das, was wir zu wissen glauben, nicht mehr als bloß subjektive Meinung? Dies sind alles Fragen, die wir uns stellen müssen und die einer Antwort bedürfen.

An nichts glauben die Menschen so sehr, wie an das, was sie am wenigsten kennen.

Montaigne

Wie viele Überzeugungen haben wir? Hunderte? Tausende? Millionen? Gar mehr als das? Jeder von uns hat sehr viel mehr Überzeugungen als er oder sie zu glauben meint. Wenn Sie das überrascht, so ist die Erklärung hierfür sehr einfach. Wir benutzen manchmal das Wort »Überzeugung« in Bezug auf unsere Grundeinstellung zu einer Sache, wie zum Beispiel in den Sätzen:

✔ Sie teilen die Überzeugung, dass Stehlen falsch ist.

✔ Sie besitzt die feste Überzeugung, dass Gott existiert.

✔ Er ist der Überzeugung, dass die Demokratie die beste Regierungsform ist.

Neben unseren wichtigen Überzeugungen haben wir aber auch triviale Auffassungen von der Welt. Zum Beispiel glaube ich, dass eins weniger ist als zwei, zwei weniger als drei, drei weniger als vier und so weiter. Ich nehme außerdem an, dass ich mich innerhalb eines Gebäudes befinde und dass die Buchstaben m, n, o und p im Alphabet aufeinanderfolgen. Alles in allem hat keiner dieser Annahmen eine für mein Leben unerlässliche Bedeutung. Dennoch sind sie Überzeugungen. Natürlich glauben wir zusätzlich noch, dass wir diese Dinge tatsächlich wissen. Einige Überzeugungen gehören dagegen nicht wirklich zum Wissen des Menschen; andere wiederum zählen zum Wissen. Das Verhältnis von Überzeugungen und Wissen wird jedoch erst später in diesem Kapitel im Abschnitt »Die vollständige Definition des Wissens« behandelt.

Man kann bei Überzeugungen zwei Seiten unterscheiden – eine objektive und eine subjektive Seite. Die subjektive Seite besteht bloß in dem geistigen Zustand des Überzeugtseins. Die objektive Seite betrifft den Inhalt dessen, was geglaubt wird, z.B. einer Vorstellung oder Behauptung über die Realität. In der Philosophie heißen diese Überzeugungen *Sätze* oder *Aussagen*. Wenn ich in diesem Buch von »der Überzeugung, dass es einen Gott gibt« spreche oder von »dem Glauben an eine objektive moralische Ordnung« oder »dem Glauben an ein Leben nach dem Tode«, so meine ich normalerweise den entsprechenden Satz, in dem die Behauptung zum Ausdruck kommt, dass es eine moralische Ordnung oder ein Leben nach dem Tode gibt.

Unser Schwerpunkt liegt auf dem, was manche Philosophen *Wahrheitsanspruch* nennen. Ab und an finde ich es wichtig, auf die subjektive Seite von Überzeugungen hinzuweisen, d.h. auf den mentalen Zustand der Menschen, die typischerweise bestimmte Aussagen über die Welt akzeptieren. Meistens jedoch gilt meine Aufmerksamkeit den Behauptungen an sich. Dies wird auch für den Fall gelten, dass wir im Verlaufe des Buches uns immer wieder unser eigenes Verhältnis zu den betreffenden Aussagen in Erinnerung rufen werden, d.h., ob wir diese glauben oder nicht, ob wir gar keine endgültige Meinung zu diesen haben oder ob wir vielleicht eine ganz andere Beziehung zu ihnen haben sollten.

Die Bedeutung von Überzeugungen

Es ist von entscheidender Bedeutung, gleich zu Beginn festzuhalten, dass alle Menschen eine sehr große Anzahl von Überzeugungen haben, auch solcher, über die man explizit gar nicht nachdenkt. Wenn Tschechov Recht hatte, als er einmal sagte, dass wir das sind, woran wir glauben, dann täten wir gut daran, in Bezug auf unsere wichtigsten Überzeugungen ein positives Gefühl zu haben. Wir sollten sie zu diesem Zweck besser einmal untersuchen. Einige unserer Überzeugungen sind solche, bei denen jeder von uns weiß, dass er sie hat. Andere wiederum sind nicht so leicht zu entdecken. Ein wenig philosophische Nachforschung wird uns aber auch über sie Aufschluss geben können.

Unsere Überzeugungen sind aus mancherlei Gründen wichtig. Kriege sind wegen (Glaubens-)Überzeugungen ausgefochten worden. Abkommen werden geschlossen oder gebrochen aufgrund von Überzeugungen. Menschen versammeln sich, weil sie eine gemeinsame Überzeugung haben. Unterscheiden sich ihre Überzeugungen, so trennen sich Menschen aus diesem Grund. Unsere Überzeugungen bestimmen unsere Lebensplanung bis ins Detail.

Viele Philosophen sind bei der Analyse menschlichen Handelns zu dem Ergebnis gekommen, dass es eine natürliche Folge des Zusammenwirkens unserer Überzeugungen und unserer Wünsche ist:

Überzeugungen + Wünsche = Handlungen

Unser Handeln in der Welt ist eine Folge dessen, woran wir glauben und was wir wollen. Wenn das, was wir wollen, auf etwas zurückzuführen ist, wovon wir glauben, dass es gut oder angenehm ist, dann folgt daraus, dass unsere Überzeugungen tatsächlich der Ursprung unserer Handlungen sind. Die richtigen Überzeugungen zu haben, ist demnach nicht nur eine Sache von theoretischer Bedeutung, sondern außerdem von höchster praktischer Wichtigkeit.

Hier liegt jedoch das Problem. Wir haben nämlich irrige und falsche Überzeugungen, und zwar jeder und jede von uns. Niemand ist vollkommen unfehlbar. Selbst ein Katholik, der glaubt, dass der Papst in Sachen des Glaubens unfehlbar ist, muss dennoch eingestehen, dass der Papst z.B. ein bestimmtes Kleidungsstück verlegen könnte, weil er annimmt, es läge in der Kommode, während es sich tatsächlich nicht dort befindet.

Als ich noch klein war, sah ich meinen Vater im Haus oft mit einem Hut auf dem Kopf herumlaufen, während er gleichzeitig nach ihm suchte. »Wo ist mein Hut? Hat irgend jemand meinen Hut gesehen?« »Er ist auf Deinem Kopf.« »Oh, ach so.« Selbst bei so einfachen, leicht nachprüfbaren Dingen wie in diesem Beispiel, können uns unsere Annahmen täuschen. Stellen Sie sich nur vor, wie wir uns bei etwas subtileren Sachverhalten irren können.

Wir sind manchmal ein wenig zerstreut. Oft sind wir sogar falsch informiert. Mitunter glauben wir etwas zu sehen, was nicht wirklich da ist, oder umgekehrt. Ein anderes Mal ist es vielleicht so, dass wir die falschen Schlüsse aus unserem richtigen Wissen ziehen. Jeder von uns hat außerdem Vorurteile und gewisse Schwachstellen. Dazu kommt die Tatsache, dass eine der stärksten Kräfte im menschlichen Leben die Neigung zur Selbsttäuschung ist, d.h. unsere Fähigkeit, das zu glauben, was wir glauben wollen, und uns das selbst zu verheimlichen, dem wir uns nicht wirklich stellen wollen, wie auch immer der gemiedene Sachverhalt beschaffen sein mag.

Wie können wir die irrigen Annahmen und Überzeugungen vermeiden, die uns in die falsche Richtung lenken oder sogar unser Leben ganz zum Entgleisen bringen können? Wie können wir uns vor falschen und fehlerhaften Meinungen schützen? Diese Frage beschäftigt die Philosophen schon seit Jahrtausenden. Wenn Sie die Antworten darauf wissen wollen, so lesen Sie einfach weiter.

Aberglaube: Eine wahre Geschichte

Irrige Annahmen und Überzeugungen können auf alle möglichen Arten zustande kommen. Sie können unser Leben sehr stark beeinflussen. Am 13. September 1996 flog ich in einer fast leeren Maschine quer durchs Land. Kurz nach dem Abflug erwähnte ich gegenüber der Stewardess, wie ungewohnt es sei, all die leeren Sitzreihen vor mir zu sehen. Sie antwortete darauf mit: »Oh, das passiert oft an einem Freitag, dem 13. Die Leute haben Angst, an diesem Tag zu fliegen.« Mein Sitznachbar, ein Mann, mit dem ich gerade Bekanntschaft geschlossen hatte, lachte laut auf und sagte: »Was für ein abergläubischer Unsinn! Unglaublich! Geradezu lächerlich!« Kaum hatte er dies gesagt, fiel ihm die linke Linse seiner Brille auf den Kabinenboden. Er sah überrascht auf und sagte: »Na so was, ich hab' gerade eine Linse verloren, dabei ist die Brille erst ein Jahr alt.« Nachdem er die Linse aufgehoben hatte, fing er mit seiner Tirade gegen den Aberglauben gleich wieder an: »Ich glaube, ich sollte jetzt wahrscheinlich denken, dass das deswegen passiert ist, weil heute Freitag, der 13 ist! Ha!« Als er versuchte, die Linse wieder in das Gestell einzusetzen, schaute er auf einmal mit erstauntem Blick zu mir auf und sagte: »Nicht zu fassen, das Gestell ist gerade total auseinandergebrochen.« Was soll man dazu sagen? Bei einem weniger philosophischen Menschen hätte dies vielleicht ausgereicht, um ihn ... abergläubisch zu machen.

Philosophische Analyse

Die Philosophen analysieren Ideen. Sie nehmen sie auseinander und versuchen dann anschließend, sie wieder zusammenzusetzen, d.h. zu verstehen, wie sie funktionieren. Wie Automechaniker, wie begriffliche Mechanikerlehrlinge streben sie oft danach, unsauber laufende Ideen zu reparieren und wieder neu einzustellen.

Die Analyse des Wissens (als hinreichend begründete wahre Annahmen, bzw. Überzeugungen, siehe unten) spaltet nun dieses Wissen auf in die sogenannten notwendigen und hinreichenden Bedingungen (logischer Richtigkeit) oder, um es etwas genauer zu formulieren, in einzelne notwendige und gemeinsam hinreichende Bedingungen.

Vielleicht sollte ich das erklären. Nehmen Sie zum Beispiel die Vorstellung, den Begriff des Junggesellentums. Diesen Begriff philosophisch zu analysieren, heißt, ihn in seine notwendigen und hinreichenden Bedingungen aufzutrennen. Wir beginnen mit einer Definition: »Ein Junggeselle ist eine unverheiratete, männliche Person im heiratsfähigen Alter.« Aus wie vielen Teilen besteht die Definition? Männlich, Person, unverheiratet, im heiratsfähigen Alter, insgesamt also vier Bedingungen. Jede ist für eine vollständige Definition von Junggeselle notwendig. Es ist nicht möglich, Junggeselle und gleichzeitig nicht männlich zu sein. Das alleine ist jedoch noch nicht hinreichend. Mein Hund ist auch männlichen Geschlechts; man muss also außerdem auch ein Mensch sein. Ich jedoch bin ein männlicher Mensch und doch kein Junggeselle. Also ist auch dies noch keine hinreichende Bedingung. Ein Mann muss zusätzlich noch unverheiratet sein. Ein kleines männliches Baby wiederum kann unverheiratet und trotzdem kein Junggeselle sein. Also ist eine weitere Bedingung notwendig. Ein unverheirateter Mann muss im heiratsfähigen Alter sein, um ein Junggeselle sein zu können. Jede der vier Bedingungen ist notwendig; alle vier zusammen (gemeinsam) sind hinreichend für die Definition von Junggeselle. Philosophen verwenden dasselbe Analyseverfahren auch, um wichtige Begriffe wie z.B. Erkenntnis, Freiheit oder Gott zu erklären und schließlich zu verstehen.

Wissen als Ideal

Wir wollen, dass unsere Überzeugungen wahr sind, dass sie uns mit der Realität verbinden und uns darüber informieren, was wirklich in der Welt und in unserem Leben geschieht. Wir wollen nicht, dass unsere wichtigsten Überzeugungen nichts weiter als bloße Meinungen sind, sondern dass sich in ihnen wirkliches Wissen ausdrückt. Was aber ist Wissen?

Unserer Vorstellung von Wissen liegt zunächst einmal die Idee des Ein-Ziel-Erreichen-Wollens zugrunde. Beim Basketball werfen wir Körbe, um Punkte zu erzielen. Das Werfen ist die Aktivität, das Erzielen der Punkte ist das beabsichtigte Ziel. Bezogen auf den Verstand heißt das, dass wir etwas annehmen, um etwas zu wissen. In gewisser Weise sind Überzeugungen zu haben oder allgemein etwas anzunehmen die Aktivität, während das Wissen das Ziel ist, das man dadurch zu erreichen anstrebt.

Genauso wie man einen Basketball werfen und trotzdem keinen Punkt erzielen kann, so kann man auch etwas glauben oder annehmen und dennoch kein Wissen dadurch erlangen. Etwas zu wissen ist also nicht dasselbe wie etwas anzunehmen. Worin besteht das Wissen also?

Die Philosophen haben eine traditionelle Definition von Wissen, die folgendermaßen lautet:

Wissen = hinreichend begründete wahre Annahmen

Bei der schrittweisen Zerlegung dieser Definition von Wissen in ihre einzelnen Bestandteile beginnen wir an ihrem Ende und arbeiten uns dann nach vorne vor. Auf diese Weise wird es uns gelingen, langsam ein tieferes Verständnis von dem zu gewinnen, was Wissen eigentlich ist und was es von Meinungen, Vermutungen oder Vorurteilen unterscheidet.

Man kann nichts wissen, solange man es nicht glaubt. Man kann nicht wissen, dass Philosophie die Liebe zur Weisheit ist, wenn man nicht glaubt, dass es sich so verhält. Genauso kann ich nicht wissen, ob es Gott gibt, wenn ich nicht an seine Existenz glaube. Glaube ist notwendig für Wissen. Das eine ist nicht ohne das andere zu haben.

Etwas zu glauben ist jedoch alleine nicht ausreichend dafür, es auch zu wissen. Man kann auch etwas glauben, was sich später als falsch herausstellt, von dessen Richtigkeit man aber trotzdem überzeugt war. Man kann aber nicht wirklich etwas wissen, was falsch ist. Man kann *bei* etwas Falschem wissen, dass es falsch *ist*. Etwas zu wissen bedeutet aber zu wissen, dass es wahr ist. Man kann nun aber nichts als wahr erkennen, solange es nicht auch tatsächlich wahr ist. Anders gesagt: man kann nichts wissen, d.h. als wahr erkennen, wenn es nicht auch wahr ist. Alles klar?

Was ist Wahrheit?

Pontius Pilatus

Jeder, der gerne wissen möchte, was Wahrheit wirklich ist, d.h. worin sie wirklich besteht, sollte sich Aristoteles' Definition der Wahrheit anhören, deren unnachahmliche Worte so lauten: »Falsch ist, von dem, was existiert, zu sagen, es existiere nicht, oder von dem, was ist, zu sagen, es sei nicht; wahr hingegen ist es zu sagen, dass das, was ist, ist, und dass das, was nicht ist, nicht ist.« Soweit verstanden? Versuchen Sie einmal, sich diese Sätze zehnmal hintereinander sehr schnell vorzusprechen. Nicht einmal ein fortgeschrittener Philosophiestudent ist dazu imstande. Das ist sogar wahr.

Wenn du etwas weißt, zu behaupten, dass du es weißt, und wenn du nichts weißt, zuzugeben, dass du nichts weißt, dies ist Wissen.

Konfuzius (6. Jahrhundert v. Chr.)

Die Wahrheit über die Wahrheit

Gibt es aber so etwas wie Wahrheit überhaupt? Die philosophische Richtung des *Relativismus* behauptet, dass alle sogenannten Wahrheiten bloß relativ seien, dass es in Wirklichkeit keine absolute Wahrheit gebe. Vielmehr sei es so, dass die Menschen unterschiedliche Dinge für wahr hielten. Diese Ansicht wird manchmal auch als *Perspektivismus* bezeichnet, demzufolge sich die verschiedenen Perspektiven der Menschen zwar voneinander unterscheiden, in ihrem Unterschied aber gleichwertig sind.

Im Zusammenhang mit dem Relativismus ergibt sich das Problem, dass behauptet wird, es gebe überhaupt keine absolute Wahrheit. Wenn diese Aussage beansprucht, die absolute Wahrheit über die Wahrheit auszudrücken, so tritt der Fall ein, dass der Relativismus das behauptet, was er im selben Atemzug verneint, so dass wir es mit einer sich selbst widersprechenden, logisch in sich selbst nicht schlüssigen philosophischen Position zu tun haben.

Warum sind aber dennoch so viele meiner Studenten Relativisten? Warum übte der Relativismus im 20. Jahrhundert eine solche Anziehungskraft auf eine Vielzahl von Intellektuellen aus? Ich glaube, die Antwort darauf ist ziemlich einfach.

Der Geist ist eine gefährliche Waffe, selbst für die Person, die diesen Geist beherbergt, wenn sie nicht weiß, wie man ihn im Verborgenen einsetzt.

Michael de Montaigne

 Philosophie in kleinen Dosen ist eine gefährliche Sache. Zu viele Studienanfänger sind dem Relativismus auf eine solche Weise ausgesetzt, dass sie dazu tendieren, ihn misszuverstehen. Der Philosophieprofessor malt oft das Gespenst des Relativismus oder Perspektivismus an die Wand, um seine Studenten darauf aufmerksam zu machen, was bei Wahrheitsbehauptungen alles auf dem Spiel steht. Dieses Vorgehen ist aber bloß als rhetorisches Spiel zu verstehen, das die natürliche, seit der Kindheit bestehende Vorstellung der Studenten herausfordert, zu glauben, dass das, was wir glauben, die absolute Wahrheit sei. In der Philosophie kann alles auf die Probe gestellt werden. Einige Sichtweisen halten dieser Herausforderung jedoch stand. Der Professor will lediglich, dass seine Studenten lernen, die relativistische Position zu durchschauen oder zu widerlegen, um so ein tieferes Verständnis von der Wahrheit zu gewinnen. Viele Studenten verstehen schließlich gerade genug vom Relativismus und seiner Herausforderung an unser gewohntes Denken (ohne jedoch seine entscheidenden Schwächen zu bemerken), dass sie sich den Relativismus als eine Attitüde, als einen öffentlich zur Schau gestellten Habitus zulegen. Oft erweist er sich damit als nichts weiter als ein letztes schickes Aufbegehren jugendlicher Rebellion.

Es gibt keine schlimmere Lüge als eine Wahrheit, die von denen, die sie hören, missverstanden wird.

William James (1842-1910)

Es gibt jedoch auch einige ernstzunehmende Erwachsene, die den Relativismus vertreten haben, genauso wie auch zahlreiche andere sehr intelligente Personen seiner Versuchung erlegen sind.

Man muss sich fragen, wie ist es möglich, dass sie sich zu einer logisch inkonsistenten Position hingezogen gefühlt haben? Zunächst einmal taugt der Relativismus als eine intellektuell sehr überzeugende Entschuldigung für sehr schlechtes Benehmen. Wenn es keine absolute Wahrheit gibt, so gibt es auch keine absolute moralische Wahrheit, so dass wir uns letzten Endes alles leisten können. Der Relativismus taugt einfach wunderbar dazu, sich selbst zu täuschen. Mit ihm ist alles erlaubt. Er bietet eine Sicht der Welt, die es auf vordergründig bestechende Weise erlaubt, andere ansonsten gute und vernünftige Menschen davon zu überzeugen, das eigene tolldreiste Verhalten zum Vorbild zu nehmen.

Es gibt aber noch einen zweiten, ehrenwerteren Weg zum Relativismus. Auch wenn dieser genauso falsch ist wie der erste, so dachten doch viele Akademiker, dass der Relativismus dabei helfen könne, die Toleranz in einer pluralistischen Welt zu fördern. Sie nahmen dabei fälschlicherweise an, dass dieser der Königsweg sei, um den Menschen eine unerschütterliche Offenheit für die Überzeugungen anderer einzuimpfen. Die Art von Toleranz, die man tatsächlich als Tugend bezeichnen könnte, sollte jedoch nach Möglichkeit auf dem Respekt vor anderen gründen. Zu sagen, dass keines Menschen Sichtweise die Wirklichkeit so beschreiben kann, wie sie tatsächlich ist, hat nun aber nichts mit einer respektvollen Haltung vor der Weltsicht einer anderen Person gemein.

Diese Anmerkungen beziehen sich auf jede Form des strengen allgemeinen Relativismus. Nur für diesen gilt der Vorwurf der Selbstwidersprüchlichkeit. In gewissen eng begrenzten Bereichen jedoch, bei denen der persönliche Geschmack von Menschen eine Rolle spielt, mag ein eingeschränkter Perspektivismus sicherlich angemessen erscheinen. Die Aussage »Dieses Eis schmeckt gut!« kann hierfür als Beispiel dienen. Auf Sie könnte dieser Satz vielleicht zutreffen, auf mich hingegen nicht. Die Aussage hingegen »Dieses Eis ist drei Jahre alt!« ist von der ersten Aussage grundverschieden, da es sich hier um einen Satz mit Wahrheitsanspruch handelt, der nicht der relativistischen Einschränkung unterworfen ist. Vergleichen Sie z.B. auch die folgenden Sätze: »Es ist zu heiß hier« und »Es ist über dreißig Grad hier.« Der letzte Satz stellt ein geeigneteres Beispiel für allgemeine Aussagen mit dem Anspruch, etwas Wahres über die Wirklichkeit mitzuteilen, dar. Dieser Satz ist entweder wahr oder falsch. Dem Relativismus ist dieser Satz entzogen.

 Die Wahrheit ist unsere Verbindung zur Welt. An etwas Wahres zu glauben oder etwas Wahres zu behaupten ist so, als wenn man eine Zielscheibe träfe. Liegt man falsch, so verfehlt man sie. Die Wahrheit verankert uns in der Realität. Irren wir uns, so ist unsere Verbindung zu den Dingen in ihrem Wirklich-Sein abgeschnitten. Wir benötigen die Wahrheit so, wie wir Luft, Essen oder Wasser brauchen. Zu irren hingegen lässt uns verkümmern.

Die vollständige Definition des Wissens

Eine notwendige Voraussetzung des Wissens ist, dass man von ihm überzeugt ist. (Vergleiche hierzu den obigen Abschnitt »Unsere Überzeugungen als Überzeugungen«.) Eine weitere Voraussetzung ist Wahrheit. (Davon war im vorausgehenden Abschnitt die Rede.) Wissen ist auf wahrer Überzeugung aufgebaut. Diese zwei Voraussetzungen alleine sind jedoch noch nicht ausreichend für die Definition von Wissen. Ich kann durchaus etwas glauben, kann von etwas überzeugt sein, das zufälligerweise auch wahr ist, ohne dass ich aber tatsächlich die Wahrheit dessen, an das ich glaube, auch kenne. Wie ist das möglich?

Nehmen wir an, ich nähme an, dass sich gerade im Moment Fidel Castro die Zähne putzt. Stellen wir uns vor, ich würde durch meine Willenskraft mich selbst von der Wahrheit dieser Aussage überzeugen. Nehmen wir weiterhin an, dass durch puren Zufall, wie unwahrscheinlich das auch immer sein mag, Fidel Castro sich tatsächlich jetzt gerade die Zähne putzt. Ich bin von etwas überzeugt, und diese Überzeugung ist darüber hinaus auch wahr. Für ihre Wahrheit hatte ich keinen Beweis, und kein Gefühl sagte mir, dass sie wahr ist, keine physische oder psychische Verbindung zu Castro hat mir ihre Wahrheit übermittelt. Bloß der schiere Zufall war es, dass der Moment, in dem ich diese Annahme machte, zeitlich mit dem realen Ereignis zusammenfiel, wodurch meine Annahme schließlich wahr wurde. Philosophen würden hier bestreiten, dass es sich in diesem Fall um tatsächliches Wissen handelt, da ich ja nicht wusste, dass Castro sich gerade tatsächlich die Zähne putzt. Eine zufällige Übereinstimmung ist einfach nicht ausreichend, um etwas so Handfestes wie Wissen hervorzubringen.

Glück hat noch keinen Menschen weise gemacht.

Seneca

Die Philosophen bestehen darauf, dass es eine Verbindung, ein Band, einen Zusammenhang zwischen der Wirklichkeit und unserer Vorstellung von ihr geben muss, damit die bloße Tatsache, dass ich von etwas überzeugt bin, auch als Wissen gelten könne. Erst eine solche Verbindung mache unsere Annahmen und Überzeugungen wirklich wahr. Darüber hinaus muss die Verbindung von der richtigen Art sein, damit meine Überzeugung auch hinreichend begründet ist.

Berühmte letzte Worte: Eine zufällige Auswahl

Der Unterschied zwischen wahr und falsch kann mitunter tatsächlich den Unterschied zwischen Leben und Tod bedeuten. Betrachten Sie die folgenden Aussagen, die, wenn sie falsch sind, unter den richtigen (oder falschen) Umständen Ihre letzten sein könnten:

»Das ist nicht so gefährlich wie es ausschaut.«

»Er macht das ständig. Er weiß, was er tut.«

»So nah sind wir gar nicht.«

»Ich bin nüchtern genug.«

»Wir sind hier drunter absolut sicher.«

»Nein, so muss man die Drähte verbinden.«

»Wenn es nicht sicher wäre, würde man es uns gar nicht erlauben.«

Was ich damit sagen will? Es gibt einen absoluten Unterschied zwischen wahr und falsch. Er ist entscheidend.

Wissen sind hinreichend begründete wahre Annahmen. Wenn ich meine Behauptung über Fidel Castro geäußert hätte, während ich ihn live auf CNN seine Zähne hätte putzen sehen, dann wäre meine feste Überzeugung hinreichend gerechtfertigt gewesen und hätte somit als echtes Wissen gelten können. Diese Tatsache hätte mir außerdem zur Verteidigung meiner Behauptung dienen können. Auf die Frage »Woher weißt Du das?«, hätte ich prompt mit »Ich seh' ihn gerade im Fernsehen« antworten können.

Was genau ist aber eine hinreichende Rechtfertigung? Was zählt als ausreichender Grund oder Beweis dafür, dass eine Überzeugung, eine Annahme überhaupt als Wissen gelten kann? Mit dieser Frage werden wir uns in den noch verbleibenden Abschnitten des zweiten Teils beschäftigen.

Wahrheit und Vernunft

Glaube nichts überstürzt.

Ovid

Die Welt ist voller irrationaler Überzeugungen. Die Menschen glauben an alle möglichen verrückten Dinge. Haben Sie jemals eine Boulevardzeitung in der Hand gehabt und die Artikel in ihr tatsächlich gelesen? Darauf müssen Sie natürlich nicht antworten. Haben Sie wenigstens andere schon einmal eine kaufen sehen? Oft scheinen diese Leute es ganz ernst damit zu meinen. Anscheinend gibt es keinen Grenzen dessen, was Menschen zu glauben bereit sind. Tatsächlich ist es so, dass die Menschen die Eigenschaft besitzen, das zu glauben, was sie glauben wollen, unabhängig davon, ob es vernünftig ist oder nicht.

Genau hier liegt das Problem. Irrationale Annahmen oder Überzeugungen sind Überzeugungen ohne eine verlässliche Verbindung zur Wahrheit. Daher können irrationale Überzeugungen so gefährlich sein. Unser natürlicher Hang dazu, etwas zu glauben und von etwas überzeugt zu sein, ist vergleichbar mit unserem Bedürfnis zu essen und zu trinken. Nicht alles lässt sich ohne Gefahr trinken oder verspeisen. Genausowenig ist es ratsam, jede daher kommende Aussage unbesehen zu glauben. Das, was wir essen und trinken, sollte der Kontrolle unserer begründeten Annahmen über diese Speisen und Getränke unterworfen sein. Es besteht daher nur um so mehr Grund, auch unsere Überzeugungen von unserer Vernunft prüfen zu lassen.

Die Menschen wollen aus dem Grunde vernünftige Menschen sein, weil die Vernunft uns mit der Wahrheit verbindet. Wir schätzen die Vernunft als einen verlässlichen Weg zur Wahrheit und damit zum Wissen. Was aber ist Vernunft? Und inwiefern sind diese Fragen für unsere Suche nach Wahrheit von Bedeutung?

Die menschliche Vernunft ist das Vermögen, unsere Erfahrungen (d.h. das, was wir hören, sehen, riechen, schmecken und tasten oder auf irgendeine andere Art wahrnehmen) zu ordnen und zu interpretieren sowie die Fähigkeit, aus diesen Erfahrungen verlässliche Schlussfolgerungen zu ziehen, die die Grenzen des unmittelbar sinnlich Erfahrbaren überschreiten. Die Vernunft ist außerdem die Kraft, in Anbetracht der uns umgebenden Realitäten unsere Handlungen und Erwartungen auf sinnvolle Weise zu steuern.

Der Geist ist eine merkwürdige Maschine, die das Material, das ihr geboten wird, auf die erstaunlichste Weise verbinden kann.

Bertrand Russell

Die großen Denker über unsere Neigung, an Dinge zu glauben

Große Denker haben sich schon immer ihre Gedanken über den Hang des Menschen gemacht, von etwas überzeugt zu sein und an Dinge zu glauben, selbst wenn es keinen vernünftigen Grund gibt anzunehmen, dass sie auch wahr sind.

Es ist eine natürliche Eigenschaft des Geistes, Überzeugungen zu haben, ebenso wie es Sache der Seele ist zu lieben. Aus Mangel an geeigneten Objekten müssen sie sich schließlich mit falschen bescheiden..

Blaise Pascal (1623-1662)

Die Menschen glauben gemeinhin an das, was sie glauben wollen.

Julius Cäsar

Der Mensch glaubt am liebsten an das, von dem er möchte, dass es wahr sei.

Francis Bacon

Von Geburt an bilden sich in uns Überzeugungen. So wie ein Baum Äpfel trägt, so trägt auch der Mensch seine Überzeugungen.

Ralph Waldo Emerson

Jeder Mensch, wohin auch immer er geht, ist in einen behaglichen Kokon aus Überzeugungen eingehüllt, der ihn wie ein Schwarm von Insekten an einem Sommertag umgibt.

Bertrand Russell

Ein jeder Mensch glaubt stets daran, das Richtige zu glauben.

Cowper

Die meisten Menschen bilden sich ihre Meinungen nur aus dem Grund, weil sie gerade in Mode sind.

Samuel Johnson (1709-1784)

»Sei bitte vernünftig« sagen wir zu jemandem, dessen Handlungen, Einstellungen, Erwartungen oder Überzeugungen mit unserer Einschätzung der Wirklichkeit nicht übereinstimmen. Wenn wir dies äußern, so wollen wir meist die unvernünftig agierende Person dazu bringen, die Hinweise, die es angeraten erscheinen lassen, eine andere Richtung einzuschlagen als die, die er gewählt hat, auf eine uns vernünftig erscheinende Weise neu zu bewerten. Die Vernunft soll uns besser mit der Wirklichkeit verbinden und uns so besser in die Zukunft führen.

Die Vernunft sei dein Führer.

Solon

Die Vernunft spielt im Leben der Menschen eine wichtige Rolle. Sie ist aber weder so umfassend noch so rein, wie uns das einige Philosophen der Vergangenheit haben glauben machen wollen. Was wir wahrnehmen, wie wir unsere Wahrnehmungen ordnen und was wir schließlich aus unserer Erfahrung schlussfolgern, ist genauso häufig ein Ergebnis unserer Gefühle und Einstellungen wie der Regeln und Zwänge des Verstandes.

Die Logik (d.h. die Regeln vernünftigen Denkens) kann nicht die Richtschnur für unser ganzes Leben sein. Sie kann uns aber stärker auf die Wirklichkeit hin ausrichten, solange unsere Wahrnehmungen mit der realen Welt übereinstimmen. Die Logik alleine kann aus Stroh kein Gold spinnen. Aus Gold jedoch kann sie weiteres Gold hervorbringen.

Die Logik ist die Kunst, die Wahrheit die Vorherrschaft erringen zu lassen.

La Bruyère (1688)

Die übliche philosophische Analyse des Wissens definiert dieses als hinreichend begründete wahre Annahmen. Mit Begründung ist hier rationale, d.h. vernünftige Begründung gemeint. Die Philosophen haben dementsprechend über die Jahrhunderte gefragt »Was benötigt man für rationale Begründungen?« Was braucht man, damit eine Annahme oder Überzeugung als Wissen gelten kann? Wodurch werden Annahmen rational und vernünftig? Welche Kriterien für Wahrheit verlangt unser rationales Denken?

Manche Leute denken, dass Rationalität gleichzusetzen ist mit dem Vorbringen eines logischen Beweises. Ihr Spruch lautet dabei: »Beweise es.« Ein alter Freund von mir, ein früherer Professor für Religionsphilosophie in Yale, erzählte mir einmal, dass er eines Tages einen unerwarteten Anruf vom Sonntagsschullehrer seines kleinen Sohnes bekommen hätte. Der Lehrer sagte zu ihm: »Herr Professor, jedes Mal, wenn ich den Kindern in der Sonntagsschule etwas Neues erzähle, platzt Ihr Sohn mit der Aufforderung heraus ,Beweisen Sie es'. Könnten Sie sich vielleicht einmal mit ihm zusammensetzen und ihm erklären, dass man unmöglich alles beweisen kann?«

Der, welcher in allen Alltagsdingen nichts gelten lassen wollte, als was nicht vorher durch direkte Demonstration seiner Wahrheit beglaubigt worden wäre, könnte sich nichts sicher sein, als allein seines schnellen Ablebens.

John Locke

 Es scheint mir stark übertrieben zu sein, dass man nur dann Überzeugungen haben oder überhaupt etwas vernünftigerweise annehmen können soll, wenn man die Wahrheit dessen, was geglaubt wird, auch beweisen kann. Ich glaube, Antworten auf Fragen über das Weltall, Nuklearphysik, meinen Computer oder auch meinen eigenen Körper zu haben, die ich letztlich nicht beweisen kann. Oft werde ich zwar wohl in der Lage sein, Beweise irgendeiner Art oder zumindest irgendwann einmal gehörte Aussagen von Experten vorbringen zu können, um die Stichhaltigkeit meiner Überzeugung zu belegen; nur äußerst selten aber bin ich auch tatsächlich im Besitz eines wasserdichten und absolut überzeugenden Beweises. So funktioniert es einfach für gewöhnlich nicht.

 Nun haben einige Philosophen vorgeschlagen, dass es vielleicht übertrieben sei, immer Beweise für die Vernünftigkeit von Aussagen zu verlangen, dass aber dennoch die Notwendigkeit bestehe, ausreichende Anhaltspunkte dafür vorbringen zu können, dass das, wovon ich überzeugt bin, auch tatsächlich auf begründetem Glauben beruht.

Im Rahmen dieser philosophischen Auffassung, die gemeinhin als Evidentialismus bekannt ist, ist es unvernünftig, von einer Sache überzeugt zu sein, ohne über ausreichende Anhaltspunkte für ihre Wahrheit zu verfügen. Weder Hörensagen, noch das Vertrauen auf die Richtigkeit der Sache, noch das gefühlsmäßige Überzeugtsein ist ein ausreichendes Kriterium. Damit meine Annahmen vernünftigerweise als wahr gelten können, benötige ich Tatsachen, um ihre Wahrheit verteidigen zu können. Ist diese Forderung vernünftig? Sind vernünftige Annahmen von solchen Tatsachen abhängig?

Die Beantwortung dieser Fragen wird uns auf eine der ungewöhnlichsten Reisen des Geistes führen, eine Reise, die wir auf den nächsten zwei Kapiteln unternehmen werden. Machen Sie sich also bereit, schließen Sie Ihre geistigen Sitzgurte, lesen Sie weiter und bereiten Sie sich auf die philosophische Reise Ihres Lebens vor.

Das kleine 1x1 der Logik

Um es einfach auszudrücken: Die Logik ist die Lehre vom menschlichen Denken. Die Regeln der Logik bilden zusammen eine argumentative Struktur, die unweigerlich bewirkt, dass, wenn man einmal mit einer wahren Aussage begonnen hat und die Regeln der Logik strikt anwendet, die folgenden Schlüsse aus dieser Aussage ebenfalls wahr sein müssen. Anders ausgedrückt: Die Logik selbst ist keine Quelle, die wahre Aussagen mit einem materialen, inhaltlichen Gehalt liefert, sondern sie ist bloß eine Art Mechanismus, ein Insgesamt an (formalen) Regeln oder Vorschriften, mit deren Hilfe man aus einer bekannten wahren Aussage eine vorher noch unbekannte wahre Aussage ableiten, schlussfolgern kann.

In der Logik geht es um Argumente. Die Logik ist das Gegenteil der üblichen verbalen Auseinandersetzungen zwischen Menschen. Bei einem philosophischen Argument ist es unnötig, sich zu streiten. Ein Argument kann sogar die Suche nach Wahrheit beinhalten.

In der Logik ist ein Argument eine Folge von Sätzen oder Aussagen. Jede dieser Sätze folgt dabei aus dem vorangehenden, wobei der vorangehende Satz die Prämisse zu dem daraus abgeleiteten Satz bildet.

In der deduktiven Logik ist ein Argument, d.h. eine Schlussfolgerung, genau dann _gültig_, wenn alle Prämissen wahr sind. In diesem Fall haben wir die hundertprozentige Sicherheit, dass die Schlussfolgerung auch wahr ist. Das folgende Schema einer logischen Schlussfolgerung ist ein Beispiel für ein gültiges Argument. Es demonstriert die Stichhaltigkeit des deduktiven Schlusses. Der Folgende wird von den Logikern _modus ponens_ genannt:

(1) Wenn A, dann B

(2) Es gilt A.

Daraus folgt

(3) Es gilt auch B.

Nehmen Sie an, es gelte, dass (1), wenn es regnet, mein Auto nass wird (weil ich es draußen geparkt habe). Wenn außerdem gilt, dass (2) es tatsächlich regnet, dann folgt logisch aus (1) und (2), dass (3) mein Auto auch wirklich nass wird.

Ein gültiges Argument, eine gültige Schlussfolgerung, deren Prämissen alle wahr sind, nennt man ein vernünftiges Argument. Um es einfach auszudrücken: Argumente sind dann vernünftig, wenn sie gültig und wahr sind (Vernünftigkeit = Gültigkeit plus Wahrheit). Nur ein vernünftiges Argument garantiert seine eigene Wahrheit. Ein Argument kann auf zweierlei Weise unvernünftig sein: Zum einen kann eine oder beide seiner Prämissen falsch sein; zum anderen kann das Argument an sich nicht gültig sein, so dass, selbst wenn alle seine Prämissen wahr wären, es dennoch falsch sein könnte.

Bei der _induktiven Logik_ ist es so, dass die Wahrheit einer Prämisse nur die Wahrscheinlichkeit der Richtigkeit der Schlussfolgerung erhöht, bzw. diese zusätzlich stützt und plausibel erscheinen lässt, ohne dass es jedoch eine hundertprozentige Sicherheit gäbe, dass sie auch wirklich wahr ist. Das folgende Schema gibt ein Beispiel für einen induktiven Schluss:

(1) Alle Gegenstände vom Typ A, die wir beobachtet haben, haben die Eigenschaft B.

(2) An diesen Gegenständen des Typs A ist nichts erkennbar Ungewöhnliches.

Daraus folgt aller Voraussicht nach, dass

(3) der nächste uns erscheinende Gegenstand vom Typ A ebenfalls die Eigenschaft B haben wird.

Die induktive Logik ist nicht so in sich geschlossen wie das deduktive Schließen. Sie ist jedoch die Grundlage der Wissenschaft und der Technik und war in diesen Bereichen ungeheuer erfolgreich.

Die Herausforderung des Skeptizismus

In diesem Kapitel

▶ Die Herausforderung des Skeptizismus

▶ Einige der tiefsten jemals gestellten Fragen

▶ Wann sollten wir zweifeln, und wann sollten wir unsere Zweifel anzweifeln

▶ Die Entdeckung eines der wichtigsten Prinzipien der Rationalität

Der Zweifel ist die Vorhalle, durch die alle gehen müssen, bevor sie zum Tempel der Wahrheit gelangen können.

Charles Caleb Colton (1825)

*W*ir leben in einer Kultur, die in Informationen und Daten geradezu ertrinkt. Die Medien verkünden, dass seit Beginn des Computerzeitalters und der modernen Massenkommunikationsmittel das menschliche Wissen in geometrischer Progression zugenommen habe. Unser Wissen wächst in einem schnelleren Tempo als zu irgendeinem Zeitpunkt der Geschichte. Es heißt, dass es sich wenigstens alle vier Jahre verdoppele.

Wissen wir aber wirklich all das, was wir zu wissen glauben? Nimmt wirklich das Wissen zu oder sind es bloß unsere Anschauungen und Meinungen, die sich vermehren? Macht uns der ständige schnelle Strom an scheinbaren Informationen vielleicht nur glauben, dass wir über immer mehr Informationen verfügen, obwohl dem in Wirklichkeit vielleicht gar nicht so ist? Wissen wir überhaupt nur einen Bruchteil von dem, was wir zu glauben wissen?

Schon seit der Antike haben uns eine Reihe von Philosophen immer wieder vor unserem natürlichen Hang gewarnt, zu behaupten, wir wüssten über etwas Bescheid, wo wir doch in Wirklichkeit möglicherweise gar nichts darüber wissen. Die Philosophie des *Skeptizismus* hilft uns dabei, zum einen ein tieferes Verständnis von der Natur und der Herkunft des Wissens zu erlangen und zum anderen die offene Frage in der Philosophie zu beantworten, ob nämlich für vernünftige Überzeugungen und Annahmen (und damit für Wissen) Beweise immer notwendig sind.

In diesem Kapitel werden wir sehen, wie die grundlegendste Form skeptischen Philosophierens uns eine neue Sichtweise auf das Wesen des menschlichen Wissens eröffnen kann. Der Versuch, einige erstaunlich anmutende Fragen zu beantworten, wird uns auf die Spur eines häufig übersehenen Prinzips der Vernunft bringen. Dieses Kapitel ist vielleicht das in philosophischer Hinsicht anspruchsvollste Kapitel des ganzen Buches. Wenn Sie jedoch der Argumentation und ihrer Bedeutung für andere Fragen folgen, werden Sie auch die anderen Bereiche der Philosophie in einem neuen Licht sehen können. Die Fragen, die der Skeptizismus aufwirft, können uns zu einer durchaus erforderlichen, neuen Bescheidenheit in Bezug auf unser vermeintliches Wissen anhalten.

Die alte Kunst des Zweifelns

 Die Wörter *skeptisch* und *Skeptizismus* stammen von einem altgriechischen Verb ab, das soviel wie »betrachten, untersuchen« bedeutet. Ein Skeptiker ist also etymologisch gesehen jemand, der etwas betrachtet und untersucht. Dies ist wichtig für unser Verständnis des skeptischen Zweifels. Der Skeptizismus in seiner ursprünglichen Bedeutung ist nicht so sehr eine Angelegenheit des Leugnens von Aussagen oder vorgeblichen Wahrheiten sondern vielmehr gekennzeichnet durch einen ständig bohrenden, suchenden und fragenden Zweifel.

Wie zweifeln doch die Weisen immerfort, und wie vorsichtig in ihrem Urteil sind sie.

Homer (*Odyssee*)

 Der erste große skeptische Philosoph der Antike war Pyrrhon von Elis (um 310-270 v. Chr.). Nach längeren Reisen mit Alexander dem Großen als dessen Hofphilosoph, kehrte er nach Hause zurück und unterrichtete dort, so heisst es, fortan eine große Zahl von Bewunderern seiner Philosophie. Pyrrhon war bekannt dafür, die Philosophie als eine Lebenseinstellung zu begreifen, deren Ziele Ruhe des Geistes und Glückseligkeit des Herzens waren (griechisch Ataraxie).

Pyrrhon glaubte, dass wir alles immer in Frage stellen und nichts unbesehen glauben sollten. Er war der Ansicht, dass die Menschen sich zu schnell ihre Meinungen und Überzeugungen bildeten mit der Folge, dass Geist und Seele beunruhigt und in Aufruhr versetzt würden. Er lehrte daher, dass die Menschen versuchen sollten, ihr Urteil so weit wie möglich zurückzuhalten (griechisch Epoché).

 Einige zeitgenössische Geschichten aus der Antike beschreiben Pyrrhon als viel zu gelassen, ja sogar gleichgültig gegenüber Gefahren in seiner unmittelbaren Umgebung. Es heisst, dass seine Freunde ihn ständig aus irgendwelchen Gefahrensituationen retten mussten, da er nicht selbst auf sich aufpassen konnte. Die Kommentatoren jener Zeit schreiben dies Pyrrhons skeptischer Abneigung zu, den ihn umgebenden Erscheinungen zu glauben. Ihm war eine philosophische Unlust eigen, von den Dingen, die um ihn herum passierten, auch tatsächlich überzeugt zu sein. An dieser Version habe ich jedoch berechtigte Zweifel anzumelden. Auf der Universität retteten ich und mein Freund uns oft gegenseitig das Leben, indem wir den anderen abwechselnd vor herannahenden Autos von der Straße zogen, während wir in Gedanken versunken die Straßen von New Haven, Connecticut, entlang gingen. Unsere anscheinende Gleichgültigkeit gegenüber den Gefahren um uns herum war bloß das Ergebnis unseres Nachdenkens über verwickelte philosophische Probleme und hatte nichts mit skeptischem Zweifeln an sich zu tun. Philosophen neigen nun mal einfach dazu, sich im Gedanken zu verlieren – besonders in Städten der Größe New Havens oder auch Elis'.

 Andere Geschichten über Pyrrhon wiederum erscheinen glaubwürdiger und seinem Skeptizismus leichter zuschreibbar. Es wird erzählt, dass er einmal von einem aggressiven Hund angegriffen wurde, was ihm einen großen Schrecken einjagte. Später entschuldigte er sich dann bei seinen Freunden dafür, dass er nicht in Übereinstim-

mung mit seiner eigenen Philosophie gehandelt habe. In einer anderen Geschichte über ihn schafft er es allerdings, diese Übereinstimmung zu erreichen und sein Urteil (d.h. seine Reaktion auf eine Situation) zurückzuhalten, wodurch es ihm schließlich gelingt, seine innere Ruhe zu bewahren. Während einer Reise geriet er mit seinem Schiff einmal in einen starken Sturm, wobei er aber keine Furcht zu erkennen gab. Seine verängstigten Mitreisenden fragten ihn, wie er es schaffe, so ruhig zu bleiben. Es heisst weiter, dass er daraufhin mit dem Finger auf ein kleines Schwein mitten auf dem Deck gezeigt hätte, das dort friedlich vor sich hin fraß, und gesagt hätte, dass der Weise genauso gelassen in allen Lebenslagen bleiben solle wie dieses Schwein.

Zu Ehren Pyrrhons und aufgrund seiner Dienste für die Stadt Elis und seines Beispieles für ihre Bewohner befreite die Stadt schließlich alle Philosophen von jeglicher Steuer. Hätten sie sich nur dazu durchringen können, das zu glauben, so wären die Philosophen der Stadt sicher begeistert gewesen von dieser großartigen Neuigkeit.

 Ich sollte noch einen weiteren Skeptiker der Antike mit Namen erwähnen, den Arzt Sextus Empiricus. Wir wissen nicht genau, wann er geboren wurde noch wann er gestorben ist und auch nicht genau, wo er gestorben ist. Man vermutet, dass er in der zweiten Hälfte des zweiten Jahrhunderts n. Chr. gelebt hat und Anfang des dritten Jahrhunderts n. Chr. gestorben ist. Da er in Griechisch schrieb und Kenntnisse des Landes besaß, wird angenommen, dass er Grieche war. Seine Schriften waren sehr einflussreich und sind unsere beste Quelle für Argumente und Positionen des klassischen griechischen Skeptizismus.

Genausowenig wie Pyrrhon bestritt auch Sextus die Möglichkeit, dass Menschen Wissen erlangen können. Er leugnete weder die Möglichkeit noch die tatsächliche Existenz echten Wissens. Er war lediglich äußerst vorsichtig, wenn es darum ging, irgend etwas zu glauben, was über die unmittelbare Erscheinung hinausging, und versuchte, andere Menschen ebenfalls zu dieser Vorsicht anzuhalten.

Skeptiker wie Sextus oder Pyrrhon waren der Meinung, die Menschen sollten ihr Leben in Übereinstimmung mit den Erscheinungen der äußeren Welt führen. Allerdings sollte man aus diesen bloßen Erscheinungen weder Schlussfolgerungen ziehen, die über sie hinausgehen, noch sollte man feste, auf diesen Erscheinungen beruhende Überzeugungen bilden. Diese Vorsicht sollte dazu dienen, seinen Geist von aller Unruhe zu befreien und im Leben einen ausgeglichenen Zustand der Glückseligkeit zu erreichen (Ataraxie).

Dies ist das Erbe des aus der Antike stammenden Skeptizismus. Unsere Verwendung skeptischer Fragen in diesem Kapitel ist jedoch ein wenig anders. Es geht uns hier nicht so sehr um die Ruhe des Geistes, sondern vielmehr um zusätzlichen Erkenntnisgewinn. Erst später im Verlauf des Buches wird uns dies auch für unseren Geist Nutzen erbringen. Im Moment geht es uns lediglich darum, die Frage zu klären, was wir denn normalerweise unter menschlichem Wissen verstehen.

Über das Zweifeln gelangen wir zur Wahrheit.

Cicero

Die dogmatischen Neinsager

Einige kühne Denker der Antike wie z.B. Carneades erklärten herausfordernd: »Wissen ist unmöglich.« Andere betonten ein wenig bescheidener, dass lediglich gelte: »Der Mensch weiß nichts.« Was aber ist die naheliegendste, am meisten in Verlegenheit bringende Frage, die man einem solchen Menschen darauf stellen könnte? Richtig: »Woher wissen Sie das?« Eine andere ähnlich negative Aussage könnte z.B. lauten: »Keine Überzeugung ist rational.« Alle diese Sätze jedoch sind – auf die eine oder andere Art – Beispiele für selbstwidersprüchliche Aussagen. Betrachten Sie z.B. das Folgende:

✔ Keine Aussage ist wahr.

✔ Dieser Satz ist nicht auf Deutsch.

✔ Nein, ich spreche keine bekannte Sprache.

Alle drei Sätze sind selbstwidersprüchlich. Selbstwidersprüchliche Aussagen lassen sich in die drei folgenden Kategorien einteilen: Die, die überhaupt nicht möglich sind; diejenigen, die nicht rational sind; und die, die mit ihrem eigenen Aussagegehalt im Widerspruch stehen. Alles in allem sind sie insgesamt nicht mehr als bloß sprachliche Kuriositäten.

Der Skeptizismus, den wir behandeln, ist nicht selbstwidersprüchlich wie irgendeine beliebige Form dogmatischen Neinsagens. Der eigentliche Skeptizismus streitet nicht einfach die Existenz von realem Wissen ab. Er zögert bloß, Dinge ohne weiteres zu glauben, und kritisiert die Glaubensüberzeugungen, die jeder von uns natürlicherweise hat.

Unglaubliche, unbeantwortbare Fragen

Der Skeptizismus stellt uns einige tiefgehende und anspruchsvolle Fragen, auf die es keine einfachen und schnellen Antworten gibt. Indem wir uns mit diesen Fragen beschäftigen, gewinnen wir ein tieferes Verständnis von all den Dingen, die wir immer als selbstverständlich erachtet haben.

Um es ganz einfach auszudrücken: Der Skeptizismus fragt danach, warum wir überhaupt das glauben, was wir glauben. Warum glauben wir, dass wir wirklich das wissen, was wir zu wissen behaupten? Können wir überhaupt das Wissen besitzen, das wir angeben zu haben? Die Fragen des Skeptizismus werfen ein Licht auf die Grundlagen all unserer Überzeugungen.

Bevor ich die Fragen, die der Skeptizismus an uns stellt, nenne, möchte ich einige einfache Unterscheidungen voranstellen. Alle Überzeugungen, die wir haben, lassen sich in drei Kategorien unterteilen. Ich führe erst die drei Kategorien an und gebe dann in der folgenden Tabelle 5.1 Beispiele für sie:

✔ **Vergangenheitsbezogen**: Überzeugungen bezüglich der Vergangenheit

✔ **Gegenwartsbezogen**: Überzeugungen bezüglich der Gegenwart

✔ **Zukunftsbezogen**: Überzeugungen bezüglich der Zukunft

Vergangenheitsbezogen	Gegenwartsbezogen	Zukunftsbezogen
Ich glaube, dass Plato der Lehrer von Aristoteles war.	Ich glaube dass, die globale Erwärmung den Meeresspiegel anhebt.	Ich glaube, Russland steckt in ökonomischen Schwierigkeiten.
Ich glaube, dass Amerika 1776 seine Unabhängigkeit erklärt hat.	Ich glaube, dass ich mein Geld gut investiert habe.	Ich glaube, Amerika bleibt demokratisch
Ich bin davon überzeugt, dass mein Vater im Zweiten Weltkrieg gekämpft hat.	Ich glaube, meine Frau arbeitet im Garten.	Ich glaube, meine Tochter wird die Schule beenden.
Ich glaube, ich hatte heute Toast und Marmelade zum Frühstück.	Ich glaube, dass heute die Sonne draußen scheint.	Ich glaube, dass Sie mein Buch zu Ende lesen.

Tabelle 5.1: Beispiele für die drei Kategorien von Überzeugungen

Die einfachen Fragen des Skeptizismus gliedern sich in zwei Kategorien. Zunächst einmal stellt der Skeptizismus die Verlässlichkeit der Quellen in Frage, aus denen unsere Überzeugungen bezüglich vergangener, gegenwärtiger und zukünftiger Sachverhalte stammen. Des Weiteren stellt der Skeptizismus jede dieser drei Kategorien von Überzeugungen sogar noch radikaler in Frage. Ich nenne diese beiden Formen skeptischen Fragens *Quellenskeptizismus* und *radikaler Skeptizismus*. Ihnen werde ich mich in den folgenden Abschnitten zuwenden.

Die Fragen des Quellenskeptizismus

Was ist die übliche Quelle unserer vergangenheitsbezogenen Überzeugungen? Nun, die meisten entstammen dem, was wir von anderen Menschen über die Vergangenheit gehört haben. Bei der Unterzeichnung der Unabhängigkeitserklärung war ich nicht anwesend. Meinen Vater habe ich nicht mit eigenen Augen im Zweiten Weltkrieg kämpfen sehen können. Informiert worden bin ich über diese Ereignisse durch Quellen, die ich als vertrauenswürdig einstufe.

Die Schilderungen und Berichte anderer Menschen sind normalerweise die Hauptquelle für unsere Überzeugungen und Annahmen bezüglich der Vergangenheit. Manchmal jedoch waren wir sogar selbst Teil vergangener Ereignisse, Ereignisse, die wir am eigenen Leib erfahren haben und die wir in unserer Erinnerung jederzeit abrufen können. Die andere Quelle unserer Überzeugungen, unseres Wissens über die Vergangenheit ist dementsprechend die Erinnerung.

Manche Menschen glauben, dass materielle Beweise eine unabhängige dritte Quelle für unser Wissen über die Vergangenheit sind. Ob es sich nun aber um die versteinerten Fußabdrücke von Frühmenschen oder um die Videoaufnahme eines Ereignisses handelt, wir erfahren davon immer vermittelst der Berichte oder Erinnerung eines Menschen, dass es sich erstens um authentische und nicht gefälschte Dokumente handelt und was sie zweitens jeweils bedeuten. Wegen ihrer Abhängigkeit von der Verlässlichkeit der beiden erstgenannten Quellen, müssen wir diese Quelle hier nicht als dritte Kategorie einführen.

Daraus folgt also, dass all unser Wissen über die Vergangenheit entweder auf den Schilderungen und Berichten anderer Menschen oder auf Erinnerung oder auf beidem beruht. Der Skeptizismus stellt uns eine einfache aber doch scharfsinnige Frage: »Woher wissen wir, dass die Quellen unseres Wissens und unserer Überzeugungen jemals verlässlich sein können?« Wir gehen aber schrittweise vor und beginnen mit unserem Wissen über die Vergangenheit. Der Skeptizismus fragt: »Woher wissen wir, dass die Erinnerung und die Berichte anderer überhaupt verlässlich sind?«

 ## Kluger Kopf, schlechte Erinnerung

Selbst ansonsten sehr schlaue Leute haben manchmal ein schlechtes Gedächtnis. Ich bin einmal mit einem Gastprofessor für Philosophie aus Oxford über den Campus der Universität Notre Dame spaziert. Dieser Professor, ein berühmt-berüchtigter Exzentriker, hatte den seltsamsten Gang, den ich je gesehen habe. Er ging mit großen Schritten vorwärts, bewegte dabei aber seinen durchgestreckten Körper ständig auf und ab. An jeder Kreuzung fing er plötzlich an, mit kurzen Schritten rasch gehend, die Knie weit nach oben bewegend und mit angelegten Armen, diese schnell zu überqueren. Mitten in unserer lebhaften philosophischen Unterhaltung musste ich plötzlich daran denken, dass ich es mit jemandem zu tun hatte, der anscheinend direkt aus Monty Pythons *Ministerium für lustige Gangarten* entsprungen zu sein schien. Ich war über den sich mir bietenden Anblick aufs Äußerste erstaunt, während ich atemlos versuchte, mit meinem Gesprächspartner Schritt zu halten, wobei ich gleichzeitig auch noch über Argumente für die Existenz Gottes nachdenken musste.

Nach zehn Minuten dieses seltsamen Versuchs, Aerobics und Theoretisieren miteinander zu verbinden, kam das Gespräch auf einen seiner besten Freunde und engsten Kollegen in Oxford, an dessen Namen er sich jedoch auch nach heftigem Bemühen nicht erinnern konnte. Dieser Freund war sogar noch exzentrischer als er. Mein Gesprächspartner empfahl mir dessen Buch, konnte sich aber partout nicht an seinen Namen erinnern. Am Ende stotterte er schließlich hervor: »Sie wissen schon, der Bursche, der immer so komisch geht.« Das ist eine wahre Geschichte.

Die Erinnerung gibt nicht das wieder, was wir auswählen, sondern das, was uns angenehm ist.

Montaigne

Wenn Sie die Richtigkeit meiner Geschichte bezweifeln, so gehen Sie nur einmal zu irgendeiner großen Universität und schauen sich mal auf dem Parkplatz des mathematischen Instituts um. Am interessantesten ist die Zeit gegen fünf Uhr Nachmittag, wenn die Institutsangehörigen am Ende des Tages nach ihren Autos suchen. Ist schon ein toller Anblick.

Genie findet sich häufiger in einem zerbrochenen Topf als in einem unversehrten.

E. B. White

Erinnerung

Wie kann ich wissen, ob das geistige Vermögen, sich erinnern zu können, überhaupt verlässlich ist? Woher weiß ich, dass in der Erinnerung auch wahres Wissen aufgehoben ist? Beachten Sie, dass die Frage hier nicht ist, ob das menschliche Erinnerungsvermögen immer zuverlässig oder wenigstens die meiste Zeit vertrauenswürdig ist. Die meisten Menschen würden wohl zugeben, dass die Erinnerung nicht so zuverlässig ist, wie sie manchmal vorgibt zu sein.

Die Erinnerung ist das Instrument, mit dem der Mensch vergisst.

Alexander Chase

Unsere Frage ist nicht, ob die Erinnerung unfehlbar ist oder zumindest meistens zuverlässig arbeitet. Dem Skeptizismus geht es vielmehr um die Frage, ob die Erinnerung *überhaupt jemals* verlässliches Wissen vermittelt. Die Frage mag sich vielleicht unspektakulär anhören; warten Sie jedoch, was passiert, wenn wir sie zu beantworten versuchen.

Woher weiß ich also, dass die Erinnerung jemals verlässlich ist? Nun, zunächst einmal weiß ich, dass meine Erinnerung oft verlässlich ist. Woher ich das weiß? Das ist einfach. Ich weiß z.B., dass ich mich schon oft richtig daran erinnert habe, wo ich mein Auto geparkt oder wo ich meine Uhr abgelegt habe.

 Aber Moment mal. Wenn ich so die Tatsache rechtfertigen will, dass ich mich auf meine Erinnerung auch wirklich verlassen kann, nämlich indem ich darauf hinweise, dass sie ja schon manches Mal in der Vergangenheit verlässlich funktioniert habe, so tue ich nichts anderes, als die Verlässlichkeit der Erinnerung mit Hilfe der Erinnerung zu begründen. Das hilft mir aber nicht weiter, da sich die Begründung hier im Kreise dreht, weil ich ja die Wahrheit dessen, was ich beweisen will, bei meinem Beweis schon vorausgesetzt habe. Das bedeutet, wir verfügen immer noch über keinen Beweis der Verlässlichkeit der Erinnerung.

Es gibt jedoch noch einen anderen Weg. In der dritten Klasse sagte mir einmal mein Lehrer, ich hätte ein fotografisches Gedächtnis. Vielleicht habe ich es sogar noch immer. Sehr oft loben mich Leute für mein gutes Gedächtnis. Wenn das meine Antwort auf die Frage wäre, woher ich weiß, dass die Erinnerung jemals verlässlich sein könne, so habe ich ein doppeltes Problem. Zunächst einmal verließe ich mich immer noch auf meine Erinnerung daran, was andere über mein Gedächtnis gesagt haben. Zum anderen ist das aber nur dann ein gutes Argument, wenn ich berechtigten Grund dazu habe zu glauben, dass die Schilderungen und Berichte anderer Menschen manchmal zuverlässig sind, was wiederum gesondert beweisen werden müsste. Im nächsten Abschnitt werden wir uns mit dem Problem beschäftigen, das sich ergibt, wenn wir zu rechtfertigen versuchen, dass wir uns überhaupt auf unsere Erinnerung verlassen.

Berichte und Schilderungen anderer Menschen

Die Erzählungen anderer sind die Hauptquelle unseres Wissens über die Vergangenheit. Der Skeptizismus stellt die einfache Frage: Woher wissen wir, dass die Schilderungen und Berichte anderer Menschen jemals zuverlässig sein können? Woher weiß ich, dass das, was andere mir sagen, auch die Wahrheit ist? Wenn ich sage: »Nun, als ich noch klein war, sagten mir meine Eltern immer, dass man anderen Menschen normalerweise trauen könne, außer dann, wenn es um Geld und Immobilien ginge«, dann ist das natürlich kein Argument, das uns sehr viel weiter bringt. Ich kann nicht dadurch die Aussage begründen, dass die Erinnerung eine durchaus verlässliche Quelle von Wissen über die Vergangenheit ist, indem ich mich auf den erinnerten Bericht eines Menschen stütze. Andernfalls bewege ich mich nämlich bei meinem Argumentieren im Kreis, da ich das, was ich beweisen will, schon als wahr voraussetze.

Lasse den größten Teil der Dinge, die du hörst, den kleinsten Teil dessen sein, was du glaubst, damit nicht der größte Teil von dem, was du glaubst, der kleinste Teil von dem ist, was wahr ist.

Francis Quarles

Nehmen wir aber einmal an, ich würde auf die Frage des Skeptizismus antworten: »Ich erinnere mich an viele Male in der Vergangenheit, wo sich das, was andere mir erzählt haben, als wahr herausstellte. Daher schlussfolgere ich, dass die Erinnerung doch manchmal zuverlässig ist.« Wenn ich so argumentiere, dann gründe ich die Zuverlässigkeit der Schilderungen und Berichte anderer auf meine Erinnerung daran, dass in der Vergangenheit ihre Schilderungen und Berichte auch wirklich zuverlässig gewesen sind. Das einzige sich nicht im Kreis drehende Argument, das wir für die Zuverlässigkeit der Erinnerung vorbringen können, basiert damit auf dem Bericht einer anderen Person. Wenn ich nun aber nur dann wissen kann, ob die Erinnerung wenigstens manchmal zuverlässig ist, wenn ich auch sicher weiß, dass auch die Aussage eines anderen Menschen zuverlässig, d.h. wahr ist, und ich außerdem weiß, dass die Berichte einer anderen Person nur dann zuverlässig sind, wenn es auch die Erinnerung ist, so befinden wir uns nur in einem noch größeren Zirkelschluss, der uns hier überhaupt nicht weiterbringt. Wir haben somit immer noch keinen einwandfreien Beweis dafür gefunden, dass eine unserer beiden Wissensquellen jemals zuverlässiges Wissen liefern kann.

Man könnte vielleicht versucht sein zu glauben, dass sich die Situation ändert, wenn wir unser Wissen über die Gegenwart einer Prüfung unterziehen. Über Vergangenes kann man sich irren. Die Gegenwart jedoch steht sozusagen lebendig vor uns.

Aus welchen Quellen stammt unser Wissen über die Gegenwart? Nun, wenn man darüber nachdenkt, so scheint es, dass das meiste Wissen über den gegenwärtigen Moment, darüber, was jenseits unseres Wahrnehmungshorizontes passiert, von Schilderungen und Berichten anderer Menschen stammt. Nur so erfahre ich etwas über die aktuellen Ereignisse in der Welt – durch das, was andere mir darüber berichten. Gerade haben wir aber gesehen, was passiert, wenn man versucht, einen Beweis für die Zuverlässigkeit der Berichte anderer zu finden.

Wir können jedoch noch viel weiter gehen. Nicht nur das, was andere uns erzählen, erfahren wir nur aufgrund unserer Sinneswahrnehmung. Unser Wissen über die Gegenwart basiert ganz allgemein weitgehend auf unserer gegenwärtig geschehenden Sinneswahrnehmung. Möglicherweise ist es ja die Sinneswahrnehmung, die uns eine direkte, beweiskräftige Verbindung zur Wirklichkeit vermitteln kann, nach der der Skeptizismus sucht.

Sinneswahrnehmung

Ich brauche keine anderen Menschen um zu wissen, was in meinem Zimmer gerade passiert. Ich sehe mit eigenen Augen, dass mein Computermonitor an ist und dass die Tastatur funktioniert. Ich rieche das Aftershave, das ich vorhin benutzt habe. Ich höre das charakteristische Geräusch meines Druckers. Ein großer Teil meines gegenwärtigen Wissens beruht auf der Unmittelbarkeit und Intimität meiner Sinneswahrnehmung.

Was liefert uns fundierteres Wissen als die Sinne? Gibt es etwas Besseres, womit wir das Wahre und Falsche unterscheiden können?

Lukrez (erstes Jahrhundert v. Chr.)

Der Skeptizismus fragt: »Woher wissen wir, dass die Sinneserfahrung jemals verlässlich sein kann?« Was können wir darauf antworten? Ich bin versucht zu sagen: »Schauen Sie, ich habe schon öfters in der Vergangenheit irgendetwas irgendwo von weitem liegen sehen, z.B. einen Groschen auf der Straße, und wenn ich dann näher kam, lag der Gegenstand dann doch tatsächlich auch immer da. Die Sinneserfahrung ist also offensichtlich manchmal zuverlässig.«

Die darin zum Ausdruck kommende Naivität sollte uns nun ja schon fast in beredtes Schweigen versinken lassen. Zunächst einmal habe ich ja gerade von meiner Erinnerung an ein vergangenes Ereignis Gebrauch gemacht. Wie wir jedoch im vorhergehenden Abschnitt über die Erinnerung gesehen haben, ist es unmöglich, Beweise für die Zuverlässigkeit der Erinnerung zu finden. Wir wollen das aber mal einen Moment vergessen. Meine kleine Geschichte enthielt eine Sinneswahrnehmung, die später durch was bestätigt wurde? Eine andere Sinneswahrnehmung, womit wir wieder in einem Zirkelschluss gefangen sind. Wenn alle Sinneswahrnehmung vom Skeptizismus in Frage gestellt worden ist, reicht es einfach nicht aus, wenn ich darauf mit dem Hinweis auf eine besondere Sinneswahrnehmung antworte.

Es scheint also schlecht für uns zu laufen. Dieser Eindruck aber täuscht vielleicht nur, so dass wir besser daran tun, nicht so schnell aufzugeben. Wenn Sie weiterlesen, so werden sich die Dinge zwar noch weiter verwirren, ich verspreche Ihnen aber, dass Sie sehr erstaunt sein werden, was danach passiert. Sind Sie nicht schon ängstlich gespannt darauf, welche Erkenntnisse der Blick auf unser Wissen über die Zukunft uns bringen wird?

Das ist aber gar nicht nötig, da wir dasselbe Argumentationsmuster anwenden werden. Wir bilden unsere Annahmen und Überzeugungen über die Zukunft auf der Basis der Vergangenheit und Gegenwart. Da wir aber keinen Grund haben, den Quellen unseres Wissens über die Vergangenheit und Gegenwart zu vertrauen, haben wir genausowenig Grund und Veranlassung, der Wahrheit unserer Überzeugungen und Annahmen bezüglich die Zukunft zu vertrauen. Ich überlasse es Ihnen, das noch einmal in Ruhe gründlich zu durchdenken.

Niemand kann wissen, was die Zukunft mit sich bringen mag.

Demosthenes

Schlussfolgerungen aus dem Quellenskeptizismus

 Beachten Sie, dass die Fragen des Skeptizismus nicht nur zeigen, dass wir die Zuverlässigkeit der Quellen unseres Wissens und unserer Überzeugungen niemals beweisen können, sondern – und das ist eine noch tiefgreifendere Erkenntnis – dass wir außerdem auch nicht im Stande sind, auch nur einen Beweis für die uns allen gemeinsame Gewissheit zu liefern, auf der die Glaubwürdigkeit all unserer anderen Überzeugungen und des größten Teils unseres Wissens basiert, nämlich:

Die Quellen unserer Annahmen und Überzeugungen sind manchmal zuverlässig.

Diese Tatsache ist sicherlich verblüffend, wenn nicht sogar beunruhigend. Wodurch sind wir mit der Wirklichkeit verbunden? Was verbindet den inneren Mechanismus, mit dem wir unsere Annahmen und Überzeugungen bilden, mit den Dingen, wie sie wirklich sind? Darauf scheinen wir keine Antworten zu haben. Es wird jedoch noch schlimmer – oder zumindest noch interessanter. Um Näheres darüber zu erfahren, lesen Sie den nächsten Abschnitt, der sich mit einer ganz anderen Art skeptischer Fragen beschäftigen wird.

Die Fragen des radikalen Skeptizismus

Die Fragen bezüglich des Quellenskeptizismus in den vorangegangenen Abschnitten haben unsere Aufmerksamkeit auf die Zuverlässigkeit unseres grundlegendsten wissensbildenden Mechanismus gelenkt. Woher wissen wir, dass die Erinnerung, die Schilderungen und Berichte anderer, die Sinneserfahrung oder irgendeine andere mögliche Quelle von Überzeugungen und Wissen jemals verlässlich Auskunft über die Wirklichkeit außerhalb unserer selbst geben können? Der *radikale Skeptizismus* geht bei diesen Fragen anders vor. Er stellt eine radikale Hypothese auf, die mit einer großen Anzahl unserer üblichen Überzeugungen unvereinbar ist. Diese Hypothese steht so im Gegensatz zu dem, was wir normalerweise glauben, dass, wäre sie wahr, eine sehr große Zahl unserer Annahmen und Überzeugungen falsch sein müsste. Der radikale Skeptizismus weist darauf hin, dass wir unsere bisherigen Anschauungen nur dann beibehalten können, wenn wir bestreiten, dass diese Hypothese wahr ist. Der radikale Skeptizismus fragt dann weiter, woher wir denn wissen, dass die Hypothese auch tatsächlich falsch ist.

Der radikale Skeptizismus in Bezug auf Ereignisse der Vergangenheit

 Der Philosoph Bertrand Russell (1872-1970) stellte einmal eine radikale Hypothese über die Vergangenheit auf, die wir »Die Fünf-Minuten-Hypothese« nennen können. Es stellt folgende Überlegung an: Ich weiß einiges über das Frühstück heute morgen, darüber, wie ich letzte Nacht geschlafen habe, um wieviel Uhr ich ins Bett gegangen bin, darüber, was ich letzten Abend gemacht habe wie auch darüber, was während des ganzen Tages passiert ist. Dasselbe Wissen besitze ich auch über die Ereignisse von gestern und vorgestern. Meine Erinnerung reicht eine Woche, einen Monat, ein Jahr zurück. Ich besitze zig derartige Wissensfragmente über vergangene Ereignisse, Tausende oder sogar Millionen davon. Betrachten Sie doch mal die folgende Hypothese:

Die Fünf-Minuten-Hypothese: Das gesamte Universum ist genauso, wie es jetzt ist, vor fünf Minuten aus dem Nichts entstanden, mit Bodenfossilien, alten, faltigen Menschen und anderen Zeichen des Alters, die alle jedoch momentan entstanden und von täuschender Echtheit sind.

Diese Hypothese ist unvereinbar mit all meinem Wissen über Dinge, die vor fünf oder mehr Minuten passiert sind. Wenn die Hypothese war ist, so ist all jenes Wissen über die Vergangenheit unwahr. Wenn sie stimmt, dann habe ich weder Eltern, noch leibliche Kinder, bin nicht wirklich verheiratet, habe auch nie in meinem Leben irgendeinen Vertrag unterschrieben etc. Meine Erinnerungen an all das sind mit mir zusammen erst vor fünf Minuten entstanden. Vor diesem kosmischen Ereignis existierte nichts. Seltsame Vorstellung. Bizarr und verrückt.

»Aber«, so werden Sie vielleicht gleich einwenden, »woher wissen wir, dass die Hypothese überhaupt wahr ist?« Wenn das Ihr erster Einwand ist, so reagieren Sie normal. Die Hypothese ist so unplausibel wie nur irgend möglich. Darum geht es hier aber nicht. Der Skeptiker selbst glaubt auch nicht an die Wahrheit dieser Hypothese und versucht auch nicht, uns von ihrer Wahrheit zu überzeugen. Er weist uns nur darauf hin, dass unser jetziges Wissen und unsere momentanen Überzeugungen uns dazu drängen, die Wahrheit dieser Hypothese zu bestreiten. Das Ziel dieses Gedankenexperiments ist es zu fragen, woher wir überhaupt wissen oder zumindest vernünftigerweise annehmen, dass die Hypothese falsch ist.

Bei näherer Untersuchung wird einem sofort klar, dass sich kein einziger Beweis dafür finden lässt, dass diese Hypothese falsch ist. Egal was wir anführen – Haare, die so lang sind, dass sie schon eine lange Wachstumsperiode hinter sich haben müssen, Narben von lange verheilten Wunden, die Jahresringe von Bäumen usw. – alles ist vereinbar mit der Hypothese, dass alles das zusammen mit der Welt insgesamt erst vor fünf Minuten als Teil eines ausgeklügelten kosmischen Tricks entstanden ist.

Wenn wir jedoch für alles, was wir glauben, einen echten Beweis als vernünftige Beglaubigung benötigten, dann könnten wir nicht vernünftigerweise der Überzeugung sein, dass diese radikale Hypothese falsch ist. Das würde allerdings nicht bedeuten, dass wir unbedingt an die Wahrheit dieser Hypothese glauben müssten. Es würde lediglich bedeuten, dass wir mit unserem Urteil über die Wahrheit oder Falschheit der Hypothese vorsichtig sein müssten, auch wenn sich dadurch entsprechend eine Unsicherheit über die Wirklichkeit der länger als fünf Minuten zurückliegenden Ereignisse einstellen würde. Aus all dem folgt, dass wir die radikale Möglichkeit ins Auge fassen müssen, all unser Wissen über die Vergangenheit aufgeben zu müssen.

Der radikale Skeptizismus in Bezug auf Ereignisse der Gegenwart

Nun zu unserem Wissen über die Gegenwart. Der Philosoph René Descartes, der als Vater der modernen Philosophie gilt, machte im 17. Jahrhundert einen radikalen Vorschlag. Woher wissen wir, dass nicht alles uns Umgebende bloß in unseren Träumen existiert? Sie könnten z.B. nur träumen, dass Sie etwas über die Philosophie lesen. Die skeptische Haarspalterei, die wir hier betreiben, könnte vielleicht nichts als ein großer Alptraum von Ihnen sein. Schauen Sie sich den Raum, in dem Sie sich befinden, einmal genau an. Er ist bloß geträumt, nicht real existent. Schauen Sie sich Ihre

Kleidung an. Nichts als ein Traum. Oder, um es in der vom Skeptizismus bevorzugten Art auszudrücken: Woher wissen Sie, dass nicht alles Existierende bloß geträumt ist?

Das Leben und die Liebe sind nichts als ein Traum.

Robert Burns

Descartes spielte außerdem mit der Idee, dass unser ganzes Leben nichts als eine einzige, große Illusion sein könnte. Vielleicht gibt es einen bösen Dämon, der uns hypnotisiert hat, der für all unsere Sinneseindrücke verantwortlich ist und dem wir all das zu verdanken haben, was wir glauben. Wir glauben zwar nicht eine Sekunde lang, dass dies auch tatsächlich der Fall ist, aber warum sollte es eigentlich nicht?

Das Privileg des Absurden; etwas, das von allen Kreaturen nur dem Menschen eigen ist.

Thomas Hobbes

Wir können weder die Traumhypothese noch die Dämonhypothese oder eine andere ähnliche Hypothese widerlegen. Wir können noch nicht einmal beweisen, dass irgendeine dieser Hypothesen tatsächlich falsch ist. Dennoch aber nehmen wir bestimmte Dinge an, die mit diesen Hypothesen im Widerspruch stehen. Dies ist für den Skeptiker ein Problem.

Descartes: Der alles in Frage Stellende

René Descartes, Mathematiker, Militärfachmann und philosophisches Wunderkind, war der ultimative Revolutionär des Geistes. Er fragte sich, was passieren würde, wenn man sich dazu entschlösse, weder an das zu glauben, was andere einem sagen noch an das, was sie eigenen Sinne einem über die Welt mitteilen. Um festzustellen, ob es irgendetwas gebe, an dessen Existenz man nicht zweifeln könne, begann er systematisch alles in Frage zu stellen. Das einzige, so schloss er am Ende, das er nicht bezweifeln könne, war die Tatsache, dass, indem er zweifelte, er gleichzeitig auch dachte. Aus dieser Tatsache konnte er nun schlussfolgern, dass auch er selbst existieren müsse. Auf diese Weise hinterließ er der Geschichte das berühmteste Fragment philosophischen Denkens: »Ich denke, also bin ich« (auf Französisch »Je pense donc je sois« oder in der bekannteren lateinischen Version »*cogito ergo sum*«). Auf dieser Grundlage begann er dann ein Wissensgebäude zu errichten, von dem er glaubte, dass es wahr sein müsse.

Der radikale Skeptizismus in Bezug auf zukünftige Ereignisse

 Wir sollten uns abschließend wenigstens kurz mit unseren Annahmen über die Zukunft beschäftigen. Die radikal skeptische Hypothese, um die es in diesem Abschnitt geht, wurde von einem meiner philosophischen Freunde erfunden, den ich vor Jahren in Connecticut oft vor herannahenden Autos retten musste (wenn er nicht gerade dabei war, mich zu retten), nämlich von dem zeitgenössischen Philosophen J. L. A. Garcia. Sie wird futuristischer Nihilismus genannt und ist recht einfach.

Der futuristische Nihilismus erklärt, dass die Zukunft nicht existiert. Damit eine Annahme wahr sein kann, muss der Gegenstand der Annahme zum Inventar der Wirklichkeit gehören. Außerdem muss dieser Gegenstand die Eigenschaft besitzen, die ihm durch die Annahme zugesprochen wird. Damit die Aussage, dass Gras grün ist, wahr ist, muss es so etwas wie Gras mit der Eigenschaft grün wirklich geben. Die Zukunft ist jedoch im Moment nichts weiter als eine große Leere. In diese Leere projizieren wir eine Menge Vermutungen und Annahmen, was wohl heute noch geschehen wird oder was morgen und nächstes Jahr alles passieren wird. Wir haben eine Fülle von Annahmen und Überzeugungen darüber, wie die Zukunft aussehen wird, egal wie vorläufig und vorsichtig diese auch sein mögen.

Der in die Zukunft ausgerichtete Skeptiker könnte sein Argument sogar noch weiter stützen, wenn er sich der anderen Formen des radikalen Skeptizismus bediente. Denken Sie nur an die radikale Hypothese des vorhergehenden Abschnitts. In jedem Augenblick könnten wir aus Descartes' Traum aufwachen und die nahe Zukunft ganz anders vorfinden als wir uns das vorher vorgestellt haben. Es könnte auch sein, dass Descartes' Dämon plötzlich mit den Fingern schnippt und wir in einer Zukunft aufwachen, die radikal verschieden ist von der, die wir im Sinn hatten. Das alles könnte ganz plötzlich geschehen. Woher wissen wir, dass es nicht passiert und dass unseren Annahmen über die Zukunft nicht der Boden entzogen wird? Darauf haben wir letztlich keine gute Antwort.

Mein Geist befindet sich in einem Zustand philosophischen Zweifelns.

S. T. Coleridge

Was der Skeptizismus uns zeigt

Die Fragen des Quellenskeptizismus haben uns gezeigt, dass wir keine Möglichkeit haben, einen überzeugenden Beweis dafür zu finden, dass der innere Mechanismus, mit dem wir unsere elementarsten Überzeugungen und Annahmen bilden, jemals zuverlässig sein kann. Die Fragen des radikalen Skeptizismus streuten dann zusätzlich noch Salz in die Wunde, indem sie uns demonstrierten, dass es keine auffindbaren Beweise gibt, mit deren Hilfe wir eine Reihe von verrückt klingenden Hypothesen widerlegen oder zumindest erschüttern könnten, die logisch mit unseren Überzeugungen hinsichtlich bestimmter Sachverhalte von vitaler Bedeutung unvereinbar sind.

 Die Herausforderung, die der Skeptizismus an uns stellt, hat gezeigt, dass wir einige der grundlegendsten und wichtigsten Dinge, von denen wir alle überzeugt sind und die ansonsten ganz unstrittig sind, nicht beweisen können. Wir sind einfach von ihnen überzeugt. Der Skeptizismus fragt nach dem Warum. Eine seiner Erkenntnisse ist, dass es für den Menschen nur sehr wenig Veranlassung gibt, in großspuriger und arroganter Manier dogmatische Behauptungen aufzustellen. Wir sollten alle ein wenig bescheidener werden was unsere Gewissheiten anbelangt. Der Skeptizismus kommt aber zu noch weitergehenden Einsichten. Davon wird im nächsten Abschnitt die Rede sein.

Die eigenen Zweifel bezweifeln

Der Zweifel ist der Anfang, nicht das Ende der Weisheit.

George Iles

Die skeptische Untersuchung führt zu einem Zustand des Zweifelns. Wie können wir alles oder auch nur einen Teil von dem wissen, was wir zu wissen glauben? Wie gehen Vernünftigkeit und Überzeugungen zusammen? Kann es sein, dass die Skeptiker der Antike Recht hatten? Sollten wir davon Abstand nehmen, uns von allem, oder wenigstens einem Teil der Dinge, eine Meinung zu bilden? Sextus legte uns nahe, dass wir in Übereinstimmung mit den Dingen und Erscheinungen leben sollten, ohne allerdings auf die Idee zu verfallen, dass die Erscheinungen identisch mit der Wirklichkeit wären. Sollte so unsere Reaktion auf die Fragen des Skeptizismus und unsere überraschende Unfähigkeit, sie zu beantworten, aussehen?

Nein. Überhaupt nicht. Der Skeptizismus lehrt uns eine wichtige Lektion. Er kann aber nicht verhindern, dass wir auch weiterhin Annahmen über die Welt bilden und von Dingen überzeugt sein werden. Ohne die Überzeugung, dass die Begriffe, die er benutzt, eine bestimmte Bedeutung haben, die sich von der anderer Begriffe unterscheidet, kann der Skeptiker nicht einmal seine Fragen formulieren, genausowenig wie wir selbst. Überzeugungen zu haben ist ein integraler und vernunftgemäßer Bestandteil der menschlichen Natur.

 Die Forderung des klassischen Skeptizismus, alle unsere Überzeugungen und Annahmen über Bord zu werfen, ist im wahrsten Sinne des Wortes unmöglich. Aber selbst wenn dies dennoch möglich wäre, so erwiese es sich als unpraktisch und obendrein sogar gefährlich. Wenn es so scheint, als ob ein Lastwagen beim Überqueren der Straße direkt auf mich zukommt, so tue ich gut daran, das zu glauben und entsprechend meinen Gang zu beschleunigen. Der Vorschlag des Skeptizismus, dass wir immer in Übereinstimmung mit den Erscheinungen handeln, dabei aber mental unbeteiligt bleiben sollten, ist für den Geist derart anstrengend, dass die Argumente, die der Skeptizismus dafür vorgebracht hat, nicht überzeugend erscheinen. Ist aber nicht unsere Unfähigkeit, die Fragen des Skeptizismus nach der Wahrheit unserer Annahmen und Überzeugungen auf überzeugende Weise zu begründen, zwingend genug für die Wahrheit der Einwände des Skeptizismus? Die Antwort darauf ist Nein. Die Fragen des Skeptizismus zeigen bloß, dass die Vernünftigkeit unserer grundlegendsten Annahmen und damit die Vernünftigkeit all unserer Überzeugungen nicht darin bestehen kann, dass wir Beweise unabhängig von ihrer Wahrheit anführen können. Dies ist die wichtigste Lehre des Skeptizismus.

Was kommt als Nächstes?

Woher wissen wir also, dass die grundlegenden Mechanismen, die bei der Bildung von Annahmen und Überzeugungen im Spiel sind, wie z.B. die Sinneserfahrung, die Erinnerung oder die Berichte und Schilderungen anderer Menschen über Ereignisse, jemals zuverlässig sein können? Wie kann die Überzeugung, dass die Welt schon länger als fünf Minuten existiert, rational begründet werden? Woher wissen wir, dass nicht alles bloß ein einziger großer Traum ist, dass es nicht irgendwo einen bösen Dämon gibt, der uns alle hypnotisiert hat? Gibt es überhaupt die Zukunft? Dies sind mit unsere elementarsten Überzeugungen. Woher stammen sie, und wer kann für sie bürgen? Wenn wir dies alles verstehen könnten, so würde uns das die entscheidende Hilfestellung bei der Betrachtung der anderen wichtigen Fragen, die in diesem Buch noch behandelt werden, geben. Im nächsten Kapitel erfahren Sie dazu mehr.

Die erstaunliche Wirklichkeit
von grundlegenden Annahmen

6

In diesem Kapitel

▶ Die Grundlagen der Vernunft

▶ Der Empirismus und der Rationalismus

▶ Kritik an der allgemeinen Forderung nach Beweisen und anschaulicher Gewissheit

▶ Eine überraschende Einsicht in unsere grundlegenden Überzeugungen und Annahmen

---

Skeptiker ist nicht der, der zweifelt, sondern der, der die Dinge untersucht und erforscht, im Gegensatz zu dem, der Dinge behauptet und meint, sie gefunden zu haben.

Miguel de Unamumo

Die Ergebnisse unserer Überlegungen zum Skeptizismus in Kapitel 5 sind sowohl wichtig als auch interessant. Sie ergaben, dass die Vernunft weder in der Lage ist, die Wahrheit oder auch nur Vernünftigkeit unserer grundlegendsten Annahmen über die Wirklichkeit zu beweisen noch unmittelbare Gewissheit darüber zu erlangen. In diesem Kapitel wird dieses Problem wieder aufgenommen und gefragt, wie es dennoch vernünftig sein kann, ohne Beweise oder unmittelbare, anschauliche Gewissheit durch die Sinne diese grundlegenden Annahmen und Überzeugungen beizubehalten. Wir werden uns außerdem ausführlich mit dem allgemeineren Problem befassen, ob man sinnvollerweise überhaupt irgendwelche anderen Arten von Annahmen machen kann, ohne Beweise oder zwingende Gewissheit zu besitzen.

Vielleicht haben Sie das vorangehende Kapitel schon gelesen und sich die Argumentation dort noch mal durch den Kopf gehen lassen. Kapitel 5 und 6 zusammengenommen verschaffen uns einen lebendigen und neuen Blick auf unsere Annahmen und unser Wissen, der uns für die philosophischen Probleme, die wir noch anzugehen haben, von Nutzen sein wird. Diese Probleme betreffen z.B. Fragen hinsichtlich des Guten, der Freiheit, des Todes sowie Gottes. In gewisser Hinsicht sind wir immer noch dabei, das intellektuelle Rüstzeug zusammenzustellen, das uns dabei helfen kann, die dringendsten Fragen zu beantworten, die wir überhaupt stellen können. Um die Wirklichkeit verstehen zu können, ist es sehr hilfreich, dieses Rüstzeug zu finden, da wir allein dadurch schon neue Einsichten gewinnen können.

Die Grundlagen des Wissens

Wegen des einen oder anderen wichtigen Problems hat es in der Geschichte der Philosophie schon viele Kämpfe zwischen verschiedenen sich streitenden Parteien gegeben. Einer der größten unter ihnen wurde über die Grundlagen des Wissens geführt. Was ist das Grundlegendste an unseren

Annahmen über die Wirklichkeit? Was ist die Basis des Weltverständnisses eines jeden Menschen? Wo kommt das menschliche Wissen letztendlich überhaupt her? Kapitel 4 stellt die grundlegenden Begriffe von Urteil, Wahrheit und Wissen vor. Kapitel 5 zeigt uns, dass es für das, was wir glauben und wovon wir überzeugt sind, keinerlei Gewissheit geben kann. In diesem Kapitel werden wir untersuchen, was denn die Grundlagen für all unser Wissen über die Realität sind.

Empirismus und Rationalismus

Die Empiristen haben immer wieder behauptet, dass unser ganzes Wissens Ergebnis unserer Sinneswahrnehmung sei. Die Sinne, so sagen sie, liefern uns nur die nackten Daten über die Außenwelt; ohne diese Informationen, die uns im Rohzustand erreichen, gäbe es jedoch überhaupt kein Wissen. All unsere Annahmen, d.h. Urteile über die Welt, beruhen auf der Wahrnehmung, die einen Prozess der Erkenntnis in Gang setzt. Der Empirismus in Reinform behauptet, dass alleine die Sinneswahrnehmung der Grund und Ursprung all unserer Überzeugungen, Annahmen und unseres Wissens sei. Ein klassisches Beispiel für einen Empiristen ist der britische Philosoph John Locke (1632-1704).

Man kann leicht verstehen, wie es möglich war, dass der Empirismus viele Anhänger gewinnen konnte. Denken Sie mal einen Moment darüber nach: Es ist doch schon erstaunlich schwierig, bloß eine einzige Annahme oder Überzeugung des Menschen zu nennen, die nicht auf irgendeine Art von Sinneswahrnehmung beruht – sei es Sehen, Hören, Berühren, Riechen oder Schmecken. Es ist daher nur natürlich anzunehmen, dass die Sinne die einzige Quelle und der letzte Grund für unsere Annahmen und Überzeugungen sind.

John Locke

John Locke, Wissenschaftler, Arzt, politischer Denker und Philosoph, behauptete in seinem Hauptwerk *An Essay Concerning Human Understanding*, dass jede menschliche Seele als *tabula rasa*, d.h. als leere, wieder beschreibbare Tafel zur Welt komme. Einige menschliche Seelen jedoch scheinen leerer zu sein als andere. Es ist die Sinneswahrnehmung, so behauptete der Philosoph, die auf dieser Tafel schreibe und die die einzige Quelle unserer Ideen und unseres Wissens sei.

Locke war im 17. Jahrhundert ein außerordentlich einflussreicher Denker. Durch sein politisches Denken wurde er berühmt als der »Philosoph der Freiheit«. Allgemein bekannte Aussprüche Lockes sind z.B.:

»Keines Erdenmenschen Wissen reicht über seine Erfahrung hinaus.«

»Alle Menschen irren. Die meisten Menschen sind darüber hinaus in vielerlei Hinsicht durch Leidenschaft oder Interesse der Versuchung zu irren ausgesetzt.«

Aber noch lange nicht alle Philosophen glaubten, dass der Ursprung der Annahmen und Überzeugungen des Menschen alleine die Sinne sind. Es scheint so zu sein, dass einige Urteile des Menschen nicht allein durch die Sinneswahrnehmungen erlangt werden oder von sonst irgendeiner Wahrnehmung bewiesen werden können. Die Philosophen haben sich daher zu allen Zeiten in den Haaren darüber gelegen, welche Antwort auf die Frage, wo unsere Annahmen und Überzeugungen letzten Endes herkommen oder herkommen sollen, denn nun richtig sei.

 Die *Rationalisten* behaupteten, dass nicht die Sinne der eigentliche Ursprung allen Wissens sind, sondern der Verstand. Ohne das Vorhandensein von Kategorien und Grundsätzen des Verstandes, die bereits vor der Erfahrung existieren, könnten wir weder unsere Sinneswahrnehmung ordnen noch auf irgendeine Weise interpretieren. Der Mensch wäre ohne diese Kategorien und Grundsätze mit einem einzigen, undifferenzierten und kaleidoskopartigen Durcheinander von Wahrnehmungen konfrontiert, die nichts bedeuteten und die keinen Sinn machen würden. Der Rationalismus in seiner reinsten Form geht soweit zu sagen, dass all unsere vernünftigen Annahmen und Überzeugungen sowie die Gesamtheit des menschlichen Wissens sowie alle weiteren aus den Grundsätzen des Verstandes logisch ableitbaren Urteile, auf diese ursprünglichen, ersten Grundsätze und angeborenen Begriffe (Begriffe, die wir schon als Neugeborene besitzen) zurückgehen. Auf irgendeine Weise werden diese Grundsätze und Begriffe vom Verstand erzeugt und beglaubigt.

Wie kann der Verstand überhaupt irgendwelche verstandesgemäßen Begriffe und erste Grundsätze liefern? Einige Rationalisten haben behauptet, dass wir mit mehreren grundlegenden Begriffen oder Kategorien schon von Geburt an ausgestattet sind, die sozusagen zur Benutzung schon bereit liegen. Diese liefern uns das, was die Rationalisten »angeborenes Wissen« nennen. Beispiele hierfür sind u.a. die Anschauungsformen von Raum und Zeit sowie der Verstandesbegriff von Ursache und Wirkung.

Wir denken von Natur aus in Begriffen von Ursache und Wirkung, mit deren Hilfe es uns möglich ist, unsere Erfahrungen in der Welt zu ordnen. Wir glauben zu sehen, wie ein Ereignis ein anderes verursacht. Die Sinneswahrnehmung alleine jedoch zeigt uns nur, wie bestimmte Ereignisse zeitlich vor anderen Ereignissen stattfinden. Damit verbunden ist die Erinnerung, früher schon einmal solche Vorher/Nachher-Ereignisse gesehen zu haben. Nehmen wir zum Beispiel den Fall eines Steins, der, gegen eine Fensterscheibe geworfen, diese zerbricht. In diesem Ereignis ist noch etwas Drittes enthalten, das wir Verursachung nennen aber nicht sehen können. Dennoch glauben wir, dass es so etwas wie Verursachung wirklich gibt. Der Stein, der die Scheibe trifft, hat deren Zerbrechen verursacht. Diese Tatsache jedoch wird von uns nicht auf die gleiche Weise erfahren wie der Flug des Steines oder das Zerspringen der Glasscheibe. Die Erfahrung ist es wohl nicht, die uns den Begriff der Verursachung aufzudrängen scheint. Wir benutzen diesen Begriff nur, um das, was wir erfahren, zu interpretieren. Der Verstandesbegriff der Ursache und Wirkung ist eine Kategorie, die wir aus unserer Erfahrung allein nicht ableiten können. Sie muss daher durch eine vorausgehende Veranlagung unseres Verstandes, durch die wir einen solchen Zusammenhangs von Ursache und Wirkung erst feststellen können, in diese Erfahrung gleichsam hineingelegt werden. Dies ist die rationalistische Perspektive.

Die Grundlagen des Wissens

Rationalistische Philosophen haben behauptet, dass unser Wissen auf selbstevidenten, d.h. offensichtlich wahren Aussagen, bzw. Sätzen aufgebaut ist. Eine selbstevidente Aussage hat die merkwürdige Eigenschaft, dass wir, wenn wir nur den Gehalt der Aussage erst einmal verstanden haben, rein verstandesmäßig »sehen«, dass sie wahr ist, auch ohne weitere Überprüfung oder sonstige Beweise. Beispiele für solche Aussagen sind:

✔ Jede Oberfläche, die rot ist, ist farbig.

✔ Wenn A größer ist als B, und B größer als C, dann ist auch A größer als C.

Wichtig ist hier, dass, sobald diese beiden Aussagen verstanden worden sind, es keiner weiteren Sinneswahrnehmung bedarf, um zu sehen, dass sie wahr sind.

René Descartes war ein Philosoph, der an den Anfang seines Denkens den Zweifel setzte und sich von diesem ausgehend eine rationalistische Philosophie erschuf. Er war davon überzeugt, dass wir alle unsere Annahmen und Überzeugungen, die auf der Wahrnehmung unserer äußeren Sinne beruhen, in Zweifel ziehen können. Bestimmte selbstevidente Überzeugungen wie z.B. »Ich denke«, kann man jedoch weder vernünftig anzweifeln noch kann dieser Zweifel aufrecht erhalten werden. Descartes versuchte daran anschließend genügend weitere erste Grundsätze zu finden, die sich als immun gegen verstandesmäßige Zweifel erweisen würden. Er versuchte auf diese Weise, eine unzweifelhafte, verstandesmäßige Basis für alle anderen begründeten Annahmen zu finden.

Die Philosophen glauben nicht, dass Descartes' Versuch tatsächlich erfolgreich war. Sein Denken sei jedoch den Versuch wert gewesen. Für einzelne, die sich zur Mathematik und zu den Schönheiten einer einheitlichen Theorie hingezogen fühlen, ist der Rationalismus allerdings eine verführerische Idee geblieben. Praktisch hat der Rationalismus aber noch nie funktioniert.

Evidentialismus

Das Ziel der Empiristen und Rationalisten war es herauszufinden, woher unsere Annahmen über die Wirklichkeit letzten Endes stammen. Damit verbunden ist die Frage, was die letztgültige Grundlage des Wissens ist. Die *Evidentialisten* sind Philosophen, die eine ähnliche, damit in Zusammenhang stehende aber dennoch etwas anderen Frage beantworten wollen, nämlich die, wo vernunftgemäße Annahmen und Überzeugungen herkommen, bzw. wie man zu solchen überhaupt gelangt und sie aufrecht erhalten kann.

Heutige Evidentialisten behaupten, dass keine Aussage, bzw. kein Satz vernünftig ist, wenn er nicht entweder selbstevident, unmittelbar durch die Sinne gewiss oder ausreichend durch beweiskräftige Aussagen aus einem der beiden Bereiche gestützt werden kann. Beispiele für Aussagen und Sätze, die durch direkte Sinneswahrnehmung zustande kommen, sind:

✔ Ich nehme gerade ein Kribbeln wahr.

✔ Die Farbe Weiß befindet sich in meinem Blickfeld.

✔ Ich höre ein Geräusch.

Die Suche nach Gewissheit

Menschen können auf verschiedene Dinge begierig sein. Manche sind gierig nach Geld. Andere streben nach immer mehr Macht. Für viele Menschen ist es eine innere Gewissheit, dass sie sich ohne Ende nach Dingen sehnen. Wir wollen wissen – und wissen, dass wir wissen. Wir wollen absolut sicher sein. Es darf keine Möglichkeit geben, dass wir uns irren. Wir wollen alles ganz genau festgelegt haben.

Jeder besitzt ein natürliches, aus dem Inneren stammendes Bedürfnis, die Dinge unter Kontrolle zu haben. Kontrolle jedoch ist unmöglich ohne Wissen. Daher streben wir danach, Gewissheit über unser Wissen zu erlangen. Die Welt aber gibt uns nicht immer das, wonach wir streben. Der Rationalismus ist ein Ausdruck für unsere Gier nach Gewissheit, der wir widerstehen müssen, um in der Welt, in der wir leben, ohne übermäßige Enttäuschung leben zu können.

Können wir überhaupt irgendeine Gewissheit im Leben finden? Ich muss gestehen, dass ich mir nicht ganz sicher bin.

Die einzige Gewissheit ist die, das nichts gewiss ist.

Plinius der Ältere

In einem berühmten Essay behauptete der britische Mathematiker W. K. Clifford Ende des 19. Jahrhunderts, dass es objektiv falsch sei, wenn irgendjemand irgendwo ohne ausreichenden Beweis etwas annehmen oder glauben würde. Ersetzen wir das Wort *falsch* durch das Wort *irrational*, so haben wir hier die zentrale Behauptung des traditionellen Evidentialismus vor uns:

Das evidentialistische Prinzip: *Es ist irrational für irgendjemanden an irgendeinem Ort, etwas ohne ausreichenden Beweis anzunehmen.*

Wenn wir das evidentialistische Prinzip so weit wie möglich fassen, können wir sowohl die Selbstevidenz von Annahmen als auch die Evidenz der Sinne, d.h. deren unmittelbare Gewissheit, zu den zulässigen Kriterien für vernünftige Annahmen hinzurechnen.

Der Evidentialist fragt ständig in Bezug auf jede Annahme oder Behauptung: »Was sind Ihre Beweise hierfür?« Er ist der Meinung, dass Rationalität, d.h. Vernünftigkeit, immer entweder Beweise oder unmittelbare Gewissheit erfordere. Es ist jedoch interessant, die Frage des Evidentialisten an dessen eigenes Prinzip zu richten. Wenn jeder einen Beweis oder unmittelbare Gewissheit vorzulegen hat, was ist dann der Beweis des Evidentialisten für die Wahrheit seines Prinzips – eben jenes Prinzips, das diese Forderung aufstellt? Warum sollten wir diesen Beweis akzeptieren?

Es ist schwer einzusehen, wie diese Fragen, die vom evidentialistischen Prinzip gefordert werden, vom Evidentialisten selbst beantwortet werden können, wenn sie an seine zentrale Behauptung gerichtet werden. Er könnte behaupten, dass sein Prinzip selbstevident sei. Viele Philosophen, die das Prinzip klar verstanden haben, haben jedoch bestritten, dass es überhaupt wahr ist. Es ist also nicht so, dass alleine das Verstehen dieses Prinzips ausreicht, um seine Wahrheit zu erkennen. Darüber hinaus ist es nicht die Art von Aussage, deren Wahrheit durch die Sinne erkannt werden kann. Warum sollten wir also glauben, dass es wahr ist? Würden wir seine Wahrheit anerkennen, dann scheint es so, dass wir es ablehnen müssten, was gleichbedeutend mit einer selbstwidersprüchlichen Empfehlung ist.

Ungeachtet der Tatsache, dass zum einen der Evidentialismus unter Geistesgelehrten über einen langen Zeitraum hinweg sehr populär gewesen ist und dass Beweise zugegebenermaßen ein sehr wichtiges Indiz für die Wahrheit sind, gibt es dennoch sehr wichtige grundlegende Annahmen, die wir alle haben und deren Vernünftigkeit wir mit Bestimmtheit annehmen können, da sie die Grundlage für alle anderen Annahmen bilden, von denen wir glauben, dass sie vernünftig sind. Diese wichtigen, *elementaren Annahmen* jedoch können weder durch Beweise noch durch unmittelbare Gewissheit erhärtet werden.

Wenn es eine einzige Annahme von der Art gibt, dass wir sie ohne Beweis oder unmittelbare Gewissheit dennoch vernünftigerweise aufrechterhalten können, so ist die Forderung des Evidentialismus offensichtlich unangebracht und übertrieben. Gewissheit jedoch ist allem Anschein nach sehr wichtig im Leben. Wo ziehen wir also die Grenze?

Die Wichtigkeit von Beweisen

Wir leben in einer hochentwickelten und doch zur gleichen Zeit merkwürdig leichtgläubigen Epoche. Denken Sie nur an all die Male, an denen Sie spät am Abend im Fernsehen ein erstaunliches Produkt in einem *Infomercial* gesehen haben oder an denen Sie die 800er Nummer gewählt haben in der hoffnungsfrohen Erwartung, dass sich damit Ihr Leben ändern werde. Was Sie dann mit der Post erhielten, entsprach auch nicht ganz Ihren Erwartungen. Warum nur sind Sie so ein Narr gewesen? In Ordnung, vielleicht waren Sie keiner; ich jedoch war ganz sicher einer. Ich bin bombardiert worden mit den Zuschauer anspringenden *Infomercials*, bin geblendet worden von hübsch gemachter Werbung und gerührt worden von gewieften Schwindlern – und ich soll zu den Schlauen gehören. Wir sollten ein wenig mehr Gewissheit verlangen, bevor wir vorschnell etwas glauben. Denken Sie nur an all die Diäten, die schon gekommen und gegangen sind, und all die Versprechungen, die sie gemacht haben. Das Folgende ist eine wahre Geschichte: Während meines ersten Semesters an der Universität in Yale erfand ich meine eigene Diät. Ich aß zwei Hot Dogs pro Mahlzeit bei drei Mahlzeiten am Tag. Frühstück? Hot Dogs. Mittagessen? Lecker, wieder Hot Dogs. Abendessen? Weenies à la Tom. Das Ergebnis war, dass ich gut dreizehn Kilo in drei Monaten abnahm. Um ehrlich zu sein, vielleicht kam dieser Erfolg auch nur aus dem Grund zustande, weil ich bald damit begann, regelmäßig Mahlzeiten ausfallen zu lassen. Hätten Sie dies nicht auch getan? Was wäre gewesen, wenn ich ein Buch geschrieben und eine Infomercialkampagne gestartet hätte – die Yale Hot Dog Diät! Wären Sie nicht total darauf abgefahren? Sie persönlich sind vielleicht nicht ganz so leichtgläubig; wenn die Bestsellerlisten jedoch irgendeinen Hinweis darauf geben, so sind dies viel zu viele Menschen. Wir müssen die Forderungen des Evidentialismus hören und uns erst der Strenge einer sorgfältigen Untersuchung unterziehen, bevor wir vorschnell unsere Zustimmung geben. Im Leben kommt es auf Gewissheit an, selbst wenn die Forderung der Evidentialisten übertrieben ist, dass sie buchstäblich immer erforderlich sei.

Das Prinzip, Überzeugungen beizubehalten

Der Beweis des Puddings ist, dass er gegessen wird.

Cervantes

Der Versuch, unseren normalen Begriff von Rationalität tiefer zu verstehen, wird uns zu interessanten Ergebnissen führen. Zunächst einmal ist es so, dass nicht alle unsere Annahmen über die Wirklichkeit irrational, d.h. unvernünftig sein können, da sonst der Begriff der Rationalität nicht angewandt werden könnte. Der Begriff der Rationalität ist nur deswegen nützlich, weil er uns gestattet, einige Annahmen von anderen zu trennen, weil er sozusagen die Spreu vom Weizen trennt. Wie aber können unsere Annahmen und Überzeugungen rational sein, wenn wir nicht vernünftigerweise auch glauben können, dass die Quellen, aus denen wir sie gewinnen, wenigstens manchmal zuverlässig sind? Daraus folgt, dass die wichtigsten derartigen Quellen – z.B. die Sinneserfahrung, die Erinnerung oder die Berichte anderer Menschen – manchmal verlässlich sind. Wenn nun aber die Vernünftigkeit – und damit die Wahrheit – unserer Annahmen und Überzeugungen nicht durch Beweise oder anschauliche Gewissheit zu erlangen ist (die Schlussfolgerung I in Kapitel 5), dann muss es einen anderen Weg zur Rationalität geben.

Ich bin zu der Überzeugung gelangt, dass eine angemessene und vernünftige Antwort auf den Skeptizismus in dem besteht, was ich *Das Prinzip, Überzeugungen beizubehalten* nenne. Dieses Prinzip ist in der Lage zu zeigen, wie mit Hilfe eines unabhängigen rationalen Prinzips bestimmte grundlegende Annahmen und Überzeugungen rational begründet werden können, ohne dass man noch einen weiteren Beweis oder anschauliche Gewissheit benötigte.

Das Prinzip, Überzeugungen beizubehalten

Für jeden Satz *P* gilt:

1. Wenn man eine bestimmte kognitive Haltung gegenüber *P* nur dann einnehmen kann (z.B. kann man *P* glauben, man kann nicht an *P* glauben oder aber man kann sein Urteil über die Wahrheit oder Falschheit von *P* aufschieben), wenn man gleichzeitig eine große Anzahl seiner bisherigen Annahmen und Überzeugungen dafür ablehnen oder bezweifeln müsste

2. Und wenn weiter gilt, dass man keinen anderen davon unabhängigen Grund hat, seine Annahmen und Überzeugungen abzulehnen oder zu bezweifeln

3. Und man schließlich auch keinen überzeugenden Grund für diese Haltung gegenüber *P* hat

dann gilt, dass es vernünftiger ist, gegenüber P nicht diese Haltung einzunehmen.

Das ist ein sorgfältig formuliertes und formales Prinzip, dem aber alle vernünftig denkenden Menschen unterworfen sind. In gewisser Hinsicht ist es ein Prinzip des »geringsten Schadens«. Mit anderen Worten: Es ist höchst rational, da wir unsere Überzeugungen und Annahmen über die Wirklichkeit während unseres ganzen Lebens durch Lernen ständig so modifizieren, dass unsere bisherigen Annahmen und Überzeugungen möglichst geringen Änderungen unterworfen werden.

Unsere gegenwärtigen Überzeugungen sind wie ein Floß oder ein Boot, auf dem wir auf dem Ozean des Lebens dahingetragen werden. Man muss während der Reise ständig Reparaturen durchführen und neue Teile hinzufügen. Es kann aber auf keinen Fall sinnvoll und vernünftig sein, das ganze Boot zu zerstören, während man mitten auf dem Ozean dahin segelt in der Hoffnung, dass man es schon wieder aufbauen oder dass man auch ohne es weiterschwimmen könne.

Des Menschen wertvollster Zug ist ein untrüglicher Sinn dafür, was man nicht glauben soll.

Euripides

Die Beibehaltung von Überzeugungen und radikaler Skeptizismus

Um zu verstehen, wie das Prinzip, Überzeugungen beizubehalten, funktioniert, betrachten Sie nur einmal eine der verrückten Ideen, die in Kapitel 5 erwähnt worden sind, nämlich Bertrand Russells Fünf-Minuten-Hypothese, jene radikale Hypothese, die besagt, dass das gesamte Universum vor gerade fünf Minuten angefangen habe zu existieren, woraus folge, dass alle unsere Annahmen und Überzeugungen über vergangene Ereignisse, die älter als fünf Minuten sind, falsch sein müssen. In Kapitel 5 habe ich gezeigt, dass man diese Hypothese mit Beweisen oder Vernunftgründen nicht widerlegen kann. Dennoch müssen wir aber irgendein rationales Prinzip finden, mit dem wir diese seltsame Hypothese widerlegen können, damit wir unsere Annahmen über die Vergangenheit überhaupt vernünftigerweise aufrechterhalten können.

Nehmen wir an, die Fünf-Minuten-Hypothese gelte als Satz P und wir würden das Prinzip, Überzeugungen beizubehalten, auf diesen anwenden. Ist es vernünftig anzunehmen, diese seltsame Hypothese sei wahr? Wenn wir dies täten, so nur um den Preis, viele andere unserer Annahmen und Überzeugungen aufgeben zu müssen, wozu wir aber keinen davon unabhängigen vernünftigen Grund haben. Wir haben auf der anderen Seite aber auch keinen zwingenden Grund, an die Wahrheit dieser absurden Hypothese zu glauben. Daher ist es aufgrund des Prinzips, Überzeugungen beizubehalten, überaus vernünftig, die Wahrheit der Fünf-Minuten-Hypothese zu bestreiten.

Wie steht es jedoch mit der anderen Möglichkeit, unser Urteil über diese Hypothese ganz zurückzuhalten? Dies würde bedeuten, dass wir eine große Anzahl unserer bisherigen Annahmen und Überzeugungen entweder bezweifeln müssten oder uns über ihre Wahrheit nicht sicher sein könnten, all jener nämlich, die nur dann wahr sein können, wenn die Fünf-Minuten-Hypothese falsch ist. Da wir nun aber keine Veranlassung haben, all unsere anderen Annahmen aufzugeben und es auch keinen überzeugenden Grund gibt, unser Urteil bezüglich der Fünf-Minuten-Hypothese aufzuschieben, ist es durchaus vernünftig, unser Urteil nicht zurückzuhalten.

Die einzige kognitive Haltung, die noch übrig bleibt, ist, nicht an die Wahrheit der Fünf-Minuten-Hypothese zu glauben. Unsere Antwort auf diese uns vom Skeptizismus vorgeschlagene Hypothese muss also vernünftigerweise ein klares Nein, wir glauben nicht an ihre Wahrheit, sein.

Die gleichen Argumente lassen sich auch bei den anderen radikalen Hypothesen, die in Kapitel 5 erwähnt worden sind, ins Felde führen, sei es Descartes' Traumhypothese oder die Hypothese, es existiere ein uns böse gesonnener Dämon. Das gleiche gilt auch für den futuristischen Nihilismus. Ein vernünftig denkender Mensch muss all diese seltsamen Gedankenexperimente als falsch zurückweisen.

Die Beibehaltung von Überzeugungen und der Quellenskeptizismus

Was ist nun aber mit dem Quellenskeptizismus? Auf die grundsätzliche Frage des Skeptizismus, woher wir wissen, ob die Sinneserfahrung, die Erinnerung oder die Berichte und Schilderungen anderer jemals zuverlässig sein können, haben wir keine überzeugende Antwort (siehe auch Kapitel 5). Wir sind nicht in der Lage, einen einzigen schlüssigen Beweis für unsere tiefsitzende Überzeugung anzuführen, dass das aus diesen Quellen stammende Wissen über die Wirklichkeit uns auch tatsächlich mit der Realität so wie sie ist verbindet.

Nehmen wir an, es solle die folgende Behauptung untersucht werden:

Die Quellen, aus denen unsere Annahmen und Überzeugungen stammen, sind manchmal zuverlässig.

Die Anwendung des Prinzips, Überzeugungen beizubehalten, auf diese Aussage zeigt uns, dass die vernünftigste Haltung, die wir zu dieser einnehmen können, die ist, von ihr überzeugt zu sein, genauso wie wir das vorher gedacht hätten.

Was nicht unvoreingenommen untersucht worden ist, ist nicht sorgfältig untersucht worden. Der Skeptizismus ist daher der erste Schritt auf dem Weg zur Wahrheit.

Denis Diderot

Der Skeptizismus kann uns nicht unserer grundlegendsten Annahmen und Überzeugungen berauben. Er kann uns jedoch zeigen, dass wir an sie vernünftigerweise glauben können, auch ohne im Besitz von Beweisen oder anschaulicher Gewissheit für sie zu sein. Für diese an sich schon überraschende Erkenntnis sollten wir dankbar sein und sie dafür nutzen, von hier aus weiterzudenken.

Der grundsätzliche Status der Beibehaltung von Überzeugungen

 Das Prinzip, Überzeugungen beizubehalten, scheint ein Ausdruck für die Art und Weise zu sein, wie rationale Menschen normalerweise denken. In diesem Prinzip ist die Grundlage für unsere Reaktion auf den Skeptizismus enthalten. Woher wissen wir aber, dass dieses Prinzip selbst wahr ist? Mit sich selbst ist es zwar anders als der Evidentialismus vereinbar; dennoch gibt es aber keinen unabhängigen Beweis für seine Wahrheit.

Wir akzeptieren dieses Prinzip ohne Beweis oder eine andere unabhängige, begründete Gewissheit für seine Wahrheit. Trotz allem aber ist die Überzeugung, dass es wahr ist, vernünftig. Es gibt keine unabhängige Vernunftinstanz, die dieses Prinzip für ungeeignet erklären oder in Frage stellen kann. Wir akzeptieren es aus dem Grunde, weil es für uns ganz einfach wahr ist. Ihm liegen keine tieferliegenden Überzeugungen zugrunde. Es selbst ist elementar.

Das Prinzip, Überzeugungen beizubehalten, kann als Beispiel dafür genommen werden, was Philosophen als »Axiom«, als »elementare Annahme«, bezeichnen. Man kann es benutzen, um andere Annahmen zu begründen, ohne dass es selbst weiter begründbar wäre. Wir glauben es instinktiv, ohne dass die Möglichkeit besteht, nicht an seine Wahrheit zu glauben. Diese Tatsache alleine ist zwar noch kein Beweis für seine Wahrheit, dennoch ist das Prinzip wahr.

Man sollte keine Aussage glauben, wenn es keinen irgendwie gearteten Grund gibt anzunehmen, dass sie auch wahr ist.

Bertrand Russell

Das Prinzip, Überzeugungen beizubehalten legt den Schluss nahe, dass es vernünftig ist, jede der folgenden Aussagen zu glauben, ohne dass es direkt einen Beweis oder die Gewissheit liefern würde, dass eine von ihnen auch wahr ist:

✔ Die Sinneserfahrung ist manchmal zuverlässig.

✔ Die Erinnerung ist manchmal zuverlässig.

✔ Die Berichte anderer Menschen sind manchmal zuverlässig.

✔ Unsere grundlegenden Quellen, aus denen wir unsere Überzeugungen schöpfen, sind manchmal zuverlässig.

Als Philosoph bin ich nicht in der Lage, irgendeinen anderen Wahrheitsbeweis für diese Überzeugungen zu finden, an die wir alle vernünftigerweise glauben. Das Prinzip, Überzeugungen beizubehalten, muss aus Gründen der Vernunft wahr sein. Wenn dies so ist, ist allerdings der klassische Evidentialismus falsch. Daraus folgt, dass es durchaus vernünftig sein kann, an Dinge zu glauben, die weder selbstevident sind, noch von anschaulicher Gewissheit aufgrund von sinnlicher Wahrnehmung, noch gestützt oder abgeleitet sind aus Sätzen, die einer der beiden ersten Kategorien entstammen.

Der Evidentialismus – widerlegt und revidiert

Der Schluss, dass der Evidentialismus falsch sein muss, ist überaus wichtig, weil sehr viele Geistesgelehrte im zurückliegenden Jahrhundert zum Evidentialismus tendiert haben und immer gefordert haben, dass man Beweise oder anschauliche Gewissheit haben müsse, bevor man an die Wahrheit einer Annahme glauben könne. Um es noch einmal deutlich zu sagen: Der Evidentialismus ist schlicht falsch. Wir haben nachgewiesen, dass man seine Forderung unmöglich immer erfüllen kann, was ihn aus der Gruppe der philosophischen Prinzipien, die wir akzeptieren sollten, ausschließt.

Wir sollten aber versuchen, so fair wie möglich zu sein. Der Evidentialismus könnte trotzdem versuchen, seine Position zu verteidigen, auch wenn er die Berechtigung unseres Einwandes einräumt. Er könnte vorbringen, dass seine Forderung, für alles, was nicht selbstevident oder aufgrund von sinnlicher Wahrnehmung gewiss ist, Beweise vorbringen zu müssen, tatsächlich voreilig ist. Wir haben gezeigt, dass es eine dritte Kategorie von Annahmen gibt, für die man nicht unbedingt Beweise braucht und die man auch noch nicht einmal beweisen kann. Aber, so könnte der Evidentialismus fortfahren, wir sollten jede Annahme, die auf anschauliche Weise durchaus unmittelbar gewiss ist, besser nicht in Betracht ziehen, solange wir sie nicht auch tatsächlich beweisen können. Alles andere ist unverantwortlich und unvernünftig.

Der Vorsichtige irrt selten.

Konfuzius

Lassen Sie uns den kühnen Versuch unternehmen, den Evidentialismus ein wenig zu präzisieren, indem wir eine weitere Art von Annahmen definieren:

Beweisfähige Annahme = (per definitionem) Eine Annahme, die bewiesen werden kann

Jetzt können wir die ursprüngliche Forderung des Evidentialismus modifizieren:

Modifizierter Evidentialismus: *Es ist jederzeit unvernünftig, eine beweisfähige Annahme zu machen, ohne gleichzeitig über ausreichende Beweise für ihre Wahrheit zu verfügen.*

In dieser Form des evidentialistischen Prinzips sind Aussagen wie »Das Prinzip, Überzeugungen beizubehalten« oder »Die Quellen, aus denen unsere Annahmen und Überzeugungen stammen, sind manchmal zuverlässig« ausgeschlossen aus der ansonsten allgemein geltenden Forderung nach Beweisen. Der Evidentialist mag vielleicht denken, dass es durch die Änderung seiner Forderung vielleicht möglich ist, die Erkenntnisse, die wir aus dem Skeptizismus gewonnen haben, so in seine Theorie zu integrieren, dass ihr Kerngehalt nicht angetastet wird.

Dies wird jedoch dann nicht funktionieren, wenn es beweisfähige Annahmen gibt, an deren Wahrheit (oder zumindest wahrscheinliche Wahrheit) man auch dann vernünftigerweise glauben kann, wenn man keine ausreichenden Beweise für sie hat. Der große aus dem letzten Jahrhundert stammende Philosoph und Psychologe William James war der Ansicht, er hätte gute Beispiele für derartige Annahmen. Wenn er Recht hat, ist selbst der modifizierte Evidentialismus falsch.

James war der Meinung, es gebe eine Art von beweisfähigen Annahmen, an deren Wahrheit man berechtigterweise auch dann glauben könne, wenn man keine ausreichenden Beweise für sie habe. Er behauptete, dass diese Annahmen auf der Basis einer bestimmten Art vernünftigen Glaubens aufrechterhalten werden könnten.

William James über den vorläufigen Glauben

 William James ist der Autor eines berühmten Essays mit dem Titel *Der Wille zum Glauben*, in dem er den evidentialistischen Standpunkt W. K. Cliffords explizit kritisiert. Clifford bestand darauf, dass es falsch sei, jemals etwas anzunehmen, was über das Beweisbare hinausgeht. James dagegen war überzeugt, dass Clifford unrecht hatte.

 James wies darauf hin, dass es zwei sehr verschiedene Herangehensweisen an Fragen des Lebens und des Glaubens gebe – eine positive und eine negative. Die Negative ist durch die Furcht gekennzeichnet, Fehler zu begehen. Sie erfordert ständige Vorsicht. Sie sagt: Gehe nie Risiken ein, warte auf Beweise. Diese Sichtweise bestimmt das Vorgehen des Evidentialismus. Er ist kleinlich was Annahmen und Überzeugungen anbelangt.

Dem anderen positiveren Zugang zu Fragen des Lebens und Glaubens geht es mehr darum, so viele Wahrheiten wie möglich zu entdecken. Ihm geht es nicht in erster Linie um die Vermeidung von Fehlern. Seine Empfehlung ist, sich hinauszuwagen, neue Dinge zu probieren, neue Erfahrungen zu machen und sich für große Entdeckungen zu wappnen. Nach William James ist dies die bessere Sicht der Dinge. Sie ist sehr viel großzügiger in Bezug auf Annahmen und Überzeugungen.

James war der Meinung, dass wir manchmal der Wirklichkeit auf halbem Wege entgegenkommen müssten. Wir können uns nicht nur zurücklehnen und darauf warten, dass die Welt uns ihre Wahrheiten schon von alleine anvertrauen wird. Wir müssen den Dingen offen begegnen, um in der Lage zu sein, Wahrheiten erkennen zu können.

Als Beispiel nannte James eine ganz gewöhnliche soziale Situation. Stellen Sie sich vor, Sie betreten einen Raum voller Menschen, die Sie noch nie zuvor gesehen haben. Wenn Sie fürchten, dass die Leute vielleicht nicht nett sind und Sie gar nicht mögen werden und Sie außerdem erst ein Zeichen verlangen, das Sie vom Gegenteil überzeugt, bevor Sie ein positives Urteil über die Ihnen fremden Leute abzugeben bereit sind, so werden Sie wahrscheinlich gar nicht erst dahin kommen, diese Menschen als gut zu bezeichnen. Wenn Sie jedoch der Situation mit einer anderen Herangehensweise begegnen und den Raum betreten in der Überzeugung, dass diese Fremden sehr wahrscheinlich überaus nette Leute sind, die Ihre Gesellschaft zu schätzen werden wissen und Sie darüber hinaus auch dieser Überzeugung gemäß handeln, so werden die Menschen Ihnen sicher genau so freundlich begegnen wie Sie es auch tun.

 Manchmal ist es so, dass eine positive Einstellung, mit der man an die Dinge herangeht – egal wie unverbindlich und zögernd sie auch sein mag – dabei hilft, eine Situation herbeizuführen, die einem viel eher Beweise für die eigene positive Einstellung liefert. Unter diesen Umständen ist es vernünftiger, auf den Beweis zu warten, bevor man auch wirklich restlos überzeugt ist. Nach William James ist es jedoch durchaus vernünftig, einer solchen Situation mit einem *präkursiven, d.h. vorläufigen Glauben* zu begegnen, einem Glauben, der etymologisch gesehen »dem Beweis vorausgeht.«

Glaube daran, dass das Leben wert ist, gelebt zu werden, und dein Glaube wird diesen Wunsch in die Tat umsetzen.

William James

James entdeckte, dass das Bemühen von Sportlern, Leistungen auf höchstem Niveau zu erbringen, üblicherweise auf präkursivem Glauben beruht. Derartige Sportler stehen regelmäßig vor der Herausforderung, etwas zu tun, was sie noch nie zuvor getan haben, z.B. einen neuen Berg zu besteigen, mit einem noch unbekannten Gegner zu ringen oder einen neuen Weltrekord aufzustellen. Wenn diese Sportler nur auf die Ergebnisse ihrer vergangenen Leistungen schauen, so werden sie nie ausreichend Beweise und Sicherheiten dafür haben, dass sie der neuen Herausforderung auch gewachsen sind und sie meistern werden. James fand jedoch heraus, dass das, was Rekordhalter von normalen Sportlern unterscheidet, ihre Fähigkeit ist, mit präkursivem Glauben an eine Aufgabe heranzugehen und sich nicht von der Tatsache beirren zu lassen, dass ihre bisherigen Leistungen keine Gewähr und ausreichende Gewissheit für die Möglichkeit liefern, dass ihnen ihr neues Unterfangen auch gelingen kann.

William James war nicht unbedingt der Meinung, dass es stets vernünftig oder angemessen ist, mit präkursivem Glauben an eine Sache heranzugehen oder von etwas überzeugt zu sein, auch wenn man noch keine ausreichenden Beweise dafür vorliegen hat. Er sagte, dass dies nur dann angemessen sei, wenn die Möglichkeit, von der Wahrheit einer Sache überzeugt zu sein, eine »echte Möglichkeit« ist, die nicht allein auf der Basis von Beweisen entschieden werden könne. Nach sorgfältiger Überlegung kam er zu dem Schluss, dass drei Bedingungen vorliegen müssen, damit eine mögliche Annahme oder Überzeugung auch als echte Möglichkeit gelten kann. Diese Wahlmöglichkeit, von etwas überzeugt zu sein, müsse, so sagte er, denkbar, gezwungenermaßen und von großer Tragweite sein. Schauen wir uns mal an, was er meinte:

 **William James:** Wenn die Möglichkeit, von etwas überzeugt zu sein, eine echte Möglichkeit ist, ist es vernünftig, an die Wahrheit der Überzeugung zu glauben, auch wenn man keine ausreichend verfügbaren Beweise für ihre Wahrheit hat.

✔ **Echte Möglichkeit (Definition):** Die Wahlmöglichkeit, von etwas überzeugt zu sein, ist echt dann und nur dann, wenn sie

- denkbar ist: Man kann sich dazu bringen, an sie zu glauben.

- gezwungenermaßen ist: Sie nicht zu wählen, hat die gleiche Folge wie eine negative Wahl.

- von großer Tragweite ist: Etwas sehr Wichtiges steht auf dem Spiel.

Die Möglichkeit, an etwas zu glauben, ist denkbar, wenn sie innerhalb der Grenzen der Glaubwürdigkeit liegt. Die Möglichkeit zu glauben, ich könnte mit einem Satz über mein Haus springen, ist für mich keine denkbare Möglichkeit. Der präkursive Glaube ist daher in diesem Fall nicht möglich. Die Möglichkeit jedoch zu glauben, ich könne meinen gewöhnlich ein bisschen besser als ich spielenden Tennisgegner schlagen, ist eine denkbare.

 Eine Möglichkeit ist dann gezwungenermaßen, wenn die Folgen, die daraus resultieren, dass ich mich dagegen entscheide, eine Entscheidung zu treffen (in der Wirklichkeit oder nur im Geiste), gleichbedeutend sind mit den Folgen, die sich daraus ergeben, dass ich mich dazu entschließe, überhaupt nicht zu handeln. Ich erzählte kürzlich jemandem, dass ich ein Auto kaufen wolle, das gerade beim Autohändler eingetroffen war. Ich überlegte zwei Tage lang hin und her und unternahm insgesamt zwei Testfahrten. Ich fand den Wagen wirklich toll. Es wäre eine großartige Kaufgelegenheit gewesen. Wie gut das Auto auch immer war und wie günstig auch immer ich es hätte kaufen können, es war mir jedoch einfach nicht möglich, die positive Überzeugung aufzubringen, dass ich es auch kaufen sollte. Diese Situation war nun un-

glücklicherweise gleichbedeutend mit der Entscheidung, den Wagen nicht zu kaufen, da nämlich mein Zögern und Hin-und-her-Überlegen es einem anderen Käufer erlaubte, mir das Auto vor der Nase wegzuschnappen. Wenn Ihnen eine Arbeitsstelle angeboten wird und Sie zwei Tage mit Ihrer Antwort Zeit haben, dann sind die Folgen, keine Entscheidung zu treffen und sich einfach nicht mehr zu melden, die gleichen wie die, dem Arbeitgeber eine Absage zu erteilen. Die Wahlmöglichkeit enthält hier also eine Element des Zwanges, man muss sich gezwungenermaßen entscheiden.

Die Schwierigkeit im Leben ist, eine Wahl zu treffen.

George Moore

Eine Wahlmöglichkeit ist von großer Tragweite, wenn etwas von großem Wert auf dem Spiel steht und unter Umständen dann verloren gehen kann, wenn man von der eigenen jeweiligen Annahme nicht überzeugt ist. Stellen Sie sich vor, Sie können nicht besonders gut schwimmen. Sie sind an Land und sehen als einziger einen in Not geratenen Schwimmer im Wasser. Der Schwimmer ist zu weit draußen, als dass er es alleine bis an Land schaffen könnte. Sie sind ganz allein als der Schwimmer anfängt um Hilfe zu schreien. Sie sehen, dass sich ganz in ihrer Nähe ein wackeliges Ruderboot befindet. Es gibt keine Garantie, dass es das Boot bis zum Schwimmer auch tatsächlich schaffen wird, auch wenn Löcher im Boot nicht direkt zu erkennen sind. Es sieht nur einfach insgesamt nicht sehr Vertrauen erweckend aus. Die Möglichkeit anzunehmen, dass es wahrscheinlich doch bis zum Schwimmer hält, ist eine durchaus denkbare. Es ist außerdem eine solche, die James als eine gezwungenermaßen zu treffende bezeichnen würde. Die Wahl, nicht zu glauben, dass das Boot behilflich sein kann, ist unter diesen Umständen im Endergebnis gleichbedeutend mit der Wahlentscheidung zu glauben, dass es nicht durchhalten wird. Schlussendlich ist die Situation außerdem eine, bei der eine Menge auf dem Spiel steht, nicht weniger nämlich als ein Leben. In dieser Situation, so sagt James, ist es am vernünftigsten und richtigsten, nicht den Standpunkt des Evidentialismus anzunehmen und erst ausreichende Beweise für die Seetüchtigkeit des Bootes zu verlangen, bevor man es ins Wasser schiebt und losrudert; man solle vielmehr im präkursiven Glauben, ohne lange zu zögern, das Boot nehmen und den Schwimmer zu retten versuchen.

Das größte Ziel im Leben ist nicht das Erlangen von Wissen, sondern das Handeln.

T. H. Huxley

Wenn James Recht hat, so kann es manchmal vernünftig sein, an eine Annahme im positiven Sinne zu glauben, sich im präkursiven Glauben für sie zu entscheiden – d.h. einen Glaubenssprung zu tun – sogar dann, wenn es sich um eine beweisfähige Annahme handelt. Dies ist dann der Fall, wenn prinzipiell Beweise für oder gegen sie auffindbar sind, man aber im Moment keinen ausreichenden Beweis hat, dass sie auch wahr ist. Wenn dies nun stimmt, dann ist selbst der modifizierte Evidentialismus falsch.

Glaubenssprünge

 Manchmal ist es vernünftig, einen Glaubenssprung zu wagen. Ob nun aber eine solche Schlussfolgerung auch auf so strittige Fragen wie religiöse Glaubensbekenntnisse oder andere tiefsinnige philosophischen Fragestellungen anwendbar ist, muss erst noch festgestellt werden. William James hat uns jedoch wirklich die Augen geöffnet. Im Leben ist es generell wichtig, nach Beweisen Ausschau zu halten, sie zusammenzutragen und ihnen gemäß zu handeln; manchmal jedoch ist es uns möglich, auch dann die Wahrheit zu erkennen, wenn wir überhaupt keine ausreichenden Beweise dafür haben, sondern alleine unserer vernünftigen Glaubensüberzeugung gemäß handeln.

Wir sind einfach von einer Sache überzeugt – ständig und überall. Wir glauben, dass unsere Sinne manchmal zuverlässig sind. Wir glauben außerdem, dass die Welt schon länger als fünf Minuten existiert. Wir sind auch der Überzeugung, dass unser Erinnerungsvermögen manchmal ein wahres Bild der Vergangenheit gibt. Keine Sekunde glauben wir daran, dass das Leben nichts weiter als ein Traum oder eine Massenhypnose sei. Die Vergangenheit dient uns als Grundlage für Annahmen über die Zukunft. All dies tun wir ohne Beweise oder anschauliche Gewissheit. Wir werden schließlich auch mit Situationen konfrontiert, wie sie William James beschrieben hat, bei denen wir unserer Überzeugung und unserem Glauben daran, das Richtige zu tun, den Vorrang vor Beweisen geben.

 Der menschliche Geist hat seinen eigenen Zugang zur Wirklichkeit, den wir aber nicht ganz verstehen. Wir scheinen so beschaffen zu sein, dass unser Geist genau den grundlegenden kognitiven Gegebenheiten unserer Umwelt entspricht. Wir sind in der Lage, die meisten Situationen richtig zu bewältigen, wenn wir nur auf natürliche und ungehinderte Art und Weise unsere Fähigkeit, Überzeugungen und Annahmen zu bilden, in Anwendung bringen können. Wir sind durchaus in der Lage, auf rationale, vernünftige Weise zu glauben und zu wissen.

Es reicht nicht aus, nur einen guten Kopf zu haben. Das Wichtigste ist, ihn auch gut zu gebrauchen.

René Descartes

Woran möchten Sie in Ihrem Leben glauben? Nach welchem Wissen streben Sie? Wie gut gebrauchen Sie Ihren Verstand, um die Wahrheit herauszufinden, die Sie auf Erden herausfinden können?

Teil III

Was ist das Gute?

The 5th Wave   By Rich Tennant

Stöckchen

Guter Hund   Böser Hund

Trinken aus der Toilettenschüssel

»Also, lassen Sie uns die Sache hier einmal etwas theoretischer betrachten.«

In diesem Teil...

In diesem Teil werden wir uns die ethisch-moralische Seite des Lebens anschauen. Glück! Charakter! Moralische Regeln! Hintertürchen aus der Verantwortung! Sie möchten den Weg zu Weisheit und Tugend gewiesen bekommen? Dann lesen Sie einfach Teil III.

Was ist gut?

Gut zu sein ist edelmütig; anderen jedoch zu zeigen, wie man gut sein kann, ist noch edelmütiger und sehr einfach.

Mark Twain

Was ist gut? Diese Frage beschäftigt die Philosophen schon seit Jahrhunderten. Diese Frage ist keine von denen, die man mit einer Liste von schönen Dingen beantworten kann wie z.B.: Sonnenschein, Schokolade, heiß duschen und kühle Getränke. Den Philosophen geht es vielmehr um das Wesen des Guten. Worin besteht dieses? Wie ist seine Beziehung zum Leben des Menschen? Und warum handeln die Menschen so wenig in Übereinstimmung mit dem Guten?

Seit dem letzten Jahrhundert haben sich die Philosophen immer mehr und mehr mit der Sprache als einer Verbindung zur Realität beschäftigt. Sie ist ganz sicher der Schlüssel zum Verständnis unseres Denkens. Die Philosophen haben daher oft die Frage nach dem Guten mit der folgenden Frage zu beantworten versucht: Was genau versteht man unter dem Wort *gut*? Vielleicht haben auch Sie schon einmal diese Frage gestellt? Warum wohl? Wir grübeln ja auch nicht ständig über die Bedeutung des Wortes *grün* nach? Was ist so schwierig an dem Wort *gut*?

Ein grünes Feld scheint etwas gemeinsam zu haben mit einem grünen Fußballtrikot, nämlich die Tatsache, dass ihre Farbe identisch ist. Was aber hat ein guter Film mit einem guten Bild (einem guten Essen, einem guten Buch, einem guten Rasierapparat oder einem guten Menschen) gemeinsam? Genau darin liegt die Schwierigkeit.

Das Gute ist leichter zu erkennen als zu identifizieren.

W. H. Auden

In diesem Kapitel stellen wir die Frage, was das Gute ist. Wir werden außerdem erfahren, wie die Antwort darauf mit dem menschlichen Leben zusammenhängt. Die großen Denker haben eine Menge zu diesem Thema zu sagen. Sie können uns eine Menge darüber lehren, was man benötigt, um ein guter Mensch zu werden. Zuerst werden wir einen Blick auf die Sprache werfen. Unser Ziel wird es sein, ein tieferes Verständnis der Wirklichkeit zu erlangen.

Eine erste Annäherung an die Fragen der Ethik und der Moral

Gleich zu Anfang müssen wir zwei wichtige Dinge klären. Viele Menschen verwenden die Begriffe *Ethik* und *Moral* in unterschiedlichen Bedeutungen. Grob gesagt ist es so, dass sie immer dann von Ethik sprechen, wenn es sich um berufsbezogene Regeln und Verhaltensvorschriften handelt – was z.B. in dem Ausdruck Standesethik zum Ausdruck kommt; auf der anderen Seite beziehen sie die Moral nur auf Angelegenheiten aus dem privaten Bereich. Manche Menschen sagen sogar: »Nun, Dienst ist Dienst, und Schnaps ist Schnaps«, womit sie ausdrücken wollen, dass die im Arbeitsleben praktizierte Ethik sich von dem moralischen Verhalten in ihrem Privatleben unterscheiden kann. Ich habe Menschen immer darauf aufmerksam zu machen versucht, dass sich das eine mit dem anderen durchaus vereinbaren lässt. Ich begreife das private Handeln und das öffentliche Verhalten als einen Zusammenhang. Weil dem so ist, sind bei mir beide Begriffe oft austauschbar.

Es gibt nur eine Ethik, einen moralischen Regelkatalog, einen Kodex guten Handels: Denjenigen nämlich, bei dem für das Handeln des Einzelnen dieselben Regeln gelten wie für alle anderen.

Peter Drucker

Der zweite Punkt, der vorab geklärt werden muss, ist, dass viele Philosophen das Thema Ethik und Moral dadurch angehen, dass sie entweder ethisch-moralische Problemfragen diskutieren oder einen geschichtlichen Überblick über das Thema geben.

✔ Der **Problemfragen-bezogene Ansatz** beginnt mit Fragen etwa zu den Themen Abtreibung, Euthanasie, Todesstrafe, Waffenkontrolle, Pornographie oder einem anderen gerade diskutierten Thema und stellt dann die Argumente dafür und dagegen vor, um so dem Leser dabei zu helfen, die Natur der rationalen Argumente, die bei diesen Problemen eine Rolle spielen, verstehen zu lernen.

✔ Der **geschichtliche Ansatz** zur Ethik gibt gewöhnlich einen Überblick über die Vielfalt an Fragen, die die Philosophen sowohl in Bezug auf die Moral als auch in Bezug auf die mannigfaltige Herkunft unserer moralisch-ethischen Prinzipien gestellt haben. Dieser Ansatz macht den Leser mit wichtigen Theorieansätzen wie z.B. dem Eudämonimus, dem Utilitarismus oder der Deontologie bekannt. Sie sind sicher froh zu hören, dass das nicht mein Ansatz ist. Es ist zwar nicht so, dass ich die philosophischen Fachbegriffe ganz vermeiden werde; dennoch sieht mein Blick auf die Ethik anders aus.

Ich will direkt zum Kern des Themas vordringen, um das es in der Ethik und Moral geht. Was ist gut? Was ist böse? Wie erkennen wir das Gute und das Böse und wie sind diese Dinge mit unserem Leben verbunden? Mein Ansatz verschafft uns die umfassendste und praktischste Sichtweise, die uns in die Lage versetzen wird, unsere eigenen ethischen Überlegungen zu einem schwierigen Problem anzustellen. Darüber hinaus wird er uns dabei helfen, die Tatsache wertschätzen zu lernen, dass das Nachdenken über moralische Probleme nicht immer eine Sache des Problemlösens ist. Oft geht es dabei alleine darum, innere Stärke für uns selbst zu entwickeln. Dazu jedoch später mehr.

Die Definition des Guten im Zusammenhang mit unserem Leben

Ich liebe es, ein öffentlich tätiger Philosoph zu sein. Ich unterhalte mich mit Menschen aus allen Gesellschaftsschichten und aus allen nur denkbaren Berufsfeldern. Sie berichten mir über ihr Erstaunen, ihre Verblüffung und ihre Fragen über das Leben. Ich muss die Menschen nicht so wie Sokrates mit Fragen festnageln. Gewöhnlich sind sie es, die mit ihren erstaunlichen Fragen auf mich zugehen. Sie fragen mich Sachen, die mir so noch nie in den Sinn gekommen sind. Oder sie machen eine Bemerkung, die ein altbekanntes Problem in ein ganz neues Licht taucht und mich anschließend noch eine Weile zum Weiterdenken anregt.

Vor einigen Jahren sagte mal jemand zu mir: »Herr Morris, ich jage nun schon seit zwanzig Jahren dem guten Leben hinterher; ich bin aber gerade erst dabei aufzuwachen und mich zu fragen, ob ich auch ein *gutes* Leben führe.« Das ist interessant. Was glauben Sie, woran dieser Mensch dabei dachte? Schauen Sie sich mal für einen Moment die folgenden beiden Redewendungen an:

✔ Das gute Leben

✔ Ein gutes Leben

Sie unterscheiden sich nur in einem Wort, haben aber dennoch völlig verschiedene Bedeutungen.

Das gute Leben. Wo auch immer ich das Publikum nach der Bedeutung dieser Redewendung gefragt habe, immer haben mir die Leute ähnliche Antworten darauf gegeben. Sie sagten, es bedeute Komfort, Luxus und Reichtum. Sie verbanden mit dem Satz den Lebensstil der Reichen und Berühmten, Genuss, Sicherheit, gute Schulen, prächtige Häuser, tolle Autos und schöne Reisen.

Für andere wiederum hatte das gute Leben die Bedeutung, einen guten Ehepartner geheiratet zu haben, Spaß und kluge, freundliche Kinder zu haben, in einem schönen, ruhig gelegenen Haus zu leben, leckeres, gesundes Essen zu genießen und sich immer schicke Kleider kaufen zu können. Darüber hinaus waren für diese Menschen gute Freunde wichtig und ab und an die Gelegenheit, auf dem Golfplatz eine Runde mit ihnen zu spielen sowie über ausreichend Geld auf dem Konto zu verfügen, das sowohl für die täglichen Ausgaben als auch für den späteren Lebensabend reichen sollte. Das ist im allgemeinen das, was den Menschen auf die Frage nach »dem guten Leben« einfällt.

Das gute Leben, so wie ich es mir vorstelle, ist ein glückliches Leben.

Bertrand Russell

Wenn ich dagegen nach der Bedeutung der etwas anderen Redewendung »ein *gutes* Leben« frage, bekomme ich meistens ganz andere Antworten. Die Menschen verknüpfen damit häufig Dinge von mehr ethisch-moralischer oder auch spiritueller Art. Zum Beispiel ein Leben, das es wert ist, gelebt zu werden. Ein Dasein, das seinen Sinn darin sieht und erfüllt, anderen Menschen aktiv zu helfen. Wahre Freundschaft, Liebe, Hingabe, Erfüllung, Geben, Charakter, Verlässlichkeit, Wachstum, Glück.

Die Wörter _ein_ und _das_ alleine können sicherlich nicht für diese großen Unterschiede verantwortlich sein. Es ist vielmehr die Redewendung insgesamt und ihr heutiger Gebrauch in unserer Kultur, der für den Unterschied verantwortlich ist.

Kann ein Leben als gut beschrieben werden, wenn es sich in hoher Lebensqualität und Genuss erschöpft? Oder ist ein Leben dann gut, wenn es von ethischen und spirituellen Werten durchdrungen ist? Was ist mit dem Menschen, der dieses Leben führt? Was braucht man, um ein guter Mensch zu sein? Kann das Wort _gut_ überhaupt so viele verschieden Bedeutungen haben?

Einen Hinweis auf die Beantwortung dieser Fragen können wir finden, wenn wir uns anschauen, was man über die Funktions- und Verwendungsweise des Wortes _gut_ erfahren kann. Zunächst aber soll das Problem etwas allgemeiner ausgeleuchtet werden. Im folgenden Abschnitt möchte ich die Frage stellen, was wir unter einer bewertenden Sprache verstehen.

Drei Ansichten zur bewertenden Sprache

Ich benutze den Ausdruck _bewertende Sprache_ in Bezug auf den Gebrauch von Wörtern wie _gut, schlecht, großartig, schrecklich, richtig_ und _falsch_. Es gibt im Wesentlichen drei verschiedene philosophische Ansichten darüber, was die bewertende Sprache tut. Im folgenden Abschnitt möchte ich diese drei Sichtweisen kurz beleuchten.

Die Philosophie des Nonkognitivismus: Die Ja-Nein-Theorie

 Der _Nonkognitivismus_ ist eine philosophische Theorie, deren Bezeichnung von dem Wort _Kognition_, was soviel wie Kenntnis, Erkenntnis bedeutet, stammt. Der Nonkognitivist ist ein Philosoph, der davon überzeugt ist, dass die bewertende Sprache keine wie auch immer geartete Form von Wissen übermittelt. Sie teile keine Tatsachen mit, sondern besitze vielmehr eine rein expressive Funktion, so behauptet zumindest der Nonkognitivismus.

Wie kommt der Nonkognitivismus zu einer solchen Aussage? Hauptsächlich aufgrund der Tatsache, dass die Menschen in ihrem Werturteil nicht immer übereinstimmen. Eines der typischen Argumente des Nonkognitivismus ist, dass die Menschen in ihren moralischen und ethischen Einschätzungen zu weit auseinander liegen, als dass es so etwas wie objektive Tatsachen in diesem Bereich überhaupt geben könnte. Wenn es objektive moralische Kriterien gäbe, so lautet das Argument, würden wir nicht so im Streit über sie liegen. Die Menschen streiten sich über die ethische Richtigkeit oder Falschheit der Abtreibung, der Todesstrafe, der Sterbehilfe, der Pornographie und noch vieles mehr. Die Menschen streiten sich aber auch darüber, welche Filme, Bücher oder Restaurants gut oder schlecht sind. Der Nonkognitivismus ist davon überzeugt, dass das bloße Ausmaß der Meinungsverschiedenheiten im Bereich bewertender Sprache sowohl innerhalb als auch außerhalb ethischer Grenzen beweist, dass die bewertende Sprache nicht objektive Kriterien für gutes oder schlechtes Handeln liefert, sondern vielmehr einem anderen Zweck dienen müsse.

Meinen Satz:

»Ehrlichkeit ist die beste Einstellung im Leben«,

würde der Nonkognitivismus folgendermaßen interpretieren:

»Ein Hoch auf die Ehrlichkeit!!!«

Für ihn hieße das: Ich bin ganz allgemein von ehrlichem Verhalten angetan. Ich bin voll und ganz dafür. Ich kann es nur jedem empfehlen.

Würde ich dementsprechend sagen:

»Opfer für andere zu bringen, ist schlecht«,

dann hieße das für den Nonkognitivismus bloß:

»Opfer bringen für andere – Perlen vor die Säue!!!«

Ich täte nichts anderes als das Opfertum anderer schlecht und verachtenswert zu machen. Ich ließe kein gutes Haar daran. Opfermut. Der Nonkognitivismus wird daher manchmal als *Ja-Nein-Theorie bewertender sprachlicher Ausdrücke* bezeichnet.

Der Nonkognitivismus hat Recht, wenn er behauptet, dass es Verwendungsweisen von Sprache gibt, bei denen weder Tatsachen noch ein objektiver Sachverhalt wiedergeben wird. Wir verwenden die Sprache nicht nur, um Tatsachen mitzuteilen. Oft gebrauchen wir sie für Ausrufe, Aufforderungen und Interjektionen, bisweilen auch, um eine Frage an jemanden zu richten. Es gibt eine Menge anderer Funktionen der Sprache neben der, Sachverhalte objektiv mitzuteilen. Ich glaube aber, dass der Nonkognitivismus sich irrt, wenn er behauptet, dass diese Kategorie des Nicht-Tatsachen-Mitteilens dem typischen Gebrauch bewertender sprachlicher Ausdrücke entspricht.

Der Nonkognitivismus wirft mindestens zwei philosophische Probleme auf. Zunächst einmal ist es ironischerweise so, dass gerade das Phänomen der offensichtlich bestehenden Uneinigkeit in ethischen Fragen, das einige Denker in die Richtung des Nonkognitivismus hat tendieren lassen, von dieser Theorie nicht erklärt werden kann. Die Tatsache, dass Menschen bei ethischen Fragen uneinig sind, ist nicht zu bestreiten. Daniel glaubt, dass Abtreibung per se falsch sei. Susanne widerspricht dem vehement. Katharina ist der Meinung, die Todesstrafe sei verurteilenswürdig. Robert teilt nicht diese Ansicht. Worin genau besteht hier die Uneinigkeit? Der Nonkognitivismus sagt, dass es in Fällen wie diesem nicht um objektive moralische Sachverhalte geht. Diese unterschiedlichen Personen reagieren nur unterschiedlich auf dieselbe Sache. Der eine ist für die Todesstrafe, der andere dagegen. Der eine sagt Ja dazu, der andere Nein. Eine von allen Beteiligten bewusst reflektierte Meinungsverschiedenheit bezüglich eines objektiven moralischen Sachverhalts kann man hier nicht feststellen, so behauptet zumindest der Nonkognitivismus. Wie plausibel ist dies jedoch? Würden wir Katharina und Robert fragen, so würden die beiden wahrscheinlich antworten, dass ihre Uneinigkeit doch einen objektiven Grund habe und dass der Nonkognitivismus objektiv im Unrecht sei.

Es gibt unter den Menschen sicher Streit darüber, was recht und unrecht, gut und böse ist. Wenn der Nonkognitivismus keine vernünftige Erklärung dafür geben kann, so haben wir, glaube ich, allen Grund, Nein zu dieser Theorie zu sagen.

Ein zweiter Punkt: Warum sind wir überhaupt einmal für und dann wieder gegen etwas? Es ist ja nun nicht so, dass wir willkürlich die Freundlichkeit für eine Tugend und den Mord für verabscheuenswürdig halten. Wir fühlen tief im Inneren, dass unsere emotionalen, bewertenden Reaktionen dem Wesen der bewerteten Dinge genau angemessen sind. Wir verurteilen den Mord, *weil er unrecht ist*. Wir heißen die Freundlichkeit gut, *weil sie gut ist*. Der Nonkognitivismus hingegen hat in seiner Sicht der Dinge keinen Platz für objektive moralische Tatsachen, die vielleicht unsere moralischen Reaktionen rechtfertigen könnten. Seine Sicht der Dinge scheint daher einfach falsch zu sein. Darüber hinaus ergibt sich für ihn ein Problem bezüglich des Vorrangs, insofern als er keine vorrangigen oder vorgängigen Tatsachen erklären kann, die unsere Reaktionen sinnvoll oder vernünftig erscheinen lassen, anstatt bloß willkürlich oder zufällig.

Die Tatsachen sprechen für sich selbst.

Demosthenes (384-322 v. Chr.)

Ich meine, wir sollten die Philosophie des bewertenden und ethischen Nonkognitivismus ablehnen. Sie scheint falsch zu sein – voller Irrtümer und philosophisch unzulänglich. Welche philosophische Theorie kann aber sonst die moralische und bewertende Sprache erklären?

Ethischer Subjektivismus

Eine zweite Sichtweise ergibt sich aus der Beobachtung der Allgegenwart moralischer Uneinigkeit auf der Welt, die es während der gesamten Menschheitsgeschichte gegeben hat. Einige Philosophen waren der Ansicht, dass immer dann, wenn wir einen Satz der Form »x ist gut« äußern, wir überhaupt nichts Objektives über x zum Ausdruck bringen (was bis hierhin mit der Theorie des Nonkognitivismus übereinstimmt), sondern dass wir vielmehr bloß unsere subjektive Einstellung zu x in einem Sprechakt mitteilen (an dieser Stelle trennt sich diese Sichtweise von der des Nonkognitivismus).

Bei dieser Theorie des ethischen Subjektivismus ist die einzig objektive Information, die von der bewertenden Sprache mitgeteilt wird, die über das sprechende Subjekt und nicht über den Gegenstand, von dem man ansonsten denken könnte, dass über ihn etwas ausgesagt werde. Der Subjektivismus erweist sich somit als eine Version des *Kognitivismus*, der Theorie, die besagt, dass sowohl bewertende Sprache als auch ethische Forderungen objektive Sachverhalte übermitteln. Es scheint so zu sein, dass die meisten von uns tief im ihrem Inneren Kognitivisten sind; dass aber der Subjektivismus eine andere Form des Kognitivismus ist, überrascht uns. Der Subjektivismus mit seiner Aussage, dass wir bei ethisch-moralischen, oder ganz allgemein bewertenden Sachverhalten nur über uns selbst sprechen, wird wohl jeden überraschen.

Der ethische Subjektivismus behauptet, dass, wann immer ich einen Satz äußere wie

»Vanilleeis ist gut.«

die eigentliche Bedeutung, die mitgeteilt wird, in dem Satz zum Ausdruck kommt:

»Ich mag Vanilleeis.«

Mit anderen Worten, für den Subjektivismus enthalten einem Werturteil zugrunde liegende Wörter wie z.B. *gut, schlecht, großartig, richtig, falsch* oder *böse* niemals eine Eigenschaft oder ein charakterisierendes Element des Gegenstandes, auf den sie sich beziehen. Stattdessen werden sie nur verwendet, um eine Aussage bezüglich der inneren, subjektiven psychischen Verfasstheit der diese Wörter äußernden Person zu machen.

Daher gilt im Rahmen dieser Sicht auf den Diskurs bewertender Sprache für meinen Satz:

»Robert glaubt, dass Wohltätigkeit eine gute Sache ist«,

dass ich damit nicht sagen will, Robert habe die Überzeugung, dass wohltätiges Handeln eine bestimmte Eigenschaft habe, nämlich gut zu sein, sondern ich beschreibe Robert lediglich als eine Person, die sich zum Prinzip der Wohltätigkeit bekennt. Ebenso gilt, wenn ich sage:

»Robert glaubt, dass Opfer für andere zu bringen böse ist«,

dass ich – im Sinne des Subjektivismus – nichts weiter tue als zu sagen, dass Robert eine starke Abneigung gegen die hässliche Angewohnheit hat, für andere ein Opfer zu bringen.

Warum sollte man den Standpunkt des ethischen Subjektivismus überhaupt einnehmen? Viele Philosophen, z.B. die Nonkognitivisten, haben diesen Standpunkt vertreten. Auch hier lautet das Argument wieder, dass, wenn es objektive ethische Sachverhalte auf der Welt gäbe, die Uneinigkeit in moralischen Fragen nicht so weit verbreitet wäre, wie sie es unstreitig ist. Aus diesem Grund gibt es keine objektiven moralischen Sachverhalte. Werturteile scheinen nun aber doch einen gewissen objektiven Sachverhalt auszudrücken, der sich aber nicht auf etwaige objektive moralische Eigenschaften beziehen kann. Der offensichtlichste Kandidat für diesen objektiven Gehalt moralischer Werturteile sind die psychischen Einstellungen und Affekte der sprechenden Person. Daraus folgt, dass die gesamte moralische und bewertende Sprache subjektiv ist.

Wenn aber der Subjektivismus Recht hätte, dann folgte daraus seltsamerweise, dass es am Ende doch keine objektive Uneinigkeit zwischen Bettinas Aussage »Sex vor der Ehe ist falsch« und Karls Meinung »Vorehelicher Sex ist absolut in Ordnung« gäbe. Die beiden streiten sich nicht über einen Sachverhalt bezüglich vorehelichem Sex, sondern sie bringen nur ihre unterschiedlichen Haltungen dazu zum Ausdruck. Bettina berichtet von ihrer ablehnenden Haltung gegenüber dieser Praxis, während Karl seine Zustimmung dazu zu Gehör bringt. Weil Bettina nicht sagt, dass Karl vorehelichen Sex wirklich und aufrichtig tadelt und er dies nur nicht zugeben will, und weil Karl nicht leugnet, dass Bettina ihn ablehnt, folgt daraus, dass beide gar nicht über einen objektiven Sachverhalt uneinig sind. Dies ist die seltsame Konsequenz der subjektivistischen Sichtweise.

Das ist natürlich Unsinn. Menschen wie Bettina und Karl haben selbstverständlich eine Meinungsverschiedenheit. Jede Philosophie, die diese Tatsache nicht vernünftig in ihre Theorie integrieren kann, ist falsch. Seien Sie bei einer philosophischen Theorie vor versteckten Implikationen stets auf der Hut. Fragen Sie bei der Bewertung einer philosophischen Position immer, wie gut sie das, was Ihnen auf ganz natürlichem und intuitivem Wege richtig erscheint, erklären kann. Irren Sie sich manchmal was Ihre Intuitionen anbelangt? Sicherlich. Sie sollten sich aber nur von guten Gründen davon überzeugen lassen, dass Sie sich irren. Falls dem nicht so ist, so halten Sie sich an das, was Ihrer Meinung nach richtig ist.

Manchmal möchten wir von unseren inneren Einstellungen berichten, und manchmal wollen wir Dinge diskutieren, die die äußere Welt betreffen. Warum sollten wir glauben, dass moralische Werturteile sich nicht mit dem letzteren vereinbaren lassen? Der Subjektivismus muss sich am Ende den gleichen Problemen stellen, die auch den Nonkognitivismus betrafen. Beide können weder die unbestreitbare Existenz objektiver moralischer Uneinigkeit leugnen noch können sie erklären, warum wir so von der Berechtigung unserer inneren Einstellungen in Bezug auf moralische Probleme überzeugt sind. Der Subjektivismus muss sich außerdem auch mit dem Problem bezüglich des Vorrangs auseinandersetzen. Dies alles ist Grund genug für mich, an dieser Stelle nun fortzufahren.

 Einige Anmerkungen zu einem Verwandten des Subjektivismus sollten wir hier aber doch noch anfügen. Man kann ihn *kulturellen Subjektivismus* nennen. Innerhalb dieser Sichtweise ist Stefans Meinung, dass die Beschränkung des Waffenbesitzes moralisch richtig sei, keine objektive moralische Aussage über eben diese Beschränkung, sondern lediglich ein Reflex auf die allgemeine Einstellung der Kultur, in der er lebt, zu diesem Thema. Wenn ihm Carolin darauf mit dem Satz antwortet »Nein, das stimmt nicht, die Beschränkung des Waffenbesitzes ist viel eher falsch«, so liegt hier eine echte Meinungsverschiedenheit zwischen den beiden vor. Für den kulturellen Subjektivismus gilt jedoch, dass der eine Recht und der andere Unrecht haben kann, zwar nicht so sehr, weil es ein objektives Wahrheitskriterium in diesem Fall gäbe, sondern nur aufgrund des Umstandes, dass die herrschende kulturelle Einstellung zu diesem Thema je nach dem gerade dafür oder dagegen ist.

Diese Version des Subjektivismus erweist sich jedoch als ebenso problematisch wie das Original. Uneinigkeit ist möglich; sie ist aber nicht die richtige, eigentliche Art von Uneinigkeit. Im Rahmen des kulturellen Subjektivismus ist es außerdem unmöglich, sich über die momentan herrschenden kulturellen Ansichten zu erheben und sie zu kritisieren. Selbstverständlich aber müssen wir betonen, dass jeder, der in einer Gesellschaft leben würde, die die Sklaverei gutheißt, sich berechtigterweise erheben und sie als falsch brandmarken könnte. Wenn der kulturelle Subjektivismus Recht hätte, so wäre man in einem solchen Fall im Unrecht, da man sich gegen die herrschende Meinung der eigenen Kultur wenden würde. Da dies im Gegensatz zu unserer natürlichen Reaktion auf das Übel der Sklaverei stehen würde, folgt daraus, dass auch diese Theorie inakzeptabel ist.

Moralischer Objektivismus

Einen unschuldigen Menschen aus sportlichen Gründen umzubringen, ist falsch. Kindestötung ist unmoralisch. Politische Freiheit ist eine gute Sache. Chancengleichheit ist willkürlicher Unfairness jederzeit vorzuziehen. Sowohl die Gerechtigkeit als auch die Gnade können sehr gute

Dinge sein. Die Menschen werden mit dem unveräußerlichen Recht geboren, mit Respekt und Würde behandelt zu werden.

 Wenn wir Sätze wie diese aussprechen, so glauben die meisten Menschen, dass sie damit mehr als nur ihre Zustimmung oder Abneigung bekunden. Sätze wie diese geben nicht nur einen Einblick in die seelisch-psychische Verfasstheit eines Menschen oder sind eine Reflex kultureller Prägungen. Sie enthalten vielmehr objektive Tatsachenfeststellungen über bestimmte Aspekte der Wirklichkeit auf der Welt. Einen anderen Menschen zu foltern, ist per definitionem und schlichtweg (moralisch) falsch. Es gibt objektive moralische Sachverhalte unabhängig davon, was wir denken. Genau wie in der Wissenschaft haben wir manchmal Schwierigkeiten dabei zu erkennen, worin der objektive moralische Sachverhalt einer Situation besteht. Daher erscheint es vernünftig, dass Menschen hierüber mitunter unterschiedlicher Meinung sind. Diese Überlegungen sind Teil der verbreitetsten und normalsten Einstellung des Menschen in Bezug auf die Natur moralischer Äußerungen und den grundsätzlichen Status moralischer Fragen. Die ethisch-moralische philosophische Theorie, die auf diesen Überlegungen aufbaut, nennt man *moralischen Objektivismus*.

Der *bewertende Objektivismus* wäre eine allgemeinere philosophische Theorie. Diese Theorie würde argumentieren, dass jede Verwendung bewertender Sprache Tatsachenaussagen über objektive Wahrheiten enthalte. Dies ist aber sicherlich eine zu extreme Behauptung. Wenn ich sage »Dieses Eis schmeckt toll«, will ich damit tatsächlich nur sagen, dass es mir persönlich sehr gut schmeckt und ich glaube, dass andere es bestimmt auch lecker finden würden. Mit anderen Feststellungen darüber, ob etwas gute Eigenschaften besitzt oder nicht – z.B. »Dies ist ein guter Schraubenzieher« – will ich wiederum etwas Objektives zum Ausdruck bringen. Ähnliches gilt für den Satz »Freundlichkeit ist eine gute Sache«. Sätze wie der letzte gehören zu dem Bereich bewertender Sprache, auf den es uns hier am meisten ankommt, den Bereich moralisch-ethischer Fragen und Probleme nämlich.

Der moralischer Objektivismus nimmt an, dass zumindest ein Teil der bewertenden Sprache – derjenige nämlich, bei dem ein moralisches oder ethisches Werturteil aufgestellt wird – tatsächlich objektive Sachverhalte und faktisches Wissen über die Welt beinhaltet.

Objektivismus und moralischer Skeptizismus

Natürlich können wir trotz des moralischen Objektivismus auch eine Haltung des moralischen Skeptizismus einnehmen. Die Frage des moralischen Skeptizismus wäre: »Woher wissen wir, dass auch nur eine einzige unserer ethisch-moralischen Überzeugungen, im Sinne von Tatsachenbehauptungen bezüglich einer etwaigen moralischen Realität, überhaupt wahr ist?« Die Menschen sind in moralischen Fragen unterschiedlicher Meinung. Es ist darüber hinaus schwierig, etwas Überzeugenderes als unsere Intuition oder unser Gewissen zu finden, mit dessen Hilfe man einen Streit über moralische Sachverhalte entscheiden oder eine Moralfrage beantworten könnte. Der moralischer Skeptizismus könnte als Verwandter des Nonkognitivismus und des Subjektivismus erscheinen, insofern als er die Frage stellt, wie es möglich sein soll, objektives Wissen über moralische Sachverhalte zu haben.

Eine plötzliche, kühne und unerwartete Frage überrascht uns häufig und liefert uns schutzlos den anderen aus.

Francis Bacon

 Der moralischen Skeptizismus kann viele Formen annehmen. Er könnte z.B. fragen, wie wir sicher sein können, dass die Quellen, aus denen unsere moralischen Überzeugungen stammen (z.B. das Gewissen oder die Intuition), überhaupt zuverlässig sind. Der uneingeschränkte Skeptizismus geht hier sogar noch weiter und fragt, woher wir wissen können, ob es so etwas wie objektive moralische Tatsachen überhaupt gibt. Vielleicht ist das Gewissen nichts weiter als eine weit verbreitete Form von Irrglaube. Wie können wir diese Fragen beantworten?

 Wir können die Existenz von objektiven moralischen Tatsachen nicht dadurch beweisen, dass wir mit Hilfe gültiger Formen logischen Schließens und unabhängigen wahren Prämissen diese Tatsachen gleichsam ableiten. Es gibt auch keine zwingenden Beweise für deren Existenz. Kommt Ihnen das nicht bekannt vor? Allen von Ihnen, die die Kapitel über Annahmen, Überzeugungen und Skeptizismus gelesen haben, sollte es das. Alle anderen sollten sich diese Passagen zunächst einmal durchlesen. Sie werden dort darauf stoßen, dass es eine elegante Möglichkeit gibt, den Einwänden des moralischen Skeptizismus zu antworten, nämlich mit Hilfe des Prinzips, Überzeugungen beizubehalten. Die meisten Menschen haben eine ganze Reihe moralischer Überzeugungen. Viele von ihnen beinhalten den festen Glauben, dass Werturteile objektive Tatsachen widerspiegeln. Der Skeptizismus kann diese Gesamtheit objektiver moralischer Tatsachen in Frage stellen, genauso wie er dies auch mit unserem Gewissen oder unserer Intuition machen kann. Es gibt dabei für uns keine Möglichkeit, ihn zu widerlegen. Wir können den Skeptizismus allerdings auf »Das Prinzip, Überzeugungen beizubehalten« verweisen, aus dem folgt, dass es vernünftig ist, wenn diejenigen, die zum moralischen Objektivismus tendieren, an dieser Position unbeirrt von den Fragen des Skeptizismus festhalten. Diese Fragen machen uns höchstens noch ein bisschen weiser.

Steht die Moral auf wackeligem Grund? Darauf möchte ich mit einer Gegenfrage antworten: Ist unsere Überzeugung, dass es eine äußere Welt gibt, ohne Hand und Fuß? Ist unser Glaube daran, dass die Sinneserfahrung, die Erinnerung sowie die Berichte und Schilderungen anderer Menschen manchmal zuverlässig sind, völlig unbegründet? Die Unmöglichkeit, die Fragen und Einwände des Skeptizismus mit Beweisen zu widerlegen, beweist selbst nichts, außer der Tatsache, dass auch Beweise ihre Grenzen haben. Dies sollten wir als Ergebnis im Gedächtnis behalten. Der Skeptizismus muss nicht unbedingt widerlegt werden.

Dennoch bleibt aber eine nicht skeptische Frage übrig. Wenn der Gedanke vernünftig ist, dass es objektive moralische Tatbestände gibt, welche Art von Eigenschaft besitzt dann ein Gegenstand, der moralisch gut ist? Ist es etwas, was man sehen, hören, fühlen oder wiegen kann? Ist es eine physische Eigenschaft? Ist es ein geistiges Merkmal?

Wenn wir von etwas behaupten, es sei gut, welche Tatsache teilen wir da eigentlich mit? Zunächst einmal möchte ich diese Frage ganz allgemein ansprechen; danach werden wir uns mit den Auswirkungen unserer Ergebnisse auf den Bereich der Ethik beschäftigen. Die Ideen der großen Philosophen seit Aristoteles zu diesem Thema werden wir im nächsten Abschnitt zu Rate ziehen.

Teleologische Zielpraxis

Immer dann, wenn sich der legendäre amerikanische Football-Quarterback Joe Montana von seinen Mitspielern löste und den Ball bis ganz nach vorne zu einem Touchdown ins Spielfeld warf, schrien die Fans im Stadion »Guter Wurf, Joe!« Wenn ich behaupte, ich habe eine gute Kreissäge, einen guten Füller und eine gute Alarmanlage oder wenn ich einen Golfer für seinen guten Putt lobe, was haben all diese Sätze mit den Bekundungen der Footballfans gemeinsam? Welche Funktion erfüllt das Wort *gut* in all diesen Kontexten? Um welche Art von Tatsachenbehauptung handelt es sich hier?

Nach Aristoteles ist eine Sache dann gut, wenn sie den Zweck, der in ihr von Natur aus angelegt ist und der ihr Wesen ausmacht, in ihrem Dasein auch erfüllt. Ein guter Wurf von Joe Montana ist genau bei dem vorgesehen Spieler gelandet. Ein guter Putt hat zum Einlochen geführt. Eine gute Säge sägt Holz reibungslos und effizient. Ein guter Füller verteilt die Tinte genau so auf dem Papier, wie ich es haben will. Eine gute Alarmanlage schreckt Diebe wirkungsvoll ab. In allen diesen Fällen machen die guten Dinge genau das, wozu sie geschaffen oder erdacht worden sind. Sie erfüllen ihren Zweck und ihre Funktion. Unter Verwendung des griechischen Wortes für Zielscheibe, *telos*, können wir diese Vorstellung auch *Das Teleologische Konzept des Guten* nennen.

Die Geschichte der Theorien zur Ethik ist in vielerlei Hinsicht der Versuch, die Frage »Was macht einen Menschen zu einem guten Menschen?« zu beantworten. Diese Frage fragt nach dem moralisch oder ethisch Guten. Aristoteles dagegen hätte in dem Bemühen, diese Fragen zu beantworten, die Frage gestellt »Welchen Zweck und welches Ziel verfolgt das menschliche Leben? Welche Funktion, welche Aufgabe hat es?«

Der auf großartige und herrliche Weise vollendete Mensch ist der, der nach seinem Zwecke zu leben versteht.

Montaigne

Diese Frage kann auch auf eine andere, indirektere Weise auftauchen. Schauen wir uns mal einen Moment das seltsame Verhalten bewertender und moralischer Sätze im Kontext einfacher logischer Argumentationsmuster an. Die sehr interessanten Ergebnisse, die sich dabei ergeben, werden uns ein vertieftes Verstehen des im ethischen Sinne Guten verschaffen.

Sobald wir bewertende Satzmuster dazu verwenden, um Schlussfolgerungen zu ziehen oder versuchen, mit ihnen logisch zu argumentieren, ist generell Umsicht vonnöten. Um das zu verstehen, müssen Sie sich nur einige Fälle logischen Schlussfolgerns anschauen. Zuerst werden wir zwei logisch richtige Schlüsse betrachten, die ohne bewertende Elemente auskommen. Anschließend geben wir einige Beispiele logischer Fehlschlüsse, die bewertende Sprache enthalten.

Das folgende ist ein Beispiel für ein im philosophischen Sinne gültigen Schluss:

1. (a) Bill ist ein dunkelhäutiger Lügner.

(b) Alle Lügner sind Menschen. Daraus folgt:

(c) Bill ist ein dunkelhäutiger Mensch.

In Schluss 1 folgt (c) logisch aus (a) und (b). Wenn (a) und (b) beide wahr sind, so garantiert die logische Gültigkeit dieses Schlusses, dass auch (c) wahr ist.

2. (a) Bill ist ein guter Lügner.

(b) Alle Lügner sind Menschen. Daraus folgt:

(c) Bill ist ein guter Mensch.

In diesem Fall ist es so, dass diese Schlussfolgerung nicht wahr sein kann, selbst wenn beide Prämissen wahr sind. Hier scheint also allem Anschein nach etwas falsch gelaufen zu sein. 2 (c) folgt absolut nicht aus den beiden Prämissen. Ein guter Lügner ist tatsächlich ein schlechter Mensch. Dennoch ist der zweite Schluss genau wie Schluss 1 aufgebaut. Was stimmt hier also nicht?

Man könnte leicht auf die Idee kommen, dass sich die Unsinnigkeit des Schlussfolgerung nur deswegen ergibt, weil wir einen moralischen Ausdruck verwenden.

Man könnte zu dem Schluss kommen, dass vielleicht moralisch bewertende Satzteile an sich ungeeignet sind für logisches Schlussfolgern. Dies entspräche aber nicht ganz den wirklichen Verhältnissen. Betrachten Sie die folgenden Sätze:

3. (a) Konrad ist ein großer Jockey.

(b) Alle Jockeys sind Menschen. Daraus folgt:

(c) Konrad ist ein großer Mensch.

Konrad kann im Vergleich zu seinen Kollegen für einen Jockey recht groß sein und dennoch, bezogen auf die Durchschnittsgröße der Gesamtbevölkerung, eher klein von Wuchs sein.

 Vergleichende und bewertende Begriffe wie groß und gut werden anders als andere logische Bestimmungswörter verwendet. Aus diesem Grund müssen wir vorsichtig sein, wenn wir sie in logischen Schlüssen benutzen. Betrachten Sie die folgenden Sätze:

4. (a) Manfred ist ein guter Vater.

(b) Ein Vater ist eine Person. Daraus folgt:

(c) Manfred ist eine gute Person.

Vielleicht ist dem so. Vielleicht ist (a) ein gewisser Hinweis darauf, dass (c) richtig ist. Die Wahrheit von (c) wird jedoch nicht durch (a) oder (b) garantiert. Vielleicht gibt es Leute, die berichten könnten, dass Manfred zwar durchaus seinen Kindern ein guter Vater ist, dass er aber sein persönliches Leben so weit von seinem andern Leben trennt, dass er beispielsweise ohne mit der Wimper zu zucken Kunden bei seiner Arbeit übers Ohr haut. Das gleiche gilt für den Fall, dass Manfred ein guter Freund, Onkel oder Sohn ist. Es ist durchaus denkbar, dass er sich vorbildlich in verschiedenen Hinsichten benimmt und doch nicht die Kriterien dafür erfüllt, in einem allgemeinen, moralisch-ethischen Sinne gut zu sein – gut als Person – eben weil er sich teilweise in krasser Weise im Widerspruch zu diesen Kriterien verhält. All diese verschiedenen Arten, sich gut zu verhalten, tragen ihren Teil zu einem im allgemeinen Sinne moralisch guten Verhalten bei. Daher sind sie auch ein vorläufig gültiger Beweis dafür. Wenn sie jedoch nicht vollständig den moralischen Charakter einer Person beweisen, dann können wir fragen: »Was macht diesen aus?«

Ein guter Mensch und ein guter Bürger zu sein, ist nicht immer dasselbe.

Aristoteles

Was macht einen guten Menschen aus? Wann ist das Leben eines Menschen ein gutes Leben? Diese Fragen müssen wir noch immer beantworten. Wenn Sie die Antworten darauf interessieren, so brauchen Sie nur die nächsten zwei Kapitel zu lesen.

Glück, Sittlichkeit und das gute Leben

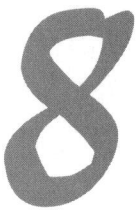

In diesem Kapitel

▶ Worum es in der Ethik geht

▶ Die grundlegende Vorstellung vom Guten

▶ Die Moral innerhalb eines übergeordneten Rahmens

Was in einem Land geehrt wird, wird dort auch gedeihen.

Plato

In diesem Kapitel werden wir uns fragen, was das Gute ist und versuchen, den Zusammenhang zwischen Gutsein und Glück, Ethik und der Wohlfahrt des Menschen sowie zwischen Sittlichkeit und Tugend zu erforschen.

Memo an die moderne Welt

Bei der Ethik geht es nicht hauptsächlich darum, sich aus Schwierigkeiten herauszuhalten. Die Ethik schafft vielmehr Stärke, innere als auch zwischenmenschliche Stärke. Nach ethischen Maximen zu leben, macht die Menschen stärker. Sie stärkt die Familien, Gemeinschaften, Organisationen und die verschiedensten Institutionen. Letztendlich macht es auch die Nationen stärker.

Bei der Moral geht es nicht in erster Linie um Verbote und Beschränkungen. Ihr geht es vielmehr um die Förderung der Wohlfahrt des Menschen und darum, ein tiefes Glücksempfinden im Menschen hervorzubringen. Sie hilft dem Menschen dabei, das bestmögliche Leben zu leben. Bei ihr geht es um das, was wir ehren, in uns entwickeln und was wir schließlich auch werden.

Wir denken oft auf eine bestimmte Weise an Regeln und Strukturen. Stellen Sie sich eine Skala vor, die für das menschliche Leben steht. Das eine Ende repräsentiert absolute Ordnung. Das andere absolute Freiheit. Wenn wir uns das Leben so vorstellen, dann sind wir scheinbar mit einem Dilemma konfrontiert. Wollen wir die Planbarkeit und Sicherheit, die uns Ordnung garantiert, oder bevorzugen wir die Möglichkeiten, sich selbst in Freiheit auszudrücken sowie die kreativen Chancen, die sich uns durch die Freiheit eröffnen? Wollen wir Beschränkung oder Chaos? Die Straßen von Singapur oder die von Detroit?

Ordnung————————————————————————— Chaos

Dies ist vielleicht in gewisser Weise kein wirkliches Dilemma. Möglicherweise bietet die Moral ja – zumindest prinzipiell – eine Struktur, eine Form von Ordnung, die die wichtigste und erfüllendste Art von Freiheit ermöglicht. Diese Idee möchte ich in die Diskussion einbringen.

Dies ist die aus der Antike stammende Vorstellung des Guten, die wir beim Übergang in ein neues Jahrtausend zu verlieren drohen. Wir versuchen uns vor anderen auszuzeichnen, ihnen überlegen zu sein. Wir beten den Erfolg an. Wir wollen, dass unsere Unternehmen und unser Land dem Vergleich mit anderen Nationen standhalten. Zu häufig aber sind wir blind gegenüber dem Zusammenhang dieser Ziele, die wir verfolgen, mit unserem Bedürfnis nach dem Guten.

Nur die sind wirklich groß, die auch wirklich gut sind.

George Chapman

Die Idee des Guten: Eine kurze Einführung in die Vorstellungen vom Ursprung des Guten

Woher stammt unsere Vorstellung davon, was im menschlichen Leben gut ist? Woher kommt die Moral? Die Philosophen haben auf diese Fragen mancherlei Antwort gegeben. Ihre bekanntesten Theorien verdienen zumindest eine kurze Erwähnung.

Die Theorie göttlicher Gebote

 Viele religiös geprägte Philosophen in der Geschichte waren der Meinung, dass ethische Vorschriften ihren Ursprung in einem Schöpfergott haben. Diese Vorschriften oder Gebote werden dann dem Menschen geoffenbart, entweder durch den normalen Gebrauch unseres von Gott stammenden Verstandes oder vermittels einer besonderen göttlichen Offenbarung, die den Mitgliedern einer Glaubensgemeinschaft gewährt wird, die diese Gebote dann in die Welt hinaustragen.

Innerhalb von dieser Theorie wird das Gute, bzw. das, was richtig ist, durch göttliches Gebot begründet. Seine Erfüllung wird den Menschen dann zur Pflicht gemacht. Das Gute und Richtige sind all die Handlungen, Einstellungen und Eigenschaften, die mit Gottes Geboten in Einklang stehen. Das Schlechte und Falsche ist entsprechend dasjenige, was zu diesen Geboten im Widerspruch steht. An dieser Stelle wollen wir die Frage, ob Gott wirklich existiert, nicht direkt beantworten. (Dazu finden Sie mehr am Ende von Teil VI.) Das Hauptproblem dieser Theorie göttlicher Gebote ist die Tatsache, dass Gottes Gebote an sich nur dann gut genannt werden können, wenn sie in dem logisch leeren Sinn mit sich selbst übereinstimmen. Es scheint so, dass alle traditionellen Religionen jedoch eigentlich sagen wollten, dass die Gebote Gottes in einem substantielleren Sinne gut sind. Seine Gebote sind das, was sie sind, aufgrund seiner Liebe, seiner Güte oder seiner selbstlosen Sorge um uns als seine Geschöpfe. Sie sind, was sie sind, weil es gut für sie ist, genau das zu sein. Keine Theorie herkömmliche göttlicher Gebote kann dieses gefühlsmäßige Überzeugung integrieren.

Vielleicht ist es ja so, dass die ethischen Werte und Gebote nichts anderes als das ewige Wesen eines Schöpfergottes widerspiegeln. Ich nenne diese Theorie die *Theorie göttlichen Wesens*. Diese Theorie unterscheidet sich jedoch von der wohlbekannten Theorie göttlicher Gebote.

Nirgendwo sind die Menschen gottähnlicher als dann, wenn sie anderen Gutes tun.

Cicero

 Ein Problem betrifft beide Theorien. Wenn sie wahr wären, so würden all die Menschen, die nicht an Gott glauben, jegliche Grundlage für einen moralischen Objektivismus verlieren. Ist dieser Einwand entscheidend? Nein. Er hat aber dazu geführt, dass selbst viele Gottesgläubige weiter nach einer echten philosophischen Begründung der Moral gesucht haben.

Die Theorie des Sozialkontrakts

 Einige Philosophen haben das Problem des Ursprungs der moralischen Gebote durch die Annahme zu erklären versucht, dass zu dem Zeitpunkt, wo sich Frühmenschen in sozialen Gruppen zu organisieren begannen, sie bewusst oder unbewusst festlegten, nach welchen Verhaltensregeln sie sich persönlich wie auch innerhalb der Gruppe verhalten sollten. Für sie waren Regeln notwendig, um zu verhindern, dass Konflikte eskalieren und dass Chaos ausbricht. Aus diesem Grunde gaben sie sich einen Sozialkontrakt, eine Vereinbarung, sich den von ihnen gesetzten Regeln gemäß zu verhalten. Dies ist nach dieser Vorstellung das Endziel jedweder Moral, Ethik sowie des Gesetzes.

Gut im Sinne dieser Theorie wäre dann alles, was mit den Regeln des Sozialkontraktes übereinstimmt. Ist die Existenz solcher Kontrakte eine gute Sache? Oder ist es möglich, dass der Kontrakt einer bestimmten Gesellschaft moralisch verurteilenswert sein kann? Wenn dem so ist, dann ist die Grundlage für die Zuschreibung dieser Art von gut und böse unabhängig von der in Rede stehenden Vereinbarung, was bedeutet, dass die Theorie des Sozialkontrakts bestenfalls unvollständig ist.

 Ein Hauptproblem der Theorie des Sozialkontraktes ist, dass es manche Gesellschaften gibt, in denen die moralischsten Individuen die sind, die sich offen gegen die herrschenden Verhaltensnormen in diesen Gesellschaften stellen. Obwohl – oder gerade weil – sie sich im Gegensatz zum sozialen Kontrakt ihrer Gesellschaft befinden, gelten sie als Beispiele moralischen Heldentums. Wenn ihr Heldentum aber darin besteht, sich an höheren Standards moralischen Verhaltens als in ihrer eigenen Gesellschaft gelten zu orientieren, dann reicht die Theorie des Sozialkontraktes nicht tief genug (oder hoch genug), um uns die Antworten zu geben, die wir suchen.

Wahre Moralität besteht nicht darin, ausgetretene Pfade entlang zu gehen, sondern darin, den wahren Weg für uns selbst zu finden und diesem furchtlos zu folgen.

Mahatma Gandhi

Zum Schluss sein angemerkt, dass die Theorie des Sozialkontraktes entweder die Hypothese eines bestimmten Momentes in der fernen Vergangenheit der Menschheit aufstellt, an dem zum ersten Mal ein solcher Vertrag zwischen Menschen geschlossen worden ist, für den wir aber keinerlei geschichtlichen Beweis haben, oder aber sie benutzt diese Vorstellung nur als bequeme Fiktion. In beiden Fällen jedoch stehen wir am Ende ohne Antworten da.

Utilitarismus

 Im 19. Jahrhundert begannen eine Reihe von englischen Philosophen damit, das Gute im Zusammenhang mit dem Nutzen, bzw. der Nützlichkeit für die Erzeugung von Vergnügen, Glück oder Bequemlichkeit zu sehen. Sie glaubten, dass in jeder Situation, bei der die Moral im Spiel ist, genau die Handlung richtig ist, welche den größten Nutzen hat oder bei der ganz allgemein der Zugewinn an Positivem für die Menschen am größten ist. Dementsprechend sind gute Charaktereigenschaften beim Menschen genau diejenigen Persönlichkeitsmerkmale, die auch zu guten Handlungen im Sinne des Utilitarismus führen.

Der Utilitarismus teilt sich in zwei Lager:

✔ Der **Handlungs-Utilitarismus** glaubt, dass es bei Moralfragen darum geht, individuelle Handlungen daran zu messen, inwieweit sie das Kriterium der Nützlichkeit erfüllen. Innerhalb dieser Theorie sollten wir immer das tun, das das jeweils größte Gut, definiert als Nützlichkeit, erzeugt.

✔ Der **Regel-Utilitarismus** setzt noch eine Stufe tiefer an. Eine Handlung ist nach dieser Theorie dann gut, wenn sie in Übereinstimmung mit einer Regel erfolgt, die ihrerseits den größtmöglichen Nutzen für die größtmögliche Zahl von Menschen produziert. Es ist sogar möglich, dass eine Handlung auch dann richtig ist, wenn es ihr nicht gelingt, den größten Nutzen in der jeweiligen Situation zustande zu bringen, solange sie nur in Übereinstimmung mit einer Regel geschieht, die in Bezug auf die in Frage kommenden Alternativen insgesamt den größten Nutzen in der Gesellschaft erzeugt.

 Nach der herkömmlichen Vorstellung des Utilitarismus kann es richtig sein, einen unschuldigen Menschen zu erschießen, wenn dadurch z.B. ein Aufstand verhindert werden würde. Dies ist und bleibt nach heutigen Maßstäben aber dennoch falsch. Der Utilitarismus sieht zu Recht eine Verbindung zwischen gut und richtig auf der einen Seite und der Wohlfahrt des Menschen auf der anderen Seite. Ich denke jedoch, dass der Utilitarismus generell daran scheitert zu bestimmen, worin diese Verbindung genau besteht.

Deontologische Theorie

 Deontologen glauben, dass das Gute und Richtige darin besteht, objektiven moralischen Pflichten zu gehorchen. Immanuel Kant (1724-1804) war der berühmteste und einflussreichste Deontologe aller Zeiten. Kant war der Ansicht, dass man dann von Sittlichkeit sprechen könne, wenn die Handlungen allein auf der Basis von Pflichten erfolgten. Er ging sogar so weit zu sagen, dass, wenn man eine Handlung gern tut und aus ihr Nutzen zieht und dies gar ein Teil der Motivation ausmacht, dass dann die Handlung nicht als ein reiner moralischer Akt zählen könne. Das stimmt so natürlich nicht. Einige der besten und moralischsten Handlungen sind von guten Menschen

begangen worden, die Freude daran hatten, das Richtige zu tun. Diese Freude ist ein durchaus akzeptabler Teil ihrer Handlungsmotivation.

Es gibt ... nur einen kategorischen Imperativ. Er lautet: Handle so, daß die Maxime deines Willens jederzeit zugleich als Prinzip einer allgemeinen Gesetzgebung gelten könne.

Immanuel Kant (in seiner typischen klaren und anschaulichen Art)

Die Deontologen stellen jedoch normalerweise nicht die Frage, was Pflichten genau sind und woher sie stammen. Wenn sie nicht das Ergebnis göttlicher Gebote oder sozialer Vereinbarungen noch das Ergebnis utilitaristischer Überlegungen über das Nützliche sind, was sind sie dann genau? All dies bleibt bei den meisten Deontologen eher vage und undeutlich.

Ist die Pflicht wichtig im menschlichen Leben? Ganz sicher ist sie das. Der Hinweis auf die Pflichten alleine kann uns aber keine vollständige Erklärung geben, was Moral, Ethik oder auch das Gute in ihrem Wesen sind.

Soziobiologische Theorie

Im 19. und 20. Jahrhundert gab es eine Reihe von bekannten Natur- und Geisteswissenschaftlern, die vorgeschlagen haben, dass die bekannten Moralvorschriften menschlicher Gesellschaften sich entsprechend dem Wert entwickelt hätten, den unser Verhalten im Hinblick auf das evolutionäre Überleben gehabt hatte. Verhalten, das den Zusammenhalt und das Überleben der Gruppe oder Gesellschaft ermöglichte, wurde gefördert, während Verhalten, das als nachteilig für diese Ziele angesehen wurde, verboten wurde.

Versagen oder Erfolg im Kampf ums Dasein ist der einzige Gradmesser der Moral. Gut ist das, was überlebt.

W. Sommerset Maugham

Ein Gutteil der soziobiologischen Überlegungen ist durchaus überzeugend, selbst in der einfachen Form, in der wir sie gerade wiedergegeben haben. Dennoch aber scheint mir diese Theorie nicht umfassend genug zu sein, um auf unsere Fragen eine Antwort geben zu können.

Das Beispiel des moralischen Helden kann uns vielleicht genauso nützlich dabei sein, auf ein sich hier stellendes Problem aufmerksam zu machen, wie bei den Überlegungen zur Theorie des sozialen Kontraktes. Wer sich in Moralangelegenheiten gegen seine Gesellschaft stellt, gefährdet vielleicht auf kurze Sicht gesehen tatsächlich das Überleben jener Gesellschaft, beispielsweise wird durch das Aufbegehren gegen einen unmoralischen Tyrannen die soziale Struktur, die seine Herrschaft errichtet hat, bedroht. Dies jedoch läuft der soziobiologischen Erklärung zuwider. Was aber noch schlimmer für diese Theorie ist, ist die Tatsache, dass es gemäß ihrer Vorstellung von Moral nicht nur moralisch erlaubt, sondern außerdem eine Pflicht wäre, dass wir eine Anzahl von Menschen gegen ihren Willen für medizinische Experimente auswählten, ganz gleich wie riskant oder schmerzhaft dies für diese Menschen wäre, wenn damit nur das Überleben der Gattung befördert werden könnte. Ein solches Vorgehen wäre nun aber moralisch sicher falsch. Die Soziobiologie scheint daher unsere tiefgehendsten moralischen Instinkte nicht einmal ansatzweise erfassen und in ihrer Theorie verarbeiten zu können.

Tugendtheorie

Aus der Antike stammt eine weitere Theorie, die es nicht nur verdient erwähnt zu werden, sondern die darüber hinaus, meiner Meinung nach, genauso erhellend wie wahr ist. Meine Version der Tugendtheorie lautet folgendermaßen: Es gibt so etwas wie eine menschliche Natur. Tief im Inneren sind die Menschen auf elementare Weise identisch. Wenn man an Glück und an einem erfüllten Leben interessiert ist, so muss man danach streben, bestimmte Eigenschaften des Menschen – die Tugenden – in sich zu verwirklichen. Und wer wäre nicht daran interessiert?

Die Sittlichkeit ist der Bereich menschlichen Strebens, der sich damit beschäftigt, diese Eigenschaften oder Tugenden, die des Menschen Wohlfahrt ermöglichen, zu identifizieren, zu kultivieren und zu fördern. Das sittlich-moralisch Gute ist diejenige Eigenschaft einer Handlung, eines Merkmals oder eines Menschen, durch die festgestellt werden kann, ob eine Übereinstimmung mit den Tugenden gegeben ist oder nicht.

Nach der Tugendtheorie ist das, was die soziobiologische Theorie als wahr zu erkennen vermeint, erst im eigentlichen Sinne wahr aufgrund der uns allen gemeinsamen universellen menschlichen Natur. Außerdem gilt, dass die Gesellschaft sich über die Grundlagen der Moral typischerweise dadurch verständigt, dass sie zu erkennen versucht, welche Tugenden es gibt. In ähnlicher Weise gilt für den Utilitarismus und seine Vorstellung, dass beim Treffen ethischer Entscheidungen immer auch der Nutzen und der Schaden von Handlungen in Betracht gezogen werden müssen, dass wir nur dann erkennen können, was Schaden und Nutzen eigentlich bedeuten, wenn wir die menschliche Natur und die Tugenden jederzeit in unsere Überlegungen einbeziehen. Verfechter des Tugendbegriffs können zudem darauf hinweisen, dass wir unsere Natur von Gott verliehen bekommen haben und dass die göttlichen Gebote eine Widerspiegelung dieser Menschennatur sind. Die Gebote Gottes zeigen uns außerdem den Weg, wie wir unsere Natur zur Sittlichkeit hin entwickeln sollen.

Silber und Gold sind nicht die einzige Währung; auch die Tugend gilt in der ganzen Welt als eine solche.

Euripides

 Kurz gesagt ist es so, dass eine Tugendtheorie des Guten, wenn sie nur entsprechend weiterentwickelt wird, in sich die Einsichten aller anderen Theorien aufnehmen kann, wobei sie aber deren charakteristische Probleme vermeiden kann. Wie eine solche Tugendtheorie entwickelt werden kann, wird im nächsten Abschnitt behandelt.

Vier Dimensionen menschlicher Erfahrung

 Unser alter Bekannter Aristoteles' war der Ansicht, dass alle Menschen bei allem, was sie tun, nach dem Glück streben. Das menschliche Leben ist im Wesentlichen teleologisch, d.h. zielgerichtet (siehe Kapitel 7). Wir können nicht anders, als uns in unserem täglichen Leben Ziele zu setzen und diese Ziele dann auch zu erreichen versuchen. Aristoteles' Erkenntnis war es, dass das all diesem Streben zu Grunde liegende Ziel das Glück ist. Ein wirkliches Verstehen dieser Behauptung wird uns dabei helfen, sich der Rolle der Ethik in unserem Leben bewusst zu werden.

Wenn Aristoteles Recht damit hatte, dass das Gute immer teleologisch ist, dann haben wir vielleicht hier den Zweck, den Sinn oder das Ziel (*telos*) des menschlichen Lebens gefunden. Es ist schlicht das Glück. Persönliches Glück? Sicher. Aber auch Glück für andere Menschen. Glück und Erfüllung für die größtmögliche Zahl von Menschen.

Um das jedoch verstehen zu können, müssen wir zuerst verstehen, was Glück wirklich ist. Ist es bloß sinnliches Vergnügen, wie einige Philosophen vermutet haben? Aristoteles selbst dachte, dass dies unmöglich für Menschen gelten könne. Nicht, dass dem Vergnügen kein Platz eingeräumt werden solle, zumal ein glückliches Leben ohne Vergnügen nicht denkbar ist. Das Vergnügen ist aber nur ein kleiner Teil eines viel größeren den Glücksbegriff definierenden Gesamtzusammenhangs.

Anhänger der Philosophie von Aristoteles stellen sich das Glück mehr als Aktivität vor, bzw. als eine immer wiederkehrende Teilnahme an etwas, was Erfüllung mit sich bringt. Echtes Glück und echte Erfüllung sei sozusagen ein Nebenprodukt einer Lebensweise, die der Wohlfahrt des Menschen förderlich ist. Das Glück ist an die Tugend gebunden. Das Glück entspringt der Entdeckung des eigenen Selbst, der Entwicklung der eigenen Talente und des Einsatzes dieser Talente für den allgemeinen Nutzen anderer wie auch der eigenen Person.

 Das moralisch Gute ist demnach die Eigenschaft, echtes Glück, Erfüllung im Leben und die Wohlfahrt des Menschen zu ermöglichen. Ein guter Mensch ist jemand, der das Ziel verfolgt, das Glück und die Wohlfahrt seiner selbst wie auch das der anderen zu befördern. Eine gute Handlung ist eine Handlung, die in diese Richtung zielt. Eine gute Eigenschaft des Menschen oder ein guter Charakterzug ist dasjenige Merkmal, das auf dieses Ziel gerichtete Handlungen ermöglicht.

Bei der Analyse der Erkenntnisse der großen Philosophen zu der Frage, was man braucht, um echtes Glück, wirkliche Erfüllung und die umfassendste Art menschlicher Wohlfahrt zu erlangen, bin ich zu der Auffassung gelangt, dass es vier grundlegende und universale Bereiche menschlicher Erfahrung gibt. Diese vier Bereiche menschlicher Erfahrung helfen uns dabei, die vier entsprechenden Ziele zu verstehen, denen wir folgen müssen, wenn es uns am Ende gelingen soll, für uns selbst Glück zu erlangen und das Glück anderer Menschen zu fördern. Diese vier Bereiche sind außerdem auch die vier Grundlagen für die Entwicklung und Erhaltung des sittlichen Prinzips in all unseren Handlungen. Als solche sind sie schließlich die entscheidenden Kriterien für die Beurteilung, was ein gutes Leben ist.

Diese vier Bereiche unterschiedlicher menschlicher Erfahrung, zusammen mit ihren zugehörigen Zielen, lauten wie folgt (die Anführungsstriche sind zu lesen als: »strebt an«):

✔ Die geistige Dimension » Wahrheit

✔ Die ästhetische Dimension » Schönheit

✔ Die moralische Dimension » das Gute

✔ Die spirituelle Dimension » Einheit, Geschlossenheit

Im folgenden Abschnitt werde ich jede der vier Dimensionen kurz erläutern. Das Verständnis der Bedeutung dieser Bereiche wird uns entsprechend ein tieferes Verständnis des menschlichen Glücks und der Bedeutung der Ethik für die Wohlfahrt des Menschen ermöglichen. Schon seit zu langer Zeit haben wir die Ethik von den anderen wichtigen Lebensfragen getrennt gesehen. Zu sehen, wo die Moral mit ihrem Ziel, das Gute zu erlangen, innerhalb der menschlichen Erfahrung ihren Platz hat, hilft uns dabei, ein tieferes Verständnis der Ethik und Moral zu gewinnen.

Jeder dieser Bereiche hat ein ihn begleitendes Ziel, das selbst als Grundlage der menschlichen Sittlichkeit angesehen werden muss. Das Gute ist eines dieser Ziele und zudem mit allen anderen Zielen verbunden.

Die geistige Dimension

 Jeder Mensch hat einen Geist. Wir alle sind ihren Verstand gebrauchende Wesen. Wir benötigen Wahrheit so, wie wir Luft oder Wasser benötigen. Ohne Ideen können wir geistig nicht gedeihen; ohne Wahrheit gehen wir zugrunde.

Einer der Bereiche unserer Erfahrung ist der geistige, der danach strebt, Wahrheit zu erlangen. In jeder Hinsicht und in jeder Situation ist es für uns wichtig, dass man uns die Wahrheit sagt, wenn wir uns denn auf bestmögliche Weise verhalten sollen, bzw. uns in der jeweiligen Situation am besten fühlen wollen. Aus demselben Grund müssen wir auch anderen stets die Wahrheit sagen.

Die Wahrheit ist die Grundlage des Vertrauens. Ohne Vertrauen kann keine menschliche Beziehung gedeihen. Ohne eine solche Beziehung kann kein Mensch innerlich wachsen und ein Gefühl der tiefen persönliche Erfüllung erfahren.

Wissen ist Macht.

Francis Bacon

 Der britische Philosoph Francis Bacon (1661-1626) sagte einst, dass Wissen Macht sei, ein Ausspruch, der bis heute zitiert wird. Es ist jedoch eine Schande, wie unangemessen die Menschen auf diese Erkenntnis reagiert haben. Viel zu viele Menschen glauben heutzutage, dass man ohne Macht seine Ziele nicht wirkungsvoll durchsetzen könne. Aus diesem Grund sollten die Menschen versuchen, Macht zu erlangen und zu erhalten. Da das Wissen die Grundlage für Macht ist, solle man nach mög-

lichst viel Wissen streben. Diese Schlussfolgerung hat Geschäftsleute, Politiker und selbst Ärzte dazu veranlasst, die Wahrheit denjenigen vorzuenthalten, die sie dringend benötigten.

Die Menschen fürchten, dass das Teilen von Wissen so ist, wie wenn man ein Stück Kuchen mit jemandem teilte. Wenn ich meinen Nachtisch mit einem anderen teilen müsste, so würde ich ihn in der Mitte durchschneiden und die eine Hälfte, die ich ansonsten mir selbst hätte schmecken lassen können, dem andern geben. Je mehr ich gebe, desto weniger habe ich für mich selbst. Im Bereich des Wissens und der Wahrheit jedoch bedeutet teilen etwas ganz anderes. Je mehr man teilt, desto mehr wird hinzugefügt, ja desto mehr vervielfacht es sich.

Als Professor in Notre Dame lernte ich das Folgende: Wann immer ich meinen Studenten etwas beibrachte, sorgte ich gleichzeitig auch dafür, dass sich das Wissen in einer Weise vervielfältigte, wie ich es mir vorher nicht hätte vorstellen können. Es ging nicht nur darum, dass das, was vorher in meinem Kopf war, sich nun plötzlich in dreihundert anderen Köpfen befand. Dazu kam noch, dass diese dreihundert Studenten mein Wissen auf dreihundert verschiedene Weisen und aus dreihundert verschiedenen Blickwinkeln verarbeiteten. Dieser Student war in Nebraska aufgewachsen, jener kam aus Florida und ein anderer wiederum war aus Deutschland usw. Außerdem stammten die Studenten ja aus allen möglichen Schichten der Gesellschaft. Das Wissen, das ich ihnen mitteilte, filterten sie durch so viel Schichten an Überzeugungen, Einstellungen und Gefühlen, dass sie schließlich Dinge wahrnehmen mussten, die ich alleine nie hätte bemerken können und die sie schließlich auch untereinander weitergaben. Auf diese Weise wurde mein anfängliches Wissen durch meine Bereitschaft zu teilen auf ungeheure Weise vervielfacht.

Dasselbe ist in der Berufswelt und in jeder Familie möglich. Wahrheit ist das Rohmaterial für Kreativität. Wir müssen es achten, es leben und pfleglich mit ihm umgehen. Indem wir die Wahrheit (mit-)teilen, vervielfältigen wir das Wissen und schaffen so die Grundlage für das Wachstum der allgemein verfügbaren und vorhandenen Macht, die sich aus dem Wissen ableitet.

Die Wahrheit ist eine Grundlage für die Wohlfahrt des Menschen, für seine persönliche Erfüllung und die tiefste Form des Glücks. Kann die Wahrheit nicht aber manchmal schaden? Das kann sie ganz sicher. Die tiefsten und dauerhaftesten Formen des Glücks können aber nicht so zerbrechlich sein, dass es darauf ankäme, die Wahrheit stets bis auf eine Armeslänge entfernt zu halten. Illusionen zu hegen, kann niemals eine notwendige Bedingung für die Erfüllung und Wohlfahrt des Menschen sein.

Die Natur hat in uns das unstillbare Verlangen nach der Wahrheit gelegt.

Cicero

Ist ein Mensch gut? Respektiert und pflegt er die Wahrheit? Bei sich selbst und bei anderen? Nimmt er andere Menschen ernst? Respektiert er andere, indem er mit ihnen sein Wissen teilt, das ihnen vielleicht dabei helfen kann, herauszufinden, wer sie sind und was sie tun?

 Unsere Beziehung zur Wahrheit kann in zwei Kategorien unterteilt werden, die wir bequemlichkeitshalber die passive und die aktive nennen können (siehe die folgende Tabelle 8.1):

Passiv	Aktiv
Aufmerksamkeit	Ehrlichkeit
Offenheit	Offenheit
Lernfähigkeit	Direktheit
Wir müssen Lernende sein	Wir müssen Lehrer sein

Tabelle 8.1: Unsere Beziehung zur Wahrheit

Zuerst betrachten wir die – wie ich es nenne – passive Seite unserer Beziehung zur Wahrheit. Jede der bedeutenden Religionen betont die Wichtigkeit derjenigen Dinge, denen wir unsere Aufmerksamkeit schenken. Wir müssen der Welt um uns herum Beachtung schenken, um während unseres Lebens überhaupt hoffen zu dürfen, Wahrheiten finden zu können. Wir sind aufmerksam – eine in Wirklichkeit aktive Haltung – um als passive Empfänger das aufzunehmen, was die Welt uns mitzuteilen hat. Mit der Kategorie »passiv« möchte ich keinen Moment lang unterstellen, dass wir jemals ganz passiv sind, wenn wir lernen. Dies ist nicht der Fall. Es gibt jedoch Aspekte unserer Beziehung zur Wahrheit, wo wir dazu aufgerufen sind zuzuhören und die Dinge in uns aufzunehmen. Dies ist allgemein gesagt die passive Seite unserer Beziehung zur Wahrheit.

Als zweites ist es wichtig, für neue Ideen und unerwartete Sichtweisen aufnahmebereit zu sein. Offenheit ist eine Form der geistigen Bescheidenheit. Sie ist eine wichtige menschliche Tugend. Den Dingen um uns herum Aufmerksamkeit zu schenken, bringt solange nichts, wie wir nicht wirklich bereit sind zu lernen.

Drittens müssen wir anderen Menschen gegenüber lernfähig sein. Niemand weiß alles. Jeder, dem wir in unserem Leben begegnen, hat uns etwas beizubringen oder zu lehren. Solange wir aber nicht lernfähig werden, werden wir niemals zu den Wahrheiten, die die anderen Menschen aufgrund ihrer Erfahrungen gewonnen haben, Zugang erhalten. Während unseres ganzen Lebens müssen wir aufnahmebereit bleiben. Auch diese Fähigkeit kann im besten Fall eine moralische Qualität sein.

Nun kommen wir zur aktiven Seite der Tabelle. Wir müssen mit uns selbst und mit anderen ehrlich umgehen. Ehrlichkeit ist eine Form, die Wahrheit zu achten. Der Ehrliche lügt oder täuscht keine anderen Menschen. Wer ehrlich ist, sagt immer die Wahrheit.

Die Ehrlichkeit kann jedoch eine ziemlich eingeschränkte Art sein, die Wahrheit zu achten. Die Offenheit geht noch einen Schritt weiter und gibt Wahrheit bei Bedarf noch über die Bitten des Gegenübers hinaus weiter. Einem offenen Menschen fällt es – unabhängig davon, ob nach ihr gefragt wurde oder nicht – nicht schwer, die Wahrheit mitzuteilen, solange die Wahrheit hilfreich sein kann.

So wie ich Direktheit verstehe, geht sie sogar noch weiter als Offenheit. Eine direkte Person enthält keines ihrer Motive anderen vor und hält keine Wahrheit zurück, die die Wohlfahrt eines anderen Menschen befördern könnte. Die Direktheit erkennt man sofort. Der direkte Mensch ist im Prinzip der beste Lehrer. Er verkörpert die Transparenz der Wahrheit. Wir alle sollten versuchen, ein Leben lang Lehrer zu sein. Dies ist wiederum die beste Voraussetzung dafür, dass wir auch unser Leben lang Lernende sein können. Wir lernen am besten das, was wir anschließend als Lehrer auch anderen beizubringen versuchen.

Um das eigentliche Ziel des Lebens zu erreichen, müssen wir in jeder Form danach trachten, nach der Wahrheit zu streben. Wir müssen uns für sie öffnen und sie auch anderen zugänglich machen. Dies ist eine der vier Grundlagen für die Beförderung der Sittlichkeit sowie des dauerhaften Glücks unter den Menschen.

Die ästhetische Dimension

Der zweite große Bereich menschlicher Erfahrung ist die Ästhetik. Ich bin zu der Ansicht gelangt, dass wir Schönheit genauso in unserem Leben brauchen wie Wahrheit. Beides ist gleichermaßen wichtig. Ohne den regelmäßigen Kontakt mit dem Schönen können die Menschen bei dem, was sie tun, oder auch in ihren Beziehungen mit anderen Menschen weder ihre Gefühle zum Besten hin entwickeln noch als Menschen ihre Fähigkeit zum Guten voll ausbilden.

Die Schönheit ist das Versprechen des Glückes.

Stendhal

Einer der größten Fehler der populären Kultur der letzten einhundert Jahre ist es gewesen, unsere Vorstellung des Schönen immer weiter reduziert zu haben. Ein Bergpanorama kann schön sein, genauso wie eine Blume, ein Strand oder auch ein menschliches Antlitz. Auch Musik und Tanz können schön sein, oder eine mathematische Gleichung, ein philosophisches Argument, ein Spielzug beim Basketball, ein Witz oder auch ein Liebesakt.

Das Ästhetische umfasst alle möglichen Arten von Freuden. Das Schöne kann sich auf sehr verschiedene Dinge und Handlungen beziehen. Eines bleibt jedoch stets gleich: Die Schönheit beflügelt immer.

An einem schönen Ort und in einer schönen Umgebung sind wir generell offener und kreativer. Hässlichkeit bedrückt das Gemüt. Die Schönheit erhebt unsere Herzen und unseren Geist. Sie regt unsere Gefühle und unsere Hingabe an die Dinge an.

Die Schönheit ist zu all dem jedoch nur imstande, wenn man sie bemerkt, fühlt und zu schätzen weiß. Liegt die Schönheit wirklich im Auge des Betrachters? In gewissem Maße ja. Die Erfahrung des Schönen erfordert eine objektive Realität mit den richtigen Eigenschaften; sie benötigt aber auch den subjektiv aufnehmenden Betrachter. Die aufmerksame Empfänglichkeit eines Menschen kann dort Schönheit wahrnehmen, wo andere sie nicht sehen können. Die Schönheit ist letzten Endes kein relatives Phänomen in der Welt. In Wahrheit ist es erstaunlich, wie allgemein die Kriterien für die Wahrnehmung von Schönem wirklich sind. Ob dies mit unserer gemeinsamen evolutionären Vergangenheit zu tun hat oder ob diese Kriterien göttlichen Ursprungs sind, ist unter Philosophen umstritten. Was bleibt, ist jedoch die Tatsache, dass die Erfahrung des Schönen von allen Menschen geteilt wird und dass sie für die Entwicklung des Menschen wichtig ist.

Das Gute ist das Schöne.

Plato

Von den Philosophen konnten wir in den letzten Jahrzehnten keine große Hilfe dabei erwarten, das Wesen des Schönen zu verstehen. Das ist jedoch keine Überraschung, da die Philosophen uns während dieser Zeit generell keine große Hilfe dabei waren, überhaupt irgendwelche praktischen Dinge zu verstehen. Die Philosophie war während der letzten einhundert Jahre im Wesentlichen eine akademische Veranstaltung. Ein großer Teil ihrer Aufmerksamkeit galt dabei Problemen, die mit dem außerordentlichen Siegeszug der Wissenschaft, der Technik und der Mathematik sowie deren Auswirkungen auf das menschliche Leben zu tun hatten. Das Ergebnis war, dass sie sich immer mehr auf theoretische Probleme konzentrierte und sich von den praktischen Dingen des menschlichen Lebens immer weiter entfernte. Eines der wichtigsten Themen, das die Philosophie dabei weitgehend ignoriert hat, war das Schöne, bzw. ganz allgemein das Thema der Ästhetik.

Für die Erfahrung des Schönen gibt es ebenfalls wieder zwei verschiedene Modi, der aktive und der passive (siehe die folgende Tabelle 8.2):

Passiv	Aktiv
Was wir sehen	Was wir planen
Was wir hören	Was wir erschaffen
Was wir riechen, ertasten und schmecken	Was wir tun

Tabelle 8.2: Zwei Arten, Schönheit zu erfahren

Es gibt zwei Arten des Schönen: Das Liebreizend-Schöne auf der einen Seite und das Würdevoll-Schöne auf der anderen.

Cicero

Da ist zunächst einmal das, was wir die äußere Schönheit der Welt und der von uns passiv aufgenommenen und genossenen Dinge in ihr nennen können. Es gibt jedoch auch noch das, was wir als die innere Schönheit unseres eigenen Tuns bezeichnen können. Diese Schönheit, die sich in unserem Handeln ausdrückt, sollte jeder von uns erfahren können. Sie ist zum Beispiel Teil der Erfahrung eines Balletttänzers, eines Jazzgitarristen, eines Redners, eines Malers oder eines Basketballspielers, alles Formen der Schönheit, die sich deutlich von der Schönheit unterscheiden, die von dem passiv diese Handlungen und dieses Tun beobachtenden Menschen erfahren wird. Genau diese aktive Form der Schönheit war es, die ich alte Männer erleben sah, während sie damit beschäftigt waren, aus Holz Figuren zu schnitzen, und die auch der Automechaniker fühlt, wenn er ein schwieriges mechanisches Problem gelöst hat und das Auto wieder zum Laufen gebracht hat.

Wir sind von Natur aus kreative Wesen, die der Schönheit, die sich im Tun ausdrückt, genauso bedürfen wie der allgemein anerkannteren passiven Form der ästhetischen Erfahrung. Wenn wir anderen die Gelegenheit sowohl für passives als auch aktives Erleben und Sich-Erfreuen am Ästhetischen verschaffen können, dann schaffen wir gleichzeitig auch die Bedingungen, unter denen sie ihre Anlagen entwickeln und das Erfüllende all ihres Tuns spüren können.

Sittliches Handeln, dem es um das innere Wachstum und die Wohlfahrt des Menschen bestellt ist, ist schön. Wir sollten das immer in Erinnerung behalten.

Die Schönheit ist eine Form des Genies – höher stehend sogar als dieses, da sie keiner Erklärung bedarf.

Oscar Wilde

 Respekt und Bemühen um das Ästhetische unserer Erfahrung, das Ziel des Schönen bei all unserem Tun und bei dem, was wir sind, nie aus den Augen zu verlieren, macht es um so wahrscheinlicher, dass wir das wichtigste Ziel unseres Strebens, nämlich den Zustand des Glücks in unserem aktiven Dasein, auch erreichen.

Die moralische Dimension

 Der Bereich menschlicher Erfahrung, den wir normalerweise moralisch nennen, bezieht sich auf die Wahrnehmung und Beurteilung des Guten, Richtigen und Erhabenen. Es ist das Gebiet der Güte, der Fairness, der Sensibilität und der Gerechtigkeit.

Das Gute im menschlichen Leben wird gemeinhin definiert als innerer Frieden und äußere Harmonie. Uns selbst gegenüber sind wir moralisch verpflichtet, verpflichtet dazu, uns unseren Anlagen gemäß zu entwickeln und unsere Interessen zu verteidigen. Darüber hinaus haben wir aber auch moralische Verpflichtungen gegenüber anderen, gegenüber unserer Familie, Freunden und Menschen, die uns in unserem Alltag begegnen.

Ich erwarte, dass mir nur ein Leben beschieden sein wird. Wenn ich daher anderen Freundlichkeit schenken oder meinem Mitmenschen etwas Gutes tun kann, so lass es mich gleich tun und es nicht verschieben oder versäumen, da die Gelegenheit dazu nicht wiederkommt.

William Penn

Es ist unmöglich, glückliche Menschen ausfindig zu machen, die sich auf keine andere Art verhalten noch selbst die Welt erfahren können als auf schlechte, falsche oder böse Weise. Umgekehrt aber muss zugegeben werden, dass man Menschen begegnen kann, die selbst aus schlimmsten Handlungen noch Vergnügen ziehen können. Echtes Glück aber kann nicht außerhalb des moralisch Guten gedeihen.

Das Gute, je mehr man es lebt, desto stärker wird es sich verbreiten.

John Milton

Es scheint für uns unmöglich, die höchste Erfüllung in unserem Leben ohne die Erfahrung des moralisch Guten zu finden. Menschen, die vom Weg der Güte abkommen und andere ohne Respekt behandeln, werden früher oder später herausfinden, dass es sich nicht lohnt, schlecht zu handeln. Oft wurde gesagt, die Tugend sei sich selbst Belohnung. Das ist genauso wahr wie der Satz, dass das Laster seine eigene Strafe ist. Plato sagte, dass Böses zu erleiden schlecht, dass aber Böses zu tun noch schlimmer sei. Andere können uns äußerlich ein Leid antun. Nur wir selbst aber können uns auch innerlich verletzen.

Über dieses Thema spreche ich im nächsten Kapitel ausführlicher. Zunächst ist wichtig zu sehen, wie die moralische Dimension mit den anderen Dimensionen menschlicher Erfahrung zusammenpasst. Das Moralische ist nicht einfach etwas Erfundenes. Es ist vielmehr der Natur der Dinge eingeschrieben. Darüber hinaus ist es entscheidend für die erfüllteste und befriedigendste Erfahrung der Welt.

In unserem Leben gilt stets, dass die wahre Frage nicht ist, was wir gewinnen, sondern was wir tun.

Thomas Carlyle

Die spirituelle Dimension

 Die vierte Dimension menschlicher Erfahrung ist der Bereich des Spirituellen. Sein Ziel ist die Verbundenheit oder Einheit – innere Einheit, die Einheit zwischen mir und den anderen, zwischen allen Menschen und der Natur wie auch letzten Endes zwischen der Natur und ihrem Ursprung.

Wenn ich behaupte, die Erfahrung aller Menschen hätte eine spirituelle Seite, so meine ich hiermit nicht, dass jeder in seinem Inneren religiös wäre. Ich spreche hier nicht von Glaubensbeteuerungen oder der Zugehörigkeit zu einer Institution. Es gibt Agnostiker und Atheisten auf der Welt. Aber selbst Atheisten haben bestimmte Bedürfnisse und Ziele, die aus einer anderen Tiefenschicht unseres Menschseins stammen als diejenigen, die wir normalerweise als rein psychologisch bedingt betrachten.

Ein Beispiel für ein solch psychologisch bedingtes Bedürfnis wäre z.B. unser Bedürfnis nach Kontrolle. Dies scheint für alle Menschen zu gelten. Dennoch ist es ein Bedürfnis, das wir zeitweise um eines anderen Gutes willen aufgeben können, so z.B. wenn wir ein Flugzeug als Passagier besteigen. Spirituelle Bedürfnisse hingegen sind zu tief in uns verwurzelt, als dass wir sie zeitweise für etwas anderes außer Kraft setzen könnten. Man kann sie zwar vernachlässigen oder ignorieren, aber dann immer nur zu unserem Nachteil.

Diese spirituellen Bedürfnisse erfüllen in etwa die Funktion von miteinander verknüpften Strängen von Erfahrungsbahnen, die uns unterschiedliche Bandbreiten unserer allgemeinen täglichen Erfahrung vermitteln. Ich bin zu der Auffassung gelangt, dass es vier solcher Bedürfnisse gibt. Wenn wir versuchen, ihnen gemäß zu handeln, sowohl was uns selbst anbelangt als auch in Bezug auf andere, so verfeinern wir unser übergeordnetes Ziel, in unserem Leben nach Glück, Erfüllung und der Wohlfahrt des Menschen zu streben.

Diese vier Bedürfnisse, die zu erstreben wir alle ein tiefes Gefühl verspüren, sind:

✔ Einzigartigkeit

✔ Einheit

✔ Nützlichkeit

✔ Verstehen

Jeder Mensch braucht das Gefühl, sich als etwas Besonderes, Unverwechselbares und Einzigartiges ansehen zu können. Der erste große philosophische Rat war das Gebot »Erkenne Dich selbst«. Die endlose Suche nach Selbsterkenntnis ist die Suche nach unserer eigenen Einzigartigkeit. Dieses Bedürfnis filtert unsere Erfahrung der Welt. Wenn wir auch anderen Menschen ein Gefühl der Einzigartigkeit verschaffen können, so fördern wir deren Chancen, selbst auch Glück zu erfahren.

Jeder braucht ein Gefühl der Einheit mit etwas Größerem als einem selbst. Ob dieses Gefühl in einem mystischen Verbundensein mit etwas so Erhabenem wie Gott besteht oder darin, sich auf naturalistische Weise mit der Welt verbunden zu fühlen oder auch darin, einen bescheidenen Sinn für die Familie zu haben, oder sich seiner Arbeit zugehörig zu fühlen, wir alle brauchen das Gefühl der Verbundenheit mit etwas Größerem als wir selbst es sind. Dies wiederum beeinflusst unsere Erfahrung der Welt und ist entscheidend für die Erlangung von Glück. Jegliche Form der Güte und Freundlichkeit gegenüber einem anderen Menschen, wie gering auch immer sie sein mag, führt dazu, dass sich dieser Mensch weniger abgeschnitten und alleine fühlt und dem Gefühl der Erfüllung in seinem Tun näher kommt.

Jeder Mensch, der uns begegnet, ist eine Gelegenheit, Güte zu zeigen.

Seneca

Wir alle brauchen das Gefühl, nützlich zu sein. Deshalb ist Arbeitslosigkeit nicht nur ein ökonomisches Problem, sondern auch immer ein spirituelles. Das ist einer der eigentlichen Gründe, warum viele sozialstaatliche Hilfen Probleme nach sich ziehen. Wenn Menschen Nutznießer von Leistungen und nicht selbst Gebende sind, so fühlen sie sich unbehaglich. Der Mensch ist von Natur aus kreativ; wir wollen nützlich sein für die Welt. Aus diesem Grund ist Arbeit keine unleidige Notwendigkeit, sondern vielmehr eine lebensspendende Kraft, wenn man sie denn selbst auch gerne ausübt.

Ich glaube, dass das Leben eines jeden Menschen immerfort und unerwartet ermutigt wird, wenn er sich nur dazu entschließt, jeden Tag sein Bestes zu geben, und dass er auf diese Weise so sehr wie nur möglich das höchste Maß an reinem und nützlichem Leben erlangen kann.

Booker T. Washington

 Das vierte spirituelle Bedürfnis ist es, ein tiefgehendes Gefühl für unseren Platz in der Welt, in unseren Familien, unserer Nachbarschaft, in unserer Arbeit und generell in unserem Leben mit allem, was in ihm geschieht, zu entwickeln. Wir filtern unsere Wahrnehmung der Welt um uns herum mit Hilfe des Wissens, das wir in unserem Leben gewinnen konnten. Umgekehrt ändern, vergrößern und korrigieren unsere Wahrnehmungen dieses Wissen und unser Verständnis der Welt.

 Wenn wir diese vier spirituellen Bedürfnisse in unserem Leben und in dem der anderen achten und pflegen, so bewegen wir uns in Richtung wahrer Erfüllung und menschlicher Wohlfahrt. Wenn wir sie missachten, so werden wir scheitern.

Zusammen helfen diese vier Bedürfnisse, das Reich des Spirituellen in unserem Leben zu definieren. In aller Kürze gesagt hat das Spirituelle mit zwei Dingen zu tun: Tiefe und Verbundenheit. Dies ist die Essenz des Spirituellen, des Geistigen und der Kern der spirituellen Dimension unserer Erfahrung.

 ### Zwei Seiten der Moral

Es gibt zwei Seiten des moralisch Guten:

✔ Innere Harmonie

✔ Äußere Harmonie

In der Ethik geht es um spirituell gesunde Menschen in sozial harmonischen Beziehungen. Innere Gesundheit und Harmonie führt zu äußerer Gesundheit und Harmonie, wodurch dann umgekehrt der innere Zustand wieder befördert wird, der die äußere Harmonie erst geschaffen hat. Der richtige Ansatzpunkt für die Verbesserung des Ethischen im Menschen liegt immer im Inneren. Das beste Zeichen des moralisch Guten jedoch ist immer außen zu finden.

Der Grundlage des Guten

 Schauen wir an dieser Stelle einmal zurück und vergegenwärtigen wir uns, wo uns unsere Überlegungen hingeführt haben. Ich habe darauf hingewiesen, dass die bewertende Sprache, wie z.B. die Sprache der Ethik und Moral, oft ganz unmittelbar wie eine Tatsachen aufstellende und behauptende Sprache benutzt wird. Ich habe einen Überblick über die meisten herkömmlichen philosophischen Theorien und ihre Erklärungsversuche hinsichtlich der Frage, was diese Tatsachen sind und woher sie stammen, gegeben. Ich habe außerdem angedeutet, worin meines Erachtens die Wahrheit besteht – in einer Tugendtheorie, die auf Aristoteles' Erkenntnis beruht,

dass »gut« immer etwas damit zu tun hat, ein Ziel zu erreichen. Was ist nun also das Ziel im menschlichen Leben, das uns erlaubt, das Werturteil zu fällen, ob ein einzelner Mensch, eine Handlung oder ein Charakterzug gut ist? Aristoteles' Antwort darauf lautete: Das Glück ist es, das Glück verstanden als eine Aktivität, die sich um die vier Bereiche der menschlichen Erfahrung herum organisiert und die von den vier Grundlagen der menschlichen Sittlichkeit gelenkt wird, nämlich der Wahrheit des Geistes, des ästhetisch Schönen, dem moralisch Guten sowie der spirituellen Einheit. All dies zusammengenommen bildet schlechthin die Grundlage dafür, von dem guten Leben eines Menschen sprechen zu können oder davon, was das Gute, das wir in einem Menschen suchen, ist.

Das Gute ist, ähnlich wie die Natur, eine ungeheure Landschaft, in der sich der Mensch durch Jahrhunderte der Erforschung und Erkundung voranarbeitet.

José Ortega Y Gasset

Was bedarf es, um im moralischen Sinne gut zu sein? Was braucht man, um die Anforderungen eines guten Lebens zu befriedigen? Diese Frage werden wir im nächsten Kapitel zu beantworten versuchen.

Ethische Regeln und moralischer Charakter

In diesem Kapitel

▶ Die moralischen Regeln

▶ Die goldene Regel

▶ Die Rolle der Weisheit und der Tugend

Suche das Gute nicht außer, sondern innerhalb deiner selbst, sonst wirst du es nie finden.

Epiktet

Die Sittlichkeit ist etwas, das mit persönlicher Erfüllung, individuellem Glück und der Wohlfahrt des Menschen zu tun hat. Ethisches Verhalten, moralisches Handeln respektiert und fördert die Wahrheit, das Schöne, das Gute sowie die Einheit sowohl unserer selbst als auch der Menschen, mit denen wir in unserem täglichen Leben zu tun haben. Gute Menschen sind in einem umfassenden Sinne geistige, ästhetische, moralische und spirituelle Wesen, die durch ihr Leben auch anderen zum Vorbild werden können.

Jeden Tag geschehen aber Dinge, die dazu im Widerspruch stehen. Ungezählte Menschen lügen und betrügen. Sie stehlen, sie misshandeln oder manipulieren andere und benehmen sich unhöflich. Sie fügen anderen Menschen Leid zu. Sie behandeln andere als wären sie Objekte, die man als bloßes Mittel für seine eigenen Zwecke benutzen dürfte. Nicht wenige töten sogar.

Ein guter Mensch liebt andere Menschen und benutzt nur Gegenstände, während ein schlechter Mensch Gegenstände liebt und Menschen benutzt.

Sydney J. Harris

Jeden Tag bemühen sich gute Menschen darum, ihr Leben in einer Welt zu leben, in der das Gute alles andere als selbstverständlich ist. Sie fragen sich, wie sie den Versuchungen und dem äußeren Druck widerstehen können, der sie ständig der Gefahr aussetzt, sich so zu verändern, dass sie hinterher unmöglich weiter stolz auf sich sein können. Sie wollen wissen, wie sie ihren Kindern beibringen können, wie man richtig lebt. Sie suchen nach einem Kompass für die Schattenbereiche des Lebens, wissend, dass diese Bereiche moralischer Zweideutigkeit einen Menschen leicht auf die Nachtseite des Lebens führen können.

Was ist Sittlichkeit nun genau? Meiner Ansicht nach ist sie die elementare Grundlage der menschlichen Wohlfahrt (vergleiche Kapitel 8). Was aber ist diese Grundlage der Sittlichkeit eigentlich? Und wie können wir sie als Richtungsweiser für unser Leben gebrauchen? Wie kann die Sittlichkeit uns leiten? In diesem Kapitel werden wir einen Blick auf die beiden bekanntesten philosophischen Theorieansätze werfen, die sich mit diesen Fragen beschäftigen. In einer Welt, die vom Guten und Bösen geprägt ist, ist es wichtig, eine Antwort auf diese Fragen zu finden.

Gebote, Regeln und Schlupflöcher

Die bekannteste philosophische Theorie der Sittlichkeit besagt, dass sittliches Verhalten in der Befolgung von Regeln besteht – von sehr vielen Regeln.

✔ Du sollst nicht töten.

✔ Du sollst nicht ehebrechen.

✔ Du sollst nicht stehlen.

✔ Du sollst kein falsches Zeugnis ablegen wider deinen Nächsten.

✔ Du sollst nicht begehren deines Nachbarn Haus ... und auch nicht die ganzen Sachen, die dein Nachbar sonst noch besitzt und wahrscheinlich gar nicht verdient hat, aber trotzdem irgendwie ungerechterweise bekommen hat

Dies sind nur einige der vielen bekannten biblischen Gebote. Schauen Sie sich nur einmal das Buch Levitikus des Alten Testaments an. Es ist wirklich erstaunlich zu sehen, wie viele Regeln es dort gibt.

Regeln sind außerdem ziemlich merkwürdiger Natur. Es kann zwar nie genug von ihnen geben; sie nehmen aber sehr schnell überhand.

Dass es nie genug Regeln geben kann, ist so zu verstehen, dass, ganz gleich wie viele Regeln guten Benehmens es gibt, es doch immer wieder die Gebote der Moral umgehende Schlupflöcher geben wird, die sicherlich auch von den faulen Äpfeln unter uns gefunden werden. Dazu kommt noch, dass es ständig Veränderungen im menschlichen Leben gibt und geben wird, für die wir die Regeln immer erst finden müssen. Im Moment trifft dies beispielsweise besonders auf die Gentechnik und ihre Möglichkeiten zu. Auch die Regeln, die für das Internet einmal gelten sollen, sind noch nicht richtig ausformuliert. Neue Entwicklungen im Leben des Menschen verlangen nach neuen Regeln. In einer sich ständig verändernden Welt gibt es daher mindestens zwei Gründe, warum wir niemals genug Regeln haben können.

Wir können jedoch sehr leicht zu viele Regeln haben. Wie lautet das alte Sprichwort? Zu viele Köche verderben den Brei? Soll heißen, zu viele Regeln binden uns über Gebühr. Diejenigen von uns, die einen schlechten oder bösen Charakter haben, werden sowieso das tun, was sie tun wollen. Regeln alleine haben die Menschen noch nie besser gemacht. Gute Menschen hingegen müssten zu viel ihrer Zeit und Energie darauf verschwenden, sich all die Regeln zu merken und sich über sie den Kopf zu zerbrechen – »Ich frage mich, ob ich Regel 357, Abschnitt 25, Paragraph 12, Punkt b, Unterabschnitt i-iv noch nicht verletzt habe? Kann bitte jemand unseren Ehtik-Experten ans Telefon holen?« Dabei ist es wahrscheinlich so, dass gute Menschen sowieso das Richtige tun würden, selbst wenn es gar keine schriftlich fixierten Regeln geben würde.

Vor einigen Jahrhunderten glaubte ein Rabbi mit Namen Hillel daran, dass man moralische Regeln auch vereinfachen könne. Er war der Überzeugung, dass in der Moral am Ende alles auf eine Regel hinauslife. Dazu aber im nächsten Abschnitt mehr. Jesus sagte, dass es zu dieser einen

Regel noch eine weitere gebe, was zusammen zwei Hauptregeln ergibt. Wir dagegen wollen darauf bestehen, dass es mehr als nur zwei gibt.

Wenn das Gebot »Tue nichts Böses« verstanden worden ist, dann lerne die schwierigere und weitergehende Regel »Tue Gutes«.

Arthur Guttermann (1871-1943)

Wenn wir uns immer mehr Regeln ausdenken, so neigen diese dazu, negative Formulierungen anzunehmen. Haben Sie das je bemerkt? Betrachten Sie nur einmal die folgende ziemlich zufällige Auswahl an Regeln, die über die biblischen Gebote vom Anfang des Kapitels hinausgehen:

✔ Betrüge nicht.

✔ Prahle nicht herum.

✔ Manipuliere keine Menschen für deine eigenen Zwecke.

✔ Beginne keinen Streit.

✔ Nutze keine anderen Menschen aus.

✔ Sei kein Idiot.

✔ Sei nicht selbstsüchtig.

✔ Sei nicht gierig.

✔ Breche kein Versprechen.

✔ Sei nicht gefühllos.

✔ Mache anderer Leute Sachen nicht kaputt.

✔ Verletze nicht die Privatsphäre eines anderen Menschen.

✔ Gehe anderen nicht auf die Nerven.

Naja, Sie verstehen sicherlich, worauf ich hinaus will. Wie viele moralische Regeln kann es geben? Sehr viele. In jeder Kultur gibt es eine ganze Reihe von Regeln, die die Menschen zu einem moralischen Lebenswandel anhalten sollen. Sie reichen mitunter von direkten ethischen Ermahnungen bis hin zu Fragen der Etikette. Nicht immer ist es möglich, den Bereich der guten Manieren von dem der Moral zu scheiden. In beiden Bereichen geht es um Verhalten, das die Bedürfnisse und Gefühle anderer Menschen berücksichtigen muss. Soziale Harmonie ist ohne sie nicht denkbar. Sie sind darüber hinaus für unsere Entwicklung als Menschen von großer Bedeutung.

Die goldene Regel: Einige Kommentare zu ihr

Die goldene Regel kennen wir in vielen unterschiedlichen Versionen:

Was du nicht willst das man dir tu, das füg auch keinem anderen zu.

Konfuzius (551-479 v. Chr.)

Versuche dein Bestes dabei, andere so zu behandeln, wie auch du selbst behandelt werden willst. Du wirst finden, dass dies der kürzeste Weg zur Güte ist.

Mencius (um 371-289 v. Chr.)

Was dir verachtenswert erscheint, das tue auch keinem anderen an.

Rabbi Hillel (um 65 v. Chr.-9 n. Chr.)

Das, von dem du wünschst, das Menschen es dir tun sollen, das tue ihnen; dies nämlich ist das Gebot.

Jesus

Allen Menschen das zu tun, was du wünschest, selbst dir getan zu haben, und anderen das nicht zu tun, was du auch dir selbst nicht tun wolltest.

Mohammed (um 570-632)

Behandele andere so als wärest du die anderen.

Elbert Hubbard (1856-1915)

Die goldene Regel und ihre Bedeutung

 Die Verbreitung moralischer Regeln war ein wesentlicher Bestandteil aller bedeutenden Kulturen der Menschheitsgeschichte. Die universale Gültigkeit der Sittlichkeit geht aber noch viel weiter. Es gibt nämlich eine Regel, die in der ein oder anderen Form in allen wichtigen Kulturen Verbreitung gefunden hat. Diese Regel moralischen Handelns ist allgemein unter der Bezeichnung »Die goldene Regel« bekannt:

> *Behandele andere so, wie du selbst auch von ihnen behandelt werden möchtest, wenn du an ihrer Stelle wärst.*

Ich glaube, dass die goldene Regel den Kern der Moral beinhaltet. Sie zielt auf die Haltung und Einstellung eines ethisch handelnden Menschen gegenüber den Auswirkungen seiner Handlungen auf andere. Sie tut dies auf eine Weise, bei der die größte und wichtigste Kraft des menschlichen Lebens angesprochen wird – die Vorstellungskraft. Die goldene Regel ruft uns dazu auf, uns vorzustellen, wie es wäre, sich an der Stelle desjenigen Menschen zu befinden, der von unseren Handlungen betroffen ist. Sie veranlasst uns, auf dieser Basis dann unsere Entscheidung darüber zu treffen, wie wir uns verhalten wollen.

 Das meiste Elend auf dieser Welt wird dadurch verschuldet, dass irgendjemand dabei versagt, in Übereinstimmung mit der goldenen Regel zu leben. Dabei ergibt sich ein interessanter Punkt. Die meisten, die in ihrem Verhalten dieser Regel nicht genügen, neigen stattdessen dazu, nach einer Regel zu handeln, die Philosophen *Die Regel der Wechselseitigkeit* nennen. Sie behandeln andere wie sie selbst behandelt worden sind. Sie legen schlicht das Verhalten an den Tag, von dem sie glauben, dass auch sie es erfahren (haben). Das Gute für die Anhänger der goldenen Regel ist hier, dass man solche Menschen leicht für die goldene Regel gewinnen kann. Wenn man sie nämlich nach Anweisung der goldenen Regel behandelt, so wird es zunehmend schwieriger für sie, sich nicht gemäß dieser Regel zu verhalten, da sie ja ihr Verhalten immer gleichsam wie ein Spiegel nach dem der anderen ausrichten. Letzten Endes ermahnt uns die goldene Regel dazu, andere Menschen ungeachtet ihres Verhaltens stets moralisch zu behandeln.

Die Bedeutung von gut und schlecht, besser und schlimmer besteht einfach darin, anderen entweder zu helfen oder ihnen zu schaden.

Ralph Waldo Emerson

Die goldene Regel umfasst durchaus nicht den gesamten Bereich der Sittlichkeit; sie enthält bloß die Essenz, das Wesentliche derjenigen Seite der Moral und Sittlichkeit, die damit zu tun hat, wie wir andere Menschen behandeln. Jedem normalen Menschen mit nur einem Funken Eigennutz und Eigenliebe ist sie Anleitung zu einem sittlichen Leben.

Die genaue Rolle der goldenen Regel

Die verbreitetste Fehlinterpretation der goldenen Regel besagt, dass sie uns dazu dränge, unsere eigenen Wünsche anderen Menschen aufzudrängen. Warum sollten wir andere so behandeln, wie auch wir behandelt werden wollen und nicht vielmehr so, wie sie selbst es eigentlich wollen? Dies ist die am häufigsten gestellte Frage der Kritiker. Die Antwort darauf ist einfach und besteht aus zwei Teilen.

Zunächst einmal wollte ich, dass, wäre ich jemand anderes, ich in Übereinstimmung und entsprechend meiner eigenen legitimen Wünsche und Bedürfnisse behandelt werde. Die goldene Regel verlangt also, dass ich den anderen stets in Übereinstimmung mit seinen Wünschen und Bedürfnissen behandele. Daraus folgt, dass diese Regel bei genauerer Betrachtung nicht von mir verlangt, ja noch nicht einmal vorschlägt, dass ich irgendeine meiner besonderen Vorlieben oder Abneigungen anderen aufdränge.

Zum Zweiten ist zu fragen, was zu tun ist, wenn der andere verlangt, auf ungebührliche Weise bevorzugt zu werden? Keine moralische Regel sollte von mir verlangen, dass ich diesem Wunsch nachgebe. Der Kritiker könnte daraufhin erwidern, dass man diesen Einwand leicht umgehen könnte, indem man fordert, dass man andere nur entsprechend ihrer *legitimen* Wünsche und Bedürfnisse behandeln solle. Weshalb sollten wir also überhaupt das, was wir selbst wollen, in die Überlegungen zu einer solchen Regel einbringen?

Die goldene Regel ist hier in ihren klassischen Formulierungen angeführt, nicht nur, um uns zur Sittlichkeit anzuleiten, sondern auch, um uns zu motivieren, ihr gemäß zu leben. Jede dieser Formulierungen ist gleichermaßen wichtig für moralisches Verhalten. Sie alle leiten uns zu der geistigen Haltung des Sich-in-jemand-Hineinversetzens an. Wir sollen uns an die Stelle des anderen Menschen versetzt denken, der von unseren Handlungen betroffen ist. Dabei werden alle eigennützigen Gefühle miteinbezogen und dafür nutzbar gemacht, dass wir uns in Richtung auf ein uneigennütziges Verhalten bewegen.

Ein Mensch, wenn er denn wahrhaft gut sein wollte, muss über außerordentliche und umfassende Vorstellungskraft verfügen. Er muss sich in einen anderen Menschen, ja in viele andere, hineinversetzen. Die Freuden und Leiden seiner Gattung müssen seine eigenen werden.

Percy Bysshe Shelly (1792-1822)

Der schottische Philosoph David Hume (1711-1776) glaubte, dass die Sittlichkeit und Moral auf dem Gefühl beruhe. Es seien genau die Menschen, die keinerlei natürliche Veranlagung zum Fühlen besitzen – jenes für die meisten von uns selbstverständliche affektive Vermögen des Sich-Einfühlen-Könnens – die die scheußlichsten Verbrechen und die unmoralischsten Handlungen begingen. Die goldene Regel hält uns dazu an, mit anderen mitzufühlen und uns in andere hineinzuversetzen. Sie leitet uns so auf emotionale Weise in die richtige Richtung. Das macht einen Teil ihrer Genialität aus.

Aber selbst die goldene Regel hat ihre Grenzen. Wie alle anderen Regeln muss man auch sie interpretieren. Sie alleine ist nicht in der Lage, aus einem schlechten Menschen einen guten zu machen.

Regeln sind für das moralische Verhalten von Menschen sehr wichtig. Wie man sich moralisch richtig benimmt, lernen wir schon als Kinder, wenn wir von den Erwachsenen mit einfachen Regeln vertraut gemacht werden. Sie sind ganz allgemein für die frühe Moralerziehung der Kinder von Bedeutung. Sie sind darüber hinaus von entscheidender Wichtigkeit für die Schaffung von gemeinsamen Erwartungen in sozialen Zusammenhängen wie z.B. Familien oder im beruflichen Umfeld.

Regeln machen jedoch nicht das Ganze oder sogar das Wesentliche der Sittlichkeit aus. Regeln müssen erst ausgelegt werden. Sie können sich außerdem prinzipiell widersprechen. Zudem wird es niemals genug Regeln geben, die auf alle nur denkbaren Situationen in all ihrer Komplexität und Besonderheit angewendet werden könnten.

Um das eigentliche Wesen der Sittlichkeit zu begreifen, sind mehr als nur Regeln erforderlich. Dieses Mehr an etwas ist nun genau das, was der anderen moralphilosophischen Denkart zugrunde liegt. Hiervon soll im folgenden Abschnitt die Rede sein.

Charakter, Weisheit und Tugend

 Die zweite Denkrichtung der Ethik stellt den Charakter des Menschen in den Mittelpunkt. Das altgriechische Wort *ethos*, von dem wir unser Wort Ethik ableiten, bedeutet nicht *Regel*, sondern einfach Charakter.

 Der *Charakter* sind diejenigen Veranlagungen und Denkgewohnheiten, Gefühle und Handlungsweisen, die zusammen den Menschen ausmachen. Sie zusammen bestimmen, wer wir sind. Der Charakter ist abhängig davon, über wie viel Weisheit und Tugend ein Mensch verfügt. Um also ganz zu verstehen, was Charakter ist, müssen wir zunächst wissen, was Weisheit und Tugend sind.

 *Weisheit* ist eine Form des Verstehens, ein Verstehen dessen, wie wir leben sollen. *Tugend* ist einfach die erlernte oder natürliche Veranlagung in Übereinstimmung mit der Weisheit zu handeln. Ein altes japanisches Sprichwort sagt, dass Weisheit und Tugend wie die zwei Räder eines Karrens sind.

Die philosophische Tradition, die den Charakter in den Mittelpunkt der Ethik stellt, erklärt, dass im Zentrum der Sittlichkeit nicht gute Handlungen, sondern der gute Mensch stehe. Es geht nicht so sehr darum, was wir tun, sondern vielmehr darum, wer und was wir sind, was sich wiederum in unseren Handlungen niederschlage. Wer und was wir sind, bestimmt sich aus unseren festgelegten Gewohnheiten, Einstellungen und Handlungen. Werden wir zu weisen und tugendhaften Menschen, so handeln wir auch weise und tugendhaft.

Es ist leicht, eine gute Handlung zu tun; schwer jedoch, sich die Gewohnheit zu eigen zu machen, beständig Gutes zu tun.

Aristoteles

 Diese moralphilosophische Denktradition betrachtet sowohl die Weisheit als auch die Tugend als zentral für das moralisch Gute. Die Weisheit ist das Vermögen zu sehen, was richtig und was falsch ist. Man kann sie niemals ganz in Aphorismen, Diskursen oder Regeln kodifizieren. Die Fähigkeit zur Weisheit entspringt der Wahrnehmung und der Urteilskraft. Sie ist außerdem ein Insgesamt an Einsichten und Überzeugungen, die sich der Anwendung der Wahrnehmung und Urteilskraft verdanken. Sie ist für einen wirklich tiefgehenden moralischen Lebenswandel unerlässlich. Alleine jedoch ist sie nicht ausreichend. Die Weisheit muss immer von der Tugend begleitet werden. Einsicht muss sich im Tun manifestieren.

Der Sinn für die Moral ist gleichermaßen Bestandteil unserer Verfasstheit wie das Fühlen, Sehen oder Hören.

Thomas Jefferson

 Die Universalität bestimmter moralischer Prinzipien bei verschiedenen Kulturen scheint auf so etwas wie einen moralischen Sinn hinzudeuten, einer einem jeden normalen Menschen angeborenen Fähigkeit, das zu erahnen, was moralisch richtig ist. Vielleicht ist dies nichts anderes als das, was wir oft mit dem Wort *Gewissen* ansprechen. Die innere Stimme des Gewissens teilt uns mit, was richtig ist. Sie ist als solche eine Quelle der Weisheit und der Einsicht. Sie tut dies auf eine Weise, dass wir dazu angetrieben, angestachelt oder motiviert werden, in Übereinstimmung mit dem zu handeln, von dem wir glauben, dass es richtig ist. Das Gewissen ist keine Quelle bloßer Handlungsanweisungen, sondern mehr ein inneres, uns leitendes und führendes System.

Weder unsere Einsichten noch unsere Handlungen müssen perfekt sein, um als Beispiele für Weisheit und Tugend gelten zu können. Wir alle können zumindest einen Funken von Weisheit erlangen. Ausnehmend klug und weise zu sein, ist keine Voraussetzung für ein moralisches Leben. Es gibt viele verschiedene Tugenden, die man nicht unbedingt alle wie ein Heiliger in Perfektion verkörpern muss, bevor man ein gutes und ethisch richtiges Leben zu führen imstande ist, ein Leben, das sich in einem moralischen Charakter gründet.

 Wenn es in der Ethik um Einsichten und Gewohnheiten, Weisheit und Tugend geht, dann müssen wir fragen, was denn diese Tugenden des menschlichen Lebens sind. Dazu gehe ich zurück zu Aristoteles, den ersten maßgeblichen Denker der Antike, der die Tugenden systematisch auf den Begriff gebracht hat. Seine Zusammenstellung enthält einige Tugenden, die man heute nicht mehr unbedingt mit der Ethik in Verbindung bringen würde. Es ist jedoch wichtig zu sehen, dass es keinen Bereich der Ethik gibt, der nicht in Verbindung mit den anderen Aspekten des Lebens stünde.

Im Folgenden sind die Tugenden nach Aristoteles aufgeführt:

Mut	Freundlichkeit	Mäßigung	Aufrichtigkeit
Großmut	Witzigkeit	Größe	Scham
Stolz	Gerechtigkeit	gutes Wesen	Ehre

In der Antike betrachtete man diese menschlichen Eigenschaften als notwendig für ein gutes Zusammenleben. Für Aristoteles standen die Tugenden zwischen zwei Extremen. Nehmen Sie z.B. die Tugend des Mutes. Diese Eigenschaft hat damit zu tun, wie wir auf Gefahr oder Risiko reagieren. Die entsprechende Untugend dazu wäre die Ängstlichkeit. Ins Extrem gesteigert, würde aus der Untugend der Ängstlichkeit das Laster der Unbesonnenheit oder Tollkühnheit.

Feigheit————————————————**Mut**————————————————**Unbesonnenheit**

(Der Mangel) (Die Tugend) (Das Extrem)

Die Tugend des Stolzes läge in der Mitte zwischen so etwas wie einem Mangel an Selbstachtung und einem Übermaß an prahlerischer Überheblichkeit.

Aristoteles' Aufzählung der Tugenden war von großer Bedeutung in der Geschichte der Philosophie. Es gab daneben jedoch noch andere derartige Tugendkataloge. Die christliche Theologie zählt z.B. die Bescheidenheit zu den wichtigsten Tugenden. Gerade diese menschliche Eigenschaft aber wurde von den griechischen Denkern nicht richtig wertgeschätzt, anders als bei anderen Philosophen der Antike wie z.B. den Taoisten in China.

 Was wir als Tugenden ansehen, verdankt sich teilweise den in unserer Kultur vorherrschenden Vorstellungen von Sittlichkeit und menschlicher Wohlfahrt. Je umgreifender wir die tatsächlichen menschlichen Möglichkeiten sehen, desto umfassender wird unsere Vorstellung von Tugend sein. Eine modernere Aufzählung der Tugenden enthielte vielleicht zusätzlich zu denen, die Aristoteles nannte, auch eine Reihe der folgenden, wenn auch nicht unbedingt in dieser Reihenfolge:

Güte	Anstand	Beständigkeit	Standhaftigkeit
Demut	Hingabe	Loyalität	Rücksichtnahme
Integrität	Aufrichtigkeit	Offenheit	Ausgeglichenheit
Takt	Fröhlichkeit	Begeisterung	Liebenswürdigkeit
Humor	Toleranz	Mildtätigkeit	Glaubwürdigkeit
Liebe	Weitsicht	Bescheidenheit	Verständigkeit
Sensibilität	Verlässlichkeit	Ehrlichkeit	Hilfsbereitschaft
Anmut	Lebendigkeit	Würde	Unverwüstlichkeit
Vorsicht	Großmut	Harmonie	Freundlichkeit
Ausdauer	Vernünftigkeit	Höflichkeit	Einfühlungsvermögen
Treue	Kühnheit	Findigkeit	Uneigennützigkeit
Wärme	Besonnenheit	Optimismus	Gastfreundschaft
Kreativität	Toleranz	Wahrhaftigkeit	Aufmerksamkeit

Vielleicht fallen Ihnen noch weitere Tugenden ein. Der Mensch ist ein vielgestaltiges Wesen mit vielen möglichen Tugenden, Charakterstärken und persönlichen Eigenschaften, die der inneren geistigen Gesundheit und der äußeren sozialen Harmonie förderlich sind. Es geht hier nicht so sehr darum, ein erschöpfendes Inventar aller überhaupt existierenden Tugenden aufzustellen, sondern vielmehr darum, das Wesen all dieser Tugendeigenschaften zu verstehen. Ihnen allen gemeinsam ist, dass sie uns dabei helfen, gut miteinander im Leben auszukommen, anderen ein Vorbild zu sein und uns selbst zum bestmöglichen Menschen zu entwickeln. Alle oben angeführten Tugenden sind Einstellungen, Gewohnheiten oder charakterliche Veranlagungen, die für ein im besten und tiefsten Sinne bedeutungsvolles Leben von unerlässlicher Bedeutung sind. Man muss sie sich entweder als ursächlichen Grund oder als Bestandteil echten menschlichen Glückes vorstellen. Sie sind Teil eines guten Lebens. Sie sind die Grundlage der Wohlfahrt des Menschen.

Ein guter Mensch ist jemand, dessen Leben auf Weisheit und Tugend aufgebaut ist. Das Gute kann niemals vollständig sprachlich dargestellt werden und somit auch niemals in Form eines mechanischen Regelkatalogs zur Anwendung gebracht werden. Die Sittlichkeit ist ein Gewandtheit erforderndes Verhalten, eher eine Kunst als eine Wissenschaft. Mit dieser Erkenntnis stellt sich die Frage, ob die Sittlichkeit auch gelehrt werden kann?

Kann das Gute gelehrt werden?

Kann man Menschen beibringen, moralisch gut zu sein und gut zu handeln? Diese Frage beschäftigt die Philosophen schon seit Jahrhunderten. Ich glaube, dass man darauf mit Ja antworten kann, obwohl es so ist, dass die Moral, dass die Menschen das sittlich gute Verhalten nicht so sehr durch Unterweisung lernen, als vielmehr dadurch, dass sie es quasi nebenbei irgendwo aufschnappen. Wir gleichen uns in unserem Verhalten den Menschen um uns herum an. Dies kann man überall beobachten. Dies funktioniert so, wie das erlernte Verhalten im Tierreich. Das Entlein beobachtet bei seiner Mutter, wie man geht. Der junge Anwalt beobachtet seine (insbesondere älteren) Kollegen um zu erfahren, wie man als Anwalt geht, spricht und sich verhält. Mitunter ist dies eine traurige Wahrheit im menschlichen Leben. Alle von uns neigen dazu, uns dem von anderen vorgegebenen Niveau anzupassen.

Das Einüben ethischen Verhaltens ist nie eine Sache der bloßen Anleitung durch andere. Es erfordert außerdem Führung, Ermutigung und Motivation. Am meisten aber erfordert es das Beispiel eines anderen Menschen. Wir können anderen auch nur das beibringen, was wir auch selbst in unserem eigenen Verhalten und Benehmen zeigen.

Sokrates war der Lehrer von Plato. Plato wiederum hatte Aristoteles zum Schüler. Aristoteles unterrichtete Alexander den Großen, als dieser noch nicht seine Spuren in der Geschichte hinterlassen hatte. Er wurde erst zu Alexander dem Großen durch seine Verbindung zu den großen Männern vor ihm. So funktioniert das. Wir werden so wie die Menschen, mit denen wir zu tun haben, und zwar nicht durch das, was sie sagen, sondern durch das, was wir sie tun sehen und dann in unserem eigenen Verhalten nachbilden.

Charakter zieht Charakter nach sich.

Goethe

Plato glaubte, dass es in einer idealen Gesellschaft den Dichtern und Künstlern, deren Arbeiten so stark auf die Vorstellungskraft der Bürger wirkten, nicht erlaubt werden sollte, zu schreiben oder zu sagen, was immer sie wollten. Jede Kunst, die in eine Gesellschaft hineinwirke, trage eine gesellschaftliche Verantwortung mit sich. Das Ästhetische mag man vom Moralischen unterscheiden können, es ist jedoch von Letzterem nicht abtrennbar. Plato war zu seiner Zeit der Meinung, dass die Dichter die Jugend verderben würden, da sie nämlich die Götter auf unangemessene Weise darstellten, indem sie ihnen so untugendhafte Eigenschaften wie Kleinlichkeit, Fleischlichkeit und Rachsucht zuschrieben. Er war davon überzeugt, dass die jungen Menschen ihrer Neigung folgen und – ob bewusst oder unbewusst – ihr eigenes Verhalten nach den Darstellungen der Dichter ausbilden würden.

Die Vorstellung wirkt auf die Gefühle, und die Gefühle treiben den Willen an. Dies gilt heute genauso wie zu Platos Zeiten. Wenn die lebendige Darstellung der fiktiven Götter der modernen Welt – seien es Figuren im Kino, in Comics, im Fernsehen, im Internet oder auch in Videospielen – die Vorstellungskraft von Kindern oder Erwachsenen gefangen nehmen, so beeinflusst dies unweigerlich auch deren Verhalten. Dies ist Teil der menschlichen Psyche. Es liegt an uns allen zu fragen, was eine bestimmte Kunstform uns lehren will und worin die gesellschaftliche Verantwortung der Kunst heutzutage bestehen soll.

Eine Kultur, der es um die Wohlfahrt des Menschen geht, sorgt dafür, welche Anregungen der menschlichen Vorstellungskraft geboten werden. Sie versucht die richtige Entwicklung der moralischen Vorstellungskraft auf vielerlei Weise zu fördern. Im Verlaufe der Jahrhunderte haben Philosophen eine Reihe von Tests bezüglich moralischer Sachverhalte vorgeschlagen, die diese Vorstellungskraft einbeziehen. In den folgenden beiden Abschnitten führe ich die sich in zwei Kategorien unterteilenden Tests an.

Was bin ich? – Ein Charaktertest

 Dieser Charaktertest geht auf Plato zurück. In ihm erzählt Sokrates die Geschichte eines magischen Ringes – des Ringes von Gyges. Wenn man ihn anziehe, so werde man vollständig unsichtbar. Der Test geht nun folgendermaßen. Wenn man sich unsichtbar machen könnte oder wenn die eigenen Handlungen auf irgendeine andere Art und Weise absolut verborgen bleiben könnten, was würde man dann tun? Würde man sich auf irgendeine Weise anders verhalten? Oder bliebe man sich vollkommen gleich?

Indem man sich vorstellt, dass die eigenen Handlungen von jeder möglichen Strafe und jeglichem Tadel abgeschnitten wären, gelangt man dazu zu erkennen, welche Dinge es sind, die man um ihrer selbst willen wertschätzt. Man lernt zu verstehen, wer man im tiefsten Inneren wirklich ist. Wenn man diesen Test einmal aufrichtig versucht, so öffnen sich einem vielleicht die Augen für eine Reihe von Dingen.

Was soll ich tun? – Ein Handlungstest

Es gibt verschiedene Arten von Handlungstests, die einem dabei helfen sollen, ethische Entscheidungen mit Hilfe der Vorstellungskraft zu treffen.

✔ **Der Öffentlichkeitstest:** Wie würde ich mich fühlen, wenn über meine Handlungen, von denen ich mir vorstelle, dass ich sie tun würde, in der Zeitung oder im Fernsehen berichtet werden würde?

✔ **Der Mentorentest:** Wie würde ich mich fühlen, wenn meine Handlungen von meinem am meisten verehrten Mentor (etwa meinem Professor, Vater, Mutter oder Priester) gesehen würden?

✔ **Der Vorbildtest:** Was täte mein größtes Vorbild an meiner Stelle? (Die religiöse Formulierung dieses Tests lautete »Was würde Jesus tun?«)

✔ **Der Spiegeltest:** Wenn ich dies tue, kann ich dann noch mit einem Gefühl von Stolz und Würde in den Spiegel schauen?

Wie Sie sich vorstellen können, setzen diese Handlungstest einen charakterlich im Wesentlichen guten Menschen voraus. Menschen mit einem ausgesprochen schlechten Charakter tun oft scheußliche Dinge nur um in den Medien zu erscheinen. Sie kümmert es nicht, was andere Menschen denken oder was ein moralisch handelnder Mensch tun würde. Manche sind sogar auf eine perverse Weise Stolz auf das, was sie an Bösem tun. Es ist also klar, dass diese Tests ein nützliches Hilfsmittel nur für Menschen sind, die sowieso schon in gewissem Maße über einen moralischen Wesenskern verfügen. Sie sollen solchen Menschen dabei helfen, in schwierigen Situationen ein Entscheidung zu treffen.

Wir liegen alle in der Gosse; manche von uns jedoch schauen dabei zu den Sternen empor.

Oscar Wilde

Die aufgeführten Tests können außerdem als Lehrmittel dienen. Indem wir jene Körnchen an Weisheit und Wissen, die wir in ihnen finden können, an andere weitergeben, geben wir gleichzeitig auch das weiter, was uns selbst als hilfreich bei unserer Suche nach dem Richtigen erschienen ist. Manchmal brauchen wir für moralisches Handeln bloß Informationen. Öfter jedoch mangelt es uns an richtiger Anleitung und Führung, die gleichermaßen motivierend wie informierend sind und die sowohl die Vorstellungskraft, das Herz als auch den Geist in den Lernprozess einbeziehen.

Die Antwort auf unsere Frage

Das Gute kann gelehrt und vermittelt werden. Jede Kultur, die überleben und sich fortentwickeln will, tut gut daran, diese Botschaft zu verstehen.

Teil IV

Sind wir jemals wirklich frei?

The 5th Wave By Rich Tennant

»Du weißt, Sokrates sagte ›Das ungeprüfte Leben ist es nicht wert, gelebt zu werden‹.
In deinem Fall jedoch, Edwin, ist es vielleicht sogar ein Segen.«

In diesem Teil...

In diesem Teil werden wir uns mit der stärksten Herausforderung an unsere Überzeugung beschäftigen, die besagt, dass wir uns nur durch unseren freien Willen leiten lassen. Wir werden uns mit einigen ziemlich verrückten und verblüffenden Gedankengängen beschäftigen. Wir werden außerdem die philosophische Theorie zu umreißen versuchen, die uns am besten Aufschluss darüber geben kann, welche Art von Freiheit wir tatsächlich besitzen.

Schicksal, Vorsehung und das Du

In diesem Kapitel

▶ Die Bedeutung des freien Willens

▶ Gegenüberstellung der drei großen Herausforderungen an die Freiheit

▶ Einige der verrücktesten Geschichten meines Lebens

Wir müssen an den freien Willen glauben. Wir haben keine andere Wahl.

Isaac Bashevis Singer

*I*n diesem Kapitel werden wir uns mit der Bedeutung des freien Willens beschäftigen und die drei wichtigsten philosophischen Ansätze untersuchen, die die Existenz eines freien Willens bestreiten. Wir werden uns dabei umfassend mit dem Wesen menschlicher Entscheidungen und Handlungen auseinandersetzen und einen Blick in die Zukunft werfen, der in den »Glauben Sie es, oder glauben Sie es nicht«-Bereich fällt.

Die Bedeutung des freien Willens

Wir treffen jeden Tag Entscheidungen. Was esse ich zum Frühstück? Was soll ich heute anziehen? Soll ich vor dem Abendessen einkaufen gehen oder danach? Was muss ich morgen alles tun?

Die Tatsache, dass wir der Meinung sind, wir seien es, die während des Tages Entscheidungen treffen darüber, was wir als nächstes tun, zeigt, dass wir tatsächlich davon überzeugt sind, über echte Entscheidungsfreiheit zu verfügen. Wir glauben daran, dass wir tatsächlich eine Wahlmöglichkeit haben. Wir sind der Überzeugung, wir seien freie Wesen.

 Der Glaube an den freien Willen wird von jeder herkömmlichen Theorie der Sittlichkeit vorausgesetzt. Wir loben Menschen für ihre guten Taten und schelten sie für ihre schlechten. Lob und Tadel machen aber nur solange Sinn, wie die Menschen auch über einen freien Willen verfügen, mit dessen Hilfe sie eine freie Entscheidung treffen.

Ohne Freiheit gibt es keine Sittlichkeit.

Carl Gustav Jung

Die Affekte des Bedauerns und des Stolzes setzen ebenfalls den freien Willen voraus. Ein Gefühl des Bedauerns ist an die Überzeugung gebunden, dass ich mich auch anders hätte entscheiden können. In ähnlicher Weise entspringt das Gefühl des Stolzes aus der Einsicht, dass ich mich auch mit weniger hätte zufrieden geben können, was ich aber nicht getan habe.

Wir alle glauben ganz selbstverständlich daran, wir seien frei. Wir sind der Überzeugung, dass unser freier Wille uns die Zukunft eröffnet, für die wir uns dann in Freiheit entscheiden können. Dieser Glaube ist ein wesentlicher Bestandteil der meisten Weltanschauungen.

Vor einigen Jahrzehnten war die Psychologie beherrscht von Wissenschaftlern, die zu der Ansicht gelangt waren, dass der freie Wille eine Illusion sei. Anhänger Sigmund Freuds beschrieben den Menschen als ein Wesen, das Gefangener seiner frühkindlichen Erfahrungen und unbewussten Triebe sei. Diejenigen, die Binets Theorie unterstützten, glaubten, das entscheidende Kriterium für menschliches Handeln wäre das unterschiedliche Intelligenzvermögen der Menschen. Professoren und experimentell ausgerichtete Verhaltensforscher, die nach der Theorie B. F. Skinners arbeiteten, entwarfen ein Model menschlichen Verhaltend, das dem der Ratten entlehnt war, deren Verhalten man durch positive oder negative körperliche Reize nach Belieben steuern kann. In der universitären Psychologie jener Zeit gab es einfach keinen Raum für die Idee des freien Willens. Dies ist einer der Gründe dafür, warum ich auf der Uni nach nur einer Anfängerübung in Psychologie (aus freien Stücken) beschloss, dem Labor für immer den Rücken zu kehren und stattdessen meine Aufmerksamkeit den Philosophen und dem, was sie zu diesem Problem zu sagen hatten, zuwendete.

William James, einer der großen Psychologen und Philosophen des 19. Jahrhunderts, war, wie eine Vielzahl großer Denker vor ihm, fest davon überzeugt, dass es den freien Willen tatsächlich gibt. Er war der Meinung, dass die Menschen ihr Leben schon alleine dadurch verändern könnten, dass sie einfach ihre Einstellung und Ansichten wechselten. Die Schüler Freuds, Binets und Skinners sind ohne Zweifel in der Lage, Verhaltens- und Persönlichkeitsstörungen des Menschen zu erkennen und zu diagnostizieren. Wenn es jedoch darum geht, Menschen auch tatsächlich zu helfen, so sieht ihre Bilanz alles in allem recht kläglich aus. Ein Anhänger von William James kann hingegen das Leben von Menschen entscheidend verändern.

Unser Glaube an den freien Willen ist wichtig und tief sitzend. Wir glauben alle daran, dass wir in diesem Leben etwas bewirken können, dass wir Hindernisse überwinden und auf schöpferische Weise in die Welt hineinwirken können. Wir können aber weder an die schöpferische Kraft in uns noch an die Idee der Verantwortung glauben, solange wir nicht auch an den freien Willen glauben.

Wenn man etwas glaubt, so muss man außerdem auch an all das glauben, was für den Glauben an eine Sache Voraussetzung ist.

Ugo Betti

Der natürliche Glaube an die Existenz des freien Willens ist über die Jahrhunderte jedoch aus mindestens drei Richtungen attackiert worden. In diesem Kapitel werden wir uns mit diesen verschiedenen Einwänden der unterschiedlichsten Art allgemein beschäftigen. In den beiden darauf folgenden Kapiteln werden wir dann fragen, was man auf sie erwidern kann und ob sie gegebenenfalls auch zu widerlegen sind.

Die Zukunft vorhersagen: Die theologische Herausforderung an die Freiheit

Wenn jemand die Zukunft buchstäblich vorhersagen könnte, dann müsste alles von vornherein irgendwie schon festgelegt sein. Es stünde alles schon unumstößlich fest, und es gäbe nichts, was wir daran ändern könnten. Beachten Sie, dass ich nicht davon spreche, dass sich jemand eine mögliche Zukunft bloß vorstellt, sondern davon, dass ein Mensch tatsächlich im Voraus sieht, was in der Zukunft wirklich passieren wird.

Ein Kollegin von mir befand sich zusammen mit ihrer Mutter in einem Aufzug in einem Krankenhaus. Die Tür öffnete sich, und ein Mann trat hinein. Zuerst sagte er nichts. Nach einer Weile jedoch wendete er sich ihnen zu und sagte zu der jüngeren Frau: »Entschuldigen Sie, ich will Sie ja nicht stören, aber Ihrer Mutter wird nichts geschehen. Ich dachte, dass Sie das vielleicht interessieren könnte.« Die Frauen reagierten zuerst skeptisch. Der Mann war nicht wie ein Arzt gekleidet. Sie wussten nicht, wer er überhaupt war. Der Mann aber kannte die beiden Frauen. Er fuhr mit freundlicher Stimme fort und nannte ihnen die Namen der kleinen Kinder der jüngeren Frau. Er wusste sogar den Namen des Familienhundes. Er lächelte dabei und erklärte, dass er eine bestimmte psychische Fähigkeit besitze, die es ihm manchmal erlaube, Dinge über andere Menschen zu sehen und dass er das Bedürfnis verspüre, anderen, wenn die Dinge, die er sehe, gut sind, diese mitzuteilen. Trotz seiner sanften Art waren die beiden Frauen ein wenig beunruhigt wegen der offensichtlichen Kenntnisse des Mannes über ihr persönliches Leben betreffende Dinge. Alles, was er äußerte, erwies sich jedoch hinterher als wahr. Die Mutter meiner Freundin hatte wirklich nichts Schlimmes. Für die Frauen bedeutete es eine Erleichterung, das zu erfahren, noch bevor die Ärzte es ihnen mitteilen konnten. Für die Frauen war diese Begegnung eine wirklich erhebende Erfahrung. Wie ist nun aber so etwas möglich?

Während meines Studiums an der Universität in Yale traf ich auf einen alten Freund, der dort Briefe des protestantischen Theologen John Calvin für eine Buchveröffentlichung übersetzte. Er war einer der gebildetsten Menschen, die ich je in meinem Leben kennengelernt habe. Er hatte ein ausgezeichnetes Leseverständnis in sechs Sprachen, hatte an der Universität in Edinburgh seinen Dokter in Theologie gemacht, hatte mehrere akademische Ehrungen und Preise gewonnen und war mir schon immer ganz allgemein als ein überaus schlauer Bursche vorgekommen. Eines Tages im Sommer, als wir draußen alleine zusammensaßen, erzählte er mir, dass er während seines Jahres in Schottland einen immer wiederkehrenden Traum gehabt hatte. In jedem dieser Träume passierte einem seiner Verwandten ein Unfall. Ein Onkel fiel von der Leiter und brach sich sein Bein. Ein etwas entfernterer Verwandter hatte in einem anderen seiner Träume einen Autounfall. Jedesmal trat das von ihm geträumte Ereignis innerhalb weniger Wochen nach dem entsprechenden Traum dann auch tatsächlich genauso ein, wie er es in seinem Traum gesehen hatte. Bis zu dem Tag, als er mir von seinen Träumen berichtete, hatte er noch zu keiner anderen Menschenseele über sie gesprochen.

Mir will scheinen, die Andeutungen der Nacht sind göttlichen Ursprungs.

Henry David Thoreau

Nachdem dies zwei- oder dreimal geschehen war, fing mein Freund an sich zu wundern: Sah er in seinen Träumen das, was geschehen würde, falls er nichts dagegen unternähme? Oder erzählten ihm seine Träume Dinge, die, auch wenn er es gewollt hätte, so und nicht anders hätten ablaufen müssen? Was sollte das Ganze eigentlich bedeuten? Zu jener Zeit besaß ich darauf noch keine Antwort. Mir waren aber immerhin ähnliche Geschichten passiert.

Ein Traum ist eine Prophezeiung im Kleinen.

Talmud

 Ich war schon immer an eher seltsamen Aspekten des Lebens interessiert, die von anderen normalerweise nicht beachtet werden. Die Physik im 20. Jahrhundert hat ein zunehmend interessanteres Bild des Universums gezeichnet, das für die meisten Menschen kaum nachvollziehbar erscheint. Wir brauchen ein gerüttelt Maß an Bescheidenheit um zu erkennen, dass unser Begreifen der Welt nicht weiter reicht als bloß bis an ihre Oberfläche.

 Durch meinen familiären Hintergrund habe ich schon von klein auf einen Sinn für diese seltsamen Aspekte des Lebens entwickeln können. Mein Vater verließ die elterliche Farm schon als Teenager. Er zog nach Baltimore, Maryland, wo er für Martin Aircraft arbeitete. In dieser Firma lernte er alles, was mit dem Design und dem Bau von Flugzeugen zu tun hatte. Er arbeitete zu ungewöhnlichen Zeiten und war frei, sich einige Tage Urlaub zu nehmen, wann immer er seine Arbeiten für die Woche oder für den Monat erledigt hatte. So kam es, dass er öfter seine Eltern in North Carolina besuchen konnte. Jedesmal, wenn er unangekündigt das Haus betrat, war der Tisch schon für drei gedeckt. »Deine Mutter wusste, dass Du heute kommen würdest,« erklärte dann sein Vater, wobei er hinzufügte, dass sie sich noch nie geirrt hatte.

 Mein Vater schien irgendeinen Sinn für die Dinge zu haben, die merkwürdig oder anders waren. Während des Zweiten Weltkriegs, auf einem Schiff im Südpazifik, war er einmal in ein Würfelspiel seiner Kameraden geraten. Er sagte zu ihnen, dass er im Voraus erraten könne, welche Zahl er beim nächsten Mal würfeln würde. Er lag jedes Mal richtig. Und er wusste, dass er immer richtig liegen würde, Wurf um Wurf, Stunde um Stunde. Jeder auf dem Schiff, der gerade frei hatte, schaute dem Spiel zu. Mein Vater bekam immer wieder neue Würfel. Er gewann trotzdem weiter und verdiente in jener Nacht mehr Geld, als er je auf einem Haufen hatte liegen sehen. Er konnte die folgende Nacht kein Auge zu machen, weil er ständig daran denken musste, was eigentlich geschehen war. Hatte er einfach gewusst, wie der Würfel fallen würde, oder hatte er es irgendwie verursacht, dass der Würfel immer so fiel, wie er es vorhergesehen hatte? Er befand sich während des Spiels in einem psychisch-mentalen Zustand, der von Sportlern manchmal als »flow«-Erlebnis beschrieben wird. Dieser Zustand stellt sich bei einem veränderten Bewusstseinszustand ein, während dem man scheinbar ohne Mühe und Anstrengung Dinge tun und erleben kann. Die ganze Nacht hindurch

versuchte mein Vater die Geschehnisse zu analysieren. Sein Analysieren und Sich-Wundern verwandelte sich schnell in Zweifel. Am nächsten Abend spielte er erneut und verlor das ganze Geld wieder, das er die Nacht zuvor gewonnen hatte. Danach hatte er nie wieder ein solches flow-Erlebnis, und er fragte sich oft, ob er sich durch all seine intellektuelle Neugier, sein Nachforschen und In-Zweifel-Stellen nicht selbst von dieser Erfahrung für immer abgeschlossen hatte.

Jahre später jedoch entwickelte mein Vater ein weiteres Mal eine Art sechsten Sinn, der sich unserem normalen Fassungsvermögen entzieht. Als er vor Jahren zufällig einmal meiner damals noch zukünftigen Frau auf dem Gelände der Universität North Carolina begegnete, zu einer Zeit, da wir beide uns erst flüchtig kannten und noch nicht einmal miteinander ausgegangen waren, ging er anschließend nach Hause und berichtete meiner Mutter, dass er gerade die Frau getroffen habe, die ich einmal heiraten würde. Erst ein Jahr später, nach der Hochzeit mit meiner Frau, erfuhr ich schließlich von dieser Vorhersage.

Und öffne deine anderen Sinne für das Wissen.

John Dryden

Mein Vater besuchte einmal einen Freund, mit dem er tags zuvor ein Geschäft abgeschlossen hatte. Als er gerade seine Hand erhob, um an die Tür zu klopfen, »hörte« er die Worte: »Störe ihn nicht, er ist tot.« Er drehte sich um, stieg in sein Auto und fuhr nach Hause. Im Haus sagte meine Mutter zu ihm: »Ich dachte, du wolltest Pfarrer Harris heute besuchen.« Mein Vater antwortete darauf: »Er ist tot.« Er erzählte ihr außerdem, woher er das wüsste. Meine Mutter, die normalerweise überhaupt nichts von solchen Geschichten hält, glaubte ihm kein Wort – bis der Sohn des Pfarrers bei meinen Eltern anrief und mitteilte, dass sein Vater heute an einem Herzinfarkt gestorben sei.

Ich könnte noch weiter erzählen, was ich aber nicht tun werde. Genau wie jeder andere bin auch ich skeptisch was ungewöhnliche Geschichten anbelangt, die mir von einem fremden Menschen erzählt werden. Dies trifft insbesondere auf solch seltsame Geschichten zu, wie ich sie gerade Ihnen erzählt habe. Ganz anders liegt der Fall aber, wenn man derartige Geschichten quasi am eigenen Leibe erfährt oder sie von jemandem erzählt bekommt, den man gut kennt, den man liebt und dem zu vertrauen man allen Grund hat.

Wie wenig Dinge der Mensch doch mit seinem Verstande begreifen kann! Wie viele noch größere Dinge könnte er nur in derselben Zeit sehen.

Thoreau

Mein Argument hier ist sehr einfach zu verstehen. Wenn wir auf nicht wirklich nachvollziehbare Art und Weise Wissen erlangen können und wenn dieses Wissen Details über zukünftige Ereignisse enthält, so stellt dies eine Herausforderung und ein Problem für unseren Glauben an den freien Willen dar.

Um genau verständlich zu machen, worin das Problem besteht, benutze ich als Beispiel Gott. Gesetzt den Fall, es gäbe ein vollkommenes Wesen, das die Zukunft unfehlbar vorhersagen kann. Nehmen wir weiterhin an, dass dieses Wesen für bestimmte Zwecke ausgesuchten Menschen etwas von seinem Wissen zukommen lassen könnte. Diese Hypothese wurde mir übrigens als Erklärung der vorhin geschilderten merkwürdigen Begebenheiten angeboten. Wenn ein vollkommener Gott die Zukunft kennen würde, so wüsste er vermutlich vollständig Bescheid über sie. Ein vollkommener Gott kann sich nicht irren. Wenn er z.B. wüsste, dass Sie in genau einem Jahr eine Reise unternehmen werden, so werden Sie genau dies auch tun, auch wenn Sie beschließen, es nicht zu tun. Sie haben einfach keine andere Wahl. Es gibt kein Möglichkeit, Gottes Voraussage nicht eintreten zu lassen. Dasselbe gilt für der Fall, dass Gott weissagte, dass Sie noch weitere zehn Jahre in Ihrem jetzigen Haus wohnen bleiben werden. In beiden Fällen haben Sie nicht die Wahl – oder die Freiheit – anderes zu tun, als wie Ihnen geweissagt worden ist, auch wenn Sie im Übrigen glauben, dass Sie die Möglichkeit der freien Wahl haben.

Göttliches Wissen über die Zukunft schiene in diesem Fall tatsächlich eine ernsthafte Herausforderung an die menschliche Freiheit zu sein. Wenn es die Zukunft in einem metaphysischen Sinne irgendwie schon »gibt«, dann steht sie auch unumstößlich fest, egal was wir auch versuchen oder anstellen mögen. Wir besäßen dann auch nicht die Möglichkeit, uns aufgrund unserer Willensfreiheit für oder gegen etwas zu entscheiden. Können wir dieses Problem irgendwie lösen? Darauf gebe ich im nächsten Kapitel die Antwort. In den folgenden Abschnitten möchte ich jedoch zunächst einen Gesamteindruck des Problems vermitteln.

Was sein wird, wird sein: Die logische Herausforderung an die Freiheit

Der für uns bitterste Aspekt des Lebens ist der Glaube daran, dass es das Schicksal wirklich gibt.

Emerson

 Es gibt ein berühmtes Gesetz in der Logik mit Namen »Das Gesetz über das ausgeschlossene Dritte«. Einfach gesagt bedeutet es, dass für jeden Satz *P* gilt, dass entweder *P* wahr ist oder dass *Nicht P* wahr ist. Es gibt keine dritte Möglichkeit. Entweder existiert also Gott, oder es gilt nicht, dass Gott existiert. Entweder es gibt ein Leben nach dem Tod, oder es gibt kein Leben nach dem Tod. Dieses Gesetz in der Logik gilt universal für alle Aussagen und Sätze.

Ein weiteres wichtiges Gesetz der Logik heißt »Das Gesetz über den Nichtwiderspruch«. Dieses Gesetz besagt, dass für jeden Satz *P* gilt, dass nicht sowohl *P* als auch *Nicht P* gleichzeitig wahr sein können. Es gilt nicht, dass es eine moralische Ordnung der Welt sowohl gibt als auch nicht gibt. Entweder es gibt sie, oder es gibt sie nicht. Beides gleichzeitig geht nicht.

Es ist faszinierend und ein bisschen beunruhigend zu sehen, was passiert, wenn wir diese beiden Gesetze der Logik auf eine auf die Zukunft bezogene Aussage wie die Folgende anwenden:

Sie werden morgen einen Apfel zu Mittag essen.

Nach dem Gesetz des ausgeschlossenen Dritten ist es entweder wahr oder nicht wahr, dass Sie einen Apfel zu der angegebenen Zeit essen werden. Dieser Aussage können wir das folgende Argument anschließen:

✔ Entweder Sie werden morgen Mittag einen Apfel essen oder nicht. (Ausgeschlossenes Drittes)

✔ Wenn Sie morgen Mittag einen Apfel essen werden, dann kann nichts, was zwischen jetzt und morgen geschieht, sie davon abhalten. (Dies folgt aus dem Gesetz über den Nichtwiderspruch.)

✔ Wenn Sie morgen Mittag keinen Apfel essen werden, dann wird jeder Versuch, doch einen Apfel zu jener Gelegenheit essen zu wollen, im Wortsinne fruchtlos bleiben. (Dies folgt aus dem Gesetz über den Nichtwiderspruch.) Daraus folgt:

✔ Sie haben zu diesem Zeitpunkt keine zwei gleichwertigen Wahlmöglichkeiten, morgen Mittag einen Apfel zu essen oder ihn nicht zu essen (entsprechend der Definition, was eine Wahlmöglichkeit ist). Es gilt also:

✔ Sie sind nicht wirklich frei darin zu entscheiden, morgen Mittag einen Apfel zu essen oder nicht zu essen. (Nach unserer Definition von Freiheit, die wesentlich echte Wahlfreiheit voraussetzt.)

Dieses Argumentationsschema gilt für jeden nur denkbaren Satz über ein zukünftiges Ereignis. Es scheint also so zu sein, dass wir in Bezug auf Zukünftiges überhaupt nicht frei sind. Kein schöner Ausblick. Die Philosophen nennen dies oft *Das Problem des logischen Fatalismus*.

Woher wissen wir nun aber, dass die Gesetze der Logik wirklich Gültigkeit besitzen? Aus dem Grund, weil es unmöglich ist, das Gegenteil anzunehmen, bzw. zu glauben, dass sie nicht gelten. Wir können nicht einmal denken, ohne die Gültigkeit der Gesetze der Logik immer schon vorauszusetzen. Sie werden auch dadurch nicht ungültig, dass wir einen Beispielsatz wie den oben aufgeführten heranziehen. Es scheint also so zu sein, dass selbst für jemanden, der nicht an Gott oder an die Möglichkeit, die Zukunft vorherzusagen, glaubt, der allgemein verbreitete Glaube an die menschliche Freiheit in durchaus problematischem Licht erscheint. Kann man dieses Problem irgendwie lösen? Die Philosophen haben dies schon seit Jahrhunderten zu beantworten versucht. Wir werden uns dem hier anschließen und einen eigenen Versuch unternehmen.

Vielleicht werden wir dabei erfolgreich sein, vielleicht aber auch nicht. Aber Spaß beiseite, im nächsten Kapitel werden wir uns mit der Lösung dieses Problems beschäftigen.

Roboter und kosmisches Puppenspiel: Die wissenschaftliche Herausforderung an die Freiheit

 Seit der Zeit Isaac Newtons haben Wissenschaftler und Philosophen – vom Gang der Wissenschaft beeindruckt – ein Bild des menschlichen Verhaltens geliefert, das dem Glauben an die Freiheit des Menschen nicht unbedingt förderlich war. Die gesamte Natur ist in ihrer Vorstellung nichts weiter als eine einzige große Maschine. Wir Menschen sind bloße Teile dieses gigantischen Räderwerks. Im Rahmen dieser Idee ba-

siert unser Denken und Leben auf den gleichen Gesetzen und Gründen, die auch alle anderen Teile der universalen Maschine bewegen.

Die Denker, die diese Vorstellung vertreten, sind der Auffassung, dass alles in der Natur eine Ursache hat. Nehmen wir also an, dass ein Mensch eine Handlung begeht, die wir unter normalen Umständen als frei bezeichnen würden. Als ein Ereignis in diesem Universum hat diese Handlung eine Ursache. Diese Ursache hat nun aber wiederum eine andere Ursache, die ebenfalls eine Ursache hat usw.

Schicksal

Steht die Zukunft schon von vornherein fest? Können wir den zukünftigen Ereignissen nicht entrinnen? Gibt es für uns keine Möglichkeit, den Gang der Dinge zu ändern? Das geschichtliche Urteil darüber ist uneindeutig. Im Folgenden einige Ansichten darüber:

Das Schicksal ist die endlose Kette von Verursachungen, durch die die Dinge sind; sie ist der Grund, die Formel, nach der die Welt sich bewegt.

Zenon

Alle Dinge entstammen dem Schicksal.

Chrysippos

Das Schicksal führt die Willigen; die Unwilligen zieht es hinter sich her.

Cleanthes

Ich will das Schicksal bei der Gurgel fassen.

Ludwig van Beethoven

Die Menschen sind manchmal Herren ihres Schicksals.

Shakespeare

Da der Mensch Mensch ist, ist er auch Herr über sein Schicksal.

Tennyson

So lang ich noch schwach bin, werde ich vom Schicksale reden. Erfüllt mich Gott mit seinem Reichtum, so werde ich das Schicksal verschwinden sehen.

Emerson

Jeder Mensch ist seines eigenen Glückes Schmied ... Ereignisse, Umstände etc. haben ihren Ursprung in uns selbst. Sie entsprießen einer Saat, die wir selbst ausgesät haben.

H. D. Thoreau

Alles ist vorherbestimmt, der Anfang wie auch das Ende, durch Kräfte, über die wir keine Gewalt haben. Die Vorherbestimmung gilt für das Insekt genauso wie für jeden Stern. Menschen, Pflanzen oder der Staub zwischen den Sternen – wir alle tanzen nach einer geheimnisvollen Melodie, die von einem unbekannten Spieler in weiter Entfernung angestimmt wird.

Albert Einstein (1879-1955)

Aus dem wissenschaftlichen Weltbild ergibt sich folgendes Bild:

Natürliche Bedingungen außerhalb unserer Kontrolle
verursachen
innere Zustände betreffend den Körper und das Gehirn
welche wiederum Ursache von
Handlungen des Geistes und des Körpers sind

Wenn das so richtig ist, dann sind wir Menschen letztlich nur eine Art Pipeline oder Durchleitung für eine Abfolge von natürlichen Verursachungen, die weit bis in unsere Vergangenheit vor unserer Geburt zurückreichen und bis weit in die Zukunft nach unserem Tod noch fortlaufen werden. Wir selbst bewirken nichts. Nichts, was wir tun, verdankt sich alleine unseren Entscheidungen oder Gedanken. Wir sind bloß Marionetten der Natur; bloße Roboter, die von einem gefühllosen Kosmos programmiert sind, das zu tun, was sie tun.

Die Psychologen reden von Vererbung und Umwelt, die unser Handeln bestimmen würden. Wenn dem so ist, so folgt daraus, dass wir gar nicht für unsere Handlungen verantwortlich sind. Heißt dies, dass wir tun und lassen können, was wir wollen, da wir ja keine Verantwortung tragen? Nein, das heißt es nicht. Es bedeutet bloß, dass wir gemäß unserer Veranlagung und Erziehung handeln. Aus dieser Überlegung folgt aber, dass die Erziehung nichts weiter wäre als ein täuschender Schleier, hinter dem sich eine herzlose und rohe Natur verbärge. Wir verfügen nur über das, was die Natur uns mitgibt. Nicht mehr und nicht weniger.

 Wo bleibt hier die menschliche Freiheit. Nach dieser Überlegung existiert sie schlicht nicht. Sie ist eine unserer Hauptillusionen. Der natürliche Glaube an den freien Willen erweist sich als nichts weiter als ein einziger großer Irrglaube. Solange uns die Wissenschaft nicht eines Besseren belehrt hat, sollten wir uns aber keine großen Gedanken machen, wenn wir weiter an diesem Glauben festhalten. Eine andere Möglichkeit haben wir sowieso nicht.

Diese Überlegungen bezeichnet man als »Die Herausforderung des wissenschaftlichen Determinismus«. Nach der Überzeugung der Deterministen sind alle unsere Handlungen bis ins Detail hinein schon vorherbestimmt.

 Diese Überlegungen sind eine ernste Herausforderung an die Freiheit des Menschen. Sie sind der Grund dafür, dass Pierre Simon de Laplace (1749-1827), einer der ersten Wissenschaftlicher im modernen Sinne, einst bemerkte, dass, wenn man einem universalen Geist eine vollständige Beschreibung aller Zustände des Universums zu einem gegebenen Zeitpunkt mitteilen könnte, dass dann dieser Geist in der Lage wäre, alle weiteren zukünftigen Ereignisse mit Gewissheit vorauszusagen sowie darüber hinaus auch alle vor diesem Zeitpunkt schon geschehenen Dinge nachträglich aus seinem

Wissen zu bestimmen. Er glaubte, dass die Natur nichts weiter als eine solche vollkommene Maschine sei. Wir Menschen wären nichts weiter als kleine Rädchen in dieser Maschine, der Täuschung hingegeben, wir seien tatsächlich frei.

 Hat der Determinismus recht? Verurteilt die Wissenschaft uns zu einem robotergleichen Dasein, ungeachtet unserer Gefühle, die doch das Gegenteil bezeugen? Die Antworten auf diese Fragen finden Sie in Kapitel 11.

Herkömmliche Ansichten über die Freiheit

11

In diesem Kapitel

▶ Worin die Herausforderung an die Freiheit des Menschen besteht

▶ Anfechtung der Argumente gegen den freien Willen

▶ Unterschiedliche Ansichten darüber, was der freie Wille ist

---

Die Erhabenheit der menschlichen Natur liegt in unserem scheinbaren Vermögen begründet, unser eigenes Schicksal der Kontrolle unseres Bewusstseins zu unterwerfen.

Winston Churchill

*E*s gibt eine Reihe von ernsthaften Herausforderungen an unseren Glauben daran, dass wir einen freien Willen haben. Im vorhergehenden Kapitel habe ich Näheres dazu ausgeführt. In der Neuzeit war es der wissenschaftliche Determinismus, der die größte Gefahr für die Überzeugung von der Freiheit unseres Willens darstellte. Innerhalb dieser deterministischen Theorie haben sich zwei sehr verschiedene philosophischen Anschauungen über die Willensfreiheit herausgebildet. In diesem Kapitel soll es um diese zwei unterschiedlichen Anschauungen gehen.

Gott, Logik und der freie Wille

Schon seit langem ist von zwei Seiten versucht worden, den Glauben an die Freiheit des menschlichen Willens anzufechten. Die eine Theorie gründet dabei ihre Kritik an der Willensfreiheit auf theologische Prinzipien, während die andere aufgrund von logischen Überlegungen die Unfreiheit des menschlichen Willens beweisen will. Bevor ich beide Theorien aber im Detail vorstelle, möchte ich sie zunächst kurz zusammenfassen, um einige Hinweise darauf zu geben, auf welche Weise die Philosophen auf sie reagiert haben.

Antworten auf die theologische Herausforderung

Erinnern Sie sich an das, was wir im vorangehenden Kapitel über die theologische Herausforderung gesagt haben. Wenn jegliche Handlung, die Sie – sagen wir in zehn Jahren – begehen werden, schon jetzt irgendwie von irgendeinem Wesen gewusst oder vorausgesehen wird, dann besteht für Sie just in dem Moment, an dem Sie gerade dabei sind, die Handlung auszuführen – nennen wir sie Handlung *A* – keine echte Wahlmöglichkeit, sich stattdessen etwa für Handlung *B* zu entscheiden. Warum das so ist? Weil, wenn Sie es täten, Sie dann im Widerspruch zu dem handeln würden, was bereits als Wahrheit feststeht. *A* ist ja schon wahr. Handelten Sie anders, so machten Sie auch Nicht-*A* wahr, was nun aber nach dem logischen Gesetz des Nichtwiderspruchs (vgl. Kapitel 10), nach dem nicht gleichzeitig sowohl *A* als auch *Nicht-A* wahr sein können, ausgeschlossen ist. Aus diesem Grunde ist es so, dass Sie zu dem Zeitpunkt von Handlung *A* keine wirkliche Wahl in Bezug auf diese Handlung haben, was gleichbedeutend damit ist, dass Ihr Wille sich nicht frei für oder gegen diese Handlung *A* entscheiden kann.

Wenn es einen vollkommenen Gott gibt, der alles über die Zukunft weiß, dann folgt aus den gerade angestellten Überlegungen, dass man streng genommen überhaupt gar keine freie Handlung begehen kann. Wir haben also keine Willensfreiheit. Dies ist kurz gesagt die Herausforderung des theologischen Determinismus, über die ich detailliert in Kapitel 10 gesprochen habe.

Kann man dieser Herausforderung begegnen? Ich meine ja, und zwar auf verschiedene Weisen.

 Zunächst einmal ist es so, dass einige Theologen gemeint haben, dass Gott die Zukunft nur in zwei Hinsichten kennen würde. Erstens weiß er, dass diejenigen Dinge geschehen werden, die er selbst zu tun beabsichtigt. Weil die Menschen Gottes Absichten aber nicht durchkreuzen oder vereiteln können, so folgt daraus, dass Gott absolute Gewissheit über die Dinge besitzt, die er zu tun beabsichtigt. Zum Zweiten kann er gegenwärtige Tendenzen und Neigungen perfekt in die Zukunft vorausberechnen, wissend um die Möglichkeiten all dessen, was wir in Freiheit tun können. Weil er uns aber mit freiem Willen geschaffen hat, muss er sozusagen selbst auch warten, genau wie wir, um zu sehen, was tatsächlich geschehen sein wird. Dessen ungeachtet ist er aber darauf vorbereitet, mit allen Eventualitäten zurechtzukommen und das Endresultat zu erzielen, das er selbst wünscht.

Der Mensch ist kein blinder Automat, sondern ein für seine Handlungen verantwortliches Wesen. Wir sind Personen, keine Marionetten. Indem Gott uns unseren freien Willen geschenkt hat, hat Gott einen Teil seiner eigenen Allmacht aufgegeben und sich selbst ein gewisses Maß an Beschränkung auferlegt.

Martin Luther King Jr. (1929-1968)

 Die andere Art, der Herausforderung des theologischen Determinismus zu begegnen, ist, von Anfang an zu betonen, dass das Wissen über zukünftige Ereignisse nicht dasselbe ist wie Vorherbestimmung. Jeder, der glaubt, dass es einen Gott gibt, der alles, was jemals geschehen wird, vorherbestimmt, wird in der Tat in Schwierigkeiten geraten, wenn er versucht, der Willensfreiheit ihren Platz einzuräumen. Vorherbestimmung beinhaltet die Vorstellung eines verursachenden Prinzips, eines Gottes, der Dinge geschehen macht. Bloße Kenntnis zukünftiger Ereignisse ist wiederum, zumindest prinzipiell, davon verschieden. Aus der Idee der Vorstellung von Vorherbestimmung folgt, dass, wenn Gott *A* vorherbestimmt, *A* nur deswegen geschieht, weil Gott es so vorherbestimmt hat. Aus der Idee einer bloßen Kenntnis über ein zukünftiges Ereignis *A* aber folgt nicht, dass, wenn Gott von Ereignis *A* Kenntnis besitzt, *A* deswegen geschieht, weil Gott um das tatsächliche Eintreten diese Ereignisses *A* weiß. Vielmehr gilt, dass Gott weiß, dass Ereignis *A* eintreten wird, weil es eintreten

wird. Dies lässt im Prinzip die Möglichkeit offen, dass das Wissen um zukünftige Ereignisse auch Wissen von Handlungen beinhalten kann, die auf der Basis freier Entscheidungen von jemand anderem getroffen wurden als Gott, nämlich von uns.

Gott weiß unter Umständen, dass Sie *A* allein deswegen tun werden, weil Sie sich für Handlung *A* in Freiheit so entschieden haben. Der Augenblick, kurz bevor Sie dann entsprechend in Übereinstimmung mit *A* auch handeln, ist dann kein Augenblick, wo Ihnen die Wahlmöglichkeit, Kraft oder Gelegenheit fehlt, etwas anderes als *A* zu tun, sondern vielmehr ein Augenblick, an dem Sie tatsächlich Ihren freien Willen benutzen, um Handlung *A* zu wählen. Wenn Sie dann gefragt werden: »Wie aber hättest du überhaupt etwas anderes machen können, wenn Gott, der sich ja nicht irren kann, gewusst hätte, dass du *A* auch tun würdest?«, so ist die Antwort darauf, dass, wenn man etwas anderes als *A* getan hätte, dass dann Gott entsprechend immer schon etwas anderes gewusst hätte, als das, was er weiß, nämlich, dass Sie sich für etwas anderes als *A* entscheiden würden.

Es ist geradezu charakteristisch für die Philosophie, dass es wesentlich leichter ist, ein Problem zu formulieren als es zu lösen. Aus diesem Grund geben die meisten Menschen schon nach kurzer Zeit bei der Beschäftigung mit einer philosophischen Fragestellung auf, weil sie den Glauben daran verlieren, dass es für das Problem auch eine Lösung gibt. Fragen stellen sich in der Philosophie leicht; ihre Lösung aber ist außerordentlich schwierig.

Anstatt zu denken, dass das Wissen über das Eintreten von zukünftigen Ereignissen unsere Freiheit untergräbt, ist es vielleicht viel eher so, dass dieses Wissen Ergebnis einer genauen Kenntnis dessen ist, wie der freie Wille sich entscheiden wird. So wäre es möglich, dass Gott einigen Menschen Teile seines Wissens über die Zukunft mitteilte, ohne dass dabei ausgeschlossen wäre, dass die Handlungen, die im Vorhinein gewusst werden, dennoch auf der Basis einer freien Willensentscheidung getroffen werden.

Antwort auf die logische Herausforderung

Wie steht es nun aber mit der logischen Herausforderung an die Freiheit, die wir in Kapitel 10 behandelt haben? Nun, auch hier haben die Philosophen eine Vielzahl von Antworten gegeben. Die grundlegendste Herangehensweise an dieses Problem ist die Folgende: Wenn eine philosophische Denkfigur etwas in Frage stellt, von dessen Wahrheit wir unumstößlich und ganz intuitiv überzeugt sind, so ist es uns freigestellt, auf der Basis des Prinzips, Überzeugungen beizubehalten (siehe hierzu Kapitel 6), diese Denkfigur ganz in Frage zu stellen.

Was die Zukunft anbelangt, so ist unsere Aufgabe nicht, diese vorherzusagen, sondern die, sie möglich zu machen.

Antoine de Saint-Exupéry

Diese Überlegungen haben allerdings einen Mangel. Wir können genauso argumentieren, dass es möglich ist zu zeigen, dass die Tatsache, dass die Zukunft irgendwie im Voraus schon feststeht, nicht die Teilnahme des freien Willens der Menschen an der Gestaltung der zukünftigen Ereignisse ausschließt. Wenn es schon feststeht, dass ich morgen Mittag einen Apfel essen werde, so ist dies vielleicht nur deswegen wahr, weil ich mich in einem Akt freier Willensentscheidung dazu entschlossen habe, dieses Obst morgen gegen Mittag des Tages in mein Mittagessen einzuschließen.

Einige Logiker sind sogar noch weiter gegangen und haben vorgeschlagen, dass das Gesetz des ausgeschlossenen Dritten (siehe Kapitel 10), dasjenige Gesetz in der Logik, dessen Anwendung auf Aussagen über die Zukunft das Problem, um das es hier geht, erst erzeugt, nur auf Sätze über zukünftige Ereignisse angewendet werden kann, wenn diesen ein vorläufiger Wahrheitsgehalt zugewiesen werden kann. Dieser Wahrheitsgehalt gibt gewissermaßen gegenwärtige Tendenzen wieder, die jedoch durch Handlungen, die auf der Grundlage der Willensfreiheit des Menschen geschehen, abgeändert werden können.

Die Zukunft ist entscheidend durch ihre Unvorhersehbarkeit gekennzeichnet. Dies ist die einzige Voraussage, die wir machen können.

Paul Valéry

Jede dieser beiden Herausforderungen mag für sich genommen auf erfolgreiche Weise argumentieren. Wenn wir zu weit führende und zu komplizierte Überlegungen zu diesem Thema aber vermeiden wollen, kann unser Argument hier auf die Einsicht beschränkt werden, dass man das Problem des logischen Fatalismus durchaus auf vernünftige Weise lösen kann. Wenn es ein wirklich überzeugendes Argument gegen die Willensfreiheit des Menschen geben soll, so muss es von woanders her stammen.

Die moderne wissenschaftliche Herausforderung

 Im 20. Jahrhundert wurden die meisten Philosophen und Psychologen in ihren Ansichten über das menschliche Verhalten am nachhaltigsten von der wissenschaftlichen Herausforderung an die menschliche Freiheit beeinflusst und herausgefordert (vgl. das Ende von Kapitel 10). Diese Herausforderung basiert auf einem Prinzip, das wir »Das Prinzip der universalen Kausalität« (UK) nennen können. Dieses Prinzip besagt,

Jedes Ereignis (a) hat eine Ursache; daher ist (b) über eine ursächliche Kette mit vielen Ereignissen der Vergangenheit direkt verbunden.

Stellen Sie sich irgendeine Handlung von mir vor, z.B. wie ich meinen Arm hebe und ihn ausstrecke. Ich habe gerade längere Zeit an der Schreibmaschine gesessen und mir dabei den Arm verspannt. Ich fasse den Entschluss, meinen Arm zu strecken, um mir Erleichterung zu verschaffen. Ich hebe dazu meine beiden Arme, strecke sie und entspanne meine Muskeln. Ich hätte mich auch dazu entschließen können, mit dem Schreibmaschineschreiben fortzufahren, anstatt eine kleine Pause zu machen, um mich zu strecken. Der wissenschaftliche Determinismus würde hier allerdings etwas anders behaupten. Er würde argumentieren, dass meine Dehnübung genauso wie alles andere, was in der Welt geschieht, einen ursächlich physischen Grund hatte, und dass das Ereignis, das wiederum diese Dehnübung ausgelöst hat, ebenso eine Ursache gehabt hat, die ebenfalls eine Ursache hatte usw. usw. bis weit zurück in die Vergangenheit. Die einfache Handlung des Austreckens meines Arms war für den Wissenschaftlichen Determinismus etwas, was schon seit langem feststand und unweigerlich so passieren musste. Dies verlangt das Prinzip der universalen Kausalität.

Im folgenden Abschnitt werde ich Ihnen zeigen, was drei verschiedene philosophische Schulen auf diese Prinzip erwidert haben. Die Anhänger der einen Schule hat dieses Prinzip davon überzeugt, dass es keine Willensfreiheit gibt, ungeachtet unserer Überzeugung und der Hinweise darauf, dass wir doch frei sind. Die beiden anderen Schulen haben jeweils eine andere Definition von Freiheit entwickelt, die sie schließlich sowohl zu einer anderen Auffassung des Prinzips der universalen Kausalität als auch der Willensfreiheit des Menschen gebracht haben.

Wissenschaftliche Deterministen

Wissenschaftliche Deterministen definieren eine Handlung dann als frei, wenn sie aufgrund absichtsvoller Planung eines Menschen zustande kommt und wenn sie keine weitere darüber hinausgehende Ursache hat. Wegen des Prinzips der universalen Kausalität negieren sie die Möglichkeit, dass es solche Handlungen tatsächlich geben könne.

Libertarier

Die Philosophen, die als Libertarianer bekannt sind, glauben an die Willensfreiheit des Menschen. Eine Version des Libertarianismus wird einfacher Indeterminismus genannt. Dieser definiert Freiheit ähnlich wie der wissenschaftliche Determinismus, nämlich als eine Handlung, die durch den Körper oder den Geist eines Menschen angestoßen wird und auf dessen Absichten beruht, ohne dabei aber im eigentlichen Sinne eine Ursache zu haben. Beide Theorien vertreten den Standpunkt, dass der Mensch in der Tat frei ist. Die Wahrheit des Prinzips der universalen Kausalität wird innerhalb dieses Theorierahmens entsprechend geleugnet, da es nicht verursachte freie Handlungen gibt.

Was ist der Grund dafür, dass die Libertarianer die Gültigkeit dieses Prinzip in Frage stellen? Zunächst einmal sind sie der Ansicht, dass unsere Willensfreiheit so offensichtlich ist, dass kein noch so verwickeltes wissenschaftliches oder philosophisches Argument diese Gewissheit erschüttern kann. Zum Zweiten behaupten die Vertreter des einfachen Indeterminismus, dass das Prinzip der universalen Kausalität überhaupt kein echtes wissenschaftliches Prinzip darstellt, insofern als dessen Wahrheit bisher noch durch keinen auf wissenschaftlicher Grundlage geführten Beweis untermauert worden ist. Die Tatsache, dass dieses Prinzip von zahlreichen Wissenschaftlern vertreten und angewendet wird, beweist allein für sich genommen noch gar nichts. Die Wahrheit dieses Prinzips ist streng genommen für ihre Arbeit nicht notwendig, genauso wenig wie die Arbeit der Wissenschaftler einen Hinweis auf die Wahrheit des Prinzip liefert.

Unser Leben gleicht nicht der Laufbahn eines Projektils aus einem Gewehr, das seinem Weg auf gerader, vorherbestimmter Richtung folgt.

José Ortega y Gasset

Diese From des Libertarianismus fand allerdings eine Vielzahl von Kritikern. Die meisten Kritiker werden jedoch – wie zögerlich auch immer – zugeben müssen, dass bisher noch niemand die Gültigkeit des Prinzips der universalen Kausalität bewiesen hat. Seine Wahrheit aber schlechterdings zu leugnen wie der einfache Indeterminismus dies tut, empfinden sie als zu extrem. Die Kritiker des Indeterminismus sind häufig übereinstimmend der Meinung, dass wir durchaus an unserer tiefen Überzeugung von der Existenz der Willensfreiheit festhalten sollen, dass wir aber deswegen das Prinzip der universalen Kausalität nicht vollends verwerfen müssen.

Dieselben Kritiker wenden auch ein, dass die in der indeterministischen Theorie zu findende Definition derjenigen Handlungen, die auf der Grundlage des freien Willens getroffen werden, unzulänglich ist. Eine solche Handlung sollte nicht so aufgefasst werden, dass man sagt, sie habe keinerlei Ursache. Stellen Sie sich nur vor, dass mein Arm ohne jegliche Ursache einfach so emporschnellt, gewissermaßen als ein zufälliges kosmisches Ereignis. Zu irgendeinem Zeitpunkt habe ich mich zwar dazu entschlossen, meinen Arm zu heben; dennoch bin ich überrascht zu sehen, dass er sich zu einem bestimmten Zeitpunkt tatsächlich nach oben bewegt, wobei ich nicht genau weiß, warum er sich gerade jetzt bewegt. Da dies nicht unbedingt ein Musterbeispiel einer auf meinem freien Willen basierenden Handlung ist, sondern eher unwillkürlich geschieht, so brauchen wir stattdessen eine bessere Definition davon, was eine auf dem freien Willen basierende Handlung ist.

Kompatibilismus

Kompatibilisten sind Philosophen, die versuchen, eine bessere Definition von Willensfreiheit zu geben, und zwar eine solche, die vereinbar ist mit dem Ursacheprinzip in der Wissenschaft. Eine auf der Willensfreiheit gründende Handlung wird folgendermaßen definiert: Handlungen, seien es körperliche oder geistige, beruhen dann auf der Willensfreiheit des Menschen, wenn sie durch eine innere Gemütsregung verursacht oder veranlasst werden, z.B. einen Wunsch, eine Absicht oder eine Entscheidung, so und nicht anders zu handeln.

Der Kompatibilismus hat seinen Namen daher, dass für ihn die Willensfreiheit und die universale Kausalität miteinander vereinbar – kompatibel – sind. Er sagt, dass zwar jedes Ereignis und jede Handlung eine Ursache hat, dass aber eines Menschen Handlung dann auf dem freien Willen beruht, wenn die Ursache der betreffenden Handlung im inneren Gemütszustand des betreffenden Menschen begründet liegt. Handlungen des freien Willens beruhen immer auf einer vorgängigen Wahl oder Entscheidung eines Menschen. Ein ganz einfacher Gedanke.

Der Kompatibilismus als philosophische Theorie hat in den letzten fünfzig Jahren eine beträchtliche Popularität erlangt. Seine Stärken scheinen von zweierlei Art zu sein: Zunächst einmal erkennt er an, dass wir in einem bestimmten Sinne frei sind, während er aber gleichzeitig die Gültigkeit des Prinzips der universalen Kausalität, das bei Wissenschaftlern so verbreitet ist, nicht per se ableugnet; zum Zweiten gelingt es ihm, eine Definition von auf Willensfreiheit gegründete

Handlungen zu entwickeln, der die Kritik an der Definition des einfachen Indeterminismus nichts anhaben kann.

 Ist der Kompatibilismus wahr? Die Kritiker argumentieren folgendermaßen: Wenn der Kompatibilismus von der Gültigkeit der universalen Kausalität ausgeht, so ist er der Auffassung, dass alle unsere Handlungen eine Ursache haben und dass diese Ursachen wiederum auch eine Ursache haben usw. Wenn man nur eine bestimmte Ursachenkette weit genug zurückverfolgte, so käme man irgendwann zu anfänglichen Bedingungen, die sich ganz sicher außerhalb unserer Kontrolle und unseres Zugriffs befänden. Aus dieser Überlegung folgt nun, dass diese weit in der Kausalkette zurückreichenden Bedingungen jenseits unseres inneren Gemütszustandes letztlich zu unseren Handlungen geführt haben. Wenn dies aber stimmt, dann sind diese anfänglichen Bedingungen auch der Grund dafür, dass unsere Handlungen so sind wie sie sind und eben nicht anders. Falls wir nun aber im Moment der Handlung nicht anders können, als so zu handeln wie wir handeln, dann scheint es so zu sein, dass es uns schließlich doch an der Wahlmöglichkeit mangelt, das zu tun, was wir tun wollen, eine Möglichkeit, die doch rein gefühlsmäßig ein wesentlicher Bestandteil der Definition der Willensfreiheit ist. Vielleicht ist also die Definition des Kompatibilismus hinsichtlich der Willensfreiheit auf ihre eigene Art unzulänglich.

Um dieses Problem besser zu verstehen, will ich hier eine Geschichte erzählen:

Die Geschichte des Dr. Irrglaube

Stellen Sie sich vor, ein Meisterhypnotiseur, ein gewisser Dr. Irrglaube, verfüge über eine solch mystische Überzeugungsgabe, dass er jede Person so in seinen Bann ziehen könne, dass sie alles, was er verlangen mag, auch täte. Seine Opfer wären derart hilflos, dass sie keine Möglichkeit hätten, sich seinen Wünschen zu verweigern. Stellen Sie sich nun weiter vor, dass dieser Dr. Irrglaube einen Mann namens Jonas dergestalt hypnotisiere, dass, wenn er mit den Fingern schnippe, dieser vergessen solle, dass er sich in hypnotisiertem Zustand befindet, sich dann umdrehen und den Gang hinunter gehen solle, an dessen Ende er einen Raum zu betreten habe, dessen Tür anschließend zu schließen sei. In diesem Raum werde er dann einen alten Freund mit Namen Schmidt antreffen, der dort sitzen und in einer Zeitung lesen werde. Jonas werde sich zu ihm setzen und sich mit ihm unterhalten. Alle dreißig Minuten wird er auf seine Uhr schauen und bemerken, dass er jetzt eigentlich gehen müsse. Er wird jedoch genau zwei Stunden bleiben und sich dann plötzlich zum Gehen erheben. Dr. Irrglaube schnippt also mit den Fingern, und die Handlungsfolge läuft genauso ab, wie er es angekündigt hat.

Während sich also Jonas mit Schmidt in den nächsten zwei Stunden lebhaft unterhält, denkt Jonas mehrmals daran, dass er eigentlich noch wichtige Besorgen zu erledigen hätte; jedes Mal entscheidet er sich aber dafür, noch ein wenig länger mit Schmidt zu reden. Alle halbe Stunde schaut er auf seine Uhr. Nach exakt zwei Stunden entschließt er sich schließlich dazu zu gehen. Er verabschiedet sich, geht durch das Zimmer, öffnet die Tür und geht hinaus.

Frage: Blieb Jonas während jener zwei Stunden in dem Raum, weil er sich frei dazu entschieden hatte?

Pro: Jonas blieb, weil er es so wollte. Es war sein Wunsch zu bleiben, ein innerer Zustand, der ihn unmittelbar dazu veranlasste zu bleiben. Aus diesem Grund blieb er freiwillig. Dies ist die Antwort des Kompatibilismus.

Kontra: Während jener zwei Stunden blieb er nur deswegen, weil er darauf programmiert war zu bleiben. Der innere Zustand, der sein Bleiben bewirkte, wurde ihm durch eine außerhalb seiner Kontrolle stehende Kraft aufgezwungen. Er war eine bloße Marionette in den Händen von Dr. Irrglaube. Daher war es so, dass er nicht freiwillig so lange im Zimmer geblieben ist.

Die Moral von der Geschicht

Der Kompatibilismus will uns ein Bild der Willensfreiheit vermitteln, das es zulässt, dass unsere Handlungen durch Naturgesetze und außerhalb unserer Kontrolle liegende Bedingungen in unserer Umwelt verursacht oder eingeschränkt werden können. Dabei definiert er aber die Willensfreiheit dahingehend, dass eine freie Handlung nicht die unbedingte Möglichkeit beinhaltet, dass man sich auch anders hätte entscheiden können. Der Kompatibilismus versucht uns zu verdeutlichen, dass die Unmöglichkeit, eine andere Entscheidung zu treffen als die, für die wir uns letztlich entscheiden, uns nicht unserer Willensfreiheit beraubt.

Die Geschichte von Dr. Irrglaube lässt uns jedoch an der Stimmigkeit dieser Aussage zweifeln. In dieser Geschichte handelte der arme Jonas sicher nicht frei. Dennoch aber entspricht diese Geschichte der Weltsicht des Kompatibilismus. Daraus sollten wir, so meine ich, den Schluss ziehen, dass die Willensfreiheit im Sinne des Kompatibilismus nicht unserer gefühlsmäßigen Vorstellung von dem, was der freie Wille eigentlich ist, entspricht. Im Rahmen des Kompatibilismus gibt es eigentlich keine Willensfreiheit. Daher liefert uns der Kompatibilismus auch keine hinreichende Definition darüber, wann eine Handlung tatsächlich frei ist, d.h. auf der freien Entscheidung eines Subjektes beruht. Er ist damit auch nicht in der Lage, eine von uns benötigte philosophische Theorie der Freiheit zu geben.

Einige zeitgenössische Vertreter des Kompatibilismus widersprechen jedoch dieser Beurteilung. Sie behaupten, dass, wenn unsere Handlungen von unseren Wünschen verursacht werden und wir entweder den Wunsch haben, diese Wünsche zu haben, oder aber nicht wünschen, diese Wünsche *nicht* zu haben (in der Fachsprache der Philosophie besteht eine Übereinstimmung zwischen Wünschen erster und zweiter Ordnung), dann sollte dies alles in allem dafür ausreichen, dass unsere Handlungen frei sind. Der gegenwärtige Kompatibilismus stellt die eher rhetorische Frage, worin denn die Freiheit noch anderes bestehen könne, als darin, dass unsere Handlungen mit unseren Wünschen übereinstimmen und dass diese Wünsche wiederum mit unserem innersten Verlangen übereinstimmen. Was anderes wollen wir, als dass die Gesamtheit unserer Wünsche uns nicht von außerhalb unserer Kontrolle stehenden Instanzen aufgezwungen werde. Wir wollen keine, noch nicht einmal komplizierte Marionetten der Natur sein. Wir wollen frei selbst bestimmen, wer wir sind, ohne dass blinde, unpersönliche Kräfte außerhalb unserer selbst darüber bestimmen, wer wir sind und was wir tun. Wir wollen echte Wahlmöglichkeiten und echte Entscheidungsfreiheit. Wir wollen wirklich frei sein.

Welcher Ansatz ist der richtige?

Der wissenschaftliche Determinismus scheint sich rücksichtslos über all unsere gefühlsmäßigen Überzeugungen hinsichtlich des Wesens der menschlichen Handlungen hinwegzusetzen. Die Version des einfachen Indeterminismus von der Theorie des Libertarianismus setzt Freiheit allem Anschein nach mit Willkür und Zufälligkeit gleich. Der Kompatibilismus schließlich behauptet eine Form der Vereinbarkeit zwischen natürlicher Verursachung und Freiheit, die es ihm nicht ermöglicht, die gefühlsmäßigen Anschauungen der Menschen zum Thema der Willensfreiheit mit seiner Theorie zu versöhnen.

Gibt es noch eine andere Alternative? Dazu mehr in Kapitel 12.

Tu es einfach:
Menschliches Handeln in der Welt

12

In diesem Kapitel

▷ Einiges Wissenswertes über die Freiheit

▷ Die Kontroverse um die Willensfreiheit

▷ Eine mögliche Theorie der Willensfreiheit, die unseren Überzeugungen entspricht

---

Das Schicksal ist keine Sache des Glücks, sondern etwas, das man sich selber erwählt. Es ist keine Sache, auf die man wartet, sondern etwas, das man gewinnen muss.

William Jennings Bryan (1860-1925)

*I*n diesem Kapitel werde ich versuchen, die wichtigsten Züge der Kontroverse um die Willensfreiheit zu skizzieren. Ich werde einen Überblick über unsere gefühlsmäßigen Überzeugungen in diesem Bereich geben und eine der vielversprechendsten Theorien vorstellen, die dem menschlichen Handeln Sinn abzugewinnen versucht und mit deren Hilfe es uns gelingen sollte, unsere tiefsten Überzeugungen bezüglich unserer Willensfreiheit in einer Theorie zu formulieren.

Einige Erkenntnisse über die Freiheit

Die meisten von uns glauben, dass sie ihre eigenen wichtigen oder unwichtigen Handlungen während des Tages selbst bestimmen können. Wir sind jeweils in der Lage, zwischen verschiedenen Handlungsmöglichkeiten zu wählen. Was wir letztlich tun, ist uns überlassen. Anders als ein Zug bewegen wir uns nicht auf festgelegten Bahnen, die uns schicksalhaft auf einen schon festgelegten Kurs zwingen. Wir können jederzeit aus der Spur treten und uns unseren eigenen Weg bahnen.

Selbst ein Gefängnisinsasse ist was seinen Geist anbelangt frei. Er kann selbst entscheiden, was er denken und fühlen soll. Er kann sich innerhalb der Gefängnisbegrenzungen so bewegen, wie er es will. Selbst die Menschen, die nie ein Gefängnis von innen gesehen haben, leben auf die ein oder andere Art mit Beschränkungen. Normalerweise aber glauben wir, dass diese Beschränkungen unsere Freiheit nur unwesentlich einengen. Andere Menschen können uns zwar dazu bringen, uns sozial anzupassen, oder bestimmte Umstände können dazu führen, dass es schwieriger ist, in einer gegebenen Situation Handlung A als Handlung B zu tun – dennoch aber sind wir es, die dafür verantwortlich sind, wie wir leben und was wir tun. Unsere Freiheit ist außerordentlich umfassend und von großer Wichtigkeit für uns.

Draußen, unter deinen Zeitgenossen und unter Fremden, muss man den äußeren Schein wahren, muss man hundert Dinge beachten, die man nicht tun darf; in dir selbst aber herrscht das furchtbare Gefühl der Freiheit!

Ralph Waldo Emerson (*Journals*, 1832)

 Wie man seine Freiheit nutzt, bestimmt, welche Art von Leben man führt. Diese allgemein gültige Maxime bestimmt jeden Tag in unserem Leben. Wenn wir uns dazu entschließen, in unserem Leben immer nur passiv zu verharren, so werden für uns stets nur die Brotkrumen vom Tisch derjenigen übrig bleiben, die sich stattdessen entschlossen haben, immer nur von den wohlschmeckendsten und besten Gaben zu speisen, die diese Welt zu bieten hat. Es sind immer die, die ihre Freiheit am besten nutzen, die auch dasjenige Leben führen, das zur Gänze auszukosten unsere Bestimmung hier auf Erden ist.

Dies ist mit das tiefgründigste Wissen über das Leben, über das wir verfügen. Es setzt voraus, dass unser Geist in der Tat frei ist. Ist das so?

Das Bild im Ganzen

In Kapitel 10 und 11 haben wir uns mit unserer Überzeugung beschäftigt, dass wir einen freien Willen haben. Wir haben außerdem einen Blick auf die üblichen von philosophischer Seite vorgebrachten Einwände gegen die Überzeugung geworfen und mögliche Antworten auf diese Einwände zu geben versucht. Die wissenschaftliche Herausforderung, die im vergangenen Jahrhundert die philosophischen Theorien der Willensfreiheit dominiert hat, bleibt jedoch bestehen. Die Unterschiede zwischen den verschiedenen philosophischen Theorien können wir uns verdeutlichen, wenn wir uns anschauen

✔ wie sie eine Handlung, die auf der Basis des freien Willens getroffen wurde, definieren und

✔ wie sie das Prinzip der universalen Kausalität (vgl. Kapitel 11) beurteilen.

Tabelle 12.1 fasst die unterschiedlichen Theorien zusammen. Das Prinzip der universalen Kausalität (UK) sagt, dass jedes Ereignis (a) eine Ursache hat und dass Ereignis (b) deshalb mit einer weit in die Vergangenheit zurückreichenden Kausalkette verbunden ist.

Philosophische Theorie	Definition einer freien Handlung	Urteil über die UK	Sind wir wirklich frei?
Wissenschaftlicher Determinismus	»Ereignis ohne Ursache«	Wahr	Nein
Indeterminismus	»Ereignis ohne Ursache«	Falsch	Ja
Kompatibilismus	»Ereignis mit innerer Ursache«	Wahr	Ja

Tabelle 12.1: Philosophische Theorien zur Willensfreiheit

Jede dieser Theorien hat sich als problematisch erwiesen. Gibt es noch eine andere?

Eine philosophische Theorie mit Namen *Handlungstheorie*, die erst in den vergangenen Jahrzehnten neu entwickelt worden ist, die aber schon eine lange Geschichte hinter sich hat, behauptet, dass es tatsächlich noch eine andere Theorie geben kann. Diese Handlungstheorie gibt eine dritte Definition von einer auf dem freien Willen basierenden Handlung. Ihr Urteil über die Gültigkeit der universalen Kausalität ist allerdings gespalten.

Nach der Handlungstheorie ist eine Handlung dann frei zu nennen, wenn sie durch einen Handlungsträger verursacht worden ist. Ein solcher Träger der Handlung ist ein Mensch, bzw. ein verstandesbegabter Handelnder, der über die Gabe eines Willens verfügt. Weder ein Ereignis ohne Ursache noch eine Handlung, die durch einen inneren Gemütszustand ausgelöst wird, erfüllen diese Vorgabe.

Was sagt nun die Handlungstheorie zum Prinzip der universalen Kausalität? Für sie ist dieses Prinzip zweigeteilt. Entsprechend besteht auch das Urteil der Handlungstheorie aus zwei Teilen. Nach ihr ist zwar UK (a) wahr, UK (b) jedoch ist falsch. Es stimmt, dass jedes Ereignis eine Ursache hat; nicht richtig aber ist, dass jedes Ereignis kraft seiner Ursache mit der Vergangenheit in einer sehr langen Ursachenkette verbunden ist. Dies verlangt nach einer Erläuterung.

 Betrachten Sie die folgenden zwei Sätze:

(1) Jedes Ereignis hat eine Ursache. UK (a)

(2) Jede Ursache ist ein Ereignis.

Jeder, der an die Wahrheit beider Aussagen glaubt, ist aufgrund der Logik dazu verpflichtet zu glauben, dass jedes Ereignis, selbst das gewöhnlichste, unendlich viele Ursachen in der Vergangenheit besitzt. Man kann dann auch nicht der Ansicht sein, dass das Universum aus dem Nichts entstanden sei oder überhaupt irgendwann entstand, da zusammen aus UK (a) und UK (b) folgt, dass die Ursachenkette, die für die jetzigen Ereignisse verantwortlich ist, keinen Anfang haben kann. UK (b) ist demnach gelinde gesagt leicht untertrieben. Das Universum ist nämlich nicht nur sehr alt, ja nicht einmal 18 Milliarden Jahre alt; es ist schlicht unendlich alt.

Diese Konsequenz ist jedoch inakzeptabel. Wo liegt hier der Fehler?

Der Geist ist eine gefährliche Waffe, selbst für seinen Besitzer, wenn er ihn nicht dezent zu gebrauchen weiß.

Montaigne

Die Handlungstheorie würde sagen, dass Satz (2) einfach falsch ist. Aufgrund seiner unseren gefühlsmäßigen Überzeugungen zuwiderlaufenden Folgen muss er zurückgewiesen werden. Es stimmt nicht, dass die einzige Form der Verursachung die Ereignis-Verursachung ist. Welche andere Form der Verursachung gibt es aber? Ereignis-Verursachung ist normalerweise das Phänomen, das wir im Sinn haben, wenn wir darüber sprechen, dass ein Ereignis *A* ein Ereignis *B* verursacht. Beim Kegeln verursacht das Rollen der Kugel, d.h. ein Ereignis, das Anstoßen der Kegel, ein weiteres Ereignis, das wiederum das Umfallen der Kegel verursacht, was ein drittes Ereignis darstellt. Etwas geschieht, das Ursache eines weiteren Geschehens wird.

 Die Handlungstheorie jedoch behauptet, dass es noch eine andere, uns sogar noch vertrautere Art der Verursachung gibt. Wir lassen Dinge geschehen. Wir verursachen Ereignisse. Wir sind es, die Dinge anstoßen und in Bewegung setzen. Seit unserer frühesten Kindheit sind wir fasziniert von unserer eigenen Fähigkeit, die Dinge um uns herum verändern zu können. Wir stoßen das Milchglas um. Wir ziehen dem Hund am Fell und veranlassen ihn so, sich fortzubewegen. Wir schreien und scheuchen so unsere Eltern auf. Wir haben Macht. Wir bestimmen selbst, was wir tun. Dazu kommt, dass uns all dies Spaß bereitet.

Wir sind die Urheber neuer Ursachenketten. Gesetzt den Fall, der Ast eines Baumes fällt herunter und trifft Ihr neues Auto. Wenn ein Blitz den Baum getroffen hätte und so den Ast zum Fallen gebracht hätte, so wäre dies die Ursache für sein Herunterfallen gewesen. Die Meteorologen jedoch versichern uns, dass der Blitz selbst auch eine Ursache gehabt hat usw. Man kann dem Blitz daher nur in einem metaphorischen Sinne die Schuld geben. Falls es aber überhaupt kein Gewitter gegeben hat und der Ast nur deswegen gefallen ist, weil Robert ihn abgesägt hat, dann ergibt sich gleich eine ganz andere Situation. Robert ist nämlich auf eine ganz besondere Weise verantwortlich. Ihm kann man auf eine sehr viel direktere und unmittelbarere Weise die Schuld für das kaputte Auto geben. Wir gehen von der Annahme aus, dass er eine neue Ereignisfolge in Gang gesetzt hat, die so gar nicht vorherbestimmt war. Die Handlungstheorie versucht nun einen Theorierahmen für unsere in diesem Fall bestehenden Annahmen aufzustellen.

Was heißt es, Handelnder zu sein?

Die Handlungstheorie erklärt, dass noch bevor wir die Ereignis-Verursachung verstehen, wir begreifen lernen, was Handlungs-Verursachung ist. Wir wissen, was gemeint ist, wenn wir davon sprechen, dass Menschen Geschehnisse bewirken. Dazu eine philosophische Anmerkung: Wenn nicht alle Ursachen Ereignisse darstellen – wenn manche Ursachen auf Menschen zurückgehen – dann bedeutet die Tatsache, dass wir an die Gültigkeit von UK (a) glauben, nicht unbedingt, dass wir außerdem der Ansicht sein müssten, dass jedes Ereignis, und sei es auch das kleinste, unendlich viel Ursachen haben muss oder dass das Universum seit unendlich langer Zeit existiert. Handelnde Menschen können neue Ursachenketten in Gang setzen. Das bedeutet, dass – bildlich gesprochen – einige der im Moment geschehenden Dinge nur eine sehr kurze Ursachenkette hinter sich herziehen. Außerdem folgt aus dieser Überlegung, dass die Gesamtheit der Ereignisketten in diesem Universum prinzipiell einen absoluten Anfang gehabt haben kann.

Die Handlungstheorie verweist darauf, dass der handelnde Mensch Ursache von Ereignissen sein kann. Tabelle 12.2 gibt einen Überblick darüber, welche Auswirkung dies auf die Willensfreiheit hat.

Philosophische Theorie	Definition einer freien Handlung	Urteil über die UK	Sind wir wirklich frei?
Wissenschaftlicher Determinismus	»Ereignis ohne Ursache«	Wahr	Nein
Indeterminismus	»Ereignis ohne Ursache«	Falsch	Ja
Kompatibilismus	»Ereignis mit innerer Ursache«	Wahr	Ja
Handlungstheorie	»Ereignisursache ein Mensch«	(a) Wahr (b) Falsch	Ja

Tabelle 12.2: Philosophische Theorien zur Frage der Willensfreiheit

 Die Handlungstheorie ist eine neue Theorie der Willensfreiheit. Viele Philosophen sind der Ansicht, dass es sich um eine Version des Libertarianismus handelt, die gefühlsmäßig sehr viel eher akzeptiert werden kann als der einfache Indeterminismus. Die Handlungstheorie ist wie die Wissenschaft der Auffassung, dass – zumindest auf der makroskopischen Ebene – Ereignisse nicht ohne Ursache geschehen. Sie definiert Willensfreiheit so, dass die Probleme, die die anderen Theorien mit ihr haben, vermieden werden. Sie umgeht außerdem einige merkwürdige Folgen und Auswirkungen, mit denen die anderen Theorien, die nur Ereignis-Verursachung zulassen, sich herumplagen müssen. Der Handlungstheorie gelingt es, das theoretisch zu begründen, was wir rein gefühlsmäßig immer schon wussten, nämlich dass wir frei sind.

Ich glaube nicht an ein Schicksal, das die Menschen ungeachtet dessen, was sie tun und wie sie handeln, trifft; woran ich jedoch glaube, ist, dass das Schicksal sie dann treffen wird, wenn sie gar nichts tun.

G. K. Chesterton

Die Kritiker der Handlungstheorie haben allerdings zwei Einwände gegen sie vorzubringen. Zunächst einmal fragen sie, was denn überhaupt ein Handelnder ist? Ihre zweite Frage richtet sich an den Mechanismus, mit dessen Hilfe Handelnde Handlungen verursachen. Was die zweite Frage betrifft, so muss hier tatsächlich noch einiges geklärt werden. Bei der Antwort auf die erste Frage kann man auf eine ganze Denktradtion verweisen, mit der ich mich im nächsten Teil des Buches beschäftigen werde. Die Handlungstheorie steht im Einklang mit einigen wichtigen Überzeugungen des Menschen. Selbst wenn wir nicht alle Details kennen, z.B. wie ein Handlungsträger eine Handlung verursachen kann, so ist es doch so, dass sie mehr noch als andere Theorien zu Ergebnissen kommt, die wir intuitiv für wahr und richtig halten.

 Innerhalb dieser Sichtweise auf die menschliche Freiheit ist unser Platz im Universum von herausragender Bedeutung, da wir die Fähigkeit besitzen, ganz neue Handlungsketten zu verursachen. Wir können neue Geschehnisse in der Welt in Gang setzen. Wir können Dinge verändern und durch unsere Kreativität außerordentliche Sachen erschaffen. Wir sind keine Marionetten des Schicksals, der Logik oder der Wissenschaft. Wir können unser Schicksal selbst bestimmen.

Diese Überlegungen erscheinen vielleicht ein wenig abgehoben. Sie sind das Ergebnis von mitunter ziemlich dunkler philosophischer Argumentation. Die Frage ist aber, ob sie auch stimmen? Sind wir wirklich Handelnde, die nicht gänzlich an die physisch-materiale Verursachung gebunden sind? Ist es möglich, uns gleichsam über den Fluss der natürlichen Ursachen zu erheben und einen Teil unserer selbst in die Natur hineinzubringen?

Die Antworten auf diese Fragen werden teilweise von den Antworten auf noch grundlegendere Fragen abhängen. Was ist ein Handelnder eigentlich? Welche Stellung muss der Mensch in der Natur innehaben, damit all dies möglich sein kann? Sind wir mehr als bloß komplizierte stofflich-körperliche Verbindungsteile in der universalen Ursachenkette? Sind wir zu echter Kreativität imstande?

Sind Menschen bloße körperhafte Wesen? Oder haben wir außer unseren Gehirnen auch noch einen Geist?

Der Mensch ist kein Gefangener des Schicksals, sondern nur ein Gefangener seines eigenen Geistes.

Franklin D. Roosevelt

Wer sind Sie wirklich? Wer bin ich? Um auf diese Fragen Antworten zu erhalten, lesen Sie einfach den nächsten Teil dieses Buches.

Teil V

Das unglaubliche, unsichtbare Du

The 5th Wave   By Rich Tennant

@RICHTENNANT

»Unsere ganze Forschung scheint eine unbestreitbare Schlussfolgerung nahe zu legen. Das Weltall hat tatsächlich ein Aussehen, das, so scheint es, in einem Karomuster mit gerundeten Zwickeln besteht.«

In diesem Teil...

Erkenne dich selbst! Wer sind Sie? Wer bin ich? Sind wir bloß kompliziert aufgebaute Körper, organische Roboter, oder besitzen wir so etwas wie eine Seele? Bestehen wir aus Körper und Seele? Dieser Teil richtet sich an Sie, Brüder und Schwestern im Geiste.

Was ist eine Person?

In diesem Kapitel

▷ Die Kraft des Geistes

▷ Überlegungen zum Wesen des Menschseins

▷ Die Körper-Geist-Debatte

▷ Überblick über die philosophischen Theorien

Das Einzige von Wert auf der Welt ist die aktive Seele.

Ralph Waldo Emerson

In diesem Kapitel werden wir uns mit philosophischen Theorien darüber auseinandersetzen, was der Mensch ist. Sind wir bloß komplizierte biologisch-stoffliche Organismen, oder haben wir sowohl einen Körper als auch einen Geist? Ist unser Geist nur eine neutrale Struktur aus Gehirnsubstanz, oder besitzt er noch ganz andere Eigenschaften? Antworten darauf erhalten Sie in den folgenden Abschnitten.

Gitarren, Geister und Menschen

Als ich zwölf Jahre alt war und für kurze Zeit Unterricht in klassischer Gitarre bei einem der weltbesten aber auch exzentrischsten Lehrer für klassische Gitarre nahm, habr ich eine faszinierende Erfahrung gemacht. Während er tagsüber als Anstreicher arbeitete, wurde aus Herrn Flossie Moon nachts, wenn er im Hinterzimmer seines kleinen weißen Hauses in Durham, North Carolina, saß und seinen extra für ihn in aller Welt angefertigten Gitarren unglaubliche Töne entlockte, ein musikalischer Virtuose. Er war ein Michelangelo der Gitarrensaiten, und ich konnte ihm dabei zusehen, wie er etwas erschuf. Seine Gitarre auf den Knien haltend bewegten sich seine Finger lautlos von Saite zu Saite, während dabei gleichzeitig die herrlichsten Lieder ertönten. Schneller als ich denken konnte, bewegten sich seine Finger die Tonleiter auf und ab. Plötzlich konnte man seinem Spiel das Geräusch einer Snaredrum entnehmen, was er erreichte, indem er zwei Saiten mühelos mit seiner linken Hand übereinanderlegte, während er mit den Fingern seiner Rechten auf den Klangkörper der Gitarre klopfte und über ihn hinwegstrich. Er konnte alles spielen, Flamenco, klassisch und barock. Welch eine Enttäuschung jedoch, als ich nach Hause zurückkehrte und mich daranmachte, mit meinen Fingern die richtigen Noten zu treffen, um mein erstes Lied, eine kleine Melodie namens *Little Brown Jug*, wenigstens einigermaßen auf meiner Gitarre wiederzugeben.

Noch faszinierender als die Musik aber waren seine Geschichten. Mein Lehrer war Mitglied eines übersinnlichen Zirkels an der örtlichen Universität, der sich von der Arbeit J. P. Rhines, eines frühen Erforschers von übernatürlicher Wahrnehmung, inspirieren ließ. Immer Donnerstags ging ich also zum Gitarrenunterricht. Noch bevor ich aber meine Gitarre auspacken konnte, fing mein Lehrer auch schon von der letzten Sitzung seines Kreises an zu erzählen. Ich erfuhr von Gespenstern, hörte Geschichten über Auren und den Geist von Verstorbenen sowie Berichte über spezielle fotografische Aufnahmen, die die Seele eines gerade gestorbenen Menschen beim Verlassen des Körpers festhielten. Wenn dann die Stunde schließlich begann, so zitterten meine Finger meist so stark, dass ich kaum spielen konnte.

Von klein auf hörte ich immer wieder eine Geschichte, bei der es um übernatürliche oder zumindest nicht physische Phänomene ging. Der Mensch bestehe aus mehr als seinem Körper. Wir dürften annehmen, nach unserem Tode weiterzuleben. Außerdem besäßen wir ungeahnte geistige Kräfte, die wir nur anzuzapfen bräuchten. Das Reich des Geistes sei etwas Besonderes und von großer Stärke.

Die Seele von innen

Unsere Familie besaß ein besonderes Kartenspiel, das wir hin und wieder benutzten, um unsere übersinnlichen Fähigkeiten zu testen. Jemand nahm dabei eine Karte auf, schaute sie sich an und versuchte dann einem anderen Familienmitglied auf telepathischem Wege zu übermitteln, um welche Karte es sich handelte. Wir glaubten durchaus daran, dass man eine geistige Verbindung herstellen könne, ohne dass man sich in direktem physischen Kontakt miteinander befindet.

Der Geist ist alle Zeit der Herrscher über den Kosmos.

Plato

Viele Jahre später, als ich schon längst unsere übersinnlichen Spiele im Familienkreis vergessen hatte, arbeitete ich gerade als frisch gebackener Professor an der Universität Notre Dame. Meine Tochter Sara ging zu der Zeit noch zur Grundschule. Eines abends am Esstisch bemerkte ich, dass Sara einen Stapel mit Spielkarten aus dem Spiel Uno in Händen hielt. Der komplette Satz Karten bestand aus vier Farben mit jeweils gleicher Zahlenbeschriftung. Plötzlich hatte ich die Idee, ein kleines Spiel zu spielen. Ich sagte: »Sara, lass mich mal die Karten anschauen, ohne dass du sehen kannst, welche ich genau angucke. Versuch doch einmal an nichts zu denken und dann zu erraten, welche Farbe ich im Moment sehe.« Voller Vorfreude antwortete sie: »In Ordnung, Papa.« Ich nahm eine Karte auf, schaute sie an und sagte: »Nun, welche Farbe habe ich hier vor mir, Sara?« Sie erriet sofort die richtige. Auch beim zweiten Versuch lag sie richtig, ebenso wie beim dritten. Beim vierten allerdings machte sie einen Fehler. »Na so was«, sagte sie.

Ich fragte: »Sara, war das die erste Farbe, die dir in den Sinn gekommen ist?« Sie zögerte einen Moment und sagte dann: »Nein.« Ich fragte sie daraufhin, an welche

Farbe sie zuerst gedacht hatte, woraufhin sie mir schließlich die richtige Farbe nannte. Ich gab ihr den Rat, immer die Farbe zu nennen, die ihr als erstes in den Sinn käme.

Der erste Gedanke ist immer der beste Gedanke.

Jack Kerouac (1922-1969)

Die nächste Farbe erriet sie wieder richtig. Genauso wie die folgenden zwanzig auch. Schließlich entschied ich mich dazu, das Spiel ein wenig zu variieren. Ich sagte: »Sara, diesmal machen wir es so, dass ich eine Karte ziehe, die ich mir aber nicht anschauen werde. Ich werde sie dann mit der Vorderseite auf deine Schultern legen. Zuerst sagst du mir die Farbe, und erst dann werde ich nachschauen.« Selbst bei dieser Vorgehensweise erriet sie die nächste Karte richtig, ebenso die nächste und wieder die nächste, insgesamt achtunddreißig Mal hintereinander. Ich überlasse es Ihnen, die Wahrscheinlichkeit dafür auszurechnen, dass einem das gelingt. Wir hörten erst auf, als meine Frau uns zum Abendessen rief. Erst später wurde uns klar, wie aufregend das Experiment wirklich gewesen ist.

Wie lang hätte sie so noch weiter machen können? Was in aller Welt ist damals eigentlich geschehen? Verfügt der Geist über Kräfte, von denen wir uns keine Vorstellung machen? Gibt es für unseren Geist Möglichkeiten, Informationen zu erhalten, die auf einem anderem Wege als auf dem normalen des physischen Zeichens, des sensorischen Signals oder eines anderen Kommunikationskanals mitgeteilt werden? Und was sagt uns dies darüber, was ein Mensch ist?

Erinnern Sie sich an das erste Mal, als Ihnen bewusst wurde, dass Sie ein Mensch sind, der sich von allen anderen unterscheidet, und dass Sie ein so reiches Innenleben haben, das in seiner Gänze nur von Ihnen erfahren werden kann? Ich erinnere mich noch deutliche daran, obwohl ich seinerzeit erst zwei Jahre alt war. Es wurde mir eines Tages plötzlich klar, dass die Art, wie ich die Welt und die Menschen um mich herum erfuhr, einer Fernsehsendung ähnelte, die ich immer mit Begeisterung schaute, und die eine Figur mit Namen Tommy beinhaltete. Ich sah mich selbst als Tommy.

In meiner Kindheit herrschte noch die Zeit des Schwarzweißfernsehens; meine Fernsehsendung jedoch wurde in Farbe ausgestrahlt. Ich begann mich plötzlich zu fragen, ob all die Menschen um mich herum, meine Nachbarn und meine Eltern, begriffen, dass dies meine eigene Sendung war und dass sie selbst bloß Statisten darin waren, sozusagen meine Nebendarsteller. Die Vorstellung, dass sie alle vielleicht irrtümlicherweise annehmen könnten, dass diese Sendung *ihnen* gehörte und dass ich bloß eine Statist in ihr sei, machte mich beinahe schwindeln. Dieser Gedanke war nicht nur sehr verwirrend, sondern und auch ein wenig beängstigend für mich.

 Kindlicher Solipsismus (die jugendliche Version der sehr absonderlichen philosophischen Vorstellung, dass nur meine Person wirklich existiere). Das im äußersten Maße egozentrische Universum, in dem wir unser Leben beginnen und das wir nur dann verlassen können – was nicht immer gelingen mag – wenn wir uns zu der unvermeidlichen Erkenntnis durchzuringen vermögen, dass die Welt sich nicht allein um uns dreht. Ja, es stimmt, dass ich mich von allen anderen unterscheide, dass ich einmalig bin, so wie alle anderen Menschen auch. Diese anderen jedoch haben genauso wie ich auch ein inneres Leben. Sie besitzen ein eigenes Verständnis ihres »Ich«. Was für eine profunde Entdeckung.

_Jeder Mensch ist mehr als nur er selbst. Er repräsentiert außerdem den einzigarti-
gen, sehr besonderen und stets bedeutsamen und bemerkenswerten Kreuzungspunkt,
an dem sich die Phänomene der Welt überschneiden, und zwar nur das eine Mal auf
diese besondere Weise und sonst nie mehr._

Hermann Hesse

Es gibt ein inneres Theater von sehr eigenen Gedanken und Gefühlen, das von einem anderen
Menschen niemals ganz erfahrbar sein wird. Wir können aber einen anderen Menschen berühren
und von diesem berührt werden. Nicht nur durch unsere Körper, sondern auch in seelischer
Hinsicht. Wir können aus dieser Innenwelt heraustreten und in der Welt Dinge bewirken. Wir
können darüber hinaus andere inspirieren, es uns gleich zu tun. Wir können mit anderen jederzeit ein geistiges Band knüpfen und auf diese Weise das unglaublichste geschehen machen.

Was sagt das alles über mich und über Sie als personale Wesenheiten in dieser Welt aus? Was sind
wir? Sind wir nur Geist? Ist der Körper alles, was existiert? Oder bestehen wir vielmehr aus beidem? Was macht das Menschsein aus? Die Philosophen beschäftigen sich mit diesen Fragen schon
seit frühesten Zeiten. Ihre Antworten darauf sind mannigfaltiger Art.

Philosophische Theorien über den Menschen

Es gibt eine Vielzahl von philosophischen Theorien darüber, was der Mensch ist. Nachdem ich
jahrelang hunderte von Studenten jedes Semester unterrichtet hatte, erkannte ich am Ende, dass
man fast jede dieser Theorien in den Ansichten und Überzeugungen eines willkürlich gewählten
Ausschnitts der Bevölkerung wiederfinden kann. In den tausenden von Jahren, während der die
Philosophen versucht haben, die Natur des Menschen zu analysieren, haben sich schließlich nur
einige wenige gänzlich voneinander verschiedene Theorien herauskristallisiert. Ihre Gesamtheit
ergibt eine vielgestaltige Ansammlung von Möglichkeiten.

Als erste Orientierung wollen wir zunächst einen Blick auf die allgemeinen philosophischen Theorien darüber werfen, was überhaupt existiert. Diese vorläufige Betrachtung wird uns einen über-
greifenden Rahmen für das Verstehen der unterschiedlichen Theorien über den Menschen liefern.

Monismus

 Der Monismus glaubt, dass die Wirklichkeit und alles in ihr Existierende nur auf einem
Seinsprinzip aufbaut. Egal welche Ausprägung der monistischen Philosophie man
gerade vor sich hat, allen gemein ist die Vorstellung, dass es nur eine Substanz, ein
Prinzip alles Seienden gibt. Alles in der Welt ist dementsprechend nur eine Ausfor-
mung dieser einen Substanz. In der gegenwärtigen Physik ist es die Stringtheorie, die
so etwas wie die jüngste Version des Monismus darstellt, insofern als sie annimmt,
dass alles letztlich aus eindimensionalen, energetischen Strings besteht – was immer
das auch genau bedeutet.

Historisch haben sich zwei Hauptformen des Monismus herausgebildet: Der Materialismus und der Idealismus.

Der **Materialismus** ist diejenige Theorie, die sagt, dass alles Seiende – auch die Seele und der Geist – aus Materie besteht, der sich zu stofflichen Gegenständen ausformt. Die Materie in all ihren Verwandlungen und Verbindungen ist das ursprüngliche und einzig existierende Seinsprinzip.

✔ Der **Idealismus** besagt, dass das einzig Existierende, d.h. alles objektiv Wirkliche, der Geist ist (immateriell denkendes Seiendes) sowie die Ideen, die dieser Geist denkt. Alles nicht geistige Seiende ist bloß eine Illusion, eine von unserem Geist erschaffene oder erzeugte Scheinwirklichkeit. Das ganze stoffliche Universum ist nichts anderes als die Gesamtheit der Ideen, die als Seinsprinzipien ihren Ursprung in Gott, dem Weltgeist oder anderen übergeordneten Prinzipien haben. George Berkeley (1685-1753) war der vielleicht bedeutendste der idealistischen Philosophen. Heutzutage hat sich das Feld der wirklich idealistische Auffassungen vertretenden Philosophen weitgehend gelichtet, obwohl durch die Erkenntnisse der Physik einige zeitgenössische Philosophen versucht haben, diese Vorstellung von der Welt neu zu durchdenken.

Dualismus

Die Vertreter des Dualismus sind der Ansicht, dass es zwei grundlegende Arten von Seiendem gibt. Auf der einen Seite den Geist und auf der anderen die Materie; seelische Eigenschaften hier und stofflich-körperliche dort. Es gibt sowohl die Natur wie auch den Geist. Diese Theorie gibt es in unterschiedlichen Ausformungen.

Die Materie ist nach der Vorstellung eines dualistischen Philosophen wie Descartes durch die zwei Eigenschaften Masse und Ausdehnung charakterisiert. Der Geist hat hingegen ganz andere Eigenschaften. Nach Descartes kann der Geist zwar als in der Zeit befindlich begriffen werden, eine räumliche Ausdehnung (d.h. so etwas wie eine Höhe, Breite oder Tiefe) hat er aber nicht. Auch besitze er keine Masse. Der Geist ist denkendes Seiendes. Darin besteht sein Wesen. Dies macht ihn zu etwas vollkommen anderem als die Materie.

Der Dualismus als Theorie vom Wesen des Menschen, als Theorie, die den Menschen als zusammengesetztes Wesen denkt, bestehend aus Geist und Materie in inniger Beziehung zueinander, hat einen allgemeinen metaphysischen Dualismus zur Folge. Wenn wir aus zweierlei Seiendem bestehen, dann muss die Wirklichkeit auch aus (mindestens) zwei verschiedenen Prinzipien zusammengesetzt sein. Prinzipiell ist es jedoch möglich, eine dualistische Philosophie zu vertreten, ohne diese auch auf den Menschen übertragen zu müssen. Eine solche Philosophie verträte die Position, dass es zusätzlich zum stofflichen Universum noch einen immateriellen Gott gibt, dass aber die Menschen, wie andere Lebewesen auch, bloß komplexe materielle Dinge seien. Obwohl eine derartige Kombination von Anschauungen eher selten ist, kenne ich zumindest einen Philosophen, der eine solche vertritt. Meistens jedoch findet man die Ansicht, dass der Dualismus sowohl für die Beschreibung der Wirklichkeit insgesamt als auch für die menschliche Natur gilt.

Die materialistische Auffassung vom Wesen des Menschen muss daher nicht automatisch eine allgemeine materialistische Grundhaltung zur Folge haben. Es ist durchaus möglich zu glauben, dass Menschen stoffliche Wesen sind und dennoch die Auffassung zu vertreten, dass es zumindest eine nicht stoffliche Wesenheit gibt, wie z.B. Gott. Eine allgemeine monistische Theorie hingegen bestimmt natürlich das Wesen des Menschen immer nach dem gleichen monistischen Prinzip, das es auch allem anderen Seienden zugrunde legt. Der Grund hierfür ist sehr einfach. Wenn man die Überzeugung vertritt, dass alles, was ist, aus Materie besteht, dann müssen auch wir selbst notwendigerweise aus nichts weiter als Materie zusammengesetzt sein. Wenn man dagegen sagt, dass das einzige Seinsprinzip der Geist sei, so sind auch wir Menschen Geistwesen und sonst nichts.

Im Gegensatz zu den Ansichten der meisten Leute ist der Materialismus keine Erfindung aus jüngster Zeit. Materialisten gab es schon in der Antike, so z.B. Lukrez oder Demokrit von Abdera. Ich glaube aber, dass man alles in allem behaupten kann, dass bis vor einigen hundert Jahren der Materialismus selbst unter Philosophen eine Minderheitenmeinung war. Die breite Masse der Bevölkerung neigte eher zu einer dualistischen Sicht der Dinge, von der man annahm, dass sie dem Wesen des Menschen viel näher komme.

Der Grund für unsere Neigung zum Dualismus ist einfach zu erklären. Wir verfügen offensichtlich über Körper. Meiner hat eine bestimmte Größe und Gewicht. Er ist träge, wenn ich müde bin, und aktiv, wenn ich meinen täglichen Verpflichtungen nachkomme. Er nimmt Nahrung auf und scheidet Überflüssiges wieder aus.

Der Unterleib ist der Grund dafür, warum der Mensch Mühe damit hat, sich als Gott zu betrachten.

Friedrich Nietzsche (1844-1900)

Ich handele vermittels meines Körpers. Nur durch ihn kann ich sprechen. Mit meinen Händen mache ich Gesten. Um zu arbeiten, zu spielen und mich auszudrücken, benötige ich meine Arme, Beine und andere Teile meines Körpers. Verletzungen spüre ich als Schmerz; Berührungen bereiten mir Vergnügen. Fieber wiederum erzeugt Unbehagen. Je älter ich werde, um so mehr Aufmerksamkeit muss ich darauf verwenden, mich um ihn zu kümmern, ihm Nahrung zuzuführen und ihn ganz allgemein zu pflegen und in Schuss zu halten. Ich sage zwar, dass ich einen Körper habe; ich besitze ihn aber nicht in der gleichen Weise wie ich ein Fahrrad oder ein Auto besitze. Er dient nicht nur einfach einem Zweck. Mein Körper ist bis zu einem gewissen Grade Ich. Wenn andere ihn sehen, so sehen sie mich und nicht nur meinen kostbarsten Besitz.

Genauso offensichtlich haben wir auch einen Geist – vielleicht nicht unbedingt jeder, mit dem ich je zu tun hatte, aber doch die meisten von uns. Wir fühlen Schmerz und Vergnügen. Wir erfahren innerlich Freude und Leid. Wir denken, überlegen, reflektieren, träumen und hegen Hoffnungen für die Zukunft. Wir empfinden die unterschiedlichsten Sinnesreize. Die Farben, Töne und Gerüche, die ich wahrnehme, können aufregend und großartig sein. Ich hege Gedanken und habe ständig Ideen. Kurz: Ich besitze einen Geist.

Wenn ich sage, ich habe einen Geist, so ist diese Form des Habens nicht gleichzusetzen mit dem Haben einer Gitarre. Die Gitarre besitze ich, genauso wie mehrere Paar Schuhe, meinen Computer oder auch meinen Hund. Meinen Geist *besitze* ich aber nicht. Ich *bin* vielmehr irgendwie dieser Geist. Wenn Sie meinen Geist kennenlernen, so lernen Sie gleichzeitig mich kennen.

Der Geist ist das wahre Selbst, nicht aber jene körperliche Gestalt, auf die du mit deinem Finger zeigen kannst.

Cicero

 Doch einen Augenblick. Wenn ich mein Geist bin und mein Körper irgendwie mit mir identisch ist und außerdem mein Geist sich von meinem Körper unterscheidet, wie passt das alles dann zusammen? Die Vertreter des Dualismus sind der Ansicht, dass wir aus verschiedenen Teilen bestehende Wesen sind – teils Geist, teils Körper. Es gibt einen körperlichen sowie einen geistigen Teil von Tom Morris, die beide zusammen mich ergeben.

Plato dachte, dass unser Wesen unser Geist wäre und dass wir für die Spanne unseres Lebens nur in unserem Körper gefangen seien. Wir (d.h. unser Geist) existierten schon vor unserer Ver-Körperung als Menschen aus Fleisch und Blut und werden auch noch dem Tode unseres Körpers weiter bestehen. In seinen Dialogen erscheint Sokrates dementsprechend als ein Mensch, der dem Tode freudig entgegen sieht wie etwas, das ihn aus seiner physisch-körperlichen Einkerkerung befreien wird.

 Querschnittsgelähmte Menschen fühlen sich sicher in ihrem Körper oft wie Gefange-ne. Wenn wir altern, so mögen wir manchmal das Gefühl haben, dass das Gesicht, das uns im Spiegel anblickt, ein uns fremdes ist. In seinen letzten Lebensjahren sagte mein Vater oft, dass der Kontrast zwischen dem Aussehen seines Spiegelbildes und dem Gefühl, das er beim Blick in den Spiegel hatte, ihn sehr häufig verblüffen würde. Er sagte, dass er sich immer noch so fühlen würde, als wäre er erst neunzehn. Sein Gesicht aber, das ihm im Spiegel entgegen blickte schaute aus wie fünfundsechzig. Er fühlte sich, als wäre er auf einem sinkenden Schiff gefangen.

In Momenten der Krankheit sind wir plötzlich genötigt einzugestehen, dass wir nicht alleine leben, sondern an ein Wesen aus einer anderen Sphäre gebunden sind, von dem uns Welten trennen, das von uns keinerlei Kenntnis besitzt und dem wir uns unmöglich verständlich machen können: unser Körper.

Marcel Proust (1871-1922)

Descartes, der Vater der modernen Philosophie, sagte, dass wir auf ganz andere Weise zu unserem Körper in Beziehung stehen als der Kapitän zu seinem Schiff. Wir steuern nicht nur von Punkt A nach Punkt B. Wir verfügen zusätzlich noch über eine nach innen gerichtete Perspektive. Zwischen Geist und Körper besteht eine intime Verbindung, die nicht ganz einfach zu beschreiben ist, die wir aber doch unmittelbar begreifen. Wie steht unser Geist mit unserem Körper in Verbindung? Sind es wirklich zwei verschiedene Formen von Seiendem, oder sind beide vielleicht auf einer tieferen Ebene Eins? Stehen sie in Wechselwirkung miteinander oder nicht? Repräsentiert der Geist eine höhere Form der Realität als der Körper, oder ist dies bloß eine Täuschung vermöge der neuralen Aktivität eines ausgesprochen stofflichen Gehirns?

Theorien zum Körper-Geist-Problem

Der Idealismus ist unter den Philosophen ein wenig aus der Mode gekommen, da es keine zwingenden Argumente für die Vorstellung zu geben scheint, dass nichts weiter als der Geist und seine Ideen existiere. Dennoch ist es so, dass die Physik der letzten einhundert Jahre immer mehr Indizien gesammelt hat, die darauf hindeuten, dass die Natur doch nicht aus den gewohnten stofflich-physikalischen Objekten besteht, wie wir gewöhnlich annehmen, sondern dass ihr andere Seinsformen und Prozesse zugrunde liegen, die sich von denen in der Makrowelt doch sehr unterscheiden. Am Schluss könnte es darauf hinauslaufen, dass eine materialistische Theorie der Welt, die all die neuen Erkenntnisse in sich aufnehmen würde, sich zumindest in einigen Hinsichten von einer bestimmten Art des Idealismus nicht mehr unterscheiden würde. Das sei hier allerdings nur am Rande erwähnt.

 Die Kernaussage des Materialismus als Theorie über das Wesen des Menschen sagt, dass wir unsere Körper sind und sonst nichts. Es existiert kein nicht stofflicher Geist, keine Seele, keine Gedanken oder Gefühle. Das einzig Existierende beim Menschen ist seine stoffliche Körperlichkeit und gewisse physiologische Vorgänge in ihm.

Es gibt verschiedene Versionen des Materialismus, die für den akademischen Philosophen von Interesse sind. Der *eliminative Materialismus* behauptet, dass es so etwas wie Gedanken oder Schmerzen nicht gibt. Existieren würden alleine das Gehirn und neuronale Ereignisse. Der *reduktive Materialismus* dagegen lässt die Existenz von Gedanken und Empfindungen zu; für ihn sind sie aber identisch mit neuralen Vorgängen, Zuständen und Prozessen. Darüber hinaus gibt es noch Abwandlungen des Materialismus wie z.B. die analytische Verhaltenstheorie, um die wir uns jedoch nicht weiter kümmern werden. Für unsere Belange ist es ausreichend, wenn wir uns nur mit der zentralen Behauptung des Materialismus auseinandersetzen, dass wir nämlich nichts weiter als Stoffansammlungen seien, wenn auch besonders interessante, die noch dazu über beträchtliche Intelligenz verfügen.

Der Dualismus hingegen ist von anderer Art. Es gibt im Wesentlichen drei verschiedene geschichtliche Versionen des Dualismus, die es durchaus wert sind, dass wir sie im Detail vorstellen.

Interaktionismus

 Der Interaktionismus ist die verbreitetste Form des Körper-Geist-Dualismus. Er ist diejenige metaphysische Theorie, die zu den festen Überzeugungen der meisten Menschen gehört, ohne dass diese aber jemals etwas von philosophischer Spekulation gehört haben müssten. Der Interaktionismus behauptet, dass Geist und Körper zwei getrennte Formen von Seiendem seien, die ursächlich aufeinander wirken können und dies auch tatsächlich tun. Bestimmte körperliche Funktionen verursachen geistige Zustände, wie auch umgekehrt gilt, dass die Befindlichkeit des Geistes auf den Körper zurückwirkt.

Der Mensch ist sich selbst das wunderbarste Wesen der Natur, denn was sein Körper sei, das vermag er nicht zu sagen, noch weniger aber, was denn sein Geiste sei, am

wenigstens jedoch ist ihm erklärlich, wie der Körper denn mit dem Geiste zusammen-wirken solle.

Pascal

Ein geistiges Ereignis kann zu einem körperlichen Ereignis führen. Jemand kann sich dazu entschließen, mich unvermuteterweise am Arm zu berühren. Dieses geistige Ereignis, nämlich die Entscheidung, dies zu tun, kann die reale körperliche Handlung des mich Berührens zur Folge haben. Entsprechend wird das reale Ereignis auch ein geistiges Ereignis in mir auslösen, und zwar die je nach dem positive oder negativ erlebte Empfindung, dass ich berührt werde.

Epiphänomenalismus

 Eine andere Form des Dualismus ist der Epiphänomenalismus. Innerhalb dieses Theorierahmens ist der Geist ein Epiphänomen, d.h. ein Nebenprodukt des Körpers und seiner Prozesse. Entgegen allem Anschein kann der Geist selbst dabei keine körperlichen Reaktionen verursachen. Es ist aber durchaus möglich, dass der Körper auf die Zustände des Geistes wirkt. Die Berührung eines Menschen kann also nach der epiphänomenalistischen Theorie einen angenehmen Gemütszustand erzeugen. Die Ursache für die Handlung des Berührens kam jedoch nicht durch eine im Geist zu lokalisierende Entscheidung oder Absicht zustande, sondern ist nichts weiter als ein Effekt bestimmter neuronaler Muster. Die Entscheidung ist demnach ein Nebenprodukt eines körperlichen Prozesses, bei dem ein neuronales Ereignismuster ein anderes erzeugt, welches schlussendlich in die Handlung mündet, dass ein anderer Mensch berührt wird.

Worin besteht die Motivation, die epiphänomenalistische Theorie für wahr zu halten? Ist es nicht mehr als offensichtlich, dass unsere Gedanken, Entscheidungen und Absichten die Ursache von körperlichen Reaktionen sein können? Selbst eine einfache Empfindung kann schon eine Reaktion des Körpers auslösen. Stellen Sie sich nur vor, wie Sie von einer Biene gestochen werden. Was ist der Grund dafür, dass Philosophen die Existenz des Geistes zwar anerkennen, aber dennoch bestreiten, dass er auch als Ursache auf den Körper wirken kann?

Früher glaubten die Menschen fest daran, dass die Erde eine flache Scheibe sei. Von einer Sache fest überzeugt zu sein, führt einen aber noch nicht auf den Weg der Wahrheit. Es mag uns zwar durchaus offensichtlich erscheinen, dass geistige Zustände physische Handlungen auslösen; stimmen muss dies deswegen aber noch lange nicht. Es gab Philosophen, die die unbestreitbare Existenz von Erfahrungen des Geistes nicht bestreiten konnten und die daher an den Dualismus glaubten. Zur selben Zeit aber waren sie der Meinung, dass aufgrund der Erkenntnisse der Wissenschaften natürliche physikalische Systeme wie das stoffliche Universum geschlossene Systeme sein müssten, bei denen keinerlei ursächliche Einwirkung von außen möglich ist. In der Überzeugung, dass alle physikalischen Ereignisse auch physikalische Ursachen haben, womit gleichzeitig auch sichergestellt ist, dass Ereignisse in der stofflichen Welt prinzipiell auch wissenschaftlich erklärbar sind, wurden diese Philosophen schließlich zu Epiphänomenalisten.

Parallelismus

 Einige wenige Vertreter der dualisitischen Theorie haben nicht nur die Möglichkeit verneint, dass der Geist ursächlich auf den Körper wirken könne, sondern auch den umgekehrten Fall, dass körperliche Zustände eine Veränderung geistiger Zustände bewirken, beispielsweise, dass Verletzungen des Körpers Schmerzen auslösen. Ebensowenig sind Lichtstrahlen die Ursache dafür, dass wir etwas sehen, noch sind Schallwellen der Auslöser von Hörempfindungen. Damit dies überhaupt möglich und denkbar ist, nehmen sie an, dass zwischen dem Körperlichen und dem Geistigen eine vorgängige Ordnung, eine Art *prästabilisierte Harmonie* durch Gott (eine besonders der Philosophie von Gottfried Wilhelm Leibniz eigene Vorstellung) oder einem anderen metaphysischem Prinzip herrscht. Die Ereignisse, bei denen der Körper und der Geist beteiligt sind, laufen zwar parallel zueinander ab, sie treten aber nie in Wechselwirkung miteinander.

Der Grund für diese Vorstellung liegt oft wiederum in einer wissenschaftlichen Anschauung der Welt begründet. Damit die Natur als geschlossenes System nicht gefährdet wird und das Prinzip der Energieerhaltung in physikalischen Systemen nicht verletzt wird, bestreitet der Parallelismus die Existenz einer ursächlichen Energie, die diese Trennung zwischen Körper und Geist überschreiten könnte. Der Parallelismus ist der Ansicht, dass ein Vorteil dieser Theorie darin besteht, dass man so die rätselhafte ursächliche Verbindung zwischen Körper und Geist vermeiden könne, deren Zustandekommen wir noch gar nicht verstanden hätten. Der Parallelismus erlaubt lediglich, dass geistige Zustände Ursache für andere geistige Zustände sind und dass eine körperliche Reaktion eine andere verursachen kann. Diese Theorie ist geeignet, das Problem der Existenz einer Schnittstelle, an der die unterschiedlichen Seinsformen von Körper und Geist über eine ursächliche Beziehung den Abgrund zwischen ihnen überbrücken, zu vermeiden.

Einengung der Wahlmöglichkeiten

Wir wollen wissen, wer wir sind. Worin besteht unser Wesen? In Kapitel 14 werden die wichtigsten Argumente angeführt, die uns bei der Beantwortung dieser Fragen helfen können. In diesem Abschnitt wollen wir jedoch das Feld ein wenig einengen.

Die meisten Anhänger des Dualismus sind Interaktionisten, d.h. sie glauben, dass sowohl der Geist ursächlich auf den Körper wirkt als auch an den umgekehrten Fall, dass der Körper den Geist beeinflusst. Der Parallelismus dagegen ist einfach eine zu absonderliche Theorie, da es letztendlich nicht zu erklären ist, wie der Geist und die stoffliche Welt ohne jede Wechselwirkung miteinander in vollkommen getrennten Welten existieren können. Die Vorstellung, dass es sich entweder um eine ständig bestehende zufällige Übereinstimmung handelt oder um eine bis ins Kleinste hinein wirkende göttliche Harmonie, scheinen beide gleichermaßen unschlüssige Hypothesen zu sein, um die vollkommene Parallelität von geistiger und stofflicher Sphäre zu erklären. Dazu kommt noch, dass der Parallelismus unserer tiefen Überzeugung zuwiderläuft, dass wir ohne Zweifel Veränderungen in der Welt der materialen Gegenstände kraft der Entscheidungen und Absichten unseres Geistes bewirken können. In Kapitel 14 werden wir uns deshalb mit dem Parallelismus nicht weiter auseinandersetzen.

Der Epiphänomenalismus vermag durchaus unsere Überzeugung in seine Theorie zu integrieren, dass körperliche Zustände vielerlei Arten von Erfahrungen auszulösen vermögen. Genau wie der Parallelismus versagt er aber, wenn es darum geht, eine Erklärung dafür zu finden, dass wir doch offensichtlich in der Lage sind, einen Entschluss auch in die Wirklichkeit umzusetzen. Die meisten Anhänger der Theorie des Dualismus würden nur dann bereit sein einzugestehen, dass der Geist nur auf sich selbst bezogen ist, wenn sie dazu genötigt würden. Es gibt aber gar keinen überzeugenden Grund, die Anhänger des Dualismus zu dieser Haltung zu zwingen. In Kapitel 14 werden wir also auch die epiphänomenalistische Version der Theorie des Dualismus nicht weiter beachten. Wenn wir nach der Wahrheit des Dualismus fragen, so werden wir dabei im Sinn behalten, welche Sichtweise die Menschen üblicherweise vertreten, nämlich einen ausgeprägten Interaktionismus.

In ähnlicher Weise brauchen wir uns bei der Diskussion der Vor- und Nachteile des Materialismus als einer Theorie vom Wesen des Menschen nicht mit der Vielzahl von existierenden Versionen dieser Theorie herumzuschlagen. Für die meisten von uns spielt es einfach keine Rolle, ob die analytische Verhaltenstheorie Recht hat mit ihrer Behauptung, dass die Sprache, die geistige Vorgänge wiedergibt, semantisch im Sinne von Sprache über bestimmtes Verhalten analysiert werden kann. Wir wollen wissen, ob wir Seelen haben oder nicht. Sind wir mehr als bloß komplizierte organische Maschinen? Selbst die Unterschiede zwischen eliminativem und reduktivem Materialismus stehen somit nicht im Zentrum unserer Überlegungen. Sind wir nur aus Stoff gemacht, oder bestehen wir noch aus etwas anderem? Dies ist die einfache Kernfrage unserer andauernden Erkundung des Problems von Körper und Geist in Kapitel 14.

Argumente für den Materialismus

In diesem Kapitel

▶ Die Argumente für den Materialismus

▶ Die positiven Argumente des Materialismus

▶ Die Kritik des Materialismus am Dualismus

▶ Allgemeine Beurteilung des Materialismus

Es gibt ein Schauspiel, das großartiger als das Meer ist, nämlich der Himmel; großartiger noch als der Himmel aber ist das Innere der Seele.

Victor Hugo

Die Welt der Intellektuellen ist heutzutage zwischen den Anhängern des Materialismus und denen des Dualismus geteilt. Einige sehr kluge Wissenschaftler behaupten, dass wir Menschen nichts weiter seien als aus Materie bestehende Organismen, die sich aus sehr viel primitiveren Formen von Leben entwickelt hätten, und dass das ganze Reich des Geistigen sozusagen bloß ein neuronaler Schatten sei, der gleichsam von der Aktivität des Gehirns geworfen werde. Andere wiederum widersprechen dem vehement und behaupten, dass wir dualistische Wesen seien, deren stoffliche Seite eine ganz andere Art von Wirklichkeit verkörpere und repräsentiere, nämlich die geistige oder spirituelle, die letzten Endes die wichtigere Dimension unserer Existenz darstelle.

Die Körper-Geist-Debatte dauert nun schon Jahrtausende an. Wir sollten bei diesem Thema jedoch nicht leichthin mit den Achseln zucken und sagen: »Nun, ich gebe auf. Das ist mir zu schwierig. Überlassen wir die Lösung des Problems doch einfach den Experten.« Denn: Diese Frage zielt genau auf den Kern dessen, wer wir sind. Sind wir mehr als nur unser Körper oder ist dem nicht so? Sind wir freie, schöpferische Menschen, die in die stoffliche Welt hinein wirken können, oder sind wir bloß komplizierte, durch unsere ererbten Anlagen und unsere Umwelt vollständig programmierte organisch-organismische Maschinen? Gibt es Wege, Wissen zu erlangen, die über diejenigen an physische Signale gebundenen hinausgehen, oder sind wir auf die Informationen beschränkt, die wir über unsere recht groben Sinne aufnehmen? Gibt es etwas, das nach dem Tode weiter bestehen bleibt, oder ist der Tod das Ende eines Menschen als Person? Sind diese Fragen unsere Aufmerksamkeit wert? Nun, darauf können Sie wetten!

Die Antwort auf die Frage nach dem Wesen des Menschen wird man nicht unbedingt bei den Experten finden, da jeder Ihnen etwas anderes erzählen wird, egal wie intelligent oder aufrichtig er oder sie auch immer sein mag. Was sollen wir also tun? Wir müssen es wohl selbst herauszufinden versuchen. Wie sollen wir das aber schaffen, wenn selbst Nobelpreisträger sich bisher noch nicht haben einigen können? Vielleicht ist es ja so, dass sie irgendwo einen blinden Fleck in ihrem wissenschaftlichen Denkansatz haben; auch ist es möglich, dass ein Vorurteil ihnen die Sicht auf die Lösung eines philosophischen Problems verstellt. Vielleicht haben nun aber *Sie* ja gerade nicht diese besondere, Ihnen den Blick verstellende Blockade. Woher Sie das wissen können? Nun, indem Sie einfach mal versuchen, sich auf die Fragen der Philosophie einzulassen. In diesem Kapitel werden wir uns mit den wichtigsten Argumentationslinien der beiden Haupttheorien zum Körper-Geist-Problem befassen, und ich werde Sie darum bitten, Ihren eigenen Verstand bei der Entscheidung über das Für und Wider einzusetzen.

Niemand kann ein großer Denker werden, solange er nicht einsieht, dass die erste Tugend eines Denkers die ist, seinem Verstand zu folgen, egal zu welcher Schlussfolgerung er ihn auch führen mag.

John Stuart Mill (1806-1873)

Die positiven Argumente

Der Materialismus führt für die Richtigkeit seiner Theorie sowohl positive als auch negative Argumente ins Feld. Die positiven Argumente sollen die These untermauern, dass der Mensch nichts weiter als ein stoffliches Wesen ist. Seine negativen Argumente stellen eine Kritik am Dualismus dar, der hartnäckigsten Alternative zum Materialismus. Um zu verstehen, warum man zur materialistischen Auffassung neigen kann und wieso der Materialismus glaubt, mit Hilfe seiner Argumente andere überzeugen zu können, müssen wir uns mit beiden Arten von Argumenten befassen. Zunächst wende ich mich den positiven zu.

Das Mensch-ist-ein-Tier-Argument

Dieses Argument geht von der einfachen Behauptung aus, dass wir uns erstens evolutionär aus Tieren entwickelt haben, wodurch wir selbst nichts anders als Tiere sind. Dazu kommt noch, dass wir uns letztlich, wenn man noch weiter in der Zeit zurückgeht, aus einfachen organischen Lebensformen entwickelt haben, die offensichtlich über keinen Geist und keine sich ihrer selbst bewussten Seele verfügt haben können. Daraus folgert der Materialismus, dass wir als die Nachkommen dieser frühen Lebensformen sehr wahrscheinlich auch über keinen Geist und keine Seele verfügen. Aus Materie entsteht nur weitere Materie. Stoff kann nur weiteren Stoff erzeugen. Wenn die Evolutionsbiologie Recht hat, dann sind wir nicht mehr als bloß hochentwickelte biologische Lebensformen und sonst nichts. Soweit die Behauptung des Materialismus.

Einige Vertreter der Theorie des Dualismus stoßen sich an der Tatsache, dass der Mensch so viel mit den Tieren gemeinsam hat. Descartes war der Ansicht, dass der Mensch eine Seele habe, dass aber die Tiere keine besäßen. Wäre dies doch der Fall, so würde das natürlich einen großen Unterschied bedeuten. Für Descartes war der Geist, bzw. die Seele, gleichsam das Theater des Bewusstseins. Wie kann es dann aber sein, dass manche Tiere ganz offensichtlich das Vermögen besitzen, Schmerz und

Freude zu empfinden? Denken Sie nur daran, wie Ihr Hund reagiert, wenn Sie ihm seinen Bauch kraulen oder an sein Geheule und Gewinsel, wenn er sich verletzt hat. Wenn die Seele wirklich die Bühne ist, auf der sich die Empfindungen des Bewusstseins abspielen, so scheint es oft so zu sein, dass Tiere eine Seele haben müssen. Wenn man aber andersherum argumentiert, so kann man mit gleichem Recht behaupten, dass die Annahme, ein Hund sei nichts anderes as ein biologischer Organismus, ein Grund dafür ist, der Überzeugung zu sein, dass der Mensch trotz seines inneren Reichtums und der Verwickeltheit seines Gemütes doch auch nichts weiter als eine Erscheinungsform der auf seine reine Körperlichkeit beschränkten kreatürlich-organismischen Existenz darstellt.

Was ist nun, wenn die evolutionsbiologische Theorie stimmt? Ist es nicht trotzdem möglich, dass wir Eigenschaften besitzen, die unseren Vorfahren fehlten? Mein Sohn hat lockiges Haar, ich dagegen nicht. Mein Vater hatte eine Glatze, ich hingegen bin nicht damit geschlagen. Natürlich wird der Materialismus hier einwenden, dass die Behauptung, einen nicht stofflichen Geist zu besitzen, etwas ganz anderes ist als mit oder ohne einen Lockenkopf auf die Welt gekommen zu sein, da der Geist einer ganz anderen metaphysischen Ebene entstammt.

Das Argument des Materialismus können wir hier in dem Bild zusammenfassen, dass ein Fluss immer den Berg hinunter fließt, niemals aber hinauf. Es gilt nun aber auch, um im Bilde zu bleiben, dass weder Wasserstoff noch Sauerstoff alleine nass sind. Führt man sie jedoch auf die richtige Weise und im richtigen Verhältnis zusammen, so entsteht wie von Geisterhand die Eigenschaft »Nässe«. Eigenschaften, die nur dann auftreten, wenn verschiedene Teile miteinander kombiniert werden, lassen sich überall finden. Kein einzelner Bildpunkt einer Fotographie miener Frau sieht aus wie meine Frau. Nimmt man aber ausreichend viele und fügt sie aneinander, so erscheinen schon bald ihre charakteristischen Züge.

 Es könnte ja durchaus auch so gewesen sein, dass mit fortschreitender Komplexität des Lebens auf Erden einige Lebensformen plötzlich die Fähigkeit entwickelten, Erfahrungen zu sammeln, sich ihrer Umwelt bewusst zu werden sowie alle anderen damit einhergehenden höheren geistigen Funktionen in sich zu vereinen. Meine ich hiermit, dass natürliche Zustände des Nervensystems den Geist erzeugen? Nein, durchaus nicht. Es könnte jedoch so sein, dass, wenn ein aus Materie aufgebautes System nur hinreichend komplex genug wird, dass es dann in die Lage versetzt wird, die Funktion eines Geistes zu generieren, d.h. zu erzeugen. Eine geringfügigere oder irgendwie ungeeignete Komplexität reicht hierfür einfach nicht aus. Wenn nun eine Eigenschaft aus Teilen erzeugt werden kann, die diese Eigenschaft als Teile noch nicht besitzen, dann müsste es auch möglich sein, dass die Bedingungen für die Erschaffung geistiger Funktionen aus der natürlichen evolutionären Entwicklung hin zu immer neuen, wenn auch zu Anfang äußerst einfachen Lebensformen abgeleitet werden können. Das Erstaunlichste dabei ist, dass dieser Vorgang am Ende uns hervorgebracht hat.

Der Mensch, wie wir ihn kennen, ist eine armselige Kreatur. Er ist jedoch auf halben Wege zwischen Affe und Gott, und er bewegt sich in die richtige Richtung.

Dean William Ralph Inge (1860-1954)

Das Argument: Künstliche Intelligenz

Das folgende Argument ist dem schon erwähnten Mensch-Tier-Argument ziemlich ähnlich. Wir bauen immer kompliziertere Computer, von denen einige heute schon so weit entwickelt sind, dass sie selbständig lernen können, indem sie ihr Programm in Abhängigkeit von eingehenden Informationen ständig ändern. Es ist durchaus nicht abwegig sich vorzustellen, dass es irgendwann in der Zukunft einmal möglich sein wird, einen Supercomputer zu bauen, der das menschliche Gehirn so täuschend echt nachzuahmen vermag, dass sein Verhalten ununterscheidbar von dem eines intelligenten Menschen mit all seinen Bewusstseinsfunktionen sein wird. Der Computer selbst wird nichts weiter sein als ein aus Materie bestehendes Ding. Da er aber über dieselben »geistigen« Funktionen verfügen wird wie wir auch, so folgt, dass auch wir nichts anderes sind als aus Materie bestehende Objekte.

 Dieses Argument hat nun jedoch die gleichen Schwächen wie das vorhergehende. Der Dualismus würde hier einwenden, dass es eine Form der Voreingenommenheit ist zu denken, dass nur bestimmte auf dem Element Kohlenstoff aufbauende Lebensformen zu geistigen Leistungen in der Lage sind. Es könnte vielmehr so sein, dass es nur einer ausreichenden Komplexität eines Systems bedarf, damit dieses auch zu geistigen Fähigkeiten imstande ist, sei es, dass der Geist auf natürliche Weise diesem System entspringt oder mit dem System derart verbunden ist, dass dessen sich einstellende Eigenschaften als passender Träger einer geistigen Funktionseinheit dienen können. Der Materialismus argumentiert also folgendermaßen:

1. Der weit entwickelte Supercomputer ist in seinem Verhalten von einem Menschen nicht zu unterscheiden.

2. Der Supercomputer hat keinen Geist; daher gilt:

3. Der Mensch besitzt auch keinen Geist.

Der Dualismus antwortet darauf:

1. Der weit entwickelte Supercomputer ist in seinem Verhalten von einem Menschen nicht zu unterscheiden.

2. Der Mensch besitzt einen Geist; daher gilt:

3. Der Supercomputer muss auch einen Geist haben.

Natürlich könnte der Dualismus auch argumentieren, dass es, wenn schon kein Unterschied im Verhalten, so doch zumindest einen Unterschied hinsichtlich des metaphysischen Status' zwischen dem hypothetisch angenommenen Endprodukt der Forschung über künstliche Intelligenz und unserem Geist, bzw. gar unserer Seele gibt. Wir wollen hier aber lediglich herausstellen, dass das Argument des Materialismus nicht funktioniert, und im Folgenden nicht weiter darauf eingehen.

Das Argument: Biochemie des Gehirns

Wir nehmen wahr, dass der Geist sich mit dem Körper entwickelt und mit diesem vergeht.

Lukrez (materialistischer Philosoph der Antike)

Das Argument Biochemie des Gehirns, das die Richtigkeit des Materialismus untermauern soll, besagt, dass unser zunehmendes Wissen über das Gehirn und seine Funktionen uns dazu gebracht hat, geistige Zustände, die früher dem psychologischen Bereich zugeordnet wurden, doch eher als physiologisch, als stoffwechselbedingte Zustände des Gehirns zu begreifen. Jedes Jahr gelingt es uns mehr und mehr, Krankheiten, die früher als psychologisch bedingt gegolten haben, mit Hilfe von Medikamenten und anderen Stoffwechseltherapien zu behandeln. Wenn die Stimmung eines Menschen, sein emotionaler Zustand und seine kognitiven Funktionen durch die Menge seines Schlafes, die Art seines Essens und die Frage, ob sein Körper auch die richtige Menge bestimmter Hormone und anderer Substanzen produziert, beeinflusst werden können, dann, so schlussfolgert der Materialismus, muss der menschliche Geist nichts weiter als ein elektrochemisches System sein.

Das Argument lässt sich mit der Aussage vergleichen, dass die Aufgabe der lange bestehenden Vorstellung, dass Krankheiten durch Flüche, Dämonen oder Hexenzauber zustande kommen, es erst ermöglicht hat, sie als Folgen einer Infektion mit Bakterien oder Viren zu begreifen. Auf ähnliche Weise begreifen wir erst jetzt, dass das ganze Reich des Geistigen ursprünglich biochemisch-stofflicher Natur ist.

Es stimmt, dass geistige Funktionen von chemischen Zuständen des Gehirns abhängig sind. Betrachten Sie aber mal die folgende Analogie: Wenn meinem Auto mitten auf der Autobahn das Benzin ausgeht, so wird es liegen bleiben. Gleichzeitig jedoch auch ich, obwohl ich etwas anderes bin als mein Auto. Ich bestehe noch nicht einmal aus dem selben Material. Dennoch bin ich von seinen (mechanischen) Zuständen und seinem einwandfreien Funktionieren betroffen. Wenn es schnell oder langsam fährt, bewege auch ich mich schnell oder langsam; wenn es ein Problem hat, habe auch ich eines. Nichtsdestotrotz bin ich aber eine von meinem Auto sich unterscheidende Seinsform.

 Der Geist wird durch das Gehirn beeinflusst; sein Zustand hängt vom Funktionieren des Gehirns ab. Daraus folgt aber nicht zwangsläufig, dass der Geist aus demselben Stoff wie das Gehirn besteht. Der Dualismus kann folgern, dass dieser Zusammenhang nur die unbestreitbar enge Verbindung von Geist und Gehirn bezeugt. Dieses Argument des Materialismus ist wie die anderen unschlüssig und letztendlich nicht überzeugend für jemanden, der nicht schon an die Richtigkeit der materialistischen Theorie glaubt.

Die negativen Argumente

In den vorangehenden Abschnitten habe ich die typischen positiven Argumente des Materialismus aufgezählt. Es ist aber interessant, dass die meisten Argumente, die der Materialismus für die

Richtigkeit seiner Theorie anführt, in der Kritik an der dualistischen Theorie bestehen. Ich nenne diese Argumente negativ. Ein Beispiel für ein solches negatives Argument finden Sie gleich im nächsten Abschnitt.

Das Überflüssigkeitsargument

Dieses Argument behauptet, dass der Dualismus für ein vollständiges Verstehen und Erklären des menschlichen Verhaltens unnötig und überflüssig sei. Das Argument behauptet weiter, dass jede Theorie, die sich als unnötig und überflüssig erweist, zurückgewiesen werden müsse. Für den Materialismus ergibt sich daraus die Falschheit des Dualismus.

 Das Argument geht von folgenden Annahmen aus: Wir akzeptieren die Existenz von bisher unbekanntem Seienden nur, wenn die Annahme, dass solches Seiendes auch tatsächlich existiert, für die Erklärung der Existenz von Dingen und Phänomenen, die wir auch wirklich kennen und sehen können, notwendig ist. In der Vergangenheit ist die Existenz der unterschiedlichsten Elementarteilchen von Forschern ursprünglich oft deswegen angenommen worden (und später dann sehr häufig auch experimentell bewiesen worden), weil mit ihrer Hilfe das Verhalten und die Existenz anderer subatomarer Systeme und Phänomene erklärt werden konnte, die wir mit unseren Geräten beobachten und messen können. Genauso ist auch die Existenz so mancher Himmelskörper durch theoretische Schlussfolgerung noch vor ihrer eigentlichen Beobachtung postuliert worden. Sogenannte *Perturbationen*, unregelmäßige Bewegungen von Sternen oder Planeten, können oft nur durch die Existenz eines anderen bisher von uns noch nicht beobachteten Himmelskörpers erklärt werden. Da dessen Existenz ein notwendiger Bestandteil der besten verfügbaren Erklärung dieses Phänomens ist, ist es vernünftig und gerechtfertigt, die Existenz dieses noch unbekannten Körpers auch anzunehmen.

Der Materialismus folgert entsprechend, dass die Annahme der Existenz eines nicht stofflichen Geistes nicht notwendig ist, um das menschliche Verhalten hinreichend zu erklären. Aus diesem Grunde, weil es kein notwendiger Teil der wissenschaftlichen Erklärung ist, ist es unvernünftig, an die Existenz des Geistes zu glauben. Jeder vernünftige Mensch müsse dementsprechend den Dualismus zurückweisen und den Materialismus akzeptieren.

 Dieses Argument wirft allerdings zwei Probleme auf. Zunächst einmal ist es noch keinem Materialisten gelungen, zwingende Gründe oder Beweise für die Annahme anzuführen, dass es möglich ist, das menschliche Verhalten hinreichend wissenschaftlich zu erklären, ohne dass man gleichzeitig annimmt, dass der nicht stoffliche menschliche Geist auch existiere. Im Moment existiert einfach noch keine solche vollständige Theorie. Die Behauptung des Materialismus, es werde aber in Zukunft einmal eine solche geben, entspringt doch wohl eher Wunschdenken oder zumindest einer optimistischen Haltung, die man nicht unbedingt teilen muss. Eine noch nicht existierende Theorie kann keine schon bestehende widerlegen. Dies ist die eine Schwierigkeit dieses Arguments.

Der zweite und wichtigere Einwand ist, dass, selbst wenn der Dualismus als wissenschaftlicher Erklärungsversuch überflüssig wäre – wen würde das kümmern? – seine Überflüssigkeit hat ja nichts mit den Gründen zu tun, warum man von seiner Richtigkeit überzeugt ist. Glauben Sie etwa, dass ich einen Verstand besitze, weil dies die beste wissenschaftliche Erklärung für mein intelligentes Verhalten ist? Warum glaube ich wohl, ich hätte einen Verstand? Oder warum glauben Sie, dass Sie einen haben? Bildet irgendjemand wissenschaftliche Erklärungen, die geeignet sind, unser Verhalten zu erklären, nur um zu seiner metaphysischen Überraschung herauszufinden, dass die Annahme einer theoretischen Wesenheit mit Namen »Geist« ein notwendiger Teil der Erklärung ist? Betrachte ich mich und stelle zu meinem Erstaunen fest, dass ich einen Geist habe?

Die Praxis beweist mehr als die Theorie.

Abraham Lincoln (1809-1865)

Ich weiß, dass ich einen Geist habe, nicht indem ich die Existenz eines solchen theoretisch postulieren müsste, sondern weil ich es auf ganz direkte Art und Weise weiß – ich habe ihn ganz einfach. Ich könnte noch nicht einmal beginnen, mir die Frage seiner Existenz zu stellen, ohne ihn nicht schon benutzt zu haben. Darauf kommt es aber letztlich noch nicht einmal an. Es spielt keine Rolle, ob eine Vorspeise für sich genommen ein schlechtes Essen darstellt, wenn niemals beabsichtigt war, sie den Gästen als eine vollständige Mahlzeit anzubieten. Genauso spielt es keine Rolle, welche Art von wissenschaftlichem Erklärungsversuch der Dualismus machen würde, solange der Kern des Dualismus dadurch überhaupt gar nicht angetastet wird. Der Dualismus ist eine philosophische Anschauung. Er ist eine metaphysische Theorie, die versucht, die Wirklichkeit des Lebens und unserer Erfahrung in der Welt zu erfassen, unabhängig davon, ob diese Theorie als wissenschaftliche Erklärung fungieren kann oder nicht.

Der Rätseleinwand

Das zweite negative Argument des Materialismus behauptet, dass wir zwei Dinge über den Dualismus nicht verstehen können:

✔ Das grundlegende dualistische Verhältnis von Körper und Geist, bei dem ein bestimmter Körper und ein bestimmter Geist einen Menschen ergeben.

✔ Das dualistische Prinzip der aufeinander wirkenden Verursachung – das Problem, wie so verschiedene Dinge wie der stoffliche Körper und der nicht stoffliche Geist aufeinander wirken können; wie geistige Zustände eine Veränderung auf der körperlichen Ebene auslösen können sollen und umgekehrt.

Was man nicht verstehen kann, an das kann man auch nicht glauben. Weil nun im Zentrum des Dualismus ein diese Theorie letztlich unglaubwürdig erscheinen lassendes Moment des Unerklärlichen bestehen bleibt (nämlich wie diese Verbindung von Körper und Geist zu denken ist), muss sie zurückgewiesen werden. So weit der Materialismus.

Lassen Sie uns im Folgenden zuerst mit der Behauptung beschäftigen, dass die vom Dualismus postulierte Verbindung von Körper und Geist, die zusammen einen Menschen formen sollen, ein zu großes Rätsel darstellt. Nach der Auffassung des Materialismus gibt es darauf keine Antwort, so dass diese Verbindung rätselhaft bleiben muss.

Ist mein Körper der stoffliche Gegenstand, den mein Geist besitzt? Liegt die gesuchte Verbindung zwischen beiden in einem Besitzverhältnis? Die Antwort darauf ist nein, weil Besitz ein soziales Verhältnis darstellt. Wir suchen nach einem tieferliegenden, metaphysischen Band. Wie steht es aber mit einem Verhältnis des Bewohnens? Mein Körper ist derjenige stoffliche Gegenstand, den mein Geist sozusagen bewohnt. Leider ist der Begriff des In-etwas-Wohnen zu sehr an Gegenständlichkeit gebunden, als dass er das stoffliche und das nicht stoffliche verbinden könnte. Nach den traditionellen dualistischen Beschreibungen des Geistes und der Seele befinden sich diese nicht im Raum und können somit auch nicht *in* meinem Körper anwesend sein.

Einige Vertreter des Dualismus haben versucht, das Problem mit Hilfe einer Analogie zu lösen. Danach ist mein Körper das Instrument oder Werkzeug, das mein Geist benutzt, um sich in der Welt auszudrücken. Da stellt sich natürlich die Frage, ob mein Geist nicht irgendeinen anderen stofflichen Gegenstand als Werkzeug benutzen könnte? Ist mein Körper wirklich nichts anderes als ein Instrument meines Geistes? Besteht nicht ein viel intimeres Verhältnis zwischen beiden? Wenn das so ist, wie sieht dieses Verhältnis aus? Der Materialismus sagt, dass es notwendigerweise immer geheimnisvoll bleiben muss.

Der Geist dient uns zur Herrschaft, der Körper ist unser Diener.

Sallust

Was ist auf dieses Argument zu erwidern? Nun, lesen Sie zunächst die folgenden Abschnitte, um zu sehen, worin der andere Vorwurf des Rätselhaften besteht.

Das zweite Rätsel betrifft das Problem, wie der Geist und der Körper auf ursächliche Weise aufeinander wirken können. Wie kommt der Materialismus darauf, dass wir das dem Dualismus eigene Problem der wechselseitigen Verursachung nicht lösen können? Die am häufigsten anzutreffende Antwort darauf ist, dass Körper und Geist sich in ihrem Wesen zu sehr unterschieden, als dass es für sie Möglichkeiten geben könnte, miteinander in ein kausales Wechselwirkungsverhältnis zu treten. Körper sind Objekte mit einer raum-zeitlichen Dimension, einer Masse und anderen physikalischen Eigenschaften, die dem nicht stofflichen Geist allesamt fehlen. Neuronale Ereignisse bestehen aus biochemischen Prozessen, die Zeit in Anspruch nehmen, an bestimmten Stellen des Gehirns ablaufen und außerdem in bestimmten physikalischen, ursächlichen Verhältnissen zu anderen neuronalen und körperlichen Ereignissen stehen. Mit nicht räumlichen, nicht chemischen und nicht elektrischen geistigen Ereignissen können diese im Nervensystem ablaufenden Prozesse kein Verhältnis eingehen. Die materialistische Theorie ist der Auffassung, dass die Behauptung des Dualismus, dass geistige Entscheidungen Nervenzellen dazu bringen können, elektrische Impulse auszusenden oder derartige Impulse zumindest »umzuleiten«, noch absurder ist, als zu sagen, dass eine auf einem Instrument gespielte Note – sagen wir C – einen Topf Suppe zum Kochen bringen kann. Die abstrakte begriffliche Vorstellung »Gleichheit« kann mir meine Schuhe einfach nicht zubinden. Abstrakte Vorstellungen und Schnürsenkel sind metaphysisch von derart verschiedener Provenienz, dass es keine ursächliche Verbindung zwischen ihnen geben kann. Genauso wenig, so lautet der Einwand des Materialismus, kann der Geist, wenn er denn existiert, Veränderungen in der körperlichen Welt bewirken oder umgekehrt.

Alle Dinge und Geschehnisse werden durch Ursachen bewirkt; es gibt nun aber Ursachen von zweierlei Art: Einmal Folgen, deren Ursprung in der Seele liegen und zum anderen Folgen, die verursacht werden durch ... die Umwelt.

Plotin (205-270)

Das in diesem Abschnitt behandelte Argument des Materialismus lässt sich reduzieren auf die Behauptung, dass, wenn der Dualismus Recht hätte, dass dann eine ursächliche Wirkung des Körpers auf den Geist (und umgekehrt) zu rätselhaft und unerklärlich wäre und daher höchstwahrscheinlich auch nicht auftreten würde. Wir können einfach nicht verstehen, wie so etwas möglich sein soll. Aus diesem Grund kann es diese Verursachung auch nicht geben.

Mindestens zwei Dinge an diesem Argument stimmen nun aber nicht. Was heißt es überhaupt zu verstehen, was Verursachung ist? Wenn es heißt, A habe B verursacht und wir verstehen wollen, was das bedeutet, dann gibt es nur zwei mögliche Erklärungen, auf die man verweisen kann:

1. Zum einen kann so sein, dass Dinge vom Typ A normalerweise B zur Folge haben und dass es sich im vorliegenden Fall um einen bestimmten Fall dieses allgemeinen Zusammenhangs handelt (Typ 1).

2. Die zweite Möglichkeit ist, dass A, durch die Herbeiführung von C, was wiederum zu B führte, die Ursache von B ist (Typ 2).

Wenn der Materialismus – mit seinen Einwänden gegen die vom Dualismus geforderte ursächliche Beziehung von Körper und Geist – der Ansicht ist, dass hinsichtlich eines ursächlichen Wirkungsverhältnisses von Körper und Geist keine Antwort vom Typ 1 gegeben werden kann, dann ist er prinzipiell im Unrecht. Wenn ich sage, dass meine Entscheidung, meinen Arm zu heben, die Ursache seines Hochschnellens ist, so kann ich diesen Fall von Verursachung dadurch erklären, dass ich mich auf das allgemeine Prinzip beziehe, nach dem die Entscheidung, einen Arm (oder ein Bein etc.) zu heben, typischerweise auch zu der beabsichtigten Bewegung führt, solange nichts anderes dazwischenkommt und die Ausführung der Handlung verhindert. Wenn nun aber der Materialismus der Ansicht ist, dass eine Erklärung nach Typ 2 auch nicht möglich sei, so irrt er sich ebenfalls. Meine Entscheidung, meinen Arm zu heben, war die Ursache dafür, dass er hochgegangen ist. Wie ist das möglich? Dadurch, dass durch meine Entscheidung bestimmte neuronale Ereignisse erzeugt werden, die wiederum muskuläre Prozesse verursachten, die schließlich in der Bewegung meines Armes gipfelten.

Wenn nun aber der Materialismus mit Bezug auf die gerade angestellte Überlegung darauf besteht, dass wir nicht erklären können, wie ein geistiges Ereignis ein körperliches verursachen kann, so steht dem Dualismus eine einfache Antwort zur Verfügung. Gemäß unserer letzten Überlegung können wir niemals eine Erklärung dafür finden, was es bedeutet zu sagen, dass ein Ereignis ein anderes verursacht. Es bleibt ein Rätsel. Sind Sie überrascht, das zu hören? Die einfache und verwirrende Wahrheit ist, dass es keine allgemein akzeptierte wissenschaftliche oder philosophische Erklärung der Kausalität gibt, die uns erlauben würde zu verstehen, was Kausalität wirklich ist. Wir wissen somit im Grunde nicht, was es heißt, dass ein Ding ein anderes verursacht. Daher ist der Dualismus in keiner schlechteren Position als alle anderen Theorien, die an irgendeine Art von Kausalität glauben.

Die letzte Schwäche des materialistischen Einwandes bezüglich der Rätselhaftigkeit der Verursachung – sowohl hinsichtlich der Verbindung zwischen Körper und Geist als auch hinsichtlich der geheimnisvollen Möglichkeit einer wechselseitigen Verursachung – ist die Behauptung, dass ein Rätsel an sich schon etwas Unglaubliches darstellt. Jeder, der sich auch nur im Entferntesten mit der modernen wissenschaftlichen Grundlagenforschung befasst, wird auf Schritt und Tritt mit rätselhaften Zusammenhängen und Entdeckungen konfrontiert. Allein die Tatsache, dass dieses Universum existiert, ist an sich schon ein Rätsel. Es ist ein nicht zu erklärendes Rätsel, warum die Menschheit so unterschiedliche Individuen hervorgebracht hat wie Mutter Theresa, Albert Einstein und Adolf Hitler. Es ist rätselhaft, dass gute Menschen zu sehr bösen Taten fähig sein können, genauso wie es rätselhaft erscheint, dass die von Menschen erfundene Mathematik auch noch die am schwersten zu verstehenden Phänomene der physikalischen Welt beschreiben kann. Anders als der Materialismus, der hierauf sagen würde »Rätselhaft, daher falsch«, bin ich bei solchen Dingen dazu geneigt zu vermuten, dass derartige Rätselhaftigkeit eher ein Ausweis der Realität in all ihrer Komplexität ist.

Das Rätselhafte ist nicht das Gegenteil der Vernunft, sondern seine aufrichtige Bestätigung: Die Vernunft führt unweigerlich zum Rätselhaften ... : das Rätselhafte und die Wirklichkeit sind zwei Seiten derselben Medaille.

Walt Whitman (1819-1892)

Das Problem der Existenz eines anderen Geistes

Das letzte Argument für die Theorie des Materialismus, das ich hier kurz anführen möchte, ist unter der Bezeichnung »Das Problem der Existenz eines anderen Geistes« bekannt. Es lautet folgendermaßen: Wenn sich der menschliche Geist vom Körper unterscheidet und wir im Kontakt mit anderen Menschen nur Zugang zu ihren Körpern mit seinen Funktionen haben, woher wissen wir dann, dass andere Menschen überhaupt über einen Geist verfügen? Die Menschen um uns herum könnten ja nichts weiter als intelligent konstruierte Roboter sein, die darauf programmiert worden sind, so wie ein normaler Mensch zu wirken. Wenn der Dualismus Recht hätte, so gäbe es eine unüberbrückbare Kluft zwischen dem, was wir im Umgang mit anderen Menschen erfahren und dem, was wir glauben, dass sie seien.

Als Argument gegen den Dualismus ist dies ein wenig dürftig, um noch das Geringste zu sagen. Die materialistische Theorie ist der Auffassung, dass hinter den direkt beobachtbaren körperlichen Verhaltensäußerungen einer Person komplexe innere neuronale Prozesse ablaufen, die für das, was wir sehen, verantwortlich sind. Woher weiß aber der Materialist, dass in den Köpfen der Leute in seiner Umgebung – etwa seinen Kollegen an der Universität – diese komplizierten neuronalen Abläufe passieren? Er hat genauso wenig direkten Zugang zu diesen Prozessen wie der Dualist zum nicht stofflichen Geist.

Zum Zweiten kann das Problem der Existenz eines anderen Geistes gewinnbringend auch einfach als eine Form des allgemeinen Skeptizismus gesehen werden, der sich ja auf eine Reihe von ganz gewöhnlichen uns allen gemeinsamen Überzeugungen bezieht. Als solches kann an dieses Problem entsprechend genauso herangegangen werden. Sie werden sich daran erinnern, dass wir uns in Kapitel 5 mit den Fragen des Skeptizismus beschäftigt haben, etwa: »Woher wissen wir, dass die Erinnerung jemals zuverlässig sein kann?«; oder auch: »Woher wissen wir, dass es jenseits unserer Sinneswahrnehmungen wirklich eine äußere Welt gibt?«; und schließlich: »Woher wissen wir, dass das Universum schon länger als drei Minuten existiert?«

Wie sah unsere Antwort auf die Fragen des Skeptizismus aus? Nun, unsere Antwort bestand in dem in Kapitel 6 erläuterten »Prinzip, Überzeugungen beizubehalten«. Ich habe dort behauptet, dass dieses Prinzip es vernünftig erscheinen lasse, die radikalen Hypothesen und Annahmen des Skeptizismus, die ansonsten große Bereiche unserer alltäglichsten Überzeugungen unterminieren würden, zurückzuweisen. Dieselbe Antwort kann auch hier gegeben werden.

Woher weiß ich, dass auch andere Menschen über einen Geist verfügen? Ich glaube ganz selbstverständlich daran, dass dem so ist. Dies sagen mir mein Instinkt und meine Intuition. Ich kann außerdem jede gegenteilige Behauptung auf vernünftige Weise zurückweisen, indem ich erneut dasselbe Prinzip in Anwendung bringe, das ich schon bei den anderen Fragen des Skeptizismus angewendet habe. Es gibt nichts, weswegen der Dualismus sich hier Sorgen zu machen brauchte.

Urteilsspruch zum Materialismus-Problem

Wenn eines Debattierenden Position nicht eindrücklich genug erscheint, so führt er viele Argumente ins Felde.

Talmud

Mir scheinen die üblichen Argumente für den Materialismus und gegen den Dualismus in sich nicht schlüssig zu sein. Ich muss zugeben, dass ich nicht unbedingt zum Materialismus tendiere, obwohl ich mein eigenes Denken doch sehr am Empirischen ausrichte. Außerdem versuche ich möglichst nicht leichtgläubig zu sein. Ich neige eher dazu, Dinge anzuzweifeln. Hier hat meine Grundeinstellung zur Folge, dass ich so meine Zweifel habe was den Materialismus anbelangt auch ungeachtet seiner jüngsten Popularität in Gelehrtenkreisen.

Argumente überzeugen Menschen selten, wenn sie ihren Neigungen zuwiderlaufen.

Thomas Fuller (1654-1734)

 Zunächst sollten Sie sich jedoch einmal die Argumente *für* den Dualismus anhören. Die Bevorzugung einer bestimmten Theorie kann uns auch in die Irre leiten. Oder es ist so, dass sie uns auf subtile Art auf die Spur der Wahrheit führt. Zu welcher Auffassung neigen Sie beim Körper-Geist-Problem? Mehr zum Dualismus im folgenden Kapitel.

Argumente für den Dualismus

In diesem Kapitel

▶ Die Vervollständigung unseres Bildes vom Dualismus

▶ Die Hauptargumente des Dualismus

▶ Der Stand der Debatte

Wir können vor einem Rätsel nur dann von Ehrfurcht ergriffen werden, wenn es uns sowohl selbst betrifft als auch unser Verstehen übersteigt.

Jonathan Schell

Das Wesen des Menschen ist in vielerlei Hinsicht ein Rätsel. Wer sind wir? Woher kommen wir? Wohin gehen wir? Wir sind das am meisten nach innen gewandte Wesen der Natur, zugleich aber auch das sozialste. Wir haben das Vermögen, viel Gutes zu tun, aber ebenso auch die Fähigkeit, Böses zu vollbringen. Wir können Veränderungen bewirken oder uns dazu entschließen, als passive und teilnahmslose Beobachter die Dinge geschehen zu lassen. Wir sind physische Wesen in einer materiellen Welt. Irgendwie sind wir aber auch mehr als das. Oder etwa nicht?

Sind wir physische Wesen, die mit der Zeit eine geistige Dimension entwickelt haben? Oder sind wir wesenhaft eine geistige Seinsform, die sich zu einem körperlich-kreatürlichen Dasein »entschlossen« hat? Sind wir bloß Gehirn, das nach Höherem strebt, oder doch eher immaterielle Seelen, die an einen Körper gebunden sind?

In diesem Kapitel werden wir uns mit den philosophischen Gründen beschäftigen, die uns Anlass dazu geben werden, die Meinung zu vertreten, dass der Dualismus von Körper und Geist, d.h. die parallele Existenz beider Seinsformen, tatsächlich besteht.

Die natürliche Überzeugung von der Richtigkeit des Dualismus

Die Wahrheit ist immer das stärkste Argument.

Sophokles (um 496-406 v. Chr.)

Bei der Auseinandersetzung mit dem Problem des freien Willens und des Determinismus in Teil III des Buches haben wir eine Auffassung vom Menschen als eines handelnden Wesens entwickelt, das schöpferisch in den Weltlauf eingreifen kann, weil es sich an einem Punkt außerhalb des vom Determinismus geforderten Kausalzusammenhangs befindet. Wie muss man sich aber ein solches handelndes Wesen vorstellen? Was macht es zu dem, was es ist?

Eine der hartnäckigsten und schon seit Urzeiten bestehenden Überzeugungen des Menschen ist der Glaube, dass der Mensch sich radikal zumindest vom allergrößten Teil der restlichen Natur unterscheidet. Wir sind nicht nur körperlich-kreatürliche Wesen, keine bloß komplexen organismischen Kreaturen. Wir sind vielmehr in einem einzigartigen und unverwechselbaren Sinne Personen.

Es gibt Beweise dafür, dass prähistorische Menschen (beispielsweise die Neandertaler) ihre Toten auf besondere Weise bestatteten, indem sie sie etwa mit Blumen bedeckten. Durch derartige Begräbnisriten erkannten die Frühmenschen den Verstorbenen ganz allgemein einen anderen Status zu als z.B. toten Tieren. Sie gedachten ihrer Toten wahrscheinlich deswegen, weil der Tod eines Angehörigen ihrer Horde für die Vormenschen jener Zeit etwas Besonderes war. Die besondere Art der Bestattung war Ausdruck für die Besonderheit des menschlichen Lebens und des es verkörpernden Individuums, das aus der Hordengemeinschaft geschieden war.

Denken Sie mal für einem Moment an den weit verbreiteten Glauben an ein Leben nach dem Tode. Wenn ein stofflicher Gegenstand zerstört wird, so hört er auf zu existieren. Zertrümmern Sie eine Vase, so ist alles, was übrig bleibt, ein Haufen Glasscherben. Die Vase selbst existiert nicht mehr. Einer der seit Alters her tiefsitzendsten Glauben der Menschen jedoch ist die Überzeugung, dass wir uns darin von den Dingen unterschieden, als wir den Untergang unserer Körper überleben können. Unser Dasein ist nicht so zerbrechlich wie das unseres Körpers und aller anderen Gegenstände um uns, die sich nur durch bestimmte sie zusammenhaltende Kräfte der Zerstörung widersetzen können, beispielsweise der molekularen und atomaren Anziehung.

Wir verhalten uns normalerweise gegenüber Menschen anders als gegenüber unbelebten Objekten oder Tieren. Wir betrachten andere Menschen als moralisch frei Handelnde, die eigene Verpflichtungen und Rechte haben. Wir machen andere moralisch verantwortlich für das, was sie tun. Wir sind außerdem der Ansicht, dass man sich geistig weiterentwickeln kann, eine Eigenschaft, die andere Tiere nicht haben.

Diese allgemein verbreitete Ansicht über Menschen hat das Denken des Menschen durch alle Zeiten und beinahe alle Kulturen bestimmt. Sie entspricht der Theorie des Dualismus. Diese Theorie, die besagt, dass wir über einen Geist, eine Seele sowie über einen Körper verfügen, ist derart weit verbreitet, dass wir trotz dieser Tatsache selten darüber nachdenken, was es für Gründe geben kann, an die Wahrheit dieser Theorie zu glauben.

Der Mensch als beseeltes Wesen

Warum glauben die meisten Menschen an den Dualismus? Fragen Sie einen beliebigen Menschen (und damit meine ich natürlich alle die, die nicht Philosophieprofessor sind) und Sie werden sehr oft zu hören kriegen: »Weil er wahr ist.« Warum soll man das aber glauben? Die folgenden Abschnitte beschäftigen sich kurz mit einigen Argumenten zugunsten des Dualismus.

Das Introspektionsargument

Der Mensch hat eine merkwürdige Fähigkeit – er kann in sich selbst hineinschauen. Wir sind zur Introspektion fähig. Ich kann meinen eigenen inneren Zustand, meine Befindlichkeit beobachten, schauen wie dieser war und was zur Zeit in meinem Geist vor sich geht. Gleichzeitig besitze ich außerdem noch die Gabe der Sinneswahrnehmung. Ich kann mir der Natur und Art dieser Wahrnehmung bewusst werden. Ich kann überlegen, welche Bedeutung ihr zukommt. Ich kann zudem diese Erfahrung als Ausgangsmaterial für meine Vorstellungskraft heranziehen.

 Der schottische Philosoph David Hume glaubte, dass, wenn ich versuchen würde, mein wahres Ich durch Introspektion irgendwie dingfest zu machen, ich dann unweigerlich enttäuscht werden würde. Das Einzige, so sagte er, was ich je beobachten könnte, wäre bloß eine spezifische Erfahrung – ein Gedanke, ein Gefühl oder eine Empfindung. Mit meinem wahren Selbst könnte ich so niemals in Kontakt kommen. Ich glaube, dass Hume sich in diesem Punkt irrte.

Man kann argumentieren, dass ich durch Introspektion mit mir selbst in Kontakt stehe. Ich stehe vermittelst meiner bewussten Erfahrung in Verbindung mit dem Eigentlichen meiner Person. Diese Erfahrung macht mir Dinge bewusst, die sich durch keine Untersuchung der Zustände der Nervenzellen meines Gehirns herausfinden lassen. Ich weiß, was es heißt, Ich zu sein. Dieses Wissen steht mir jederzeit zur Verfügung. Diese Erfahrung ist keine körperliche, physische oder sonstwie stoffliche. Es ist eine transzendente, die körperliche Sphäre übersteigende Erfahrung, die lediglich vom Körperlichen vermittelt wird.

Ob die Philosophen nun glauben oder nicht, dass wir eine Seele haben, es ist offensichtlich so, dass wir mit etwas ausgestattet sind, das unsere Ideale und Träume erzeugt und unsere Wertvorstellungen in die Welt bringt.

John Erskine

Skeptiker können hier einwenden, dass dies gar kein Argument ist, sondern eine kühne Aneinanderreihung von mehr oder weniger unverständlichen Annahmen, die sich bloß als logische Schlussfolgerung gebärden. Darauf würde ich antworten, dass hieran gar nichts Unverständliches ist, eine Meinung, die von den meisten Menschen geteilt wird. Ich selbst kenne mich auf eine Weise, wie kein anderer mich je kennen kann. Es gibt eine wesenhafte Innerlichkeit, ein inneres Wesen meiner selbst, das sich von jeder möglichen körperlichen Eigenschaft, die ich oder mein Gehirn besitzt, unterscheidet. Die Seele begegnet in einem selbstbezüglichen Akt immer sich selbst, und jede Unfähigkeit des Skeptizismus, dies zu begreifen, stellt ein philosophisches Unvermögen dar und ist kein Ergebnis etwaig überlegener philosophischer Standards oder Denkverfahren.

Es gibt noch eine weitere Möglichkeit, dieses Argument zu formulieren. Wir wissen, dass es den Geist oder innere Empfindungen oder Erfahrungen betreffende Wahrheiten gibt, die man der gegenständlichen Welt so nicht entnehmen kann, bzw. die kein Äquivalent in der stofflich-körperlichen Sphäre haben. Nehmen wir an, Frau Keller wäre die bedeutendste Neurologin der Welt, die außerdem noch seit ihrer Geburt an einer vollständigen Farbenblindheit litte. Nehmen wir weiterhin an, dass sie in der Zukunft nach dem Abschluss ihrer Forschungen einmal alles gewusst haben wird, was es über das Gehirn und seine Prozesse nur zu wissen gibt. Wenn geistige Zustände wie beispielsweise Farbempfindungen nichts weiter als Gehirnereignisse wären, dann würde Frau Keller also aufgrund ihres vollständigen Wissens über das Gehirn alles wissen, was es über Farbempfindungen überhaupt zu wissen gibt. Ganz sicher aber vermag kein noch so umfangreiches Wissen über neuronale Strukturen und Prozesse Frau Keller ihr fehlendes Farbsehen zu ersetzen. Es gibt etwas beim Sehen von Farben, das sich einfach nicht in den Gehirnen der Menschen auffinden lässt, die über diese Gabe verfügen. Aus diesem Grund kann man folgern, dass der Geist nicht dasselbe ist wie das Gehirn.

Divergierende Standpunkte: Eine zufällige Auswahl

Hoch intelligente Leute waren sehr oft unterschiedlicher Meinung hinsichtlich der Frage, ob es eine Seele gibt oder nicht. Einige große Geister haben deutlich ihre Ansicht dazu geäußert. Zwei repräsentative Zitate sollen ein Gefühl für die Art der Debatte vermitteln helfen.

Wenn es eine Seele gibt, was ist sie, woher kam sie und wohin geht sie nach dem Tode? Kann sich jemand, der sich von seinem Verstand leiten lässt, überhaupt vorstellen, eine vom Körper und seinem Aufenthaltsort, seiner Art und alles ihn betreffende unabhängige Seele zu besitzen? Wenn es dem Menschen freisteht, an eine bestimmte Sache zu glauben oder nicht zu glauben, so ist es ihm auch freigestellt, nicht an die Existenz der Seele zu glauben. Kein noch so kleiner Beweis ist bisher angeführt worden, der ein solch unmögliches Ding bewiesen hätte.

Clarence Darrow (1857-1938)

Die Menschen tun alles, ganz gleich wie absurd es auch sein mag, um der Begegnung mit ihren eigenen Seelen ausweichen zu können.

Carl Jung (1875-1961)

Das Argument der Nicht-Identität

Die Logik ... beinhaltet allgemeine Prinzipien und Gesetze der Wahrheitssuche.

John Stuart Mill

 In der Logik gibt es ein Gesetz, das sich auf Identitätsaussagen bezieht, das besagt, dass für jedes Objekt A und jedes Objekt B gilt, dass $A=B$ (d.h. A ist identisch mit B) dann und nur dann gilt, wenn alle Eigenschaften von A auch B enthält und umgekehrt. Wenn es sich nicht um Philosophie handelte, wäre eine solche Feststellung einfach banal, denn wie sollte eine Identität von A und B auch anders möglich sein? Die Konsequenzen aus diesem einfachen Prinzip sind jedoch von großer Tragweite. Wenn jemand eine Behauptung aufstellt, dahingehend, dass er sagt, dass $A=B$ sei, und wir eine Eigenschaft finden könnten, die A zwar hat, B jedoch nicht (oder umgekehrt), dann haben wir die behauptete Identität von A und B falsifiziert, d.h. widerlegt.

Der Materialismus behauptet, dass der Geist nichts weiter sei als das Gehirn, bzw. dass geistige Zustände und Ereignisse auf physiologisch-körperliche Prozesse zurückgeführt werden könnten. Es ist nun aber allem Anschein nach so, dass das Gehirn Eigenschaften hat, die der Geist nicht haben kann und umgekehrt. Daraus folgt, dass sie nicht miteinander identisch sind. Im Folgenden einige Beispiele für diese These.

Denken Sie für einen Moment einmal an eine ausgesprochen geistige Eigenschaft, die so keinem Objekt aus der Gegenstandswelt eigen ist. Ich selbst denke im Moment an meine Absicht, heute abend noch trainieren zu gehen. Ich beabsichtige, einen Spaziergang zu machen, Rad zu fahren sowie anschließend ein wenig Gewichte zu stemmen. Genau genommen will ich nur ein oder zwei dieser Dinge tun. Wie intensiv ich trainieren will, ist mir noch nicht so klar. Die Frage ist hier: Kann ein Ereignis im Gehirn überhaupt unklar, unsicher sein? Was für einen Sinn könnte eine solche Aussage haben? Der geistige Zustand, in dem ich mich momentan befinde, hat die Eigenschaft, die Philosophen »Intentionalität« nennen. Dabei geht es um einen Gedanken *an* etwas, an etwas, das ich zu tun beabsichtige. Diese Eigenschaft des »An-etwas-Denken« ist eine charakteristische Eigenschaft des Geistes. Welcher Eigenschaft entspricht dieses »An-etwas-Denken« auf den Körper bezogen? Es gibt keine Zustände des Körpers oder der Nervenzellen, die diese Eigenschaft der Intentionalität besäßen. Intentionalität kann nicht gemessen werden. Es ist physikalisch nicht darstellbar. Es hat seinen Sitz im Geist und nicht im Gehirn.

Meine Absicht, trainieren zu gehen, ist auf die Zukunft bezogen und wird sich an einem Ort ganz in der Nähe meines Wohnortes abspielen. Wie aber meine Nervenzellen sich auf eine Zukunft hin verhalten sollen oder auf einen Ort jenseits meines Kopfes ist physikalisch undenkbar. Daraus folgt, dass Ereignisse im Geist Eigenschaften haben können, die Ereignissen auf der neuronalen Ebene nicht zukommen. Daher können solche geistigen Ereignisse auch nicht mit neuronalen Ereignissen identisch sein.

Geistige Zustände wie z.B. der Zustand des Von-etwas-Überzeugt-seins stehen miteinander in Beziehung – etwa in der logischen Beziehung der Ableitbarkeit, der Folgerung oder des Widerspruchs, allesamt Beziehungen, die weder für neuronale noch irgendeine andere Art von physikalischen Zuständen gelten. Auch aus diesem Grund sind stofflich-physikalische Zustände nicht identisch mit Zuständen geistiger Art.

Ein neuronaler Zustand kann sich über eine gewisse Strecke im Gehirn erstrecken. Es ist durchaus sinnvoll zu fragen, ob meine Hoffnungen und Ziele Sinn machen oder ob sie über meine Talente und Möglichkeiten hinausgehen. Es macht jedoch absolut keinen Sinn zu fragen, ob meine Hoffnungen und Ziele, sagen wir, eine Strecke von 5 cm in Anspruch nehmen. Meine Hoffnungen und Ziele können aus diesem Grunde nicht auf neuronale Zustände reduziert werden, sie sind mit diesen nicht identisch.

Der Geist eines Menschen kann sich selbst übersteigen und sich in Freiheit dazu bestimmen, zu wachsen und sich in eine neue Richtung fortzuentwickeln. Ein Geist kann neue Ziele und Absichten fassen. Kein gegenständliches Objekt ist dazu imstande. Daher ist der Geist auch nicht stofflicher Natur.

Wir könnten noch weiter fortfahren. Das Prinzip der Nicht-Identität gilt in der Logik ebenso wie in der Metaphysik. Der Geist ist nicht identisch mit der stofflichen Welt. Aus diesem Grund ist der Materialismus falsch. Der Geist umschließt eine eigene Sphäre. Richtig ist vielmehr die Theorie des Dualismus.

Der Materialist könnte behaupten, dass alle diese Argumente über die Nicht-Identität wiederum selber falsch seien. Vielleicht sind wir ja bloß nicht daran gewöhnt, im Zusammenhang mit geistigen Zuständen auch von deren physikalischen Eigenschaften und Parametern zu sprechen, woraus sich natürlich nicht ableiten lässt, dass sie diese nicht besitzen. Vielleicht gelten die logischen Zusammenhänge und Gesetze wie etwa dasjenige der Implikation auch für neuronale Zustände. Der Materialist wird letztlich nur die Ansicht äußern, dass sich der Dualismus von irrigen Annahmen leiten lasse und behaupten, dass trotz der eingestandenen Schwierigkeit unserer Sprache, diese Tatsache zum Ausdruck zu bringen, einige geistige und neuronale Zustände durchaus dieselben Eigenschaften haben. Der Dualismus wird natürlich kontern und erklären, dass die Annahmen (d.h. Vorurteile) des Materialismus völlig daneben liegen. Was meinen Sie?

Das Cartesianische Argument

Der große Philosoph Descartes hatte ein schnelles und einfaches Argument für den Dualismus. Ich kann theoretisch die Existenz meines Körpers bezweifeln. Es ist so weit ich weiß logisch möglich, dass alle meine Wahrnehmungen bezüglich der Existenz meines Körpers auf Täuschung beruhen können. Ich kann jedoch nicht die Existenz meines Geistes bezweifeln, da ich im Akt des Zweifelns der Existenz meines Geistes ja gewahr werde. Auch ist es logisch nicht möglich, ohne Geist an Dingen zu zweifeln. Aus diesem Grund ist der Körper von meinem Geist unterschieden.

Dies ist in gewisser Hinsicht eine historische Version des Arguments der Nicht-Identität. Mein Körper (bzw. stoffliches Gehirn) hat die Eigenschaft, so beschaffen zu sein, dass es mir möglich ist, seine Existenz zu bezweifeln. Mein Geist hat diese Eigenschaft nicht. Daher sind beide nicht identisch, woraus sich der Schluss ergibt, dass der Dualismus Recht hat.

Wie kann der Materialismus hierauf antworten? Nun, etwa mit dem folgenden Vergleich: Es ist möglich, daran zu zweifeln, dass der Himmelskörper, der schon seit alters her als »Morgenstern« bezeichnet wird, auch abends am Himmel erscheint. Den gleichen Zweifel kann ich nicht in Bezug auf den als »Abendstern« bekannten Planeten haben. Wenn ich nun aber daraus vorschnell schließe, dass der Morgenstern unter keinen Umständen mit dem Abendstern identisch sein kann, so läge ich falsch. Beide Bezeichnungen beziehen sich nämlich auf denselben Planeten Venus, der je nach dem, wann er erscheint, einmal Morgen- und dann wieder Abendstern genannt wird. Mit Blick auf den Materialismus ist es allerdings fraglich, ob der Zweifel alleine hinreicht, auch zu interessanten Ergebnissen bei der Beantwortung der Argumente des Dualismus zu kommen.

Das Platonische Argument

Plato war der erste uns bekannte Philosoph, der das Geistige klar vom Stofflichen, Körperlichen geschieden hat. Ihm verdanken wir ein weiteres, ebenfalls recht einfaches Argument für die Wahrheit des Dualismus. Die Seele, bzw. der Geist kann vor der Entstehung des jeweiligen Körpers existieren sowie auch nach dem Tode dieses Körpers weiterbestehen, unabhängig davon, ob sie dies auch tut oder nicht. Es ist möglich, eine körperlose Form der Existenz zu postulieren, ohne den Preis des logischen Widerspruchs zu riskieren und ohne dass dieser Gedanke inkohärent wäre. Wenn es nun aber dem Geist möglich ist, unabhängig vom Körper zu existieren, so kann der Geist nicht mit dem Körper oder einem seiner Teile identisch sein.

Die andere Seite des Arguments ist sogar noch einfacher. Der Materialismus mag vielleicht die Möglichkeit verneinen, dass der Geist den Tod des Körpers überdauern kann. Wenn er dies tut, so wird dieses Argument nicht funktionieren können. Der Materialismus kann nun aber schwerlich bestreiten, dass mein Körper durchaus den Tod oder das Verlöschen des in ihm wohnenden Geistes überleben kann. Dies scheint sogar im Gegenteil sehr häufig der Fall zu sein. Schauen Sie sich nur mal an ihrem Arbeitsplatz dahingehend um. Aber im Ernst: Wenn der Körper das Erlöschen des Geistes in ihm überleben kann, wie kann dann der Körper, bzw. das Gehirn, identisch sein mit dem Geist?

Gebe dem Argument eine konkrete Form, erfinde ein Bild – irgendeine griffige Formulierung, rund und solide wie ein Ball, den die anderen sehen, anfassen und mit nach Hause nehmen können – und siehe, der Streit ist halb gewonnen.

Ralph Waldo Emerson (ein weiteres Mal)

Der Materialismus wird darauf erwidern, dass der Geist nicht mit dem Körper oder dem Gehirn identisch ist, sondern vielmehr mit einem gut funktionierenden Nervensystem. Der Tod des Geistes ist gleichbedeutend mit der Zerstörung des gut funktionierenden Nervensystems. Wir haben vielleicht einen toten Körper ohne einen Geist vor uns liegen; dies ist aber nicht gleichbedeutend damit, dass wir auch ein gut funktionierendes Nervensystem ohne einen entsprechenden Geist vor uns haben. Wenn wir glauben, dass man sich die Existenz eines Geistes vorstellen kann, der ohne die Existenz eines gut funktionierenden Nervensystems auskommt, mit dem der Geist ja identisch ist, dann würden wir bloß Dummheit mit Vorstellungskraft verwechseln, etwas, das sich nie besonders auszahlt.

Diese Antwort ist bezeichnend. Argumente, die von dem, was wir uns vorstellen können, auf das, was auch tatsächlich wahr ist, schlussfolgern, sind besonders heikel. Man kann ihnen jedoch leicht begegnen.

Das parapsychologische Argument

_Der Geist erinnert mich an die geistreiche Bemerkung der Männer über Frauen: Man kann nicht
mit ihnen, man kann aber auch nicht ohne sie leben._

Eugene O'Neal

An diesem Punkt beginnt man sehr leicht daran zu zweifeln, ob philosophisches Argumentieren
alleine ausreicht, die Existenz oder Nichtexistenz irgendeines Dinges zu jedermanns Zufriedenheit darzulegen. Normalerweise wissen wir, dass etwas existiert, weil wir es selbst erfahren haben.
Dies ist die Annahme hinter dem, was wir das _Introspektionsargument_ genannt haben. Weil aber
dieses Argument auf der Erfahrung unseres eigenen Selbst aufbaut, Erfahrung, die sozusagen aus
erster Hand stammt, könnte man auf die Idee kommen, dass die Erfahrung eines körperlosen
Geistes oder einer körperlosen Seele die denkbar stärkste Basis wäre, mit Hilfe deren man die
Überzeugung rational fundieren könnte, dass der Geist oder die Seele als von gegenständlichen
Dingen unterschiedene Objekte tatsächlich existieren.

 Wenn mein früherer Gitarrenlehrer wirklich einmal gesehen hat, wie eine Seele ihren
Körper verließ, dann folgt daraus, dass Seelen nicht das gleiche sind wie der Körper
oder das Gehirn. (Diese Anspielung wie auch die im Folgenden erwähnte beziehen
sich auf die in Kapitel 13 erzählten Geschichten.) Woher sollen wir aber wissen, ob
sich dies auch in Wirklichkeit zugetragen hat?

Wenn mein Vater Kenntnis von zukünftigen Ereignissen besaß oder Dinge über bestimmte Menschen wusste, mit denen er in keinem direkten Kontakt stand, dann bedeutet das, dass der Geist
auch Wissen jenseits physischer Informationskanäle erlangen kann. Wenn dem so ist, dann ist es
vielleicht vernünftig anzunehmen, dass der Geist selbst kein physisch-stoffliches Seiendes gleich
welcher Art auch immer ist. Woher wissen wir aber, dass sich diese Fälle von ungewöhnlichem
Wissen auch wirklich zugetragen haben?

Wenn wir nur sicher gehen könnten, dass es wirklich Geister gibt, d.h. übernatürliche »Erscheinungen« körperloser Seelen, dann könnten wir daraus schließen, dass der menschliche Geist sich
vom Gehirn unterscheidet und unabhängig von diesem existieren kann. Die meisten derartige
Phänomene betreffenden Geschichten gehören aber leider dem Reich der Phantasie an. Zu fragen
bleibt, ob es überhaupt ein glaubwürdiges Ereignis dieser Art gibt?

_In meiner Jugend betrachtete ich das Universum als ein offenes Buch, geschrieben in der Sprache
der mathematischen Gleichungen; jetzt hingegen erscheint es mir wie ein mit unsichtbarer Tinte
verfasster Text, von dem wir nur in seltenen Augenblicken der Gnade Fragmente zu entziffern
vermögen._

Arthur Köstler (1905-1983)

Beruhen die Geschichten von gut meinenden, wohl informierten und ehrlichen Menschen über
die persönliche Begegnung mit den Seelen oder Geistern verstorbener Menschen alle nur auf
Halluzination? Eine Menge anderer weniger glaubwürdiger Menschen behaupten Ähnliches. Deren
Geschichten können wir aber getrost ignorieren. Was ist jedoch mit den Geschichten der anderen? Sind ihre Erfahrungen mit den Seelen von Verstorbenen ein Beweis für die Existenz eines

menschlichen Geistes, der sich von den stofflichen Körpern, die wir zu Lebzeiten auf Erden bewohnen, unterscheidet?

Der Materialismus weist alle Behauptungen, es gebe eine paranormale Sphäre, weit von sich. Für ihn sind Geschichten über Geister, Kommunikation mit körperlosen Menschen und nicht physische Formen des Wissens Humbug. Für den Materialismus sind die Menschen eben unverbesserliche, dem Aberglauben verfallene Wesen, fasziniert von wilden Geschichten über seltsame Dinge, die – leichtgläubig wie sie nun mal sind – freiwillig an die abenteuerlichsten Dinge glauben. Es gibt keine Geister, die sich einfach so unter uns bewegen oder im Rampenlicht der Öffentlichkeit stehenden Menschen bisher unbekannte Informationen mitteilen, die diese dann zum Guten oder zum Schlechten nutzen können. Der Materialismus ist überzeugt davon, dass es bisher noch keinen wirklichen Beweis für die Richtigkeit der dualistischen Theorie gibt, und zwar aus dem Grunde, weil diese Theorie schlicht und ergreifend falsch sei. Ist dem wirklich so?

Gibt es möglicherweise noch weitere Beweise, die für unser Thema von Bedeutung sein können, Belege oder vielleicht sogar Argumente, die wir bisher noch nicht genannt haben? Ich glaube, dass dem tatsächlich so ist.

Die Notwendigkeit eines Beweises

Der Mensch kennt das Wesen der Seele nicht, sei es, dass sie gleichzeitig mit uns erzeugt wird, oder sei es, dass sie bei der Geburt in uns einfließt. Vergeht sie mit uns im Moment des Todes, oder geht sie ein in die düstere Schattenwelt des Orkus mit seinen bodenlosen Schlünden, oder ist es so, dass sie, durch göttlichen Einfluss, in ein anderes Tier eingeht.

Lukrez

Die philosophische Argumentation, die wir in den vorangegangenen Abschnitten untersucht haben, hat sich als nicht überzeugend erwiesen. Sie ist nicht geeignet, alle aufrichtig denkenden Menschen zu überzeugen. Wohin können wir uns also stattdessen wenden?

Ist die behauptete Erfahrung parapsychologischer Phänomene eine Mischung aus Betrug und Fantasie, oder enthalten die entsprechenden Berichte einen Kern an Wahrheit und vertrauenswürdigen Beweisen? Ist der Tod das Ende des Lebens und der bewussten Existenz, oder ist er irgendwie das Tor, nicht nur zu einer anderen Existenzweise, sondern auch zu etwas, das uns einen greifbaren Beweis für die Beantwortung der Frage liefern kann, wer und was wir sind?

Wir müssen unsere Netze ein wenig weiter auswerfen. Wir müssen uns mit einigen der Fragen auseinandersetzen, die das Phänomen des menschlichen Todes betreffen. Vielleicht gelingt es uns ja so, einige Beweise zusammenzutragen, oder zumindest einige solide philosophische Argumente, die uns dabei helfen können herauszufinden, worin die Wahrheit besteht.

Diese Fragen sind von so großer Bedeutung, dass ich die nächsten Kapitel (Kapitel 16 bis Kapitel 18) auf ein Thema verwenden werde, das uns letzten Endes bei unserem Problem behilflich sein wird.

Teil VI

Was ist dran am Tod?

The 5th Wave · By Rich Tennant

»Wir nennen sie so, weil wir glauben, dass die Menschen gänzlich frei sind und deswegen verantwortlich dafür, was sie aus sich machen. Also, wollen Sie immer noch die extragroße Pizza mit Anchovis und Mozzarella?«

In diesem Teil...

Tod und Steuern. In Steuerfragen müssen Sie einen Steuerberater aufsuchen. Ein Ihnen wohlgesonnener Philosoph aber kann Ihnen dabei helfen, die andere unangenehme Seite des Lebens zu verstehen. In diesem Teil werden wir uns mit den Einstellungen des Menschen zu seinem Tod beschäftigen. Was ist der Tod? Sollten wir vor ihm Angst haben? Ist er das Ende aller Dinge oder erst der Anfang eines noch größeren Abenteuers? Was sollen wir nur glauben?

Vom Staub zum Staube: Die Angst und die Leere

In diesem Kapitel

▶ Was ist das Leben, was der Tod

▶ Das Phänomen des Todes

▶ Vier verschiedene Ängste, die der Tod in uns wachruft

Das Ende aller Dinge ist der Tod, und das Leben des Menschen vergeht ganz plötzlich, als wäre es ein Schatten.

Thomas À Kempis

In diesem Kapitel werden wir uns mit dem Tod, unserer Sterblichkeit sowie vier verschiedenen Arten der Angst vor dem Tode beschäftigen. Da in der Philosophie alles mit allem anderen verbunden ist, wird uns die Auseinandersetzung mit diesem Thema unweigerlich auch mit anderen philosophischen Fragen in Berührung bringen. Die speziellen Fragen, die das Problem des Todes aufwirft, werden uns die anderen Themen in der Philosophie in einem neuen Licht erscheinen lassen.

Zunächst möchte ich mich dem Thema nähern, indem ich einen Blick auf unsere Reaktion auf den Tod werfe. Wie reagiert der Mensch normalerweise auf den Tod? Wie manifestiert sich seine Angst vor ihm?

Der Mensch ist das einzige Wesen, das bewusst über den Tod nachdenkt. Er ist aber auch das einzige Tier, das Zweifel an seiner Endgültigkeit erkennen lässt.

William Ernest Hocking

Das endgültige Ableben und die vier Ängste

Als kleiner Junge erfuhr ich vom Tod nur aus den Erzählungen meiner Mutter. Als sie noch ein Kind war, wurde ihr Vater eines Tages von einem Fuhrwerk überfahren. Sein Sterben dauerte Tage. Meine Mutter war damals noch klein und verstand noch nicht, was vor sich ging. Wenige Augenblicke vor seinem Tod sagte ihr Vater: »Es ist wunderschön.«

Dies waren seine letzten Worte. Für meine Mutter waren es die Worte, die sein Leben für sie fortan zusammenfassten.

Noch Jahrzehnte später dachte sie über jene rätselhaften Worte nach. Er konnte ihr zwar in ihrem Leben nicht mehr beistehen, in jenem letzten Augenblick aber spendeten seine Worte ihr den Trost, der sie ihr ganzes mühevolles Leben lang begleitete.

Mir wurde erzählt, dass die Worte meines Großvaters – während er zwischen der diesseitigen und der jenseitigen Welt, zwischen Leben und Tod schwebte – einen Ausblick in das große Unbekannte des Jenseits darstellten. Mehr als das, was er sagte, konnte er nicht mitteilen, da mehr nur diejenigen wissen könnten, die die Erde schon für immer verlassen hätten.

 Mein erstes echtes Erlebnis mit dem Tod hatte ich in der siebten Klasse. Die Mutter meines besten Freundes bekam plötzlich Krebs. Noch bevor ich ganz begriffen hatte, was eigentlich los war, war sie schon gestorben. Ich erinnere mich daran, wie ich in meinem Bett lag und dachte, dass ich sie nie mehr wiedersehen würde. Niemals. Damals ging ich mindestens zwei oder drei Tage in der Woche nach der Schule immer zu ihnen. Ich brauchte nämlich für meine Band jemanden, der Bassgitarre spielen konnte. Ich besuchte daher oft meinen Freund und brachte ihm bei, wie man dieses Instrument spielt. Seine Mutter brachte uns dann immer etwas zu essen und unterhielt sich mit mir über die Schule. Sie lachte immer sehr viel. Nun aber war sie plötzlich einfach tot.

In meinem Leben tat sich abrupt eine Leere auf. Ich konnte und mochte mir gar nicht vorstellen, wie es für meinen Freund sein musste. Mein Verstand verweigerte einfach seinen Dienst, sobald ich es dennoch einmal versuchte. Es geschah alles so unvermittelt. Ihr Tod war so endgültig, eine seltsame und kaum zu begreifende Tatsache. An einem Tag noch voller Leben; am anderen für immer tot.

Der Tod überrascht uns noch während wir voller Hoffnungen sind.

Thomas Fuller (18. Jahrhundert)

Ich lag des Nachts wach und hatte furchtbare Angst. Eine unbestimmte Angst erfüllte mich, eine Angst angesichts der Macht und der Schnelligkeit des Todes wie auch eine Angst vor der Endgültigkeit jener Abwesenheit der einst Lebenden, jener Leere nach ihrem Tod.

 Wir fürchten den Tod, und doch verleugnen wir ihn. Wir selbst sind von ihm nicht betroffen, es sind ja immer nur die anderen, die sterben. Studenten im ersten Semester lernen in ihren Logikseminaren die Kunst des logischen Schließens anhand des klassischen syllogistischen Schlusses:

Alle Menschen sind sterblich.
Sokrates ist ein Mensch.
Daraus folgt: Auch Sokrates ist sterblich.

Während wir uns an die Schlussfolgerung später immer erinnern können, ignorieren wir meist die Bedeutung, die die erste Prämisse auch für uns hat. Der arme Sokrates. Er hätte das Gift ja nicht unbedingt trinken müssen. Er hätte ebenso gut auch entkommen können. Vielleicht kann ich es ja auch.

Einige berühmte letzte Worte

Einige der berühmtesten und schöpferischsten Menschen haben erinnernswerte letzte Worte hinterlassen. Hier eine Auswahl:

Ich werde im Himmel hören.

Ludwig van Beethoven (mit Bezug auf seine Taubheit)

Mein Wunsch ist es, alles daranzusetzen, möglichst schnell das Zeitliche zu segnen.

Oliver Cromwell

Ich werde die Sonne zum letzten Male sehen.

Jean-Jacques Rousseau

All meinen Besitz für einen Augenblick Zeit.

Königin Elisabeth von England

Ich mache mich daran, meine letzte Reise anzutreten, einen großen Sprung ins Dunkle.

Thomas Hobbes

Ich sehe keinen Grund dafür, warum die Existenz von Harriet Martineau fortgesetzt werden sollte.

Harriet Martineau

Ich mache mich auf die Suche nach einem großen Vielleicht. Lasset den Vorhang nieder, die Farce ist zu Ende.

Rabelais

So viel bleibt noch zu tun, so wenig erst ist getan.

Cecil Rhodes

Ich erinnere mich, wie ich irgendwann in den Siebzigern im College an Veranstaltungen von in christlichen Vereinigungen organisierten Studenten teilgenommen habe. Dort gab es meistens gute Musik und eine Menge Spaß. Oft hörte ich dort, wie sich Leute über den Jüngsten Tag unterhielten. Dem Buch der Offenbarung konnte man entnehmen, dass die letzte Generation auf Erden nicht zu sterben brauche; ihre Leiber führen vielmehr empor in den Himmel, wo sie zusammen mit dem wieder auferstandenen Christus in die Ewigkeit eingehen würden. Vielleicht waren ja wir damit gemeint, ich und meine Generation, so dachte ich zumindest. Ich hatte es schon immer geahnt. Der auserwählte Tom. Der arme Sokrates.

Jeder Mensch glaubt, dass alle außer ihm selbst sterblich sind.

Edward Young (18. Jahrhundert)

Als junger Professor der Philosophie wurde ich von Kollegen davor gewarnt, mit meinen Studenten über das Thema Tod zu reden, da sie nicht wirklich glauben würden, dass der Tod irgendetwas mit ihnen selbst zu tun haben könnte. Der Jugend sei nun mal ein Gefühl der Unsterblichkeit eigen, das selbst bei etwas älteren Studenten noch dominiere. Aus diesem Grunde tränken sie ja zu viel, führen zu schnell mit ihren Autos, lägen in der prallen Mittagssonne, um sich zu bräunen oder vergnügten sich beim Bungeespringen.

Mit fortschreitendem Alter jedoch verflüchtige sich dieses jugendliche Unvermögen, den Tod ernst zu nehmen, sehr schnell. Vielleicht stirbt ein Freund, ein Elternteil oder auch ein Verwandter. Ein solches Ereignis rüttelt in jedem Fall ungemein auf. Es reicht schon ein kleiner Unfall mit dem Auto oder das Erlebnis, während eines Fluges in heftige Turbulenzen zu geraten, und schon ist der Verstand für diese Realität des Lebens erweckt.

Was mich anbelangt, so war es – seltsam genug – die Eröffnung meines Zahnarztes, dass ich nach fünfundzwanzig unbeschadet überstandenen Jahren mein erstes Loch im Zahn hätte. Plötzlich stand mir die Sterblichkeit meines Körpers vor Augen. Der Zerfall des Körpers. Das unvermeidliche und unentrinnbare Nahen des Todes hatte begonnen. Mag sein, dass ich hier überreagierte, aber so empfand ich nun mal.

Als ich schließlich Anfang dreißig war, wachte ich oft unvermittelt mitten in der Nacht auf und war von der Überzeugung erfüllt, dass ich eines Tages sterben würde. Ich konnte diesem Schicksal einfach nicht entgehen. Es würde so und nicht anders mit mir geschehen. Ich stellte mir vor, wie ich stürbe. Mein Herz fing dabei an zu pochen. Mein Bewusstsein wurde schärfer; ich konnte die Dinge wie durch ein Brennglas sehen. Ich würde bei meinem Tod alles, was ich in diesem Leben liebe, zurücklassen müssen. Meine ganze Erfahrung und all mein Erleben auf Erden wären mit einem Schlag untergegangen.

Ich war nie in meinem Leben wacher als in jenen Nächten. Oder auch beunruhigter und erschrockener. Die Empfindungen Entsetzen und Angst beschreiben diese Erfahrung vielleicht am besten.

Warum haben wir so schreckliche Angst vor etwas, das nicht anders als andere Geschehnisse auch Teil des Kreislaufs der Natur ist? Warum haben wir so einen Horror vor unserem vorweggenommenen Tod?

Es gibt mindestens vier verschiedene Arten der Angst vor dem Tode: die Angst vor dem Prozess des Sterbens, die Angst vor einer Strafe im Jenseits, die Angst vor dem Unbekannten und die Angst vor dem Nichts. Die folgenden Abschnitte werden sich mit diesen vier Ängsten beschäftigen.

Die Angst vor dem Prozess des Sterbens

Es ist oft gesagt worden, dass nicht der Tod das Schreckliche sei, sondern das Sterben.

Henry Fielding

Wenn manche Leute behaupten, sie fürchteten den Tod, so fürchten sie nicht eigentlich den Tod selbst, sondern vielmehr den physischen und psychischen Prozess des Sterbens. Sie haben Angst, dass sie vor dem Tod schrecklich leiden müssen. Sie fürchten die Schmerzen, die mit dem Sterben verbunden sind. Es ängstigt sie der Gedanke, dass sie alles, was ihnen lieb und teuer, und alle Menschen, denen sie in Liebe zugeneigt sind, zurücklassen müssen. Sie fürchten sich vor der äußersten Einsamkeit desjenigen, der dem Tod ins Auge sieht.

 Ich erlebte, wie mein Vater viel zu früh an Lungenkrebs starb. Er war erst neunundsechzig Jahre alt. Der Krebs hatte in seinem Gehirn Metastasen gebildet, die zu schrecklichen Krämpfen führten. Wir konnten nichts tun, um ihm zu helfen. Seinen Tod empfanden wir alle als eine Erlösung von all seiner Qual. Eine Stunde nach seinem Tod beugte ich mich über ihn und küsste ihn auf seine immer noch warme Stirn. Ich tat einen tiefen Seufzer der Dankbarkeit dafür, dass er nun schließlich frei von dem Leiden war, das er so lange hatte durchstehen müssen.

 Die Furcht vor dem Tod ist ein natürlicher Begleiter all derjenigen, die Zeuge eines schweren Todes geworden sind. Manchmal dauert er so lange, dass er einer Folter gleicht. Ein anderes Mal wiederum ist er einfach zu schnell. Als ich noch ins College ging, ereignete sich in Boston einmal ein Flugzeugabsturz. Ich las alle Zeitungsberichte über dieses Unglück, derer ich nur habhaft werden konnte. Wenn mich die Erinnerung nicht trügt, so geschah der Unfall, als das Flugzeug zu einer routinemäßigen Landung ansetzte. Aus irgendeinem Grund streifte das Fahrwerk eine Mauer am Ende der Landebahn, was dann zur Katastrophe führte. Als die Feuerwehrautos an der Unglücksstelle ankamen, hatte das auslaufende Kerosin schon Feuer gefangen. Dutzende von Menschen, die sich nicht befreien konnten, schrien noch um Hilfe. Sie könnten den Flammen jedoch nicht entkommen. Noch bevor die Feuerwehrmänner zu ihnen gelangen konnten, waren sie schon alle tot.

Ich erinnere mich daran, dass mich die Geschichte noch längere Zeit nach dem Unglück beschäftigte. Ich versuchte mir vorzustellen, wie es war, gerade noch in einer Zeitschrift zu blättern, auf seine Uhr zu schauen, vielleicht zu überlegen, dass es gut wäre, so früh wie möglich zur Gepäckhalle zu kommen, und alles nur, um eine Minute später lichterloh in Flammen zu stehen und eine weitere Minute später tot zu sein. Das Ganze war so unerwartet, so plötzlich und vor allem so unausdenklich entsetzlich.

Dieses Ereignis führte dazu, dass ich in den nächsten sechs Jahren nur ungefähr viermal flog. Danach weigerte ich mich ganze neun Jahre lang, überhaupt noch einmal ein Flugzeug zu besteigen. Hatte ich Angst vor dem Fliegen? Nun, ich hatte Angst davor, so wie die Menschen in Boston zu sterben. Heutzutage fliege ich häufig mehr als 150.000 Kilometer pro Jahr. In meinem Buch *True Success* beschreibe ich, wie es mir gelang, meine Angst schließlich zu überwinden. Was ich hier aber eigentlich sagen will, ist, dass dieses Unglück mein Leben für viele Jahre beeinflusst hat.

Die Menschen fürchten den Tod, so wie Kinder die Dunkelheit fürchten. Und so, wie die natürliche Furcht des Kindes mit Geschichten wächst, die man ihm erzählt, so wächst auch die Furcht des Erwachsenen.

Francis Bacon

Die Frau eines Kollegen von mir betrat ihre Klasse und wollte mit dem Unterricht beginnen. Sie stand am Pult, blickte ihre Studenten an und fiel tot zu Boden. Ein Aneurysma im Gehirn war die Ursache für ihren augenblicklichen Tod. Ein Mann saß wartend in seinem Wagen vor einem Einkaufszentrum, weil er seine Tochter von der Arbeit abholen wollte. Er starb an einer Schussverletzung. Auch für ihn kam der Tod plötzlich und unerwartet.

Wessen Tod ist am schrecklichsten? Der Tod desjenigen, der weiß, dass er sterben wird und der sich auf den Tod und seine Schmerzen vorbereiten kann, oder der Tod derer, die ihn gar nicht kommen sehen? Hierzu gibt es unterschiedliche Meinungen. Die meisten Menschen scheinen aber vor beiden Arten des Todes Angst zu haben, auch wenn sie jeweils unterschiedliche Gründe für ihre Angst angeben.

Die Angst vor einer Strafe im Jenseits

Manche Menschen, die angeben, sie fürchteten den Tod, haben in Wirklichkeit Angst vor bestimmten Dingen und Geschehnissen, die möglicherweise nach ihrem Tod mit ihnen passieren. Diese Menschen glauben meist an ein Leben nach dem Tode und haben Angst vor einem jenseitigen Jüngsten Gericht und davor, dass dieses sie für ihre Taten im Leben bestrafen wird. Oft sind es die gewöhnlichsten Menschen, Leute, die niemals in ihrem Leben etwas Böses oder Kriminelles getan haben, die derartige Ängste hegen. Der Grund für ihre Furcht ist dann meist in ihrer (religiös geprägten) Erziehung zu suchen.

Diese Angst entsteht typischerweise aus Überzeugungen wie den Folgenden. Es gibt einen moralisch vollkommenen Schöpfergott, der das Universum und alles Leben in ihm unter der Herrschaft absoluter moralischer Gesetze geschaffen hat, deren Befolgung er auch durchsetzen wird. Wir Menschen sind moralisch nicht vollkommen, da wir unsere Freiheit häufig missbrauchen, um Böses zu tun. das Böse verdient nicht nur Strafe, sondern es muss nach den Maßstäben vollkommener Gerechtigkeit diese notwendig auch erleiden. So wie das Gute nun aber nicht immer hienieden gedeihen kann, genauso wird das Böse auch nicht immer in dieser Welt bestraft. Daher muss es nach dem Tod ein Reich geben, in dem die Gerechtigkeit obsiegt. Diese Vorstellung erfordert die Idee eines Lebens nach dem Tode, in welchem die, die auf Erden Böses getan haben, für ihre Sünden bestraft werden, während die Guten für ihr tugendhaftes Leben belohnt werden. Streng religiös erzogene Menschen glauben nun aber, dass alle Menschen, was immer sie auch tun mögen, alleine kraft ihres Menschseins schon Böses getan haben, bzw. gar nicht anders tun können als böse zu handeln. Aus diesem Grunde verdienen auch alle von uns die Strafe, die uns durch unseren vollkommenen kosmischen Richter unweigerlich ereilen wird.

Über viele Jahrhunderte hinweg haben sich die Priester, Lehrer und Künstler der alten und der neuen Welt gegenseitig darin übertroffen, die schrecklichen Qualen der uns nach unserem Tod erwartenden Strafe Gottes mit großer Lebendigkeit und Anschaulichkeit zu schildern und auszumalen. Einer der hervorragendsten frühen amerikanischen Philosophen, der puritanische Geistliche Jonathan Edwards (1703-1758), war unter den auf ihn folgenden Generationen vielleicht am meisten bekannt wegen seiner Strafpredigt »Sünder in den Händen des zornigen Gottes«. In ihr sprach er von dem, was die diesseitigen Sünder im Jenseits erwarte:

Der Zorn Gottes wird sie wie ein Flammenschwert treffen, ihre Verdammnis wird ewig währen. Die Hölle ist vorbereitet, das Feuer schon geschürt. Der Ofen ist schon heiß, bereit sie zu empfangen. Die Flammen züngeln bereits empor. Das glänzende Schwert ist gewetzt und schwebt schon über ihnen, die Hölle unter ihnen hat ihre Pforten geöffnet.

Papst Johannes Paul der Dritte hatte das Folgende mitzuteilen:

Es gibt keine Erlösung von der Hölle.

Es ist klar, dass fromme Gläubige sich sehr wohl Sorgen darum machen, was nach ihrem Tod mit ihnen geschieht. Selbst jene aber, die nicht an das glauben, was Jonathan Edwards so bunt ausgemalt hat, fürchten nichtsdestotrotz ein vorübergehendes Fegefeuer, das ja vielleicht die Voraussetzung für den Eintritt in das immer währende Paradies ist. Die Aussicht auf ein solches Fegefeuer ist sicherlich geeignet, in einem Menschen ein Gefühl der Furcht zu erwecken.

Diese besondere Art der Angst vor dem Tode ist natürlich an eine spezielle Weltsicht gebunden. Viele zeitgenössische Theologen empfinden mittlerweile Abscheu vor der Angstmacherei der Vergangenheit. Dennoch haben einige Philosophen als Reaktion auf den Horror des 20. Jahrhunderts die Idee der Hölle und ihre Auswirkungen auf den modernen Glauben und unsere Moral neu zu denken versucht.

Es heißt oft, die Tugend sei sich Lohn genug und das Böse bestrafe sich selbst. Viele intelligente und sensible Menschen aber vermuten noch mehr hinter einem Universum, von dem sie glauben, dass es von vollkommener Gerechtigkeit bestimmt wird. Dieses Mehr rechtfertige durchaus den Glauben, dass sich im Jenseits ein uns erwartender Gerichtshof befinden könnte.

Die Angst vor dem Unbekannten

Bis zum jetzigen Zeitpunkt musste ich nur einmal eine Vollnarkose durchmachen, nämlich als mir mit Zehn die Mandeln entfernt wurden. Ich erinnere mich deutlich an die Schwester, wie sie das Krankenzimmer betrat, um mir das erste Narkosemittel zu spritzen. Ich sollte eigentlich still liegen bleiben, als ich in meinem Bett aus dem Zimmer gerollt wurde. Ich lehnte mich jedoch auf einen Ellenbogen, damit ich auch alles sehen konnte, was so vor sich ging. Ich stellte andauernd Fragen. War das der Fahrstuhl zum OP? Wie sah er aus? Würde ich ganz einschlafen? Ich musste unbedingt alles wissen. Ich weigerte mich, mich hinzulegen und hatte auch keine Lust, schläfrig zu werden. Selbst als sie mir die Maske auflegen wollten, durch die das Narkosegas strömen würde, stellte ich noch Fragen. Das Ergebnis war, dass sie mir zu viel von dem Gas verabreichten. Es dauerte zehn Stunden, bis ich aus der Narkose aufwachte, und als ich schließlich immer noch bewusstlos in mein Zimmer zurück-

gefahren wurde, war noch so viel von dem Gas um mich, dass meine Mutter davon einschlief – zumindest berichtete sie es mir später so.

Jahre danach fragte ich einmal einen Arzt, ob eine Überdosis an Äther Nervenzellen töten könne. Ich sagte: »Wäre es möglich, dass aus mir ein intelligenterer Mensch und ein besserer Philosoph geworden wäre, hätte ich damals nicht so viel von dem Narkotikum abbekommen?« Der Arzt antwortete darauf: »Ich bin erstaunt, dass sie überhaupt herumgehen und sich unterhalten können.« Kein Wunder also, dass ich noch nicht alle Geheimnisse der Welt gelöst habe.

Viele Psychologen würden wohl behaupten, dass die Neugier, die mich zu meinen Fragen bewog und mich veranlasste, mir alles genau anzuschauen, nur die Kehrseite meiner unbewussten Angst gewesen war – meiner Angst vor dem Unbekannten. Tatsächlich gehen einige sogar so weit zu behaupten, dass es nur die Angst des Menschen vor dem Unbekannten ist, die ihn dazu veranlasse, Dinge zu erkunden und zu erforschen. Diese Angst sei der Ansporn zu der menschlichsten aller Aktivitäten – des Fragen-Stellens.

Eine der verbreitetsten Ängste ist die Angst vor dem Unbekannten. Diese Angst hat mit unserem tief verankerten Bedürfnis zu tun, die Dinge unter Kontrolle haben zu müssen. Wir glauben, unsere Umwelt und unser Geschick einigermaßen unter Kontrolle zu haben, solange wir nur wissen, was los ist, wie plausibel und angemessen dieses Gefühl auch immer sein mag. Das Unbekannte hingegen erlaubt keinerlei Möglichkeit, Pläne zu schmieden oder Erwartungen zu hegen.

Der Mensch glaubt, es sei der Tod, der ihm Angst mache; in Wirklichkeit aber fürchtet er das Unbekannte ...

Saint-Exupéry

Oft ist es so, dass die Menschen am Tod eigentlich nur das mit ihm verbundene Unbekannte fürchten. Wird der Tod wie der Schlaf sein, oder werde ich in einen bodenlosen Abgrund fallen? Wird er schrecklich oder wunderbar werden, der Tod? Ist er das Ende von allem, oder ist er erst der Anfang? Selbst die, die schon ihre fest gefügte Meinung über den Tod haben, fragen sich mitunter, ob sie auch wirklich recht haben. Tief im Inneren sind sie wohl meist unsicher. Sie könnten sich ja auch irren. Man weiß es einfach nicht, ob man recht hat. Also fürchtet man sich.

Die Angst vor dem Nichts

Der Tod ... ist einfach der größte Schrecken im Leben.

Jean Giraudeaux

Im College passierte eines Tages etwas, was ich niemals vergessen werde. Ich hatte seit vier oder fünf Stunden Tennis gespielt. Zurück im Studentenwohnheim nahm ich eine Dusche. Plötzlich hatte ich einen unglaublich lebendigen Tagtraum. Ich sah mich selbst in einem Bett liegend, auf weißen Leinen, und anscheinend am Sterben. Es war meine letzte Lebensminute. Wie die Sekunden verstrichen und ich dem Abgrund immer näher kam, wurde ich zunehmend von Entsetzen ergriffen bei dem Gedanken, nun womöglich für immer das Bewusstsein zu verlieren. Ich erlebte jene letzten Sekunden bewussten Daseins auf dieser Erde, als bedeutete der Tod die vollständige Auslöschung meiner Existenz als Person, als würde meine bewusste Existenz hienieden für immer vernichtet.

Der Tod gebiert nur einen Schrecken, dass es kein Morgen mehr geben werde.

Eric Hoffer

Ich glaubte weder damals noch glaube ich heute, dass das Tod die vollständige Vernichtung und Auflösung der personalen Existenz bedeutet. Jener Tagtraum aber machte mich ihn erleben, als wäre es so. Die letzte Lebenssekunde war quälend, da ich wusste, dass diese erstaunliche und wunderbare dem Menschen zum Geschenk gemachte Möglichkeit, die Welt erleben zu dürfen, nun für immer von mir genommen würde. Ich klammerte mich an sie, an die letzten noch vorhandenen Augenblicke bewussten Daseins, zu entsetzt, um überhaupt noch denken zu können. Ich beendete den Traum schließlich, indem ich mich dazu zwang, ihn aufhören zu lassen. Ich schaffte es am Ende, meinen Geist jener grässlichen Szene zu entziehen und begann innerlich fürchterlich zu zittern. Nachdem ich mich abgetrocknet hatte, saß ich noch Stunden einfach da und dachte über den Schrecken jenes Traumes nach. Ich brauchte zwei Wochen, um dieses Erlebnis vollständig von mir abzuschütteln.

Diese Art der Furcht vor dem Tode ist für die nächtlichen Alpträume der Menschen verantwortlich, die plötzlich erkennen, dass sie unweigerlich sterben müssen und dass das, was ihnen bevorsteht, die totale Auflösung des Individuums als Person bedeuten könnte. Von der Endgültigkeit einer solchen unumkehrbaren und unentrinnbaren Leere können sich die Menschen keine Vorstellung machen. Diese Endgültigkeit ruft ein Gefühl in uns wach, das man nur als Horror beschreiben kann. die Angst der Ängste. Das Äußerste an vorweggenommener Daseinsangst, zu der der Mensch fähig ist.

Auf Wiedersehen Welt ... auf Wiedersehen, ihr schlagenden Uhren ... und Mutters Sonnenblumen. Und Tee und Kaffee. Und frisch gebügelte Kleider und heiße Bäder ... und Schlafen und Aufwachen. Oh Erde, du bist viel zu wunderbar, als dass irgend jemand dich begreifen könnte.

Thorton Wilder

Überleben wir den Tod unseres Körpers, oder ist er das Ende aller Dinge? Jeder, der glaubt, der Tod sei das Ende von allem, ist für diese Art der Angst vor dem Nichts anfällig, eine Angst, die sich grundlegend von anderen Arten der Angst unterscheidet. Sie ist der Alptraum des Materialismus. Die beispiellose existentialistische Qual. Sie steht drohend hinter jedem Dualismus, der das nicht halten kann, was er versprochen hat zu halten.

In Kapitel 17 und 18 werden wir uns mit den Beweisen und Argumenten zu der Frage auseinandersetzen, ob es ein Leben nach dem Tod gibt.

Der Tod und der Trost der Philosophie

In diesem Kapitel

▶ Beiträge der Philosophie zum Akzeptieren des Todes

▶ Wie man mit der Todesfurcht umgehen kann

▶ Die großen Denker und ihre Auffassung vom Tod

Die lange Gewohnheit des Lebens lässt uns nur unwillig dem Tode begegnen.

Sir Thomas Browne (1605-1682)

In diesem Kapitel werden wir uns mit dem Trost beschäftigen, den uns die Philosophie im Zu sammenhang mit unserer Angst vor dem Tode spendet. Außerdem werden wir uns die Angebote der verschiedenen philosophischen Standpunkte hinsichtlich der Milderung unserer Sorgen über unsere eigene Sterblichkeit anschauen. Einige der Argumente, die geeignet sind, uns unsere Furcht zu nehmen, werden wir dem Materialismus, andere einer agnostischen Sicht der Dinge entnehmen. Auch die Position des Dualismus werden wir mit in unsere Betrachtung einbeziehen und uns dann in Kapitel 18 auf ausführliche Weise mit den Argumenten des Dualismus und seiner Ansicht befassen, dass der Tod gar nicht gefürchtet werden müsse, da er nicht das Ende für uns bedeute.

Mein Vorgehen hier ist sehr einfach. Mancher Versuch der Philosophie, Trost zu spenden, betrifft jeden. Es gibt die jedem offen stehende Möglichkeit, sich mit seinem eigenen Tod zu versöhnen, wenn man nur einige grundlegende Überlegungen anstellt oder zumindest nachvollzieht, die ganz unabhängig von der eigenen Haltung zur Körper-Geist-Debatte oder auch des eigenen Glaubens sind. Im Folgenden werde ich diese Versuche der Philosophie erläutern und kritisch in Augenschein nehmen.

Für die meisten Menschen ist der denkbar schlechteste Fall der, dass wir alle bei unserem Tod der vollständigen Auflösung anheimfallen (mehr zu dieser Angst in Kapitel 16). Andere wiederum fürchten nicht so sehr diesen Aspekt des Todes, sondern vielmehr den bewusst erlebten Vorgang des Sterbens selbst, der ganz sicher alles andere als angenehm ist. Noch bevor man direkt die Frage angeht, ob unser Geist und unser Bewusstsein nach dem Tod weiter bestehen, kann man Überlegungen anstellen, die einem Menschen erlauben, diese beiden Ängste zu bewältigen.

Don't worry, be happy

Was kann nun die Philosophie dazu beitragen, diese Ängste zu mildern? Die Philosophie hat nicht weniger als vier verschiedene Ansätze entwickelt, um dieser Angst vor dem Tod begegnen zu können (zu den vier verschiedenen Ängsten vgl. Kapitel 16). Zwei von ihnen beschäftigen sich direkt mit den Ängsten, die durch die Vorwegnahme des Vorgangs des Sterbens erzeugt werden. Die beiden anderen Ansätze wenden sich an die Angst vor dem Zustand des Todes, an die Endgültigkeit seiner Realität. Zwischen diesen Ansätzen gibt es aber immer wieder Überschneidungen. Zuerst wollen wir uns einige Antworten bezüglich unserer Angst vor dem Sterben an sich anschauen.

Die stoische Antwort auf die Angst vor dem Vorgang des Sterbens

Nicht der Tod oder seine Schwere ist das, was die Menschen fürchten, sondern die Furcht vor der Schwere und dem Tod.

Epiktet

 Die stoischen Philosophen, wie z.B. Seneca, Epiktet oder Marcus Aurelius, glaubten, dass das Leben uns nur bis zu dem Maße in Not stürzen könne, wie wir von unserer Natur her auch aushalten können. Es gibt zwei Versionen dieser Ansicht. Die eine stützt sich auf die Beobachtung, dass Menschen ab einem bestimmten Grad von Schmerzen normalerweise in Ohnmacht fallen und somit keine Schmerzen mehr empfinden. Darauf lässt sich erwidern, dass für das Empfinden vieler Menschen diese Ohnmacht erst viel zu spät einsetzt. Außerdem ist es so, dass die Schmerzen chronisch Kranker, etwa Krebspatienten, deren Leiden sich manchmal über Jahre hinzieht, von dieser Linderung und Erlösung gar nicht betroffen sind.

Die Stoiker glaubten aber, dass, was immer die Natur uns an nicht zu linderndem Leid auferlegt, wir dieses jederzeit durch unseren Freitod beenden könnten. Sie hießen Verzweiflungstaten wie den Freitod für derartige Ausnahmesituationen durchaus für angemessen und vernünftig. Die Ansichten der Stoiker über den Selbstmord sind kompliziert und nuancenreich; es bleibt jedoch die Tatsache bestehen, dass Gott uns die Mittel an die Hand gegeben hat, das, was wir nicht ertragen können, auch zu beenden. Das qualvolle Sterben eines Menschen kann durch entsprechende Intervention unmittelbar gestoppt werden.

Diese Form des Trostes ist natürlich von eher rauher und strenger Art. Aus einer Reihe von Gründen ist diese Möglichkeit von vielen nachfolgenden Moralisten als unannehmbar zurückgewiesen worden. Dessen ungeachtet bleibt diese Möglichkeit aber als letzter Ausweg (und letzter Trost) theoretisch für die betroffenen Menschen immer bestehen. Die Natur oder Gott werden uns niemals von unserer Entscheidung abhalten können, das, was nicht mehr zu ertragen ist, auch nicht mehr ertragen zu wollen. Dieser Trost ist nicht der Geringste unter allen Möglichkeiten, und er ist eine Antwort auf eine der unmittelbarsten Ängste der Menschen vor dem Tode.

Das Argument, der Tod sei ein natürlicher Vorgang

Zu sterben ist genauso natürlich wie geboren zu werden.

Francis Bacon

 Zu allen Zeiten haben Philosophen und andere Gelehrte uns davon zu überzeugen versucht, dass der Tod ein natürlicher Vorgang sei, den man als solchen akzeptieren müsse und den man nicht zu fürchten bräuchte.

Der Tod als ein natürlicher Teil des Lebens

Alle möglichen Denker haben versucht, die Meinung zu vertreten, dass der Tod ein Teil des natürlichen Lebenskreislaufs sei:

Sobald wir geboren werden, fangen wir an zu sterben; und das Ende ist mit dem Anfang verbunden.

Minilius Astonomica

Denn das Leben nähert sich dem Tod jeden Tag etwas mehr.

Phaidros

Jeder Augenblick des Lebens ist ein Schritt in Richtung Grab.

Crébillion

Der, der zu leben anfängt, beginnt auch mit dem Sterben.

Francis Quarles

Mitten im Leben sind wir auch im Tod.

The Book of Common Prayer (Das Gebetbuch der anglikanischen Kirche)

Du wirst nicht deswegen sterben, weil du krank bist, sondern weil du lebst.

Seneca

Denn Staub bist du, und zum Staub musst du zurück.

Genesis 3:19

Unser ganzes Leben ist ein Hinschreiten zum Schafott – dem Tod.

John Donne

Ich, als ich geboren wurde, wurde zum Sterben geboren.

William Drummond (1656)

Ist das Sterben dem Menschen etwas Unbekanntes, dessen Leben nichts als eine Reise hin zum Tode ist?

Seneca

Dieses Argument könne genauso gut auf den Vorgang des Sterbens angewendet werden, auf die Tatsache, dass wir dem Tod, seinem Vorlauf und seiner Endgültigkeit ins Auge blicken werden. Da er ein natürliches Phänomen ist, müsse man ihn nicht fürchten.

Giftige Spinnen oder Schlangen, unheilbare Krankheiten sowie zerstörerische Tornados sind genauso natürlich wie der Tod auch und sollten dementsprechend auch so gefürchtet werden. Ich persönlich habe diesen Gedankengang noch nie als besonders tröstlich empfunden und kann auch nicht recht einsehen, warum er anderen als solcher erscheint. Ich vermute mal, dass die meisten sich einfach an jeden Strohhalm klammern, den sie kriegen können, solange er nur ihre Angst vor dem Tode zu mildern hilft. Das Ergebnis ist, dass sie sich wegen der Dringlichkeit ihrer Not von den Antworten der Skeptiker zu schnell philosophisch betäuben lassen.

Das Notwendigkeitsargument

Der Tod nimmt die Alltäglichkeit des Lebens hinweg.

Alexander Smith (1863)

Das Notwendigkeitsargument ist verwandt mit dem Argument, der Tod sei ein natürlicher Vorgang. Es behauptet, dass wir uns gefühlsmäßig mit der Realität des Todes versöhnen könnten und uns nicht fürchten sollten, wenn wir nur verstehen würden, dass der Tod für zwei wichtige und sehr positive Dinge notwendig ist. Erstens ist er bedeutsam für unsere Wertschätzung des Lebens. Je größer unser Sinn für die Vergänglichkeit der menschlichen Existenz sei, desto mehr könnten wir die kleinen Dinge des Lebens genießen. Zum Zweiten ist der Tod wichtig für den beständigen Gang der Evolution, eines immer währenden Vorgangs, der zu immer vollkommenerem und wertvollerem Dasein auf der Welt führen würde.

Als Beispiel einer derartigen Anschauung soll uns hier ein Zitat aus Charles Lindberghs Autobiographie *Autobiography of Values* dienen:

Ohne den Tod gäbe es kein Bewusstsein vom Leben. Die immer wiederkehrende Auswahl und Erneuerung, die den Fortschritt des Lebens befördert, käme zu einem Ende.

Lassen Sie uns das etwas allgemeiner fassen und uns zunächst den letzten der beiden Punkte herausgreifen. Ich weiß, dass ich – bildlich gesprochen – irgendwann aus der Mannschaft ausscheiden muss, obwohl ich hart arbeite und anscheinend ganz gut mitspielen kann. Außerdem soll ich dieses Schicksal gutheißen, weil mir versichert wird, dass mein Ausscheiden unweigerlich zu einer Verbesserung der Mannschaft insgesamt führen wird. Man sagt mir darüber hinaus, dass ich mich am Rand des Spielfeldes bereit halten solle, damit ich, falls ich die Chance bekomme, die neue und verbesserte Mannschaft anfeuern kann für das, was sie ohne mich zu leisten imstande ist. Bei diesem Vergleich gibt es allerdings ein kleines Problem. Wenn mich mein Trainer aus dem Team nimmt, so kann ich mich im wirklichen Leben nicht mehr an den Spielfeldrand stellen. Ich werde viel eher unter den Rasen gepflügt, etwas, worüber man sich nicht besonders freuen kann.

»Jeder fliegt aber doch irgendwann aus der Mannschaft. Warum sollte uns das also etwas ausmachen?« Das müsste es tatsächlich nicht, wenn es nur irgendwo ein anderes Team gäbe, das uns aufnehmen würde. Wenn aus der Mannschaft herauszufliegen jedoch bedeutet, dass man für immer dem Sport ade sagen muss, so weiß ich wirklich nicht, was ich daran so gut finden soll.

Schauen wir uns nochmals Lindberghs Bemerkung an. Stimmt es überhaupt, dass es ohne den Tod kein Bewusstsein und keine Wertschätzung des Lebens gäbe? Es ist eine traurige Wahrheit über den Menschen, dass wir erst dann etwas wirklich wertschätzen, wenn es für immer verloren und für uns unerreichbar geworden ist. Diese Eigenschaft der menschlichen Psyche, so scheint es, ließe sich aber durch ausreichende Bewusstwerdung und Sensibilisierung für die Unwiederbringlichkeit insbesondere des Lebens überwinden. Die Menschen könnten es durchaus lernen, die kleinen Dinge des Lebens wieder wertzuschätzen. Mitunter sind die Menschen sogar von sich aus des oberflächlichen Lebens einfach müde und verändern ganz alleine ihre Einstellung zum Leben, indem sie neue Wege zur Liebe und zur Wertschätzung finden.

Oft scheint es jedoch so zu sein, dass nur die Drohung eines nahenden Todes einen solchen Wechsel der Lebensperspektive erreichen kann. Für mich gibt es aber keinen Grund, warum dies nur der Tod zu leisten vermögen soll. Im Gegenteil, die Tatsache des Todes alleine ist für sich genommen sogar sicher nicht hinreichend für einen solchen Wechsel, zum einen, weil wir uns über seine Unvermeidlichkeit selbst täuschen und zum anderen, weil wir seine Auswirkung auf die Bedeutsamkeit der schönen Momente, die wir erfahren, grundsätzlich ignorieren. Aus diesem Grund erweist sich nach reiflicher Überlegung diese Argumentation als nicht überzeugend.

Das agnostische Argument

Niemand weiß, was der Tod in Wirklichkeit ist, noch ob er für den Menschen nicht der größte aller Segen ist. Dennoch fürchten aber die Menschen ihn so als wäre er das größte aller Übel.

Sokrates

Das agnostische Argument funktioniert besser. Es ist jedoch nicht auf den Vorgang des Sterbens gerichtet, sondern auf den Tod als Zustand in all seiner Endgültigkeit. Plato lässt Sokrates in einem seiner Dialoge die folgende Überlegung anstellen:

1. Es ist falsch (unangemessen oder unvernünftig) etwas zu fürchten, solange man nicht weiß, ob es einem auch schaden kann.

2. Man weiß nicht, ob im Zustand des Todes die eigene Person einen Schaden nimmt.

3. Daher ist es falsch, den Tod als Endzustand zu fürchten.

Um es noch mal zu wiederholen: Dieses Argument bezieht sich nur auf den Zustand des Totseins an sich, nicht auf den Vorgang des Sterbens. Der letztere kann einem Menschen ganz sicher Schaden zufügen. Aus diesem Grund ist es auch durchaus vernünftig, diesen Vorgang zu fürchten. Die meisten Menschen aber haben vor dem Tod als Endzustand die meiste Angst, woran sie sogar recht tun. Der Vorgang des Sterbens ist zeitlich begrenzt, wie lang einem Leidenden die Zeit auch immer erscheinen mag. Der Zustand des Todes als solcher aber ist ewig und immerwährend. Je mehr Gründe man anführen kann, warum wir ihn nicht fürchten sollen, um so besser ist es.

 Sokrates erkannte, dass wir normalerweise vorgeben, mehr über das Leben zu wissen, als es tatsächlich der Fall ist. Er erkannte auch, dass wir demselben Fehler auch in Bezug auf den Tod erliegen. Wir haben Gefühle und Einstellungen dem Tod gegenüber, die ein Wissen beinhalten, das wir so gar nicht besitzen. Der Tod ist in vielerlei Hinsicht das große Unbekannte. Sokrates ist daher der Ansicht, dass wir uns bescheiden und nicht vorschnell ein Urteil fällen sollten. Nach allem, was wir wissen, ist der Tod vielleicht das Großartigste und nicht so sehr das Schlechteste unter allen Dingen. Unsere Einstellungen und Gefühle sollten unsere Dürftigkeit an konkretem Wissen widerspiegeln.

Das Argument der zwei Ewigkeiten

Dieses Argument beruht auf der Voraussetzung, dass der Tod das vollkommene Erlöschen der personalen Existenz bedeutet. Es kann auch von denen angewendet werden, die zwar nicht glauben, dass dies schlechthin die Wahrheit über den Tod ist, die aber dennoch fürchten, dass es sich doch so verhalten könne.

Das Argument baut auf einem Gedankenexperiment auf. Es wird manchmal mit einem bestimmten Gedankengang Epikurs verwechselt, dessen Argument wir im nächsten Abschnitt betrachten werden. Unser Argument hier steht und fällt jedoch nur durch sich selbst.

Es gab eine Zeit, zu der wir noch nicht waren. Dies beunruhigt uns nicht. Warum sollte es uns also bekümmern, dass einmal eine Zeit kommen wird, zu der wir nicht mehr sein werden?

William Hazlitt

 Stellen Sie sich einen Menschen vor, der glaubt, der Tod sei das absolute Ende von allem. Ein solcher Mensch, vornehmlich eine der Theorie des Materialismus zugeneigte Person, ist entsprechend davon überzeugt, dass der Tod seines Körpers von einer Ewigkeit des Nichtseins gefolgt wird. Er ist der Ansicht, sein Geist werde für immer verlöschen, eine Sichtweise, die ihn mit der denkbar größten Panik erfüllt. Er glaubt aber ebenso, dass vor seiner Geburt eine unbegrenzte, der Zeit nach seinem Tode vergleichbare Zeitspanne gelegen hat, in der er auch noch nicht existierte. Und doch ist es so, dass er dieser Tatsache mit äußerstem Gleichmut und größter Ruhe begegnen kann.

Auf der anderen Seite könnte ein Philosoph argumentieren, dass es sich dabei um zwei vollkommen gleichrangige Unendlichkeiten handele. Die eine muss man genauso wenig fürchten wie die andere. Während der vorhergegangenen Ewigkeit, der Ewigkeit, die hinter uns liegt, ist nichts Böses oder Schädigendes geschehen, das dem über das Leben und den Tod nachdenkenden Anhänger der materialistischen Theorie geschadet hätte. Das Gleiche gilt nun aber genauso auch für diejenige Ewigkeit, die noch vor uns liegt. Daraus folgt, dass man die Zukunft genauso wenig zu fürchten braucht wie die Vergangenheit.

Es gibt jedoch einen alles entscheidenden Unterschied zwischen der Zukunft und der Vergangenheit. Während die Vergangenheit sich immer weiter von uns entfernt, kommt die Zukunft immer weiter auf uns zu. Ich kann mich gedanklich einer Tatsache aus der Vergangenheit in aller Seelenruhe genau deswegen zuwenden, weil ich mich jetzt nicht darauf einlassen muss, mich mit ihr auseinander zu setzen oder sie am eigenen Leibe zu erfahren. Ich habe zwar manchmal mit Auswirkungen vergangener Ereignisse zu tun; was allerdings die Vergangenheit an sich anbetrifft, so kann sie mir jetzt keinen Schaden mehr zufügen. Was jedoch die Zukunft anbelangt, so sehen die Dinge ganz anders aus.

Meine Einstellungen und Gefühle, Überzeugungen und Neigungen, die in das Nachdenken über zukünftige Möglichkeiten unweigerlich einfließen, können nun aber durchaus meine unmittelbaren Aussichten beeinflussen, dass sich diese Möglichkeiten für mich früher oder später auch in Wirklichkeit einstellen. Die Furcht kann mir dabei helfen, einen von mir nicht gewünschten zukünftigen Zustand hinauszuschieben oder ganz zu vermeiden, indem sie mich dazu anhält, gegenwärtige Zustände, die dessen Herbeiführung beschleunigen könnten, zu vermeiden.

Das Argument kann also wegen der Verschiedenheit von Gegenwart und Zukunft nicht richtig funktionieren. Ich bin von seiner Gültigkeit nicht eigentlich überzeugt. Sind Sie es etwa?

Ein Leben: Ein kleines Aufschimmern der Zeit zwischen zwei Ewigkeiten, ohne zweite Chance für uns!

Thomas Carlyle (1795-1881)

Epikurs Argument

Das Philosoph Epikur (um 341-270 v. Chr.) dachte sich eines der intelligentesten und am meisten diskutierten Argumente überhaupt aus. Es stellt einen direkten Versuch dar, uns von unserer Angst vor dem Tode zu befreien. Es wird manchmal im gleichen Atemzug mit dem Argument der zwei Ewigkeiten aus dem vorhergehenden Abschnitt genannt (ja mitunter sogar mit diesem verwechselt). Es ist jedoch von diesem völlig verschieden und sollte auch unabhängig von diesem bewertet werden.

Dem Tod, dem am meisten gefürchteten Übel, müssen wir daher nicht mit Sorge begegnen; denn, solange wir sind, ist der Tod noch nicht und wenn der Tod ist, sind wir nicht mehr.

Epikur

Epikur erläuterte seinen Gedanken folgendermaßen:

1. Wenn man ist, so ist der eigene Tod nicht, und was nicht ist, das kann einem Menschen auch nicht schaden.

2. Wenn aber der eigene Tod ist, so ist man selbst nicht, und was nicht ist, dem kann auch nicht geschadet werden.

3. Es ist unvernünftig, das zu fürchten, was einem nicht schaden kann.

4. Es ist unvernünftig, Furcht zu haben, wenn einem kein Schaden zugefügt werden kann.

5. Entweder man selbst ist, oder der eigene Tod ist.

6. Daher kann entweder der Tod dir nicht schaden, oder du selbst kannst durch den Tod keinen Schaden nehmen.

7. Es ist also unvernünftig, überhaupt den Tod zu fürchten.

 Wahrlich erstaunlich, einfach brillant. Vom Gefühl her jedoch absolut nicht überzeugend. Schon seit Epikurs Zeiten haben die Philosophen immer wieder versucht herauszufinden, was mit diesem Argument nicht stimmt. Man nahm an, dass irgendetwas an ihm falsch sein müsse. Epikur behauptet ja, dass der Tod das vollständige Erlöschen einer Person und seines Bewusstseins bedeutet. Für viele Menschen ist dies die am meisten gefürchtete Möglichkeit, die es überhaupt gibt. Nie mehr die Sonne sehen, nie mehr etwas empfinden. Nie mehr einen Gedanken fassen können. Und gerade davor, so will uns Epikur weismachen, sollen wir keine Angst haben müssen?

Diejenigen, die den Tod als vollständiges Verlöschen des eigenen Selbst begreifen, fürchten keine unangenehmen Erfahrungen im Zustand des Todes, sondern die Tatsache, dass der Tod sie für immer all ihrer Möglichkeiten und all ihrer angenehmen Erfahrungen und Empfindungen berauben wird. Epikur behauptet nun, dass dieser Umstand für einen Menschen keinen Schaden beinhaltet. Auf dieser Behauptung gründet er dann seine Schlussfolgerung, dass es keinen Sinn mache, den Tod zu fürchten.

Trotz der Unfähigkeit der Philosophen, sich darüber zu einigen, was an diesem faszinierenden Argument denn nun nicht stimmen könne, lassen sich die meisten Menschen von ihm nicht von ihrer Angst vor dem Tod abbringen. Sie sind allenfalls ein wenig verblüfft, wenn man sie mit dem Argument konfrontiert. Letztendlich ähnelt es aber mehr einem Rätsel als einem stringenten und erhellenden Gedankengang.

Ist dies deswegen der Fall, weil der Mensch kein Vernunftwesen ist? Oder besteht der Grund darin, dass die Gefühle des Menschen einfach nicht rational sind? Ist etwas in jedem Falle besser als nichts? Kann es sein, dass dem Argument diese Tatsache irgendwie entgeht? Was meinen Sie?

Materialistische Vorstellungen von der »Unsterblichkeit«

Philosophen, die glauben, dass der Tod das Ende von allem ist, weil der Geist oder die Seele für sie keine vom Körper unabhängige Existenz besitzen, haben eigene Vorstellungen von Unsterblichkeit vorgeschlagen, die uns mit unserem körperlichen Untergang versöhnen sollen. Diese Vorstellungen beinhalten nicht das Weiterbestehen der Seele oder eines anderen Teils der personalen

Existenz eines Menschen über das Grab hinaus, sondern sie stellen vielmehr eine Art trostspendende Projektion in die Zukunft dar, durch wir in dieser Welt Halt gewinnen können. Die folgenden Abschnitte befassen sich mit einigen dieser Vorstellungen.

Soziale Unsterblichkeit

 Als ich noch zur Schule ging, fuhr ich einmal im Winter zu einem Skiausflug übers Wochenende in die Berge. Am Samstag Morgen, nach einem Frühstück in einem Restaurant in der Nähe meines Motels, ging ich durch den Schnee zurück zu meinem Zimmer. Der Verkehr auf der Hauptstraße war ziemlich stark. Ich hielt an einer Kreuzung und wartete auf Grün. Ein gut gekleideter Mann von vielleicht Ende vierzig, Anfang fünfzig stand plötzlich neben mir, wandte sich zu mir und sagte: »Wenn ich sterbe, werde ich in meinen Kindern weiterleben.« Er sagte nichts weiter. Kein Hallo oder Guten Morgen. Nur diese eine philosophische Anmerkung.

In den Herzen derer zu leben, die wir verlassen
Heißt, nicht zu sterben.

Thomas Campbell

Stellen Sie sich meine Reaktion vor, als ich die Worte hörte »Wenn ich sterbe.« Direkt an einer viel befahrenen Straße. Würde ich unter Umständen den Mann am Ärmel packen müssen, damit er sich nicht vor irgendein vorbeifahrendes Auto würfe. Warum erzählte der Mann mir das gerade in jenem Augenblick? Äußerst seltsam. Ich nehme an, ich war schon in jungen Jahren zum Philosophen geboren. Es stand mir wohl schon mit siebzehn im Gesicht geschrieben.

Was dieser mir fremde Mann zum Ausdruck brachte, ist ein weitverbreitetes Gefühl, nämlich die Überzeugung, dass wir durch unsere leiblichen Kinder irgendwie einen Teil unserer Selbst nach unserem Tod zurücklassen können. Die einen legen dabei den Schwerpunkt auf die rein genetische Ausstattung ihrer Kinder, die ja zur Hälfte von ihnen stammt; die anderen sehen ihre Existenz dadurch über ihren Tod hinaus verlängert, als sie durch die Erziehung und Entwicklung ihrer Kinder, durch das Formen ihrer kleinen Persönlichkeiten (natürlich nach dem Vorbild des eigenen Selbst) sich selbst in ihnen fortbestehen lassen können. Sehr häufig leiden die Kinder geradezu unter diesen Bestrebungen ihrer Eltern, sich in ihrem Nachwuchs auf erzieherischem Wege selbst zu verewigen. Ein Manager kann schließlich nicht in seinem eigenen Kinde wiedergeboren werden, wenn aus diesem nur ein Taugenichts wird. Zumindest glauben das viele Menschen, die in der Gesellschaft eine hohe soziale Stellung einnehmen. Aus diesem Grund üben sie in der Erziehung Druck auf ihre Kinder aus, nicht unbedingt zum Guten der Kinder. Was solchen Menschen vorschwebt, ist, der Welt ihr Vermächtnis in Form ihrer Kinder zu hinterlassen.

Der, der von uns gegangen ist, so wir uns denn seiner gerne erinnern, ist uns gegenwärtiger als die Lebenden.

Saint-Exupéry

Kulturelle Unsterblichkeit

Während meiner Studienjahre in Yale besuchte ich eines Tages meinen Studienfreund auf seinem Zimmer. In seinem Wohnheim saß eine Gruppe Studenten beieinander und unterhielt sich. Ich fragte eine Studentin, was denn ihr Hauptfach sei. Sie antwortete Architektur. Ich fragte sie, ob es ihr denn nicht schwer fiele, alles über die verschiedenen Baumaterialien und alles mögliche über Statik lernen zu müssen. Sie sagte Nein, derartiges würde man in Yale gar nicht unterrichten. Stattdessen werde man zum künstlerisch schaffenden Menschen ausgebildet. Sie würden eines Tages bei irgendeiner Firma arbeiten und die elementaren Aufgaben dann solchen untergeordneten Kräften übertragen, die über das entsprechende architektonische Grundwissen verfügten. Ich fragte sie darauf: »Musst du aber nicht trotzdem alles Wissenswerte über die entsprechenden Materialien beim Häuserbau wissen?« Sie antwortete: »Meine Aufgabe ist es, das Äußere und Innere der Gebäude zu entwerfen. Du musst verstehen, wir sind Künstler. Mein Plan ist es, in der Stadtlandschaft Amerikas weiterzuleben.«

All unsere Versuche, Unsterblichkeit zu erlangen, sei es durch Eroberung fremder Territorien, durch wissenschaftliche Leistungen oder durch die Kunst, sind auf lange Sicht gleichermaßen vergebens, weil »auf lange Sicht« eine längere Zeitspanne umfasst als ein jeder von uns es sich vorstellen kann.

Sydney J. Harris

Nun, jene Studentin wird nicht allzu lange in ihren Gebäuden weiterleben, wenn diese erst einmal wieder abgerissen worden sein werden. Ich muss schon sagen, dies stellte schon ein wirklich erstaunliches Maß an Zuversicht, Arroganz und Anmaßung, um nicht zu sagen Hybris, das griechische Wort für maßlosen Stolz, dar. Wer von uns kann schon von sich behaupten, dass er oder sie in seinen schöpferischen Hinterlassenschaften weiterleben wird? Wenn sie Glück hat, werden die künstlerischen Monumente der jungen Studentin – wenn überhaupt – dann nur rußüberzogen und mit den Ausscheidungen der Vögel bedeckt die Zeiten überdauern.

Selbst wenn es vernünftig wäre, so etwas wie kulturelle Unsterblichkeit anzunehmen, so würden dennoch die meisten Woody Allens geistreicher Bemerkung zustimmen: »Ich will nicht durch meine Arbeit unsterblich werden. Ich will dadurch unsterblich werden, dass ich nicht sterbe.«

Kosmische Unsterblichkeit

Ich hatte früher einen Freund, der einmal zu mir sagte: »Wenn ich sterbe, so möchte ich in entweder in einem Sarg aus Kiefernholz beigesetzt werden oder in gar keinem einfach so in die Erde hinabgelassen werden. Ich möchte möglichst schnell verwesen, damit die Moleküle, aus denen ich bestehe, schnell von der Erde, den Pflanzen und Tieren absorbiert werden können, so dass meine Bestandteile schließlich so weit verbreitet werden, dass ich eins werde mit dem Universum und in kosmischer Unsterblichkeit bis ans Ende der Zeit weiter existieren kann.«

Dies ist sicherlich eine für einen größeren Teil der Menschheit zugängliche Form der Unsterblichkeit als diejenige, die von künstlerisch schaffenden Menschen erstrebt wird. Alles in allem ist es jedoch ein eher dürftiges Ziel, das kaum erstrebenswert erscheint. Je mehr Moleküle ich nach meinem Tod in der Welt verstreuen kann, desto größer soll meine Unsterblichkeit dann wohl auch sein. Also, her mit der extragroßen Portion Eis.

Ich muss schon sagen, diese Vorstellung ist nun wirklich nicht geeignet, in mir eine besonders große Zuversicht zu erzeugen.

Wissenschaftliche Unsterblichkeit

Die wissenschaftliche Unsterblichkeit ist die letzte Form der materialistischen Vorstellung von Unsterblichkeit, die ich hier vorstellen möchte. Sie ist von allen sicherlich die interessanteste Variante, da sie als einzige der vier unseren Wunsch nach einem Weiterbestehen unseres Bewusstseins über den Tod hinaus anspricht. Wir wollen ja als Person weiterleben und nicht bloß in dem, was wir der Welt hinterlassen. Der Materialismus wendet sich mit seinem Konzept der wissenschaftlichen Unsterblichkeit genau an dieses menschliche Verlangen.

Wissen Sie, wie die Lebenserwartung vor ein- oder zweihundert Jahren war? In keinem Land betrug sie mehr als fünfzig Jahre. Natürlich wird die Statistik durch die hohe Kindersterblichkeit etwas verzerrt. Es ist jedoch unbestritten, dass das durchschnittliche Lebensalter der Menschen durch die moderne Medizin, durch Schutzmaßnahmen in allen möglichen Bereichen des täglichen Lebens, durch verbesserte Ernährung und ein allgemein gesünderes Leben der Menschen entscheidend gesteigert werden konnte. Heutzutage schauen wir mit vierzig oder fünfzig Jahren sicher viel besser (sprich »jünger«) aus als die Menschen früherer Epochen.

 Die Entwicklung der chirurgischen Medizin und der Transplantationsmedizin haben das Lebensalter der Menschen weit über die natürlichen Grenzen hinaus verschoben. Das Entscheidende in diesem Zusammenhang aber ist, dass es uns mit dem Durchbruch im Bereich der Genetik und der Verfeinerung der Möglichkeiten der mikrochirurgischen Medizin vielleicht möglich sein wird, das Lebensalter der Menschen um ein noch viel höheres Maß zu verlängern als das in der Vergangenheit schon möglich gewesen ist. Einige kürzlich veröffentlichte Bücher behaupten sogar, dass wir die erste Generation sein werden, die überhaupt nicht mehr zu sterben brauche.

Die seltsamste Form, die dieser Glaube angenommen hat, nennt sich *Kryonik* und beruht auf der Idee, Tote solange einzufrieren, bis die medizinische Wissenschaft eines Tages in der fernen Zukunft eine Möglichkeit gefunden hat, diese eingefrorenen Körper der Toten nicht nur wieder zu reanimieren, sondern auch die Krankheiten, an denen die Toten einst gestorben waren, zu heilen und ihnen damit ein endloses Leben zu schenken. Sie haben von dieser Methode vielleicht in der Vergangenheit einmal in der Zeitung gelesen. Bisher sind noch nicht allzu viele Menschen derart bei ca. minus 170 °C eingefroren worden. Eine Reihe von Menschen haben allerdings in der Voraussicht auf ein Wiedersehen in der Zukunft ihre Angehörigen für eine solche Behandlung entweder »vorgemerkt« oder eine solche schon veranlasst.

Eine amerikanische Firma mit Namen _Alcor Life Extension Foundation_ warb vor einigen Jahren damit, dass sie den vollständigen Körper eines Menschen für 100.000 $ einfrieren könnte. Ein abgetrennter Kopf alleine würde immer noch mit 25.000 $ zu Buche schlagen. Dieses Angebot war ihre Form des Rabatts und zeugte von der Geschäftstüchtigkeit dieser Firma. Auf die Frage, wie aussichtsreich ein solches Unterfangen sein mag, wollen wir hier aber nicht weiter eingehen.

Einige wenige Computerexperten prognostizieren sogar, dass zukünftige Generationen von Computern in der Lage sein werden, den Inhalt unseres gesamten neuronalen Systems, unseres ganzen Gehirns zu simulieren, so dass man seine Erinnerungen, seine persönlichen Charaktermerkmale und alles zum eigenen Bewusstsein Gehörende nur in einen solchen Computer einspeichern müsste, um vorübergehend in dieser virtuellen Form überdauern zu können und zwar solange, bis die Wissenschaft einen Weg gefunden hat, unsere im Computer gespeicherten Daten auf eine geeignete organische Lebensform rückzuübertragen.

 Auch wenn sich all das verdammt nach Sciencefiction anhören mag: Kann man in dieser Voraussage nicht wenigstens einen Hoffnungsschimmer entdecken? Wird es der Wissenschaft und der Technik nicht eines Tages doch möglich sein, sich so weiterzuentwickeln, dass sie uns ein ewiges Leben wird ermöglichen können?

Die Zeit ist dasjenige, in dem alle Dinge vergehen.

Arthur Schopenhauer

Nun, wenigstens wird dies solange nicht möglich sein, wie es uns nicht gelingt, die kosmischen Prozesse des Universums in den Griff zu bekommen und radikal in diese einzugreifen. Eines Tages nämlich wird unsere Sonne ausgebrannt sein und ihr Feuer erlöschen. Nicht unbedingt sehr bald, aber doch in einer absehbaren und berechenbaren Zukunft von vielleicht noch einmal fünf Milliarden Jahren. Der Physiker Freeman Dyson jedoch scheint zu glauben, dass es uns einmal möglich sein wird, ein Raumschiff zu bauen, das zumindest einige wenige von uns zu einem anderen Sonnensystem bringen könnte, um so auch der letzten planetaren Katastrophe entgehen zu können und unser Überleben zu sichern.

Unsere Sonne stellt allerdings nicht das einzige Problem für uns dar. Auch die Entropie bedroht unsere Existenz, also jenes Gesetz, nach dem alles im Universum dem Chaos entgegen strebt, d.h. – wissenschaftlich ausgedrückt – dem Zustand geringster Informationsdichte. Dieses Gesetz ist die direkte Folge des Urknalls, der vor etlichen Milliarden Jahren stattfand. Es gibt nur zwei wissenschaftlich allgemein akzeptierte Szenarios für das Schicksal unseres Universums. Das eine sieht vor, dass das Universum seine jetzige Ausdehnung bis in alle Ewigkeit fortsetzt, ein Prozess, bei dem nach und nach alle Sterne im Kosmos ihren atomaren Brennstoff aufbrauchen und schließlich verlöschen werden, bis es keinen mehr geben wird, der das dann kalte und dunkle Universum, in dem dereinst auch kein wie auch immer geartetes Leben mehr möglich sein wird, erleuchtete. Beim anderen noch am ehesten positiven Szenario wird es so sein, dass die Ausdehnung des Universums an irgendeinem Punkt zum Halten kommen wird, worauf es sich dann anschließend wieder zusammenzieht, bis es in einer gewaltigen Implosion, die keine strukturierte Materieanhäufung, also auch keine Lebensform, überleben wird, wieder an seinen ursprünglichen Anfangszustand gelangen wird. Mein Rat dazu: Knüpfen Sie Ihre Hoffnungen nicht zu sehr an die Wissenschaft.

Der, der am längsten gelebt hat und der, der das kürzeste Leben gehabt hat, werden beide, wenn sie dereinst gestorben sein werden, das Gleiche verloren haben.

Marcus Aurelius

Die Quintessenz dieser ganzen Überlegungen ist, dass auch die Wissenschaft uns das ewige Leben nicht wird schenken können. Die Erlangung der Ewigkeit wird an unseren technischen Möglichkeiten immer scheitern müssen.

 Das Entscheidende ist, dass auch der Materialismus uns keine Perspektive eröffnen kann, die es uns erlauben würde, an die Möglichkeit des ewig währenden Lebens zu glauben. Es gibt also schlussendlich recht wenig, was eine materialistische Philosophie, oder selbst eine Philosophie, die eine unentschiedene Haltung zum Körper-Geist-Problem des Dualismus und Materialismus einnimmt, tun kann, um jenen von uns Trost zu spenden, die immer noch den Traum vom ewigen Leben träumen. Dennoch aber müssen wir uns die Frage stellen, ob es nicht vielleicht doch trotz allem die metaphysischen Voraussetzungen geben kann, den Tod unseres Körpers in einer Form zu überleben, die uns die Erfahrung der Unendlichkeit der Zeit eröffnet. Oder anders gefragt: Gibt es irgendeinen letzten Trost für die Tatsache, dass wir in dieser Welt unweigerlich an unsere Grenzen stoßen müssen?

In Kapitel 18 werden wir uns dieser Frage zuwenden und uns an einer Antwort versuchen.

»Die antike Philosophie des Skeptizismus ist besonders hilfreich, wenn man es mit Speck im Sonderangebot zu tun hat.«

Gibt es ein Leben nach dem Tod?

In diesem Kapitel

▶ Die philosophischen Argumente für den Glauben
   an ein Leben nach dem Tod

▶ Die Kritik an diesem Glauben

▶ Die Gründe für diesen Glauben

Der Tod vernichtet uns entweder, oder er befreit uns. Wenn er Befreiung bedeutet, so erwarten uns bessere Dinge, wenn wir uns erst unserer Last entledigt haben werden. Wenn der Tod die Vernichtung ist, so gibt es nichts, was uns erwartet, kein Segen und kein Fluch.

Seneca

Kapitel 16 und 17 haben sich mit den verschiedenen Formen der Angst des Menschen vor dem Tode beschäftigt. Wir haben uns außerdem die wichtigsten, nicht auf einem Glauben an ein Leben nach dem Tod aufbauenden philosophischen Versuche angeschaut, uns mit unserem allem Anschein nach unentrinnbaren Schicksal zu versöhnen. In diesem Kapitel werden wir das Problem des Weiterlebens direkt angehen. Existieren wir nach dem Tod weiter, oder tun wir das nicht? Gibt es ein Leben nach dem Tod, oder ist er der vollständige Untergang unserer selbst als Menschen?

Zuerst werde ich den in dieser Hinsicht skeptischen Zweiflern das Feld überlassen, um mich dann anschließend den positiven Argumenten zu widmen.

Philosophische Zweifel und Ablehnungen

Von der Antike bis in unsere Zeit haben sich die Philosophen eine Reihe von Argumenten einfallen lassen, die darlegen sollen, warum wir unseren physischen Tod nicht überleben können. In diesem Abschnitt werfen wir einen Blick auf die vier gängigsten und stärksten Argumente.

Das Argument, dass der Glaube an ein Leben nach dem Tod aus unserer Psyche abgeleitet werden kann

Die Menschen glauben freiwillig an das, an das sie zu glauben wünschen.

Cäsar

 Dieses Argument versucht nicht, Gründe dafür zu finden, warum wir unseren Tod nicht überleben können, sondern unseren Glauben an ein solches Leben nach dem Tode in Zweifel zu ziehen.

Das Argument lautet folgendermaßen: Die Menschen glauben an ein Leben nach dem Tod nur deswegen so stark, weil sie daran glauben wollen. Eine Überzeugung aber, die sich einem solch tief empfundenen Wunsch oder Bedürfnis verdankt, ist, zumindest auf der Oberfläche (oder wie die Anwälte sagen würden, *prima facie*) immer verdächtig. Wünsche sind kein verlässlicher Weg zur Wahrheit. Daher sollten wir dem Glauben an ein Leben nach dem Tod immer skeptisch begegnen.

 Die Logik dieses Argumentes ist durchaus überzeugend. Ebenso wie man Wasser aus einer vergifteten Quelle nicht trinken sollte, so sind auch Überzeugungen aus nicht verlässlichen Quellen eher mit Vorsicht zu genießen. Wünsche sind ganz allgemein keine zuverlässige Quelle für Überzeugungen. Aus diesem Grund sollte jede Überzeugung, die auf einen Wunsch zurückgeführt werden kann, vermieden werden.

Wir glauben an das, was wir glauben wollen, was wir zu glauben wünschen, an dasjenige, was unseren Vorurteilen gemäß ist und unsere Leidenschaften beflügelt.

Sydney J. Harris

Aber Moment mal. Ich habe doch den tiefen Wunsch zu glauben, ich sei ein netter und lustiger Mensch, mit dem andere gern was zu tun haben. Ist das jedoch ein Grund für andere, in Frage zu stellen, dass dem auch tatsächlich so ist? Ganz und gar nicht. Warum? Weil ich auch wirklich ein netter und umgänglicher Mensch bin, deshalb.

Ich glaube, man kann mit gutem Grund behaupten, dass die Menschen an den folgenden Satz glauben:

Die meisten Menschen haben zumindest etwas Gutes an sich.

Ich glaube außerdem, dass die meisten Menschen, die an die Wahrheit dieser Aussage glauben, auch ein tiefes Bedürfnis verspüren, von der Richtigkeit dieses Satzes überzeugt zu sein. Ist dieser Glaube deswegen zweifelhaft? Ich meine, dass ein solcher Schluss nicht unbedingt zwingend sein muss, sondern dass es vielmehr genügend Beweise gibt, die seine Wahrheit nahe legen, und zwar unabhängig davon, welche Art psychologischer Bedürfnisse die einzelnen Menschen für ihren Glauben an die Wahrheit dieses Satzes auch immer auch haben mögen.

Welchen Grund haben wir anzunehmen, dass die Menschen, die an ein Leben nach dem Tod glauben, dies nur deswegen tun, weil sie ein tief empfundenes Bedürfnis oder einen entsprechenden Wunsch dazu verspüren? Die bloße Existenz eines solchen Wunsches, an die Wahrheit einer Sache zu glauben, beinhaltet nicht notwendigerweise, dass dieser Wunsch auch der Grund für das Überzeugtsein von der Wahrheit einer Sache sein muss. Es könnte sein, dass die meisten Menschen, die an ihre Unsterblichkeit glauben, zu dieser Überzeugung auf der Basis von Gründen, Beweisen oder Intuitionen gelangt sind und dass es außerdem so ist, dass, obwohl ihr tiefes Bedürfnis nach einer Form der Unsterblichkeit derart befriedigt worden ist, dieses Bedürfnis doch nicht die Ursache für ihre Überzeugung ist.

Solange wir keinen Grund oder Beweis dafür finden können, dass es ein Leben nach dem Tode gibt, der auch für die Menschen, die daran glauben, wenigstens prinzipiell verfügbar ist, solange haben wir auch keine Grund zu glauben, dass alle oder gar die meisten dieser Menschen dies nur einzig aufgrund eines psychologischen Bedürfnisses oder Wunsches tun.

Aber selbst wenn wir zugäben, dass die meisten Ansichten von einem Leben nach dem Tod auf ein Bedürfnis oder einen Wunsch zurückgehen, so könnten diejenigen, die vom Weiterbestehen nach ihrem Tod überzeugt sind, die Schlussfolgerung von der Quelle dieser Überzeugung auf die Unzuverlässigkeit dieser Überzeugung argumentativ bestreiten.

Eine religiöse Person könnte nämlich behaupten, dass die meisten Menschen deswegen ein tief verwurzeltes Bedürfnis hätten, an ein Leben nach dem Tod zu glauben, weil unser Schöpfer, dem wir diese Möglichkeit verdanken, in uns dieses Bedürfnis »hineingelegt« hätte. Dies ist sogar möglicherweise eine bessere Erklärung für die Existenz eines psychologischen Bedürfnisses, an ein Leben nach dem Tod zu glauben, als alle, die der Materialismus anführen könnte. Der Materialismus könnte behaupten, dass dieses Bedürfnis genauso wie alle anderen auf natürliche Weise entstehenden psychischen Zustände durch natürliche Auswahl und entsprechend des Kriteriums des evolutionären Überlebens entstanden sei. Dies ist jedoch unwahrscheinlich. Denn worin könnte der evolutionäre Überlebensvorteil eines Wunsches oder Bedürfnisses schon bestehen, der stark genug ist, in uns die Überzeugung von einem Leben nach dem Tod zu erzeugen? Die, die an eine solche Möglichkeit glauben, haben eher eine geringere Überlebenswahrscheinlichkeit in dieser Welt, da sie viel eher bereit sind, ihr Leben für eine ihnen wertvoll erscheinende Sache zu opfern oder Risiken einzugehen, die andere vermeiden würden, weil ihr Verstand es ihnen angeraten erscheinen lässt. Ein derartiger Glaube ist also alles in allem evolutionär von Nachteil für das Überleben des Individuums.

Die Wahrheit dieses Arguments kann natürlich auf verschiedene Weise angefochten werden. Was ich allerdings hier nur zeigen wollte, ist, dass der Materialismus doch nicht so einfach ein Argument gegen die Behauptung, es gebe ein Leben nach dem Tod, anführen kann.

Das ursprüngliche Argument bringt nun aber zwei Probleme mit sich. Zunächst einmal ist noch nicht gezeigt worden, dass diejenigen, die an ein Leben nach dem Tod glauben, dies deswegen tun, weil sie ein tiefes inneres Bedürfnis dazu verspüren. Zum Zweiten gilt, dass, selbst wenn man dies darlegen könnte, der Kritiker dieses Glaubens an ein Leben nach dem Tod noch zeigen müsste, dass dieser besondere psychologische Mechanismus nicht automatisch die Wahrheit dieses Glaubens garantiert. Dies ist bisher jedoch noch nicht geschehen. Außerdem glaube ich, dass sich Argumente dafür finden lassen, dass es eine bestimmte Art Überlebenswunsch gibt, der ein Beispiel für einen im Allgemeinen recht verlässlichen Mechanismus darstellt, mit dessen Hilfe der Mensch zu seinen Überzeugungen gelangt (vergleiche hierzu den Abschnitt »Das Wunschargument« weiter unten in diesem Kapitel).

Aus all diesen Gründen schließlich finde ich dieses Argument nicht überzeugend.

Das Argument des Schweigens der Toten

Dieses Argument ist kurz, direkt und interessant. Wenn Millionen und Abermillionen von Menschen vor uns schon gelebt haben und gestorben sind und sie außerdem über ihren Tod hinaus weiter existiert haben, warum verfügen wir dann über so wenig Beweise für das Weiterleben nach dem Tod? Warum nehmen die Toten (oder wenigstens einige wenige von ihnen) keinen Kontakt mit uns auf und lassen es uns wissen? Ganz sicher wäre ihnen bewusst, wie wichtig den Hinterbliebenen eine solch tröstliche Nachricht wäre. Sie wüssten ganz bestimmt um die Bedeutung dieser Frage für die Lebenden. Warum also schweigen die Toten?

Einige Autoren von Bestsellerbüchern, Leute aus Hollywood, die Betreiber von ganz bestimmten Jahrmarktsbuden und noch allerlei andere seltsame Gestalten überall auf der Welt haben behauptet, dass es mehr Kontakte mit den Toten gibt, als es sich irgendjemand von uns vorstellen könne. Die wenigsten ihrer Berichte sind allerdings auch nur im Entferntesten glaubwürdig. Warum aber gibt es keine anderen, glaubhafteren Beweise für ein Weiterleben nach dem Tod?

Kurz gefasst lautet der Grund hierfür folgendermaßen:

1. Wenn Menschen nach dem Tod weiterleben könnten, so würden die vielen schon Gestorbenen diese Tatsache unmissverständlich an uns übermittelt haben.

2. Bisher gab es noch keine derartige Mitteilung der Toten an die Lebenden.
Daraus folgt:

3. Menschen leben nach dem Tod nicht weiter.

Die Form des Schlusses besitzt logische Richtigkeit. Wenn beide Prämissen wahr sind, so ist auch die Konklusion wahr. Beide Prämissen sind jedoch umstritten. Nicht nur Wirrköpfe würden die Wahrheit von (2) bestreiten, obwohl es manchmal durchaus so scheinen mag. Diejenigen, die die Behauptung, es gebe ein Leben nach dem Tod, anzweifeln, benutzen häufig dieses Argument, um die andere Seite darauf aufmerksam zu machen, dass es noch immer keine echten Beweise dafür gibt.

Man kann aber auch fragen, warum wir überhaupt Prämisse (1) akzeptieren sollten? Einige haben darauf hinzuweisen versucht, dass die Toten im Himmel, oder wo auch immer, ja vielleicht »Besseres zu tun hätten« als sich an Séancen zu beteiligen, Bestsellerbuchautoren Hilfestellung zu leisten oder irgendeinen Fernsehsender zu kontaktieren. Andere wiederum spekulieren darüber, dass der metaphysische Unterschied zwischen unserer Welt und der der Toten vielleicht zu groß ist, als dass irgendeine Form der Kommunikation zwischen ihnen möglich wäre. Wie dem auch sei, wir sind letztlich nicht imstande, über die Wahrheit oder Falschheit von (1) abschließend zu urteilen. Folglich kann uns das Argument als Ganzes auch nicht richtig überzeugen. Viele hat es jedoch zum Nachdenken angeregt.

In der Stille liegt genauso der Keim zu Geist und Wissen verborgen wie im unbehauenen Marmor die große Plastik.

Aldous Huxley

Das Argument der Trompetenanalogie

Denken Sie mal für einen Moment an eine auf einer Trompete gespielte Note. Solange wie in das Instrument geblasen wird, solange existiert auch diese eine Note. Setzt man die Trompete aber ab, so verklingt der Ton. Die Existenz der Note war an die Existenz der Trompete (und das Vorhandenseins des sie spielenden Musikers) gebunden. Sobald man die Trompete etwa zerstörte, würde auch die erklungene Note aufhören zu existieren.

Manche Philosophen, die die Möglichkeit eines Lebens nach dem Tode verneinen, argumentieren, dass man sich das Verhältnis von Körper und Geist nach dieser Analogie vorstellen könne. Der Geist, d.h. das Bewusstsein mit seinen Gedanken, ist ähnlich wie eine auf einem Instrument erklingende Note vorzustellen. Damit er existieren kann, muss auch der Körper existieren und seine Funktionen ordentlich erfüllen. Zerstört man das Instrument, hört auch die Note auf zu sein. Analog beraubt der Tod den Geist seines Ursprungs und seines Trägers (das Gehirn), womit auch er genau wie die Note aufhört zu existieren. Die Schlussfolgerung aus all dem ist, dass der Tod das Ende allen bewussten menschlichen Lebens ist.

 Die Antwort auf dieses Argument ist recht interessant. Um wirklich erhellend zu sein, müssen wir den Vergleich mit der Trompete ein wenig komplizierter gestalten. Der menschliche Körper ist eine komplexe Verbindung verschiedener Teile auf makroskopischer und mikroskopischer Ebene. Im Bereich der Musik ist ein Sinfonieorchester eine komplexe Verbindung unterschiedlicher Teile, nämlich der einzelnen Musiker und ihrer Instrumente. Versuchen wir nun einmal die Analogie mit der Trompete auf diesen größeren Korpus zu übertragen.

Wir stoßen ständig Teile unseres Körpers ab, z.B. Haut, Haare oder auch Nägel, wenn wir uns sie schneiden. Unser Körper ist ständig im Fluss, er erneuert sich ständig, und zwar nicht nur auf so augenscheinliche Weise wie eben beschrieben, sondern auch auf zellulärer Ebene. Es heißt, dass der Körper eines Menschen innerhalb eines Zeitraums von sieben Jahren alle seine Moleküle einmal vollständig austauscht. Dies bedeutet, dass unser Körper und alle seine Teile sich von unserem Körper von vor sieben oder auch zehn Jahren unterscheidet. Er ist insofern, d.h. solange man ihn als stoffliches Objekt ansieht und seine Identität von der Identität seiner Teile abhängig macht, nicht mehr identisch mit seinem vorherigen Zustand. Er ist zur gleichen Zeit derselbe und doch ein anderer. Er gehört jedoch auf jeden Fall zur gleichen Person. Die Persönlichkeit eines Menschen, sein Wissen oder seine gesellschaftliche Position mögen sich vielleicht innerhalb der sieben oder zehn Jahre mit geändert haben; es ist jedoch immer ein und dieselbe Person, die all diese Veränderungen und noch andere mehr mitgemacht hat. Was bedeutet das alles für unser Argument?

Derselbe Mensch durchlebt seine Lebensalter in verschiedenen Ver-Körperungen, vom Säugling über das Kleinkind zum Teenager und schließlich zum Erwachsenen. Immer aber bleibt er mit sich selbst identisch. Man erlebt sich selbst als komplizierte Abfolge verschiedener physischer Zustände. Man kann nun dieses komplexe Verhältnis von Körper und Geist auf ein vergleichbar komplexes Wechselverhältnis aus dem Bereich der Musik übertragen.

Stellen Sie sich eine sehr merkwürdige Sinfonie vor. Sie wurde komponiert, um folgendermaßen aufgeführt zu werden: Ein Orchester betritt die Bühne, die Musiker nehmen alle ihre Instrumente hervor, der Dirigent hebt seinen Taktstock und die Aufführung beginnt. Einige Minuten nach Beginn der Musik, während die Schlaginstrumente eine Pause haben, stehen die Musiker, die die Schlaginstrumente spielen, auf und verlassen die Bühne, während ihr Platz gleichzeitig von neuen Musiken eingenommen wird, die just zur rechten Zeit bereit sind für den erneuten Einsatz der Musik. Stellen Sie sich nun weiter vor, dass dies nacheinander mit allen Musikern des Orchesters passierte, dass also die alten ständig durch neue ersetzt würden und dass dabei allerdings die Funktionsfähigkeit des Gesamtkörpers Sinfonieorchester nicht beeinträchtigt werden würde. Zur Halbzeit des Stückes gibt es nun eine Pause von sechzig Sekunden, während der kein Instrument zu hören ist. Die Sinfonie ist noch nicht zu Ende. Diese Pause ist Teil der Komposition. Stellen Sie sich außerdem vor, dass während dieser sechzig Sekunden alle Musiker des Orchesters auf einmal aufstehen und geschlossen die Bühne verlassen. Noch während dieser sechzig Sekunden betreten neue Musiker die Bühne und nehmen die Plätze der alten Musiker ein. Rechtzeitig mit dem Einsatz des Dirigenten setzen sie das Stück fort.

Dies ist eine bessere Analogie für das Verhältnis von Körper und Geist als die zu Anfang genannte. Die Zellen des Körpers erneuern sich genauso wie das Orchester, dessen Musiker durch immer neue ausgetauscht werden. Die Person eines Menschen an sich fährt weiter fort zu existieren. Beim Tod nun verlässt das ganze Orchester die Bühne. Es entsteht sozusagen eine Fermate. Die Sinfonie selbst muss aber nicht unbedingt hier auch enden. Was hindert denn ein neues Orchester daran, sich zu versammeln und das Stück genau an der Stelle weiterzuführen, an dem es das alte beendet hat? Die christliche Theologie kennt den Gedanken des wieder auferstandenen Körpers. Andere dualistische Vorstellungen sprechen von einem Geist-Körper, einem Astralkörper, d.h. der nicht körperlichen Entsprechung zum stofflichen Körper hienieden auf Erden.

Alles verändert sich, nichts aber stirbt.

Ovid (43 v. Chr.-17 n. Chr.)

Wenn es gemäß dieser Analogie möglich sein sollte, dass unser physischer Körpers sich nach unserem Tod in einer neuen stofflich-körperlichen Form materialisiert oder sich zumindest in eine geeignete spirituelle Form umwandelt, was kann dann noch das Fortbestehen der personalen Existenz eines Menschen verhindern? Ich bin nicht ganz sicher, ob der Materialismus hierauf eine zwingende Antwort parat hat. Festzuhalten bleibt aber auf jeden Fall, dass die Analogie mit der Trompete, die nahe zu legen schien, dass der Tod gleichbedeutend mit dem Untergang unserer personalen Existenz ist, eine unpassende Analogie ist und dass, wenn man sich eine geeignetere Analogie überlegt, diese Schlussfolgerung ganz und gar nicht mehr zwingend sein muss.

Noch eine weitere Anmerkung kann und sollte hier gemacht werden. Viele Musiker behaupten, dass eine Sinfonie unabhängig davon, ob sie gerade aufgeführt wird oder nicht, im Geist des Komponisten alleine existieren kann. Selbst dann, wenn sie niemals von Musikern zur Aufführung gebracht wird, existiert sie doch im Kopf des

Komponisten. Der Religionsphilosoph kann entsprechend die These aufstellen, dass jeder Mensch gleichsam wie eine Sinfonie im Geiste Gottes existiere. Es gebe entsprechend eine Form der Existenz, die völlig unabhängig von einer etwaigen physischen Verkörperung in einem körperhaften Analogon zur Orchesteraufführung alleine dem schöpferischen Geiste eines göttlichen Prinzips sich verdanke. Dies stellt eine Erweiterung der anfänglichen Analogie dar, durch die die ursprüngliche Absicht des Argumentes gegen ein Leben nach dem Tod noch weiter blockiert werden kann.

Das Argument des Gehirnschadens

Dieses Argument ist das vielleicht überzeugendste Argument des Materialismus gegen die Idee von einem Leben nach dem Tod. Auch dieses ist ganz einfach zu verstehen.

Die Zerstörung eines kleinen Bereiches des Gehirns eines Menschen z.B. durch einen Unfall, beraubt diesen Menschen eines Teils seiner Gehirnfunktionen, etwa des Sprechens, der Gefühle oder seiner Wahrnehmungsmöglichkeit. Der Schluss liegt nahe, dass der dauerhafte Tod des gesamten Gehirngewebes auch zu einem dauerhaften Ende aller Gehirnfunktionen führt. Dies ist nun wiederum gleichbedeutend mit dem Ende der personalen und bewussten Existenz eines Menschen, woraus folgt, dass keiner von uns seinen Tod überleben wird.

 Dieses Argument hat viele intelligente Leute nach Abwägung aller entsprechenden medizinischen Aspekte zu überzeugen vermocht. Ein kurzes Gedankenexperiment kann uns aber vielleicht eines Besseren belehren.

Stellen Sie sich vor, Sie befänden sich in einem kleinen Gebäude mit nur einem Raum. Die Außenwelt könnten Sie nur durch ein einzelnes Fenster wahrnehmen. Es steht offen, so dass Sie auch hören und riechen können, was draußen vor sich geht. Sie spüren außerdem die kühle Luft, die durch das Fenster hereinweht. Stellen Sie sich nun weiter vor, jemand käme vorbei und schlösse Ihr Fenster. Außer durch Ihren Gesichtssinn könnten Sie nun keine Informationen mehr von draußen empfangen.

Nehmen wir nun an, ein Mann würde von draußen das Fenster so zunageln, dass kein Lichtstrahl mehr durchdringen könnte. Jede Veränderung des Fensters hat Sie eines Teils Ihrer Sinneswahrnehmung der Außenwelt gekostet. Solange wie Sie in dem Raum verharren, werden Sie keinerlei Informationen über die Welt draußen mehr empfangen können. Dies würde sich allerdings ändern, wenn Sie die Tür öffneten und nach draußen träten. Jetzt wären Sie in der Lage, alles um Sie herum ohne die Hilfe des Fensters direkt zu erfahren.

Dies ist eine Analogie für den Zustand des Lebens und des Todes. Solange wir in unserem Körper »eingesperrt« sind, benötigen wir unser Gehirn und die mit ihm verbundenen Sinnesorgane als unser Fenster zur Welt. Nimmt dieses Fenster irgendeinen Schaden, so vermindert sich entsprechend die Möglichkeit für uns, die uns umgebende Welt wahrzunehmen. Wenn wir sterben, so öffnet sich jedoch plötzlich die Tür und wir können ins Freie treten. Wir sind dann nicht mehr auf den Zustand des Gebäudes oder auch seines Fensters angewiesen, um Zugang zur Außenwelt zu erhalten. Wir sind der Beschränkungen des Gebäudes vollkommen entledigt, und es ist von keinerlei Bedeutung mehr, ob dieses jetzt zugrunde geht oder nicht. Woher wissen wir denn eigentlich, dass diese Analogie nicht eine akkurater Vergleich für die Auswirkung des Todes auf unser Wahrnehmungsvermögen ist? Zumindest ist es geeignet, das Argument des Gehirnschadens und seine beträchtliche Überzeugungskraft abzuschwächen.

Argumente für das Weiterleben nach dem Tod

Die vorangegangenen Abschnitte haben die verschiedenen Argumente gegen die These, dass es ein Leben nach den Tod gibt, behandelt. Unsere Überlegungen haben gezeigt, dass alle mehr oder weniger nicht in der Lage sind, uns zu überzeugen. Wie sieht es nun mit den Argumenten *für* eine solche These aus? Sind die Argumente für die Vorstellung von einem Leben nach dem Tode stichhaltiger?

Platos Argument der Unzerstörbarkeit

Platos Argument für ein Weiterbestehen nach dem Tod hat die Menschen schon seit jeher fasziniert. Stoffliche Gegenstände hören nicht einfach auf zu existieren. Plato schien es, dass die Dinge in dieser Welt dadurch zerstört oder vernichtet werden, dass sie sich in ihre Bestandteile zerlegen oder zerlegt werden. Eine Vase zerspringt in kleine Teile und hört auf zu existieren. Übrig bleiben nur einzelne Splitter, die mit dem ursprünglichen Gefäß beinahe nichts mehr gemein haben. Ein Buch verbrennt, und nur seine Asche bleibt übrig. Ein Tornado fegt durch eine Stadt und zerlegt alles in seine Bestandteile. Plato behauptet, dass dies die einzige Art und Weise sei, wie Dinge in dieser Welt zerstört werden könnten.

Nach Plato hat die Seele jedoch keine Bestandteile. Man kann sie daher auch nicht in kleinere Teile zerlegen. Sie ist unzerstörbar und muss daher unsterblich sein.

Dies ist ein ausgesprochen einfaches Argument, und es hat entsprechend viele Entgegnungen herausgefordert. Zuerst ist zu sagen, dass Plato bei seinem Argument immer schon die Existenz einer Seele annimmt. Wenn dies gleichbedeutend mit der Annahme ist, dass es so etwas wie ein immaterielles Seiendes gibt, so ist dies etwas, das man nicht einfach so postulieren kann, da – wie wir in Kapitel 13, 14 und 15 zur Genüge gesehen haben – die Vorstellung von der Existenz einer immateriellen Seele von vielerlei Seiten Kritik erfahren hat. Viele würden einfach bestreiten, dass es eine Seele überhaupt gibt, so dass Plato Gründe anführen muss, die seine Annahme, es gebe eine Seele, plausibel erscheinen lassen.

Zum Zweiten stellt sich die Frage, was genau Plato meint, wenn er sagt, die Seele habe keine Teile. Wenn sie nichtstofflicher Natur ist, so könnte sie ja auch aus nichtstofflichen Teilen bestehen. Die Seele oder der Geist besteht nach allgemeiner Auffassung aus Verstand, Gefühl und Wille. Sind dies seine Teile? Platos Behauptung ist einfach zu unvollständig, um in der Lage zu sein, eine verlässliche Antwort auf diese Frage zu geben.

Drittens müssten wir beantworten, warum etwas nur dadurch aufhören können soll zu existieren, indem man es in seine Bestandteile zerlegt. Warum kann etwas nicht einfach nur so vergehen? Spielt man auf einer Gitarre einen Ton, so wird dieser nach und nach einfach vergehen. Schaut man in eine helle Lichtquelle, so entsteht ein Nachbild, das zunehmend schwächer wird, bis es schließlich ganz verschwindet. Wenn es also andere Formen des Übergangs vom Sein zum Nichtsein gibt, so ist aus dem, was Plato zu diesem Thema sagt, nicht ersichtlich, warum nicht auch die Seele dieser Form des Vergehens unterworfen sein sollte und also wie der Körper vergänglich ist.

So faszinierend das Argument auch sein mag, es ist letztlich nicht überzeugend. Wir können einfach nicht entscheiden, ob alle seine Prämissen auch wahr sind. Wir können somit auch nicht entscheiden, ob die Schlussfolgerung legitim ist oder nicht.

Das Argument der Analogien aus der Natur

Die Natur und die Weisheit widersprechen sich nie.

Juvenal

Ein weiteres dualistisches Argument für ein Leben nach dem Tod nutzt Vergleiche mit Phänomenen aus der Natur. Als ich einmal in den Regenwald von Monteverde in Costa Rica reiste, wurde mir dieses Argument schlagartig viel klarer.

 Bei einem Spaziergang entlang eines Pfades mitten durch den Regenwald hörte ich zufällig, wie unser Führer über den Kreislauf der Natur sprach. »Im Regenwald stirbt nichts einfach so. Der Tod ist immer der Vorläufer zu neuem Leben. Schauen Sie sich diesen Baum an«, sagte er und zeigte dabei auf den verrottenden Stamm eines großen umgestürzten Baumes. »Er stürzt und stirbt, und doch ermöglicht er gleich wieder neues Leben wie alles im Urwald, das stirbt. Jedes Ende ist immer auch ein neuer Anfang.« Ich schaute mir den Baum genau an. Überall konnte man kleine Pflanzen, Moose und Pilze aus und auf ihm wachsen sehen. Eine Vielfalt neuen Lebens drängte überall ans Licht.

Das Argument der Analogien aus der Natur besagt, dass in dieser Welt jedes Ende zugleich ein neuer Anfang ist. Genauso wie eine Raupe, die eine Form ihrer Existenz beenden muss, um die andere, noch viel schönere des Schmetterlings beginnen zu können, genauso müssen auch wir unser stofflich-körperliches Dasein hier auf Erden beenden, um nach unserem Tode eine neue und bessere Form der Existenz zu beginnen.

Dies ist sicherlich ein schöner und poetischer Gedanke. Aber wie überzeugend ist der Vergleich wirklich? Ein Analogieschluss wie dieser hat immer die Form:

1. Alle Gegenstände vom Typ A haben die Eigenschaft B.

2. Gegenstände von Typ C sind analog zu Gegenständen vom Typ A.
   Daraus folgt:

3. Gegenstände vom Typ C besitzen wahrscheinlich auch eine Eigenschaft analog zu den Gegenständen vom Typ B.

Alle Raupen haben die Eigenschaft, dass sie das Ende einer ihrer Existenzformen überleben, indem sie in eine andere Existenzform transformiert werden. Das Leben des Menschen ist analog zu der Existenzform der Raupe zu denken. Aus diesem Grund ist es wahrscheinlich, dass Menschen eine Eigenschaft haben, die derjenigen des Überlebens einer Form des Daseins durch die Verwandlung in eine andere Seinsweise vergleichbar ist.

Was können wir nun daraus für das Leben nach dem Tod ableiten? Menschen überleben ja die Verwandlung vom Kind zum Erwachsenen und vom Erwachsenen zum Greis. Woher wissen wir aber, dass es noch eine weitere, von den vorausgegangenen qualitativ verschiedene Verwandlung gibt, die uns von der Gebundenheit an unseren stofflichen Körper hier auf Erden zu einer radikal anderen Seinsform nach unserem Tod hinführt?

Einige Versionen dieses Arguments sind noch einfacher gestaltet.

1. Jedes Ende ist ein Anfang.

2. Der Tod eines Menschen ist ein Ende.
   Daraus folgt:

3. Der Tod eines Menschen ist ein Anfang.

Aber nochmals, was haben wir mit so einem Schluss eigentlich gezeigt? Der Materialismus wird sicher nicht bestreiten, dass der Tod eines Menschen ein Anfang ist. Mit ihm beginnt der Mensch eine Leiche zu sein. Diesem Schluss kann man aber keine Begründung dafür entnehmen, dass man eine neue Form des Bewusstseins beginnen oder seine personale Existenz in irgendeinem neuen metaphysischen Universum fortsetzen könnte. Der Tod eines Menschen ist vielleicht einfach zu verschieden von anderen Transformationen, die wir in der Natur beobachten können und bei denen der Fortbestand der Existenz eines Individuums gewahrt bleibt, als dass dieses Argument wirklich überzeugen könnte.

In noch die kleinsten vergessenen Ecken und Winkel der Erde, in die Toten und in das Leben selbst versucht die Natur immer neues Leben zu pflanzen.

Henry Beston

Auch wenn das Leben immer wieder neues Leben gebiert, eine Garantie dafür, dass ich auch noch zehntausend Jahre nach meinem physischen Tod hier auf Erden lebendig und meiner Selbst bewusst mein Leben in einer neuen und verbesserten Existenzform werde führen können, gibt es trotz allem nicht. Existiert wirklich kein besseres Argument, auf das wir uns stützen können?

Das Wunsch-Argument

Dieses Argument setzt mit einer Unterscheidung zwischen angeborenen und künstlichen, d.h. erlernten Wünschen, bzw.- Verlangen an. Ein _angeborenes Verlangen_ ist grob gesagt ein Verlangen, mit dem wir schon auf die Welt gekommen zu sein scheinen oder dessen Anlagen wir zumindest schon seit unserer Geburt in uns tragen. Ein solches Verlangen erscheint spontan bei einem Menschen, ohne dass es eines äußeren Anlasses oder Einflusses bedürfte. Angeborene Wünsche sind normalerweise bei allen Menschen im gleichen Maße vorhanden, solange ihre Entwicklung nicht irgendwie verhindert oder unterdrückt wird. Ein *erlerntes Verlangen* tritt dagegen nicht spontan auf und ist auch nicht im Entferntesten so allgemein verbreitet wie ein angeborenes Verlangen. Das Verlangen nach teurem Schmuck ist z.B. ein gutes Beispiel für ein erlerntes Verlangen. Ein Bedürfnis nach Luft zum Atmen ist ein Musterfall eines angeborenen Verlangens. Hat man diese Unterscheidung verstanden, kann man sich dem eigentlichen Argument zuwenden.

Menschen haben ein angeborenes Bedürfnis nach Nahrung und Wasser. Es gibt Nahrung und Wasser, mit denen wir dieses Bedürfnis erfüllen können. Genauso verhält es sich mit unserem angeborenen Verlangen nach Zuwendung, das uns auch erfüllt werden kann. Nun verspüren die Menschen aber auch das angeborene Verlangen nach einem Leben nach dem Tod. Dies verleitet zu der Annahme, dass es mit großer Wahrscheinlichkeit auch ein solches Leben nach dem Tod gibt.

Der Himmel begünstigt immer die guten Wünsche.

Cervantes (1547-1616)

Das Verlangen nach einem Leben nach dem Tod scheint erstaunlich weit verbreitet zu sein. Er lässt sich in beinahe jeder Kultur und jeder Epoche der Geschichte finden. Dieses Verlangen entspringt einem natürlichen Bedürfnis der Menschen. Jeder möchte gerne möglichst lange leben. Wie bei allen Dingen gibt es selbstverständlich auch hier Ausnahmen, die aber grundsätzlich begrüßt werden können. Man kann also argumentieren, dass das Verlangen nach einem Leben nach dem Tode ein angeborenes Verlangen ist. Noch weitere Voraussetzungen muss man bei diesem Argument nicht machen.

Es gibt kein Verlangen nach dem Unbekannten.

Ovid

 Kann jedes angeborene Verlangen aber immer erfüllt werden? Manchmal sind wir hungrig oder durstig, und es gibt nichts, womit wir unseren Hunger oder unseren Durst stillen könnten. Manchmal wollen wir geliebt werden, es ist aber niemand da, der uns auch lieben will oder kann. Dennoch gibt es aber unzweifelhaft solche Dinge wie Nahrung, Wasser oder eben auch Liebe. Mitunter aber wird das Verlangen nach einem dieser Dinge nicht immer erfüllt werden können. Selbst wenn es ein Leben nach dem Tode gibt, so nützt uns diese Tatsache nicht viel, solange wir keine Aussicht darauf haben, auch an diesem Leben nach dem Tod teilzuhaben. Auf diesen Einwand geht das Argument allerdings nicht weiter ein.

Man könnte dem jedoch entgegnen, dass es keinen triftigen Grund gibt, warum ein bestimmter Mensch glauben sollte, von einem Leben nach dem Tode ausgenommen zu sein, wenn es ein solches tatsächlich auch gibt. Warum sollten wir so etwas auch glauben? Das Argument enthält nichts, auf das man eine bestimmte Erwartungshaltung stützen könnte, selbst wenn es im Allgemeinen einige Vorzüge hat.

Und doch ist es so, dass dieses Argument für viele Menschen, die sich mit ihm beschäftigt haben, von besonderem Gewicht ist. Unser angeborenes Verlangen scheint eine Entsprechung in der Wirklichkeit zu haben. Ist dies so aber auch für etwaig angeborene Verlangen metaphysischer Art der Fall? Unser angeborenes Verlangen nach Dingen in dieser Welt kann man mit einem evolutionsbiologischen Modell erklären, nach dem wir in unserer Entwicklung bestimmte physische, emotionale, geistige und soziale Bedürfnisse entwickelt haben, die ganz unmittelbar befriedigt werden müssen. Ein Verlangen nach etwas, was jenseits dieser Welt liegt, ist allerdings eine ganz andere Angelegenheit. Es mag durchaus so sein, dass es für ein solches Verlangen keine Entsprechung in der Realität oder in einem metaphysischen Jenseits gibt.

Was ist nun also richtig? Sind unsere tiefsten Wünsche auch ein verlässlicher Führer zu den tiefsten Wahrheiten des Seins? Oder ist es so, dass einige unserer Wünsche und unser Verlangen nach einem jenseitigen Leben im Gegenteil vollkommen von der Realität abgekoppelt sind?

Das Nachdenken über diese Fragen führt uns auf das nächste Argument, das ich im Zusammenhang mit der Frage nach einem möglichen Leben nach dem Tod diskutieren möchte. Es wird uns weitere Aspekte dieser Frage liefern.

Moralische Argumente

Immanuel Kant (1724-1804) ist neben vielen anderen Dingen dafür bekannt, dass er ein Argument in die Diskussion eingebracht hat, das von der Sittlichkeit auf die Unsterblichkeit des Menschen schlussfolgert. Ein moralisches Argument für das Leben nach dem Tode kann mindestens zwei Formen annehmen. Beide verdanken Kant einiges.

Zunächst einmal glaubte Kant, dass das Sittengesetz von uns verlangt, dass wir immer nach dem Guten streben und als Endziel sittliche Perfektion zu erreichen versuchen sollten. Da wir aber in diesem Leben sittliche Perfektion nicht erreichen können, muss es ein anderes Leben geben, in welchem wir die Forderung des Sittengesetzes an uns schließlich erfüllen können.

Zum Zweiten ist es so, dass die Würde und Geschlossenheit des Sittengesetzes verlangt, dass die Gerechtigkeit am Ende über die Ungerechtigkeit obsiegen müsse. Nun weiß aber jeder, dass die Gerechtigkeit in unserer Welt nur selten triumphiert. Wir müssen daher folgern, dass es einen anderen Ort gibt, an dem der Gerechtigkeit zum Durchbruch verholfen wird.

Die Sterblichkeit hat ihren Ausgleich. Der eine ist, dass alles Böse nur vorübergehend ist; der andere besteht darin, dass bessere Zeiten irgendwann vielleicht kommen mögen.

George Santayana

Kant war der Überzeugung, dass das zweite Argument den Schluss erlaube, dass wir einen sittlich vollkommenen Gott postulieren müssen, sodass Sorge getragen werden kann, dass die Gerechtigkeit sich letzten Endes auch durchsetzt.

Sind moralische Argumente für ein Leben nach dem Tod zwingend? Viele Menschen würden gerne glauben, dass sich sittliche Vollkommenheit tatsächlich auch erreichen lässt. Noch mehr Menschen wären gerne davon überzeugt, dass die Gerechtigkeit letztlich den Sieg davontragen wird. Woran wir gerne glauben möchten, ist jedoch kein verlässlicher Wegweiser für die Wahrheit. Beachten Sie auch, dass die beiden vorgestellten Argumente Kants nicht zuallererst den Schluss beinhalten, dass es ein Leben nach dem Tod gibt; vielmehr wird uns nahe gelegt, dass wir dies vernünftigerweise *postulieren*, d.h. annehmen sollten. Die meisten Menschen, die einen geliebten Angehörigen verloren haben, wollen jedoch keine Empfehlung, aus Vernunftgründen an etwas Jenseitiges zu glauben, sondern sie wollen eine Versicherung, dass es noch etwas außerhalb und jenseits dieser Welt gibt.

Noch einen anderen Aspekt des moralischen Argumentes sollten wir hier in Betracht ziehen. Als ich noch ins College ging, erzählte mir ein befreundeter Arzt, dass er an ein Leben nach dem Tod glaube, weil seine Mutter gestorben sei. Er berichtete, dass er nicht an die Existenz eines Universums glauben könne, in dem eine solche Verkörperung des Guten wie seine Mutter für immer einfach so verschwinden könnte. Der Gedanke, dass ein Wesen, das so umfassend die Liebe und das Gute darstellte, existieren könne, nur um für immer unterzugehen, erschien ihm unmöglich. Er verspürte eine moralische Notwendigkeit für das Weiterbestehen eines solchen Wesens in welcher Form auch immer über den Tod hinaus. Er sagte, er müsse einfach an ein Leben nach dem Tod glauben, andernfalls mache ein solches Leben wie das seiner Mutter keinen Sinn.

Diese Version des moralischen Argumentes zeigt, welche Kraft der ihm zugrunde liegende Gedanke mitunter haben kann, wenn es sich nur wie hier um eine lebendige und konkrete Antwort auf eine echte Situation handelt. Manchmal ist es so, dass ein Ereignis in der Welt eine so starke Reaktion hervorruft, dass wir uns veranlasst sehen, eine Schlussfolgerung anzustellen, die über das hinausgeht, was wir mit unseren Augen tatsächlich vor uns sehen. Vom philosophischen Standpunkt aus müssen wir solche Schlüsse sehr ernst nehmen.

In einer eindringlichen Passage sagte der berühmte Schriftsteller C. S. Lewis einmal über seine tote Frau:

Wenn sie nicht jetzt ist, dann war sie nie. Ich verwechselte eine Wolke von Atomen mit einer Person. Es gibt keine Menschen und hat sie nie gegeben. Der Tod enthüllt nur die Leere, die immer schon dort gewesen ist. Was wir die Lebenden nennen, sind die, die nur noch nicht enttarnt worden sind.

C. S. Lewis konnte sich nie dazu bringen, tatsächlich so über seine Frau zu denken. Genausowenig wie mein Freund der Arzt so nicht über seine Mutter denken konnte. Lewis' Bemerkungen legen eine verwandte Form des moralischen Arguments nahe. Wenn niemand den Tod seines Körpers überlebt, so gibt es in Wirklichkeit keine menschliche Natur, die sich von der der stofflichen Gegenstände unterscheiden würde. Stimmte dies, so ist es schwer, unseren moralischen Empfindungen irgendeinen Sinn zuzusprechen. Die gesamte Sittlichkeit kann ja schließlich in dem einen kurzen Diktum zusammengefasst werden: »Liebe die Menschen und benutze die Dinge. Liebe niemals Dinge und benutze Menschen niemals nur als Zweck.«. Wenn es keinen grundlegenden Unterschied zwischen Menschen und Gegenständen gibt, so bricht die Grundlage dieser ansonsten vernünftig und weise erscheinenden Ermahnung an uns zusammen.

Haben mein Freund oder C. S. Lewis einen Beweis für die Unsterblichkeit des Menschen in Händen, der auch alle Skeptiker überzeugen könnte? Natürlich nicht. Beide allerdings verfügen über einen Gedanken, der für sich genommen durchaus in der Lage ist, ein Argument zu konstruieren, das für einen Menschen selbst durchaus zwingenden Charakter gewinnen kann. Daran kann es keinen Zweifel geben.

Lassen Sie uns hier aber wirklich ehrlich sein. Die Argumente für und gegen ein Leben nach dem Tod sind in den Augen der meisten kritisch eingestellten Fragenden allesamt nicht überzeugend. Sie setzen entweder zuviel als wahr voraus oder sie schließen vorschnell, als dass sie wirklich jemanden überzeugen könnten, der ernsthaft und wohlwollend sich daranmacht, eine eigene Meinung zu diesem Problem zu bilden.

In den meisten Fällen unseres Alltagslebens ist es so, dass wir bei einer Sache um so mehr unzweifelhafte Beweise, vernünftige Gründe und überzeugende Argumente verlangen, bevor wir eine Entscheidung treffen, je mehr auf dem Spiel steht. Wie sollen wir entscheiden, was wir von einem Leben nach dem Tod zu halten haben? Die Argumente der überwiegenden Zahl der Philosophen erscheinen einem aufrichtig nach der Wahrheit Suchenden so ganz und gar nicht überzeugend. Wir müssen die Frage hier unbeantwortet liegen lassen. Ein wirklich überzeugendes Argument für oder dagegen lässt sich nicht auffinden.

Existiert Gott? Zwei verschiedene Ansichten über die Welt

19

In diesem Kapitel

▶ Vergleich der zwei wichtigsten Weltsichten

▶ Die Frage, ob Gott existiert

▶ Gebete und kleine Wunder

Wenn es Gott nicht schon gäbe, so müsste man ihn erfinden.

Voltaire

Gibt es einen Gott, oder gibt es keinen? Diese Frage ist der Grund und Ausgangspunkt für zwei gegensätzliche Weltsichten. Aufgabe dieses Kapitels ist es zu klären, worin diese beiden Sichten bestehen, und die Dinge einzuführen, über die wir nachdenken müssen, um entscheiden zu können, welche Weltsicht mit unserer Erfahrung besser in Übereinstimmung gebracht werden kann.

Beginnen möchte ich allerdings mit einer Geschichte.

Der verlorene Strandball

 Es war ein sonniger und ungewöhnlich warmer Frühlingstag im mittleren Westen der Vereinigten Staaten. Da wir uns nach einem langen und bitterkalten Winter nach ein wenig Sonne sehnten, fuhren ich und meine Familie zu einem Park am Lake Michigan, um dort am Strand die Sonne und den See zu genießen. Ich glaube, meine kleine Tochter Sara war in jenem Frühling ungefähr sechs Jahre alt und mein Sohn Matt vier. Die ganz wenigen anderen Ausflügler, die ebenso töricht waren zu glauben, dass es am Strand dieses Sees schon warm genug sein würde, um sich dort aufzuhalten, verteilten sich entlang des weiten Strandes, vermieden es, ins kalte Wasser zu gehen und versuchten, den Wind davon abzuhalten, ihre Habseligkeiten hinfort zu blasen, da die Brise, die vom See her hereinwehte, stärker war, als wir alle angenommen hatten.

Matt spielte mit einem nagelneuen, vielfarbigen Strandball, der ein wenig größer als ein Basketball war. Er stand am Rande des Wassers und warf ihn immer wieder in die Luft, wobei der Wind ihn immer ein wenig abtrieb, so dass er Mühe hatte, ihn wieder einzufangen. Ich sagte zu ihm: »Matt, sei vorsichtig mit dem Ball. Der Wind bläst in Richtung Wasser, und wenn du nicht vorsichtig bist, so wirst du ihn verlieren.« Er antwortete darauf mit einem »In Ordnung, Papa.« Ich legte mich auf die mitgebrachte Liege und schloss meine Augen.

»Papa, Papa, der Ball!« Ich öffnete meine Augen und sah den Ball zehn Meter weit draußen im Wasser treiben. Der Wind trieb ihn mit jedem Stoß weiter hinaus auf den See. Ich sprang aus meiner Liege, rannte ans Wasser und beobachtete zusammen mit meinem Sohn, wie der Wind unseren Ball außer Sichtweite abtrieb. »Hab ich es dir nicht gesagt, jetzt ist er weg«, sagte ich schließlich leicht ermahnend zu ihm.

Matt schaute zu mir auf und sagte mit engelsgleichem Gesicht: »Papa, wenn wir ein Gebet zu Gott schicken, gibt er ihn uns dann zurück?«

Zuerst dachte ich bei mir nur ganz sarkastisch »Ja, das wird er ganz bestimmt tun«. Laut versuchte ich natürlich, ihn mit den Worten zu trösten: »Nun, vielleicht macht er das ja wirklich«, worauf ich noch hinzufügte, dass wir in Zukunft doch möglichst ein wenig sorgsamer auf unsere Sachen aufpassen sollten. Innerlich dachte ich: »Armer Matt, er versteht einfach noch nicht, wie die Welt wirklich funktioniert.«

Während ich zu meiner Liege zurückging, hallten Matts Worte in meinem Kopf wider: »Papa, wenn wir ein Gebet zu Gott schicken, gibt er ihn uns dann zurück?« Mich berührten seine kindliche Unschuld und sein Vertrauen. Ich schämte mich plötzlich meines Sarkasmus' und meiner Ironie, die mich so auf seine von Herzen kommende Zuversicht reagieren ließen.

Nun, lassen Sie mich mein Beispiel erläutern. Ich war ein Philosoph, ein Fachmann in Fragen der Religion. Zu jener Zeit hatte ich schon mehrere Bücher über die philosophischen Aspekte theologischer Fragen geschrieben. Obwohl im Grunde ein Skeptiker, war ich doch offiziell von meinen Veröffentlichungen her ein durchaus gläubiger Mensch. Ich hatte auf subtile und, wie ich meine, überzeugende Weise die klassischen Glaubensüberzeugungen der Religionen verteidigt. Hier stand ich aber nun und hatte im Innersten für das Vertrauen meines Sohnes auf Gott nur abschätzige Worte übrig. Ich war von mir selbst ein wenig angewidert. War meine schriftstellerische Tätigkeit nichts weiter als eine Pose, während ich doch insgeheim vollkommen verweltlicht war?

Ich legte mich also auf meine Liege und schloss die Augen. Mir wurde plötzlich warm im Gesicht. Vor Verlegenheit wurde ich ganz rot. Ich konnte nichts dagegen tun. Still und vollkommen ernst sagte ich leise: »Also gut Gott, gib uns unseren Ball zurück.« Ich dachte bei mir, dies ist bloß ein Test. Ein sehr geeigneter Test. »Gott, ich ersuche Dich, diesen Jungen zu ehren und uns unseren Ball zurückzugeben.« Die Verlegenheit wich von mir. Ich entspannte mich und döste ein.

Es gibt nur wenig Menschen, die es wagen, der ganzen Welt ihre Gebete preiszugeben, die sie an Gott richten.

Montaigne

Eine Dreiviertelstunde später erwachte ich von dem entfernten Geräusch eines Bootsmotors. Ich öffnete meine Augen und sah am Horizont einen kleinen Flecken, der sich beim Näherkommen als ein sehr großes Motorboot erwies. Es sollte das einzige Boot bleiben, das wir an diesem Tage sahen. Etwas bewog mich aufzustehen. Mir kam plötzlich die Eingebung, mit meinen Armen einen großen Kreis zu bilden und in die Richtung zu zeigen, in die der Ball entschwunden war. Ich versuchte es zweimal und ließ es dann genug sein, da das Boot nun schon recht weit entfernt war. Ich setzte mich wieder, und das Boot entschwand aus unserem Blickfeld.

Nach einer Stunde vernahm ich wieder dasselbe Motorengeräusch. Ich sah wieder einen Fleck am Horizont und fragte mich, ob dies wieder dasselbe Boot sein könnte. Es kam immer näher. Mich überkam ein seltsames Gefühl, so dass ich schließlich aufstand. Es kam immer näher, ein sehr großes Boot. Als es noch circa dreißig Meter entfernt war, ging ich in Richtung Strand los. Trotz meiner Abneigung gegen alles Kalte watete ich schließlich soweit ins Wasser hinein, bis ich bis zur Hüfte im Wasser stand. Mich trennten noch zehn Meter vom Boot. Auf ihm waren zwei Männer zu sehen. Einer von ihnen beugte sich nach unten, holte unseren Strandball hervor und fragte, ob dies unserer sei.

Ich rief ihnen zu: »Ja, vielen Dank, woher haben Sie ihn?« Einer der beiden antwortete, dass sie, als sie zum ersten Mal an dieser Stelle vorbeigekommen seien, den Strand mit einem Fernglas abgesucht hätten. Dabei hätten sie mich gesehen, wie ich mit meinen Armen einen Kreis bildete. Eine halbe Stunde später, weit draußen auf dem See hätten sie plötzlich einen Ball auf der Oberfläche treiben sehen. Sie schafften es, ihn ins Boot zu holen. Sie hätten sich dann dazu entschlossen umzukehren und ein weiteres Mal diesen Abschnitt des Ufers entlang zu fahren. Mit ihren Ferngläsern hätten sie uns dann zufällig wieder am Strand gesehen. Wie einer mich auf das Boot zugehen sah, sei es ihm schließlich klargeworden, was ich ihnen mit meiner Geste hatte mitteilen wollen.

Ich stellte ihnen noch weitere Fragen. Sie sagten, dass sie heute eigentlich gar nicht geplant hätten, mit dem Boot rauszufahren. Das Wetter war einfach zu windig. Sie waren gerade dabei, ihr Boot an seiner Anlegestelle zu reinigen, als sie den Drang verspürten, das Boot startklar zu machen und Richtung Norden zu fahren, ohne genau zu wissen wieso. Sie waren ungefähr eine Dreiviertelstunde unterwegs, als sie unsere Stelle des Strandes schließlich erreichten. Hm, sagte ich zu mir, das hieß wohl, dass sie ungefähr zu dem Zeitpunkt aufbrachen, als ich mein Gebet an Gott richtete. Ich freute mich schon darauf, meinen Philosophiestudenten am nächsten Tag davon zu berichten. Laut Stundenplan sollten wir uns über Wunder unterhalten.

Der Zufall ist manchmal Gottes Pseudonym, wenn er sich nicht zu erkennen geben will.

Anatole France (1844-1924)

Zurück in der Universität erzählte ich jedem Kollegen in Reichweite von meinen gestrigen Erlebnissen. Meine Geschichte enthielt alle Ingredienzen, die ein Philosoph liebt: Kindliches Vertrauen, weltlicher Skeptizismus, das Gebet als empirischer Test, eine offensichtlich wundertätige Intervention und die schlussendliche Bestätigung einer Weltsicht.

Nachdem ich alles erzählt hatte, brach schließlich einer meiner Kollegen die einsetzende Stille und sagte: »Viel besser wäre es ja gewesen, wenn der Ball einen Meter über der Wasseroberfläche zu dir zurückgetrieben worden wäre.« Ich gab zu, dass das natürlich noch besser gewesen wäre, wies aber darauf hin, dass ich das gar nicht von Gott verlangt hätte.

Ein anderer Professor schüttelte den Kopf und sagte mit einer an Widerwillen grenzenden Mattheit und Lustlosigkeit in der Stimme: »Während die Leute überall auf der Welt in den Krankenhäusern an Krebs und anderen Krankheiten sterben, ist es für dich ein Wunder, deinen Strandball wiederbekommen zu haben. Menschen werden umgebracht, du aber bekommst deinen Strandball zurück.« Alle drehten sich um und schauten erst mich an und dann den Ball.

»Ja, so ist es.«

Die Götter gewähren den Sterblichen nicht alles zur gleichen Zeit.

Homer (neuntes Jahrhundert v. Chr.)

Die große Teilung

Es gibt zwei Weltsichten, die miteinander um unsere Gunst wetteifern. Sie kommen sicherlich in mannigfaltigen Variationen vor; zwei Haupttypen aber fassen in sich das gesamte Spektrum zusammen. Wir nennen sie *Theismus* und *Atheismus*. In diesem Kapitel werden wir versuchen, ihre Unterscheide herauszustellen und die große Debatte, die um die Wahrheit der einen oder der anderen Sicht der Welt geführt wurde, in groben Umrissen nachzuzeichnen.

Zunächst einmal möchte ich einige wichtige Begriffe definieren:

✔ *Theismus*: Der Glaube, dass es zumindest einen Gott, bzw. ein höchstes Wesen gibt (abgeleitet von griechischen Wort für Gott, theos)

✔ *Polytheismus*: Der Glaube, es gebe mehrere Götter, bzw. menschenähnliche Wesen, die über sehr viel Macht verfügen und die auf bestimmte Weise über unsere natürliche Welt herrschen. Der Glaube der Römer und Griechen war polytheistisch.

✔ *Monotheismus*: Der Glaube, dass es nur einen Gott gibt. Der späte Judaismus ist die ursprüngliche Form des Monotheismus.

✔ *Henotheismus*: Der Glaube, dass es zwar mehrere Götter gibt, dass wir aber nur einen verehren und anbeten sollten.

✔ *Trinitarischer Monotheismus*: Der Glaube, dass es nur einen Gott gibt, der aber auf bestimmte Weise in drei Personen verkörpert ist. Dies ist der philosophisch entwickelte Glaube des Christentums.

✔ *Deismus*: Der Glaube daran, dass es einen Gott gibt, der zwar alles erschaffen hat, der jedoch nach dem Schöpfungsakt nicht mehr in seine Schöpfung eingreift. Viele wissenschaftlich denkende Menschen, die sich dennoch zum Religiösen hingezogen fühlen, hängen diesem Glauben an einen abwesenden Gott an.

✔ *Atheismus*: Der Glaube und die Überzeugung, dass es keinen Gott, keinen Schöpfer des Universums, kein mächtiges, körperloses und vollkommenes Wesen, das sich irgendwie in einem Jenseits der Welt aufhält, gibt.

✔ *Agnostizismus*: Die Haltung, dass wir nicht wissen können, ob es einen Gott gibt oder nicht. Der bescheidene Agnostiker sagt, dass er nicht weiß, ob es einen Gott gibt. Der weniger bescheidene würde sagen, dass auch die anderen es nicht wissen können. Der am wenigsten bescheidene Agnostiker schließlich würde darauf verweisen, dass wir diese Frage niemals entscheiden können.

Theisten glauben an ein übernatürliches Reich, in dem wir nach unserem Tod weiter bestehen. Atheisten glauben dagegen, dass es nichts über oder jenseits unserer Welt gibt. Die eine Anschauung glaubt an ein metaphysisches Jenseits, die andere an ein natur- und welthaftes Diesseits.

Im Folgenden soll es um diesen Unterschied zwischen den hoch entwickelten Formen des Theismus auf der einen Seite – etwa des Christentums, des jüdischen und islamischen Glaubens sowie des Hinduismus – und dem mehr oder weniger einfachen Atheismus auf der anderen Seite gehen.

Philosophisch eingestellte Theisten haben behauptet, dass Gott so erstaunliche Eigenschaften besitze wie die Folgenden:

✔ *Allmacht*: Gott kann alles tun.

✔ *Allwissenheit*: Gott weiß alles.

✔ *Allgegenwart*: Gott ist auf bestimmte Weise allgegenwärtig.

✔ *Güte*: Gott ist das vollkommen Gute.

✔ *Körperlosigkeit*: Gott ist kein stoffliches, körperliches Wesen.

✔ *Aseität*: Gott ist von keinem anderen Seienden abhängig. Er besteht in und durch sich selbst.

✔ *Ewigkeit*: Gott ist nicht an und durch die Zeit gebunden. Er ist definiert als zeitlich von ewiger Dauer oder nicht zeitlich zeitlos.

✔ *Unsagbarkeit*: Gottes Wesen kann niemals ganz in Worte gefasst werden.

✔ *Einfachheit*: Gott ist auf einzigartige Weise eins mit sich selbst, er ist nicht aus Teilen »zusammengesetzt«.

✔ *Vollkommenheit*: Gott ist ohne Fehl oder Makel. Dies ist die allen anderen übergeordnete Eigenschaft Gottes. Sie fasst alle anderen seiner Eigenschaften in sich. Gott ist vollkommen mächtig, vollkommen wissend, vollkommen gut usw.

Wenn Gott wirklich Gott ist, so ist er vollkommen und ohne Mangel.

Euripides

Eine ganz schöne Liste. Man könnte sie sogar noch weiter fortsetzen. Atheisten hingegen bestreiten, dass es ein Wesen gibt, dem man diese Eigenschaften auch nur teilweise zusprechen könnte.

Woher kommt eine solche Liste der göttlichen Eigenschaften? Woher stammt unsere Vorstellung, dass es überhaupt einen Gott gibt? Einige Theisten glauben, dass wir diese Vorstellung kraft göttlicher Offenbarung besitzen. Andere wiederum sagen, dass wir sie aus der Tatsache von Gottes Hineinwirken in die Welt ableiten können, bzw. dass sie direkt aus der Vorstellung von vollkommener Perfektion geschlossen werden könne. Unter den verschiedenen Religionen auf der Welt gibt es interessanterweise ein erstaunliches Maß an Übereinstimmung, welche Eigenschaften man einem höchsten Wesen zuschreiben müsste.

Warnungen vor unserer Neigung, uns von Gott ein Bild zu machen

Eine Reihe von klugen Denkern hat uns davor gewarnt, uns Gott nach unserem Ebenbild geformt vorzustellen, dem wir nur die Eigenschaften zuschreiben würden, die auch uns selbst wertvoll erschienen:

So wie die Menschen zu sein scheinen, so wird auch Gott ihnen erscheinen.

John Smith der Platoniker (1618-1652)

Der Himmel wird der Erde immer ein wenig ähnlich sehen. Der Gott der Kannibalen wird ein Kannibale sein, der der Kreuzritter immer ein Kreuzritter und der der Kaufleute immer ein Kaufmann.

Ralph Waldo Emerson

Wenn Pferde und Stiere zeichnen könnten, so würden sie die Götter als Pferde und Stiere zeichnen.

Xenophon

Wenn Gott uns nach seinem Ebenbilde geschaffen hat, so werden wir um so mehr ihn nach dem unseren geschaffen haben.

Voltaire

Die hauptsächlich vertretene theistische Weltanschauung

 Die am häufigsten vertretene philosophisch entwickelte theistische Glaubensvorstellung beinhaltet einen Gott, der nicht nur Schöpfer des Universums ist, sondern auch wundertätig in die Welt hineinwirkt. Der Deismus ist hier etwas distanzierter. Er glaubt nicht, dass Gott sich seiner Kreaturen nach dem Schöpfungsakt weiterhin annimmt. Der Gott des Theismus ist einer, der als oberster Herrscher über das Universum bestimmt und sowohl für die moralische als auch für die natürlich-physikalische Ordnung der Welt verantwortlich ist.

Nach dieser hauptsächlich vertretenen theistischen Weltanschauung ist Gott unser Schöpfer, der auch jetzt noch ständig in unser Geschick eingreift, nicht nur hier auf Erden, sondern auch noch nach unserem Tod im Jenseits.

Im theistischen Weltverständnis verkörpern die Menschen das Bild Gottes. Ein einzelner Mensch ist Gott näher als irgendein anderes Wesen in der Natur es sein könnte. Im Menschen schwingt also die höchste Form der Wirklichkeit gleichsam mit. Die Menschen können und werden dereinst an Gottes Seite in Ewigkeit verweilen, ganz gleich was mit dem Rest der Natur auch geschehen mag. Halb Tier und halb engelsgleiches Wesen ist uns das große Abenteuer der Entwicklung aus bescheidenen Anfängen hin zur Erlangung der Ewigkeit beschieden.

Die atheistische Weltanschauung

Der Atheismus vertritt eine ganz andere Auffassung von unserem Leben und unserer Stellung in der Welt. Seine Anhänger glauben, die Wirklichkeit bestehe aus nichts weiter als Materie und Energie. Leben entstand nach dieser Vorstellung durch eine lange Reihe höchst unwahrscheinlicher und zufälliger Ereignisse. Das Bewusstsein ist nichts weiter als ein weiterer Schritt in der blinden Abfolge des natürlichen evolutionären Prozesses. Wir sind organische Strukturen, die von den Kräften, die uns beeinflussen, bestimmt sind, das zu tun, was sie tun. Wir werden geboren, leben eine Zeitlang und sterben schließlich, womit wir die Bühne der Welt für immer verlassen. Das Erlöschen unseres bewussten Selbst spiegelt dabei den Untergang wider, der sich früher oder später auch auf kosmischer Ebene abspielen wird.

Vergleich der beiden Weltsichten

Den Atheismus prägt letztlich eine pessimistische Sicht auf die Welt. Der Theismus ist durch eine optimistischere Haltung gekennzeichnet, zumindest was die fernere Zukunft anbelangt. Es ist wichtig, dass wir uns klarmachen, dass diese beiden Vorstellungen von der Welt sich nicht nur hinsichtlich der Frage, ob es Gott gibt oder nicht, definieren. Der Theismus unterscheidet sich vom Atheismus nicht nur durch das eine Detail, dass er der Meinung wäre, die Welt enthielte zusätzlich zu allen Dingen in der Natur noch ein Wesen mit Namen Gott. Die Tatsache, dass man an die Existenz eines höchsten Wesens glaubt – oder eben nicht glaubt, ist für die Sicht auf alles andere von fundamentaler Bedeutung.

Der Lebensweg eines Menschen kann nach der Vorstellung des Atheismus wie folgt beschrieben werden: Zufall – Geburt – Existenz – Tod und Untergang.

Die individuelle Existenz eines Menschen ist innerhalb dieser Sichtweise von beinahe infinitesimaler Bedeutungslosigkeit. Er existiert eine Zeitlang in einem fremden und feindlichen Universum und verschwindet nach einer Weile genauso lautlos wie er gekommen ist wieder aus ihm.

Der Lebensweg eines Menschen kann nach der Vorstellung des Theismus dagegen wie folgt beschrieben werden: Gott – Geburt – Existenz – Tod und Transformation (in eine andere Seinsweise).

Für den Theismus ist der Mensch ein Wesen, das sich in eine immer schon bestehende spirituell reiche und erfüllte und der Erfüllung zustrebende Wirklichkeit einordnet und von dieser quasi immer schon gewollt und bejaht ist. Der Mensch ist ein unendlich kleiner Teil eines im Vergleich mit seinem Schöpfer seinerseits unendlich kleinen Universums; und doch ist seine Existenz gewollt. Neben anderen gleichermaßen wichtigen Gründen schuf Gott das Universum deswegen, damit der Mensch in ihm lebe.

Welche Sichtweise ist nun aber die richtige? Manche Leute begreifen diese Frage als eine Frage danach, ob die letzte Wahrheit über die Welt schrecklich oder tröstlich ist. Man könnte sie aber auch als Frage verstehen, bei der es darum geht zu entscheiden, ob die menschliche Existenz eine Herausforderung und ein Versprechen darstellt oder im Gegenteil eine Geschichte des Ausgesetztseins und Erlöschens ist.

Lassen Sie uns im Folgenden ein letztes Argument für die Existenz Gottes betrachten. Es ist traditionell als der ontologische Gottesbeweis bekannt.

Das ontologische Argument

Das ontologische Argument, bzw. der ontologische Gottesbeweis, ist ein Argument für die Existenz Gottes, mit dem sich so unterschiedlichen Denker wie Anselm von Canterbury (um 1033-1109) oder René Descartes (1696-1650) sowie noch viele andere Philosophen bis in unsere Zeit hinein beschäftigt haben. Dieses Argument ist das vielleicht ungewöhnlichste Argument, das jemals für die Existenz eines höchsten Wesens vorgebracht worden ist. Die meisten anderen Argumente gehen von irgendeiner innerweltlichen Tatsache aus und schlussfolgern dann, dass die beste Erklärung für diese bestimmte Tatsache darin gefunden werden könne, dass man die Existenz und das Wirken eines Wesens annähme, das sich von allem anderen in der Welt vorfindbaren Seienden wesenhaft unterscheide. Der ontologische Gottesbeweis hingegen beginnt mit nichts weiter als einer Idee, d.h. einer Vorstellung, und folgert dann von ihr ausgehend auf ein Wesen, das sich in dieser Idee ausdrückt.

Das ontologische Argument entlehnt seinen Namen von zwei griechischen Wörtern, deren eines »seiend« oder »existierend« bedeutet (*ón, óntos*); das andere (*lógos*) bedeutet soviel wie »Sprechen; Rede, Wort; Vernunft«. Dieses Argument geht davon aus, dass es möglich ist, dass der menschliche Geist ohne Hilfe durch Sinneswahrnehmung oder empirische Beweise zumindest eine wichtige Folgerung hinsichtlich dessen ziehen kann, was in der Wirklichkeit existiert, bzw. existieren muss.

Dies allein ist schon eine faszinierende Vorstellung. Normalerweise denken wir ja, dass der Bereich der Ideen und Vorstellungen und der der tatsächlich material existierenden Dinge vollständig verschieden und getrennt voneinander sei.

Wir stellen uns viele Dinge vor, die überhaupt nicht existieren, etwa Marsianer, Einhörner oder Feen. Wahrscheinlich gibt es aber auch im Universum noch zahlreiche andere Dinge, von deren Existenz wir bisher noch gar keine Vorstellung besitzen.

Normalerweise ist es so, dass, wenn wir die Vorstellung von etwas haben, das entweder existieren oder auch nicht existieren könnte, dass wir dann die Wirklichkeit danach untersuchen müssen, ob es ein solches Ding auch tatsächlich gibt. Anselm und Descartes waren der Meinung, dass es zumindest ein vorgestelltes Seiendes, eine Idee geben müsse, bei der man nicht erst herausfinden müsse, ob es für sie auch eine Entsprechung in der Wirklichkeit gibt oder nicht. Vielmehr sei es so, dass die Vernunft des Menschen alleine ausreiche, den notwendig wahren Schluss zu ziehen, dass diese eine Idee die Trennung zwischen dem Bereich der Ideen und dem der Wirklichkeit aufheben könne und dass diese Idee sich in vollkommener Weise in der Wirklichkeit widerspiegelt finden würde. Diese eine Idee ist natürlich die Idee Gottes.

Anselm glaubte, dass man Gott am besten verstehen könne, wenn man ihn definiere als »das, über dem Größeres nicht gedacht werden kann«. Die meisten Philosophen haben diesen Satz so verstanden, dass Anselm sagen wollte, dass die Idee Gottes die Idee des »höchsten möglichen Seienden« sei. Andere haben ähnlich gefolgert und sich Anselms Meinung angeschlossen, dass Gott als das absolut vollkommene Wesen gedacht werden müsse. Zu diesen gehörte etwa der französische Philosoph René Descartes.

Wenn also das, über dem Größeres nicht gedacht werden kann, im Verstande allein ist, so ist eben das, über dem Größeres nicht gedacht werden kann, über dem Größeres gedacht werden kann. Das aber kann gewiss nicht sein. Es existiert also ohne Zweifel etwas, über dem Größeres nicht gedacht werden kann, sowohl im Verstande als auch in Wirklichkeit.

Anselm von Canterbury (*Proslogion*)

Immer dann, wenn Gott als absolut vollkommenes, unübersteigbares Seiendes definiert wird, kann man dieser Definition eine interessante Überlegung anschließen. Im Folgenden möchte ich bloß eine einfache Version dieser Überlegung anfügen. Ein ontologisches Argument für die Existenz Gottes, das wie folgt lautet:

1. Gott ist das eine und einzig größtmögliche Seiende. (Gemäß seiner Definition)

2. Das größtmögliche Seiende besitzt die größtmögliche Form der Existenz, nämlich eine notwendige Existenz, eine Existenz unter allen möglichen Verhältnissen. (Gemäß seiner Definition)

3. Die Existenz Gottes ist zumindest möglich. (Die Existenz Gottes ist unter gewissen möglichen Verhältnissen denkbar, seien es reale Verhältnisse oder bloß – wenn auch mögliche – vorgestellte)

4. Existiert Gott in jedem möglichen Verhältnis, so existiert er auch in allen. (Folgerung aus Prämisse 2)
Daher gilt:

5. Gott existiert in der realen Welt. (In den Verhältnissen, in denen auch wir existieren)

Es ist notwendig, die Existenz von etwas anzunehmen, was durch sich selbst notwendig ist, was keinen Grund seiner Notwendigkeit außerhalb seiner selbst hat, sondern vielmehr Grund der Notwenigkeit anderer Dinge ist. Dies nennt der Mensch Gott.

Thomas von Aquino (um 1225-1274)

Ein zugegebenermaßen recht verwickelter Gedankengang. Das Entscheidende ist hier der Gedanke der notwendigen Existenz, bzw. der Existenz in allen möglichen Verhältnissen. Nach dieser Vorstellung ist Gott das maßgebliche Prinzip des Reiches der Möglichkeiten. Jedwedes Seiende, das in irgendeiner Hinsicht, d.h. das in irgendeinem Verhältnis oder unter irgendwelchen Umständen existieren kann, in anderen wiederum aber nicht existiert, ist ein weniger als vollkommenes Seiendes. Ein vollkommenes Seiendes muss so groß sein und über eine so hohe Form der Existenz verfügen, dass es unmöglich nicht sein kann. Gott muss also notwendig existieren.

Bemerkenswert und erstaunlich; für einige Philosophen sogar unerhört irritierend. Kritiker haben zu zeigen versucht, dass mit diesem Argument etwas nicht stimmen könne. Sie haben sich aber bisher noch nicht darauf einigen können, was genau es denn sei, was hier falsch ist. Auch haben sie bisher noch nicht zu zeigen vermocht, dass mit dem Beweis an sich etwas nicht stimme.

 Kritiker sehen vor allem in Punkt 3 des Argumentes seine Schwächen. Dieser Punkt behauptet, dass wir unabhängig davon, ob es einen Gott wirklich gibt oder nicht, zumindest die Möglichkeit anerkennen müssen, dass es Gott geben kann. Die Befürworter des Beweises haben argumentiert, dass, solange die Vorstellung Gottes als größtes und höchstes mögliches Seiendes logisch folgerichtig ist und keine zwei sich ausschließenden Aussagen beinhaltet, dass dann die Existenz Gottes zumindest möglich sein müsse, wodurch die Wahrheit von Punkt 3 gezeigt wäre. Dem ist entgegnet worden, dass die hier verwendete Vorstellung von Möglichkeit nicht so ohne weiteres verwendet werden dürfe. Genau wie im Leben sollte aber auch in der Philosophie gelten: Unschuldig bis zum Beweis des Gegenteils. Auf unseren Beweis bezogen heißt dies, dass wir unsere Vorstellung von Gott als eine folgerichtige, logisch zusammenhänge oder theoretisch mögliche solange aufrechterhalten sollten, bis gute Gründe auftauchen, sie zu ändern.

Die Philosophen sind sich bis zum heutigen Tage uneins, wenn es darum geht, den Wert des ontologischen Gottesbeweises einzuschätzen. Verteidiger des Beweises fahren wahrhaft eindrucksvolle Geschütze logischer und metaphysischer Komplexität auf, um den Beweis zu stützen und gegen seine Kritiker zu verteidigen. Am Ende ist es aber stets so, dass die dem Beweis gegenüber skeptisch eingestellten Denker trotz allem fortfahren seine Gültigkeit anzuzweifeln.

Die ganze Eintracht unter den Menschen besteht in ihrer Zwietracht.

Seneca

Teil VII

Der Zehnerteil

In diesem Teil...

Zehn große Philosophen! Zehn große Fragen! Größe und noch mehr Größe! In diesem Teil des Buches werden uns einige der bedeutendsten Philosophen der Geschichte begegnen. Wenn Sie sich in zehn Jahren noch an das erinnern können, was Sie in diesem Teil lesen werden, so wissen Sie ungefähr das, was auch ein durchschnittlicher Student der Philosophie zehn Jahre nach seinem Examen noch weiß.

Wenn also dieser Teil (etwas übertrieben ausgedrückt) in etwa das Wissen vermittelt, das auch ein Student vom seinem Fach nach zehn Jahren noch weiß, was für ein Wissen vermittelt dann erst das ganze Buch? Unter der Bedingung, dass Sie sich auch nach Jahren noch daran erinnern, kommt der Inhalt des ganzen Buches fast einem Magisterabschluss nahe. Werden Sie aber nicht überheblich. Sie müssen sich vor allem auch an alles *erinnern* können. Sie wollen Wissen vermittelt bekommen, mit dem Sie anderen imponieren können? Dann lesen Sie einfach diesen letzten Teil des Buches.

Zehn große Philosophen

In diesem Kapitel

▷ Zehn der größten Denker der Philosophiegeschichte

▷ Unrühmliches über einige berühmte Philosophen

Der Geist eines Menschen zeichnet sich dadurch aus, welche Gesellschaft er sucht.

James Russel Lowell (1819-1891)

In diesem Kapitel werden wir kurz die zehn wichtigsten Philosophen der Geschichte vorstellen. Einige von ihnen würden sich wohl auf der Liste von jedem wiederfinden. Andere dagegen wurden von mir speziell in diese Liste aufgenommen. Allen gemeinsam ist, dass sie uns jeweils wichtige Dinge zu lehren haben.

Sokrates

Sokrates lebte im fünften vorchristlichen Jahrhundert in Griechenland. Er lebte und unterrichtete seine Schüler in Athen. Von den Bürgern der Stadt wurde er des Verbrechens beschuldigt, einen schlechten Einfluss auf die Jugend Athens auszuüben, wofür er schließlich zum Tode verurteilt wurde. Sein einziges »Verbrechen« hingegen war es, sich durch seine Lehren bei den mächtigen Bürger der Stadt unbeliebt zu machen und sie schließlich gegen sich aufzubringen. Als man ihn fragte, was für eine Strafe er denn verdiene, antwortete er, man solle ihm freie Kost und Logis gewähren. Seine freie Unterkunft sollte er zwar für eine kurze Zeit bekommen; am Ende aber wurde ihm der Schirlingsbecher gereicht.

Berühmtes Zitat: »Das ungeprüfte Leben ist es nicht wert, gelebt zu werden.«

Je weniger ein Mensch begehrt, um so näher ist er den Göttern.

Sokrates

So weit wir wissen, schrieb Sokrates keine Bücher. Seine philosophische Methode bestand darin, seinen Schülern Fragen zu stellen und solange nicht locker zu lassen, bis sie ihm auf seine Fragen Antwort gaben. Man nennt Sokrates' Methode auch *Maieutik* (gr., »Hebammenkunst«), was soviel bedeutet wie die Kunst, einem Menschen auf so geschickte Weise Fragen zu stellen und ihm dann immer wieder solange zu antworten, bis die in ihm verborgene richtige Erkenntnis schließlich von ihm selbst ans Licht befördert worden ist.

Unbeliebt machte sich Sokrates bei den Athenern unter anderem durch das Folgende: Als ihm berichtet wurde, dass das Orakel von Delphi ihn zum weisesten Manne in Athen ernannt hatte, war er zuerst verwirrt. Um zu verstehen, was genau das Orakel damit meinte, begann er die Bürger Athens zu befragen, um schließlich einen finden zu können, der sich als noch weiser als er selbst erweisen würde. Seine überraschende Erkenntnis war, dass es außer ihm keinen weiseren Mann in der Stadt gab. Alle, die er befragt hatte, glaubten nämlich, dass sie über Wissen verfügten, das sie in Wahrheit gar nicht besaßen. Sokrates war der einzige, der verstand, dass er in Wirklichkeit nichts wisse, so dass er sich schließlich von allen als der Weiseste erwies.

Plato

Plato, wie Sokrates auch Grieche, lebte von Mitte des fünften Jahrhunderts bis Mitte des vierten vorchristlichen Jahrhunderts. Von Geburt an zur aristokratischen Oberschicht der Stadt Athen gehörend, verfügte er über ausreichend Geld für seinen Lebensunterhalt. Überliefert ist, dass Plato von athletischem Körperbau war, was ihm einmal zwei Preise bei einem Wettkampf im Ringen eingebracht haben soll. Sein wirklicher (und wenig bekannter) Name war Aristokles. Der Name »Plato« (wohl eine Anspielung auf seine breiten Schultern) war sein ihm von seinen Freunden verliehener Spitzname.

Plato war Sokrates' berühmtester Schüler und schrieb zahlreiche Dialoge, in denen er seinen Lehrer im Disput mit anderen auftreten ließ. Diesen Dialogen verdanken wir wichtige Informationen zum Leben und zur Person von Sokrates. Plato glaubte, dass die Seele des Menschen schon vor seiner Geburt existiert und auch nach seinem Tod nicht untergeht. Das Leben ist für ihn die Zeitspanne, während der die Seele im Körper eingesperrt sei. Neben der stofflichen Welt gebe es noch das Reich der Ideen, das die eigentliche Wirklichkeit darstelle.

Der bekannteste Gedanke Platos ist sein nach ihm benanntes Höhlengleichnis. In ihm vergleicht er die Situation des Menschen damit, dass er sagt, alle Menschen lebten gleichsam wie Gefangene in einer Höhle, die, gefesselt und mit dem Rücken zum Höhlenausgang dasitzend (so dass sie sich nicht nach hinten umdrehen könnten), nichts weiter als die Wand der Höhle vor sich sähen. Die Schatten der Dinge, die sich vor den Höhlenbewohnern auf der Wand abzeichneten, hielten sie für die alleinige Wirklichkeit, während sich doch gerade die wahre Welt außerhalb der Höhle im lichten Sonnenschein befände. Sein Hauptwerk ist das Buch *Der Staat* (*Politeia*), in dem die Idee des idealen Staates behandelt wird. In diesem Buch findet sich auch sein Gedanke, dass der Philosoph der bestmögliche Herrscher im Staat wäre.

Aristoteles

Auch Aristoteles war ein griechischer Denker. Er lebte im vierten Jahrhundert v. Chr. und war Platos bester und bedeutendster Schüler. Eine Zeitlang war er Erzieher Alexanders des Großen. Im Alter von fünfzig gründete Aristoteles seine eigene Philosophenschule (die sogenannte »Peripatetische Schule«). Obwohl er nur um die sechzig

Jahre alt wurde, verfasste er beinahe einhundertundsiebzig Schriften, von denen allerdings nur siebenundvierzig bis heute überliefert sind.

Alle Menschen streben von Natur aus dem Wissen zu.

Aristoteles

Nach dem Namen für seine von ihm gegründete Schule nannte man ihn auch den *Peripatetiker* (gr., *peripatein* = umherwandeln). Aristoteles hatte nämlich die Angewohnheit, seine Schüler im Gehen zu unterrichten. Diese Bezeichnung wurde später auch für die Vertreter der aristotelischen Philosophie geprägt.

Eine der wichtigsten Lehren von Aristoteles ist der Gedanke, dass das Glück (bzw. mit dem griechischen Wort *eudaimonia*) das eigentliche Ziel des Lebens sei. Aristoteles war sehr viel weniger als Plato einem jenseitigen Reich der Ideen zugewandt. Er ist der wohl einflussreichste Philosoph in der Geschichte der Philosophie. Seine überragende Bedeutung liegt darin, dass er als erster die Philosophie systematisch als Disziplin ausgearbeitet und entwickelt hat. Der Gottlosigkeit bezichtigt, verließ er schließlich Athen und ging ins Exil, damit, wie er sich ausrückte, »Athen nicht ein zweites Mal gegen die Philosophie sündigt«.

Es reicht nicht, allein um die Sittlichkeit zu wissen, wir müssen auch danach trachten, sie anzuwenden.

Aristoteles

 Als Begründer der Logik war Aristoteles der Ansicht, dass die höchste Form der Vernunfttätigkeit des Menschen darin bestehe, seine Verstandesgaben im logisch-mathematischen Denken zu schulen. Eine seiner bekanntesten Ideen ist sein Gedanke der goldenen Mitte, verstanden als die Vermeidung von Extremen, als Mäßigung in allen Dingen. Sein wichtigster Schüler, Alexander der Große, hat diesen Punkt seiner Lehre anscheinend nie ganz verstanden.

Thomas von Aquino

 Der Heilige Thomas lebte im Italien des 13. Jahrhunderts. Er war der bedeutendste Philosoph der sogenannten Scholastik, d.h. des philosophisch-theologischen Denkens des Mittelalters, und ist seit 1879 der offizielle katholische Kirchenphilosoph. In seiner Philosophie verbindet er die Lehren der christlichen Kirche mit der Philosophie des Aristoteles. Er hinterließ zahlreiche Schriften.

Thomas war sicherlich der größte christliche Denker überhaupt. Einer seiner berühmtesten Beiträge zur Philosophie sind die sogenannten fünf Wege – fünf Argumente für die Existenz Gottes. Das bekannteste von ihnen ist das kosmologische Argument. Nach seiner Vorstellung schuf Gott die Welt aus dem Nichts. Die Seele des Menschen ist unsterblich; als »reine Form« könne man sie nicht zerstören. Erkenntnis erlangt der Mensch nicht wie bei Plato durch die Wiedererinnerung an Ideen, sondern durch Sinneswahrnehmung und Erfahrung.

Es gibt drei Dinge, die für die Erlösung des Menschen wichtig sind: Zu wissen, was er glauben muss; zu wissen, was er wollen soll; und zu wissen, was er tun soll.

Thomas von Aquino

Eine überlieferte Anekdote aus seinem Leben berichtet, dass sein Bruder ihn gegen seinen Willen in einem Schloss einsperrte, als Thomas seiner Familie mitteilte, dass er ein einfacher Ordensbruder werden wolle. Auch der Versuch, ihn mit Hilfe der Verlockungen einer ihm zugeführten Frau von seinem Wege abzubringen, scheiterten.

Wilhelm von Ockham

In England im Jahre 1300 geboren, gehörte Ockham in seinem Denken und Philosophieren ebenfalls der Scholastik an. Aufgrund seiner philosophischen Gewandtheit wurde er als _doctor invincibilis_, als unbesiegbarer Lehrer bekannt. Ockham glaubte, dass die Universalien, d.h. Allgemeinbegriffe von ursprünglicher, objektiv-metaphysischer Realität (z.B. Platos Ideen) – Begriffe wie Gerechtigkeit oder Gleichheit – nicht als reale, abstrakte Wesenheiten existieren, sondern lediglich als Begriffe metaphysischer Spekulation ihre Gültigkeit besitzen. Einen Beweis für Gottes Existenz könne man nicht erbringen. Gott müsse man in einem Akt des Glaubens annehmen. Die Philosophie und die Theologie sieht er als zwei voneinander getrennte Bereiche des Denkens an.

Ockham stellte die Behauptung auf, dass Gottes Tun immer per definitionem gut sein müsse, ganz gleich was er tue. Außer Gottes Geboten existierten keine anderen objektiven Werte. Er ging sogar so weit zu sagen, dass: »Wenn Gott seinen Kreaturen befiehlte, ihn zu hassen, so wäre der Hass auf Gott gleichbedeutend mit seiner Lobpreisung«.

Als er die kirchliche Politik kritisierte, geriet Ockham mit dem Papst aneinander. Unter anderem missfiel ihm, dass die Kirche ungeheure Summen für den Bau eines Gebäudes zu Ehren Franz von Assisis ausgab, dem Gründer des Ordens, dem Ockham angehörte. Er schrieb eine kraftvolle »Verteidigung der Armut«, mit der er dem Papst entgegentrat. Man steckte ihn schließlich ins Gefängnis. Anders als Sokrates brach er aber aus und begab sich in den Schutz des Kaisers Ludwig den Bayern.

Das Ergebnis seiner Flucht war, dass der Papst ihn exkommunizierte. Seiner Hinrichtung konnte er allerdings zeitlebens entgehen.

Wilhelm von Ockham ist dadurch ausgezeichnet, dass er der einzige unter den großen Philosophen ist, dessen Grabstätte durch eine Tafel in einer deutschen Tiefgarage markiert ist. Man erinnert sich seiner allerdings mehr seiner logischen Fähigkeiten wegen und nicht so sehr, weil ihm die Ehre zuteil geworden ist, auf ewig in einem Parkplatz zu ruhen.

René Descartes

Descartes wurde 1596 in Frankreich geboren und starb 1650 in Stockholm. Als Begründer des modernen Rationalismus gilt er als der Vater der modernen Philosophie. Sein Leben lang suchte er nach einer Möglichkeit, das menschliche Wissen auf eine einheitliche Basis zu stellen.

Sein Leben führte ihn auf ausgedehnte Reisen durch ganz Europa. Er erklärte einmal, dass von allen Dingen auf der Welt ein gutes Buch, eine anziehende Frau und ein vollkommener Prediger am schwersten zu finden seien.

Es reicht nicht, einen hervorragenden Verstand zu haben; wichtiger noch ist, ihn auch gut gebrauchen zu können.

Descartes

Descartes begann sein bekanntestes philosophisches Werk mit einem alles umfassenden Zweifel, der ihn nach und nach auf die eine unbestreitbare und nicht weiter anzweifelbare Wahrheit führen sollte. Diese Wahrheit wäre dann – so glaubte er – die Grundlage allen weiteren Wissens. Die Wahrheit, auf die er stieß, fasste er in dem berühmten Satz: »Ich denke, also bin ich« (*cogito ergo sum*) zusammen. Diese Entdeckung, zusammen mit der Einsicht, dass Gott uns nicht täusche, führte ihn darauf, dass unser Leben doch kein Traum sein oder auf der Täuschung eines bösen Genius' beruhen könne.

Beinahe sein ganzes Leben lang übte sich Descartes in der Kunst der Meditation. Zwei Jahrzehnte lang lebte er zurückgezogen in Holland. Sein Gottesbeweis sieht folgendermaßen aus: Unter den Vorstellungen des Menschen befinde sich auch die Vorstellung Gottes als eines vollkommenen Wesens. Da wir uns aber selbst nicht die Idee eines vollkommenen Seienden, einer vollkommenen Realität geben können (da wir ja unvollkommen sind), so folgt daraus notwendig, dass nur Gott selbst dem Menschen diese Idee eingegeben haben kann. Da Gott die Ursache unserer Vorstellung von ihm ist, ist das Erscheinen dieser Vorstellung in uns gleichzeitig der Beweis für Gottes Existenz.

Immanuel Kant

Kant lebte von 1724 bis zum Jahre 1804. Er wurde in Königsberg, Ostpreußen, geboren. Seine Heimatstadt verließ er zeitlebens nie. Kant ist der vielleicht berühmteste der vielen komplizierten und weitschweifigen deutschen Philosophen. Er entstammte einer Handwerkerfamilie und war eines von zwölf Kindern. In jungen Jahren lebte er in bescheidenen Verhältnissen und litt mitunter an Hunger. Kaum ein Meter sechzig groß, wurde aus ihm einer der wahrhaft großen Philosophen in der Geschichte.

Die Lektüre der Werke des schottischen Philosophen und Skeptikers David Hume erweckten ihn – wie er sagt – aus seinem »dogmatischen Schlummer«. Sein bekanntestes Buch ist *Die Kritik der reinen Vernunft*. Kant selbst beschrieb dieses sehr schwer zu lesende Buch einmal als »trocken, dunkel, allen herkömmlichen Ideen entgegengesetzt und darüber hinaus weitschweifig«, womit er zweifelsohne recht hatte. Kant schickte einmal eines seiner Manuskripte an einen Freund zum Lesen. Dieser war selbst ein hervorragender Gelehrter. Er las einen Teil des Buches, schickte es aber, ohne es ganz ausgelesen zu haben, wieder mit den Worten an Kant zurück: »Wenn ich bis zum Ende weiterlese, so fürchte ich, ich müsse verrückt werden«.

Kant unternahm in seiner Heimatstadt jeden Tag einen Spaziergang mit einer so großen Pünktlichkeit, dass die Leute ihre Uhr nach ihm stellen konnten. Er blieb zwar unverheiratet, war aber sehr gesellig und lud Freunde, Kollegen und Bekannte beinahe täglich zum Essen ein. In seiner Philosophie ging es ihm darum, dem Glauben neben der Vernunft ihren Platz zuzuweisen. Er versuchte zu zeigen, dass die Vernunft nicht über die Grenzen der empirischen, d.h. sinnlich erfahrbaren Welt hinausreichen könne. Die herkömmlichen »Beweise« für die Existenz Gottes waren für ihn dementsprechend keine echten Erkenntnisse, sondern bloß Anmaßungen des Verstandes. Für ihn war der Glaube eine Angelegenheit der »praktischen Vernunft«. Er machte eine strikte Trennung zwischen der Welt des sinnlich Erfahrbaren, der Phänomene, und der Welt der Dinge an sich, der sogenannten noumenalen Welt.

Die Sittlichkeit ist nicht eigentlich die Lehre davon, wie wir uns selbst glücklich machen sollen, sondern davon, wie wir es wert werden, glücklich zu sein.

Kant

Bekannt ist seine über Gebühr strenge Vorstellung von Moral und Sittlichkeit, an denen er den Pflichtcharakter betont und als einziges Prinzip anerkennt. Seine allgemeine Formel der Ethik (der kategorische Imperativ) ist noch heute gegenwärtig, z.B. in der Frage: »Was, wenn alle das täten?«

Immanuel Kant ist einer der einflussreichsten und am schwersten zu lesenden Philosophen überhaupt. Wenn man sich aber mit der Philosophie im Allgemeinen beschäftigt, so ist eine genaue Kenntnis seines Denkens unerlässlich. Er steht mit seiner Philosophie an zentraler Stelle der Denkgeschichte.

Georg Wilhelm Friedrich Hegel

 Hegel wurde 1770 in Stuttgart geboren und starb 1831 während einer Choleraepidemie in Berlin. Er studierte Philosophie und Theologie in Tübingen. Seine Beiträge zur Philosophie sind von sehr großer geschichtlicher Bedeutung. Im Allgemeinen ist er noch schwerer zu lesen als Kant.

Hegel war der wichtigste Philosoph des (deutschen) Idealismus, einer Richtung, die glaubte, dass das alleinig Existierende in Prinzipien wie dem Geist, dem Ich oder der Idee aufgefunden werden könne. Hegel glaubte, dass der objektive, bzw. absolute Geist alles sei, was real ist. Letztendlich gibt es nach seiner Vorstellung keine vom Geist unabhängigen stofflichen Gegenstände (ein Gedanke, über den Sie mehr in Kapitel 13 erfahren können). Nach Hegel ist die Geschichte der Welt die Geschichte der Konkretisierung des absoluten Geistes (gedacht als Identität von Substanz und Subjekt). Die Geschichte ist eine Form der Entwicklung, bei der Gott aus sich die stoffliche Welt hervorbringt. Da Gott aber ein viel höheres Prinzip der Einheit darstellt, ergibt sich ein Widerspruch mit der Welt des Materiellen, aus dem sich die dialektische Entwicklung, die das Geschehen der Welt bestimmt, ableitet. Dialektik bedeutet vereinfacht gesagt, dass etwas geschieht (These), dann etwas anderes (Antithese), bis beide schließlich in einer höheren Einheit aufgehoben werden (Synthese).

Was vernünftig ist, das ist wirklich, und was wirklich ist, das ist vernünftig. Der einfache Mensch wie auch der Philosoph beginnen mit dieser Einsicht. Von ihr aus nimmt die Philosophie ihren Anfang und widmet sich dem Studium der Vernunft wie der Natur.

Hegel

Kunst und Religion sind nach Hegel genauso wie die Wissenschaft Formen des Denkens. Die höchste Form des Denkens ist natürlich die Philosophie.

Sören Kierkegaard

Kierkegaard war ein dänischer Philosoph und Theologe und lebte von 1813 bis 1855. Er war ein kenntnisreicher theologischer Autor, der seine Schriften oft unter einem Pseudonym veröffentlichte. Er war außerdem ein strikter Gegner der Philosophie Hegels und seines Idealismus. Er legte sich eine ironisch-sarkastische Haltung zu, hinter der er seine melancholische Grundhaltung und seine Empfindung von der Sinnlosigkeit der Welt verbarg. Kierkegaard wurde später so etwas wie der Vater des *Existentialismus* (eine besonders in Frankreich nach dem Zweiten Weltkrieg entwickelte philosophische Weltanschauung, die mit so berühmten Namen wie Jean Paul Sartre und Albert Camus verbunden ist).

Die Idee des »Glaubenssprungs« war eine der bekanntesten Beiträge Kierkegaards zum philosophischen und religiösen Denken. Ein anderer war die Bedeutung, die er dem Engagement des Subjekts beimaß, sich vorbehaltlos dem Absoluten, dem christlichen Gott hinzugeben.

Die größte Gefahr unter allen Gefahren ist es, sein eigenes Selbst zu verlieren. Dies kann sehr leise und unauffällig geschehen wie kaum ein anderer Verlust. Jeder andere – ein Arm, ein Bein, ein Geldbetrag, eine Frau, etc. – wird ganz sicher bemerkt werden.

Kierkegaard

Ludwig Wittgenstein, ein österreichischer Philosoph des 20. Jahrhunderts, war der Ansicht, Kierkegaard sei der bedeutendste Philosoph seines Jahrhunderts. Er merkte jedoch kritisch zu seinen Schriften an: »Er ist zu umständlich. Er wiederholt ein ums andere Mal immer wieder denselben Gedanken. Bei seiner Lektüre möchte ich ihm am liebsten immer sagen, dass er ja recht habe, dass er aber doch bitte jetzt mit seinem Gedanken fortfahren solle.« Als Beispiel für Kierkegaards Sicht der Philosophie möchte ich die folgende für ihn typische Passage zitieren:

»Der Unterschied zwischen populär und philosophisch besteht in der Zeit, die auf etwas verwandt wird. Fragen Sie irgendjemanden: Wissen Sie dies, oder wissen Sie es nicht. Wenn er sofort antwortet, so ist die Antwort populär, und er ist jemand, der erst am Beginn seiner Studien steht. Wenn die Antort des Befragten allerdings zehn Jahre benötigt und wenn sie in Form eines Systems kommt, wenn es also nicht ganz klar ist, ob er die Antwort auch wirklich weiß, dann ist die

Antwort philosophisch und der Mann ein Professor der Philosophie – zumindest sollte er das nach allem sein.«

Bertrand Russell

 Russell (1872-1970) war ein englischer Mathematiker und Philosoph. Er leistete wichtige Beiträge zur Logik und war ein ebenso produktiver wie einflussreicher Denker, der im Laufe seines langen Lebens oft seine Ansichten und Haltungen änderte.

Seit frühesten Tagen hatte Russell ein Interesse an der Mathematik entwickelt. Seine Beschäftigung mit mathematisch-naturwissenschaftlichen Problemen führte ihn schließlich zur Philosophie. Gegen Ende seines Lebens fasste er einmal seine geistige Laufbahn mit der Bemerkung zusammen, dass er, als er zu dumm für die Mathematik geworden war, sich der Philosophie zuwandte. Als er schließlich auch für diese nicht mehr klug genug war, verlegte er sich auf die Geschichte.

 Russell schrieb über eine Vielzahl von Themen, über die er oft interessante Dinge sagte: Die Demokratie zum Beispiel habe zumindest einen Vorzug: Die gewählten Volksvertreter können unmöglich dümmer sein als die Wähler, die sie gewählt haben, denn es gilt, je dümmer der gewählte Politiker, desto dümmer noch sind die, die ihn überhaupt erst gewählt haben.

Als ein Verleger ihn einst fragte, ob er denn bereit sei, für das Buch eines anderen Philosophen, von dem Russell glaubte, dass er ihm immer seine Ideen stehlen würde, ein Vorwort zu schreiben, antwortete Russell: »Die Bescheidenheit verbietet es mir.«

Die Beschäftigung und Gebundenheit an Besitz ist mehr als alles andere der Grund dafür, warum die Menschen ihr Leben nicht frei und auf erhabene Weise leben können.

Russell

Mit Anfang sechzig wurde ihm eine Stellung als Dozent an einem College in New York angeboten. Als jedoch die Frau eines Zahnarztes eine Steuerklage gegen ihn vor Gericht anstrengte, um seine Ernennung zu verhindern, befand ihn ein Gericht für moralisch ungeeignet, Bürger der Stadt New York zu unterrichten, woraufhin Russel die ihm angebotene Stelle nicht antreten konnte. In dem Verfahren gegen ihn wurden seine Bücher als »lüstern, anzüglich, triebhaft, schlüpfrig, erotomanisch, atheistisch, unbedeutend, engstirnig, unwahr und bar jeden moralischen Anstands« bezeichnet. Ludwig Wittgenstein, ein ehemaliger Schüler von Russel, kommentierte diesen Vorfall mit der Bemerkung, wenn irgend etwas nicht aphrodisisch sei, dann wären es Russells Schriften, in denen er über den Sex redete.

Zeit seines Lebens kämpfte Russell aktiv gegen den Krieg. Sein politisches Engagement machte ihn zu einer wichtigen Figur der Kulturkritik. Seine schriftstellerischen Arbeiten brachten ihm schließlich den Nobelpreis für Literatur ein.

Zehn große Fragen

In diesem Kapitel

▶ Zehn der großen Fragen der Philosophie

▶ Ein Versuch, sie zu beantworten

Ein Mensch, so er denn weise ist, sollte sich niemals schämen, Neues zu lernen und stets seinen Geist dem Wissen öffnen.

Sophokles

In diesem Kapitel werden wir uns kurz mit den zehn wichtigsten Fragen der Philosophie auseinandersetzen.

Ist die Philosophie praktisch?

Die Philosophen haben in endlosen Diskursen Fragen zu lösen versucht, für die es – so scheint es – keinerlei letztgültige Lösungsmöglichkeit gibt. Wenn ich sage, draußen befindet sich ein rotes Auto und Sie sagen mir, draußen befinde sich kein derartiges Auto, so können wir beide nach draußen gehen und nachschauen, wer von uns beiden Recht hat. Wenn ich aber behaupte, es gibt einen Gott und Sie wiederum sagen, dass dem nicht so sein könne, dann gibt es keinen so einfachen Weg herauszufinden, wer von uns beiden Recht hat. Spielen Philosophen vielleicht nur mit Worten herum und bemühen ihren Geist, um Fragen zu lösen, die sich abschließend nicht beantworten lassen? Wenn dem so ist, ist die Philosophie dann nicht die unpraktischste und müßigste Veranstaltung, die man sich denken kann?

 Wann ist etwas praktisch? Etwas ist dann praktisch, wenn es einem dabei hilft, die eigenen Ziele zu erreichen. Wenn nur aber eines der Ziele, die man sich gesteckt hat, ist, zu wissen, wer man wirklich ist, worum es im Leben überhaupt geht oder was für einen Sinn unsere Existenz letztes Endes hat, dann erweist sich die Philosophie als durchaus eminent wichtig, bedeutsam und praktisch. Wenn man sich dieses Ziel nicht gesteckt hat, nun, dann ist es an der Zeit, sich neue zu suchen.

Alles ist für irgendetwas nützlich.

Tacitus

 Können die Philosophen endlos über die letzten Fragen streiten? Ganz sicher können sie das. Das bedeutet aber noch nicht, dass es auf diese Fragen keine Antworten gibt oder dass diese Antworten unbedeutend sind. Man kann endlose Debatten führen über die beste Möglichkeit, sein Geld zu investieren; eine gute, Gewinn abwerfende Investition schlägt eine schlechte aber dennoch immer um Längen. Politiker streiten

sich ohne Unterlass über Fragen der Regierung und der Politik. Dennoch ist es so, dass einige politische Theorien sich in der Praxis für die Lösung von Problemen als geeigneter erwiesen haben als andere. Selbst bei den Fragen und Problemen, für die es im strengen Sinne keine Beweise gibt, mit deren Hilfe man entscheiden könnte, welche Lösung denn nun jeweils richtig ist, selbst für diese Fragen lassen sich vernünftige Aussagen und Argumente zusammentragen, die dem Menschen insgesamt ein Wissen mit auf den Weg geben, das ihm dabei helfen kann, sein Leben zu bestreiten und ihm einen tieferen Sinn zu verleihen. Die Philosophie ist die Suche nach genau diesem Wissen.

Kann der Mensch jemals wirkliches Wissen erlangen?

Ja, das können wir. Gibt es ein Weiterleben nach dem Tod, oder gibt es es nicht? Sie meinen vielleicht, Sie wüssten die Antwort auf diese Frage. Vielleicht sagen Sie aber auch, dass Sie diese Frage nicht beantworten können. Was Sie jedoch ganz sicher wissen, ist, dass es ein solches Leben nach dem Tod entweder gibt oder nicht gibt. Dies allein ist schon ausreichend, um den logischen Beweis zu erbringen, dass wir wirklich etwas wissen können, auch wenn es natürlich nicht ausreichend ist, nur solches Wissen zu besitzen, das die Antworten auf Fragen enthält, die nach einem simplen Ja/Nein-Schema vorgehen. Ein solches Wissen kann einem Menschen nicht bei der Planung und Gestaltung seines Lebens helfen. Wir sind jedoch durchaus fähig und imstande, mehr als nur triviales Wissen zu erlangen. Selbst zu dem Wissen, das jenseits der Einholbarkeit durch Beweise liegt, haben wir Zugang, eine Tatsache, die an sich schon etwas darstellt, das zu wissen lohnt.

Wir wissen eine Vielzahl von Dingen über unser tägliches Leben. Wir wissen, wie wir behandelt werden wollen. Wir wissen, dass unsere Lebenszeit eine nur in sehr begrenztem Umfang zur Verfügung stehende Ressource ist. Wir wissen, wie es sich anfühlt, sehr beschäftigt zu sein, oder was es heißt zu leiden. Die Philosophie stellt einen Versuch dar, aufbauend auf solch gewöhnlichen Dingen außergewöhnliche Schlüsse und Folgerungen über grundlegende Fragen abzuleiten, über die wir in der Hetze unseres alltäglichen Lebens meist nicht nachdenken.

 Wissen erfordert nicht, dass sich alle darauf verständigen können. Es ist noch nicht einmal erforderlich, dass jeder, den ich respektiere und achte, sich mit mir auf eine Antwort auf ein Problem oder eine Frage einigen kann. Manchmal ist es vielleicht so, dass eine Person in etwas eingeweiht ist oder sich einer besonderen Wahrheit verschrieben hat, die noch nicht allgemein anerkannt ist. Ein Mangel an Klarsicht oder der richtigen Perspektive kann jedoch niemals die Fähigkeit eines Menschen untergraben, auf eigenem Wege und mit eigenen Mitteln echtes Wissen zu erlangen.

 Tatsächlich ist es so, dass Meinungsverschiedenheiten unter den Menschen diese anregen können, noch mehr Wissen zu erlangen – solange wir nur aufgeschlossen genug sind, von dem zu lernen, was sich uns zum Lernen darbietet. Auf diese Weise vermehren wir unser Wissen.

Die Skeptiker tun sicher recht daran, wenn sie so viel als möglich in Frage stellen. Unrecht haben sie aber meist dann, wenn sie die Wahrheit von Dingen oder Zusammenhängen weitgehend abstreiten oder leugnen wollen. Das Wissen ist eine der grundlegenden Fähigkeiten und Vermögen des Menschen. (In Kapitel 4, 5 und 6 finden Sie mehr zum Thema Wissen, Erkenntnis und Skeptizismus.)

Kann die Ethik prinzipiell auf ein objektives Fundament gestellt werden?

Die Menschen setzen unterschiedliche Werte und haben sicher mitunter Meinungsverschiedenheiten hinsichtlich ihrer ethisch-moralischen Urteile. Das ist jedoch nicht gleichbedeutend damit, dass es keine objektive Wahrheit bezüglich Fragen der Moral und der Ethik geben kann. Mit der richtigen Sichtweise und Einstellung fällt es uns nicht schwer, die Fragen und Probleme der Sittlichkeit in den Griff zu bekommen.

Unser ganzes Leben ist überraschend moralisch.

Henry David Thoreau

 Die Erkenntnistheorie sollte die Metaphysik nicht bestimmen können. Anders ausgedrückt heißt das, dass ein Mangel an Übereinstimmung hinsichtlich dessen, was wir wissen (können), nicht in letzter Konsequenz konstitutiv (d.h. bestimmend) dafür sein darf, was es überhaupt an Wissen geben kann. Aus der Tatsache, dass wir nicht mit Bestimmtheit wissen, ob sich etwas so oder anders verhält, folgt logisch nicht, dass das, was wir zu verstehen suchen, gar nicht existiert und auch nie zu unserem Wissen gehören kann. Meinungsunterschiede gibt es unter Physikern wie unter Ökonomen. Trotzdem gibt es ein objektives Universum, in dem die Gesetze der Physik herrschen, genauso wie es auch eine objektive ökonomische Realität gibt, und zwar unabhängig davon, ob die Modelle der Wirtschaftswissenschaftler hinreichen, diese zu beschreiben, oder nicht.

Dasselbe trifft auch auf die Ethik zu. Wissen und Sein sind zwei getrennte Dinge. Vergleicht man die Tiefenschichten der ethischen Anschauungen unterschiedlicher Kulturen in praktischer Hinsicht, d.h. im täglichen Handeln der Menschen selbst, so findet man ungeachtet oberflächlicher Unterschiede überraschende Übereinstimmungen zwischen ihnen. Der Grund dafür ist darin zu sehen, dass es eben universale Wahrheiten in Bezug auf das Wesen des Menschen gibt.

Es gibt aber vielleicht trotz dieser Tatsache Bereiche, wo wir niemals ganz sicher sein können, worin jeweils die ethische Wahrheit liegt. Es mag sogar sein, dass es Felder der Ethik gibt, denen wir Regeln nur auf dem Wege der Konvention und willkürlichen Übereinstimmung setzen können, Felder, die über keine inhärente moralische Ordnung verfügen, denen wir also allererst eine solche verleihen müssen. Meistenteils ist es aber so, dass die Wirklichkeit ethisch-moralischer Regeln, noch bevor wir hingehen und die entsprechenden Gesetze und Regeln kodifizieren, quasi schon bereit liegt.

Wer bin ich?

 Die Frage nach der personalen Identität des Menschen, philosophisch ausgedrückt die Frage nach dem Subjekt, ist mit die entscheidendste Frage der Philosophie und eine, die sich am meisten einer endgültigen Antwort widersetzt. Ist das nicht geradezu ironisch? Man würde ja erwarten, über sich selbst noch am ehesten Bescheid zu wissen. Immerhin haben wir bei dieser Frage ständigen Zugang zu dem Gegenstand unserer Untersuchungen. Leider sind aber die Dinge nicht immer das, was sie zu sein scheinen. Die Erkenntnis des eigenen Selbst ist und bleibt eine der am schwersten zu meisternden Aufgaben der Philosophie.

Während unseres Lebens sagen uns immer wieder andere, wer und was wir sind. Um uns selbst aber darüber klarzuwerden, müssen wir uns auf einen Weg machen, der teils aus Entdeckungen und teils aus dem Erfinden unserer Selbst besteht. Die Frage nach dem eigenen Ich, nach dem Subjekt, kann man in mehrere kleine Teile aufspalten. Sie nehmen Bezug auf die großen metaphysischen Fragen, die wir im Verlaufe des Buches angeschnitten haben, etwa der Frage nach der Objektivität der Moral (Teil III), der Wirklichkeit der Freiheit (Teil IV), der Existenz des Geistes (Teil V) und schließlich unseren Einstellungen dem Tod gegenüber sowie Fragen hinsichtlich eines möglichen Lebens nach dem Tod (Teil VI). Auch die Fragen nach Gott und dem Sinn des Lebens gehören hierher. Die Art, wie wir auf diese Fragen reagieren, bestimmt zu einem erheblichen Maß, wer wir sind. Ein anderes Element der Frage nach unserer personalen Identität lässt sich allerdings nur in der Auseinandersetzung mit praktischen Fragen unseres Lebens, wie etwa Erfolg im Leben, ins Blickfeld rücken.

Was sind Ihre Talente? Welche Werte vertreten Sie? Was kümmert Sie im tiefsten Inneren wirklich? Was wollen Sie im Leben bewirken? Was wollen Sie der Welt am liebsten als Vermächtnis hinterlassen?

 Dies sind die Fragen, die die Selbsterkenntnis betreffen. Nur selten lassen sie sich früh im Leben eines Menschen beantworten. Unser Verständnis für sie wächst im Verlaufe unseres Lebens mit der Zunahme an Erfahrung, die wir gewinnen, und den verschiedenen Lebensentwürfen, die wir ausprobieren. Das Leben ist gedacht als eine Reihe von Abenteuern – Abenteuern der Selbsterkenntnis und der Selbstverwirklichung.

Um sich zu kennen, muss man sich durchsetzen.

Albert Camus

Die Frage »Wer bin Ich?« ist weniger eine Frage, die man beantworten müsste, als vielmehr eine Frage, die man leben und anwenden sollte. Man sollte sie immer in Verbindung mit der Frage »Was wird aus mir?« sehen. Letzten Endes ist jeder von uns dafür verantwortlich, was wir aus unseren Talenten und Möglichkeiten machen, die uns gegeben worden sind. Jeder kann in der Welt Gutes bewirken. Durch seine Taten drückt der Mensch aus, wer er ist. Um dies leisten zu können, ist es notwendig, von unserer Freiheit Gebrauch zu machen und unseren eigenen Weg durchs Leben zu finden. In dem Bemühen, aus dem weisesten Rat, den wir finden können, zu lernen und Nutzen zu ziehen, hat jeder einzelne von uns die Verantwortung, sein eigenes Wissen zu entwickeln und praktisch in die Tat umzusetzen.

Können wir echtes Glück in dieser Welt erlangen?

Die Antwort darauf ist: Ja. Auch wenn es vielleicht manchmal so unerreichbar wie nur irgend etwas erscheint – wir können dieses Ziel trotz aller Umstände erreichen. Man sollte das Glück niemals mit Genießertum, Hemmungslosigkeit oder Leichtfertigkeit verwechseln. Glück ist nicht so sehr ein gefühlsmäßiger Zutand als vielmehr ein den ganzen Menschen umfassender Zustand des Seins. Böses erschwert sein Zustandekommen; Leiden macht es unmöglich. Oft scheint es so zu sein, dass viele Dinge uns so sehr gefangen nehmen, dass wir unfähig sind, sie abzuschütteln, um uns in die Lage zu versetzen, wirkliches Glück zu empfinden. Es ist leicht, in Sorge um seine geliebten Angehörigen, Freunde, Lebenspartner oder Kinder, das Gefühl zu haben, nicht glücklich sein zu können. Wie kann ich außerdem heute glücklich sein, wenn ich nicht weiß, was der morgige Tag mir bringen wird. Selbst wenn man aber gar nicht an die Zukunft denkt, so kann es dennoch sein, dass die Tatsache, dass man sich von der Last der Vergangenheit nicht befreien kann, einen Menschen davon abhält, das ersehnte Glück auch zu finden.

Die Philosophen haben gezeigt, dass der einzige Augenblick, den der Mensch besitzt, der gegenwärtige Augenblick ist. Trotz allem aber können wir die Ereignisse der Vergangenheit und die Sorge um die Zukunft nicht aus unserem Geist verbannen. Eine der wichtigsten Formen der Freiheit, die der Mensch gewinnen kann, ist die Freiheit von den Zeiten, die wir nicht wirklich besitzen. Den gegenwärtigen Augenblick können nur die wenigsten Menschen in all seinem Reichtum wirklich erfahren und leben. Dies zu lernen, ist die erste Voraussetzung, um wahres Glück empfinden zu können.

Die großen Philosophen haben deutlich gemacht, dass eine der entscheidenden Grundlagen des allgemein angestrebten Zustands persönlichen Glücks darin besteht, dass man sich beständig darum bemüht, zusammen mit anderen guten Menschen würdige und wertvolle Ziele zu erstreben. Alleine könne man das Ziel des Glücks im Allgemeinen nicht erreichen. Erkaufen könne man es schon gar nicht. Es ist nur auf dem Wege des Liebens und schöpferischen Wirkens auf Erden gleichsam als Ausfluss dieser Haltung zur Welt zu erlangen.

Wir verfehlen unser Glück vielleicht, und strebten wir noch so sehr danach; wenn wir aber unsere Chancen und unser Vermögen zum Glück mit unserer Vernunft einzuschätzen wissen, so werden wir nicht so leicht scheitern müssen.

Agnes Reppler

Es gibt glückliche Menschen auf der Welt. Viele sogar. Mitunter muss man sich zwar etwas abseits unserer normalen Lebens- und Arbeitswelt umschauen, um sie zu finden. Hat man aber einmal einen solchen Menschen gefunden, so kann er eine lebenslange Quelle der Inspiration werden. Selbst ein glücklicher Mensch zu werden, erlaubt Ihnen, andere für ihr Leben zu inspirieren.

Existiert letztlich doch ein Gott?

Welche Vorstellung ist am besten dazu geeignet, die Tatsache unserer Existenz sinnvoll zu deuten. Ist es der Theismus, oder ist es der Atheismus? Der Theismus ist sicher dazu geeignet, unserem Leben einen tiefen Sinn zu verleihen. Beim Atheismus muss man sich beständig fragen, warum wir überhaupt existieren. Aber natürlich hat auch der Atheismus darauf eine Antwort zu geben vermocht (beispielsweise in der existentialistischen Theorie und Weltanschauung).

Die meisten großen Philosophen waren der Ansicht, es gebe einen Schöpfergott. In unserer Liste der zehn größten Philosophen war nur einer Atheist – der als letzter aufgeführte Bertrand Russel. Erst seit etwa hundert Jahren hat der Säkularismus – in der Form des Agnostizismus oder des Atheismus – unter den Philosophen weite Verbreitung gewonnen. Seit einiger Zeit allerdings lässt sich in den Kreisen der akademischen Philosophie eine Kehrtwende, eine neue Offenheit gegenüber der Frage nach Gott beobachten. Dieser neuen Umkehr oder Einkehr mögen vielleicht nicht unbedingt die Mehrheit der Philosophen folgen; man kann in ihr aber eine bemerkenswerte Rückkehr zu der theistischen Tradition der Vergangenheit sehen, freilich modifiziert und in Kombination mit den Einsichten der neueren Zeit.

Viele berühmte Schriftsteller des vergangenen Jahrhunderts haben versucht, das Wesen und die Natur des Menschen sowie sein Erleben der Welt so tief als nur möglich zu verstehen. Eine Reihe dieser Schriftsteller glaubte an Gott, z.B. Flannery O'Connor, Walker Percy oder Reynolds Price. Natürlich gibt es auch viele Autoren, die nicht an Gott glauben. Einige von denen, die unsere Welt und unseren Platz in ihr am tiefsten erkundet haben, sind aber, so meine ich, auch die, die noch am ehesten an Gott geglaubt haben.

Was wir auf Erden sehen können, deutet nicht auf die totale Abwesenheit noch die manifeste Gegenwart eine Gottes hin, sondern auf die Anwesenheit eines versteckten Gottes. Alles trägt sein Mark.

Blaise Pascal

 Letzten Endes können wir die anfangs gestellte Frage nicht ein für allemal klären. Sie ist jedem einzelnen von uns anheimgegeben. Entsprechend unserer eigenen Erfahrung im Leben müssen wir versuchen, selbständig für uns eine Antwort zu finden. Was macht aus dem Leben so wie wir es sehen und erleben am meisten Sinn? Was berührt uns am meisten?

Wie die Frage nach dem eigenen Ich kann auch diese Frage nur im Verlaufe des Lebens beantwortet werden.

Worin besteht ein gutes Leben?

Das gute Leben dreht sich nicht in erster Linie um den Erwerb von Gütern, um Macht, Luxus oder Status. Es geht auch nicht darum, berühmt zu werden. Auch lässt es sich nicht dadurch gewinnen, dass man ein Leben in ungezügelter Ausschweifung lebt.

Unser Wille handelt immer im Interesse unseres eigenen Guten; nicht immer aber erkennen wir, worin dieses besteht.

Jean Jacques Rousseau

 Ein gutes Leben muss sich auf einer Haltung und Einstellung gründen, die durch Achtung und Respekt vor den geistigen, ästhetischen, moralischen und spirituellen Bedürfnissen eines jeden Menschen geprägt ist. Es beginnt im inneren Kreis der Familie und nächsten Angehörigen, weitet sich aus auf den Freundes- und Bekanntenkreis, führt weiter zu den Arbeitskollegen und erreicht und umfasst schließlich jenseits dieses sozialen Nahraums eines Menschen das ganze Leben auf Erden in all seinen Formen.

Ein gutes Leben beinhaltet Freiheit, Liebe, Arbeit, Vergnügen, Herausforderungen, Freundschaft, Gemeinschaftlichkeit sowie das Vermögen eines Menschen, sich schöpferisch und kreativ auszudrücken.

Egal wo ein Mensch auch lebt, es steht immer in seinen Möglichkeiten, ein gutes Leben zu führen, und es gibt prinzipiell nichts, was ihn davon abhalten könnte. Die größten Hindernisse für ein gutes Leben sind nicht äußerlicher Art, sondern jene inneren Untugenden, um die wir schon seit der Antike aus den Schriften der großen Philosophen wissen. Neid, Groll, Bitterkeit, Boshaftigkeit, Verlogenheit, Vorurteile und noch vieles mehr sind allesamt Feinde eines guten Lebens und Hindernisse auf dem Weg dorthin.

Das beste Leben, das dem Menschen offen steht, ist ein bedeutsames, schöpferisches, offenes Abenteuer, das dem Leben anderer Menschen neue Möglichkeiten eröffnet und ihnen unverhoffte Erfahrungen und Freude beschert. Ein solches Leben schöpft aus der tiefsten Realität und erstrebt die höchsten Möglichkeiten des Menschen.

Die, die versuchen, das Glück auf direktem Wege zu erreichen, werden dabei scheitern können. Es scheint, dass dasselbe auch für das Gute gilt.

Bertrand Russell

Ein gutes Leben mag sich vielleicht in seinen Einzelheiten für jeden von uns etwas unterscheiden. Seine allgemein gültigen Umrisse aber sind universal.

Warum gibt es so viel Leid auf der Welt?

Es gibt deswegen so viel Leid auf der Welt, weil wir Wesen sind, die in sehr großem Maße durch ihr Empfindungsvermögen ausgezeichnet sind. Wir fühlen ebenso wie wir denken. Wir erleben und erfahren das Leben auf vielen verschiedenen Ebenen. Weil dem so ist, können wir unser Leben auch tief empfinden. Aus dem gleichen Grund sind wir aber ebenfalls ungeheuer leidensempfänglich.

 Je klüger ein Mensch ist, um so mehr kann er oder sie auch leiden, solange, bis man schließlich genug Lebensklugheit gesammelt hat. Dann ist es möglich, die Dinge in einem größeren Zusammenhang zu sehen und zu erdulden, was vorher unerträglich gewesen war.

Dennoch bleibt aber die Frage, warum es so viel Leid gibt. Unsere Freiheit ist so umfassend, dass wir anderen sehr großes Leid zufügen können. Diese Freiheit erklärt einen Teil des Problems. Der Grund für menschliches Leid ist teilweise in den bösen Absichten anderer Menschen und teilweise in deren reiner Dummheit begründet. Aber selbst unabhängig von Bosheit und Gedankenlosigkeit findet das Leid seinen Weg in unser Leben.

Nicht immer können wir verstehen, wieso und warum das Leid, das wir um uns herum sehen, existiert. Dieses Unvermögen ist eine beständige Quelle der Frustration. Was wir jedoch können, ist, diesem Leid und unserem Unvermögen, es zu beenden, auf bessere Weise zu begegnen als wir dies normalerweise tun. Es gibt allerdings eine Tatsache hinsichtlich des menschlichen Lebens, die mir schon immer faszinierend erschienen ist. Diejenigen, die auf das Leid anderer am souveränsten und großherzigsten reagieren – denken Sie nur an Mutter Theresa – scheinen durch es am wenigsten gelähmt oder frustriert zu werden.

Der kennt seine eigenen Stärken nicht, der nicht die Not als Gegner gehabt hat.

Ben Johnson (1573-1637)

Wenn ein Baum im Wald umfällt ...

»Wenn ein Baum im Wald fällt und es niemanden gibt, der ihn fallen hören kann, macht er dann überhaupt ein Geräusch?« Gute Frage, nicht wahr.

 Diese Frage fragt nach der Rolle eines Beobachters in der Wirklichkeit, bzw. danach, welcher Status der Wirklichkeit unabhängig von einem sie beobachtenden Beobachter zukommt. Man kann diese Frage auch in der Hinsicht verstehen, dass sie nach dem fragt, was manche Philosophen primäre und sekundäre Qualitäten nennen. Eine primäre Qualität ist ein Eigenschaft, die einem Gegenstand an sich zukommt, wie etwa seine Masse. Eine sekundäre Qualität ist eine, die nur in Beziehung auf einen Beobachter gedacht werden kann. Wenn es im gesamten Universum keine Wesen gäbe, die des Farbsehens mächtig wären, so gäbe es auch keine Farben, sondern lediglich Lichtwellen mit einer bestimmten Wellenlänge. Farben sind ein Ergebnis neuronaler Prozesse des Gehirns. Eine Reihe von Philosophen bestehen auf dieser Unterscheidung, da sie sie für sinnvoll halten. Die eingangs gestellte Frage nach dem fallenden Baum ist sozusagen ein Testfall dafür, ob man diese Unterscheidung auch für sinnvoll erachtet und ob man Geräusche als Beispiel für eine sekundäre Qualität ansieht oder nicht.

Die Frage nach dem Baum kann man aber auch in einem umfassenderen ontologischen Zusammenhang sehen, d.h. als Frage nach unserer grundlegenden Theorie des Seins oder der Existenz. Ist ein Geräusch ein Phänomen, das wesentlich vom Wahrnehmenden abhängig ist, so dass es nicht unabhängig von diesem existieren kann, oder ist es so, dass ihm ein objektives Sein, eine an sich bestehende Existenz zukommt?

Die Ontologie ist der Zweig der Philosophie, der danach fragt, welche von den Dingen und Phänomenen in der Welt auch tatsächlich zum Inventar des an sich Seienden gehören und welche bloß vorgestellt oder abhängig vom Sein eines anderen Seienden sind.

George Berkeley glaubte, dass allen stofflichen Dingen nur eine von anderem Seienden abhängige Wirklichkeit zugesprochen werden könne (vergleiche Kapitel 13). Nach dieser Spielart des Idealismus, bei der nur der Geist und die in ihm gedachten Ideen existieren, ist es so, dass es ohne einen Beobachter nicht nur nicht das Geräusch des fallenden Baumes gibt, sondern dass der Baum selbst gleich auch nicht existiert. Nach Berkeley ist es so, dass, wenn wir den Baum nicht beobachteten, dass dann Gott diese Aufgabe übernehmen müsse, da der Baum sonst nicht existieren würde. In dem folgenden (hier einmal im Original wiedergegeben) Limerick von Ronald Knox fasste dieser einmal Berkeleys Philosophie humoristisch so zusammen:

There was a young man who said, »God
Must think it exceedingly odd
If he finds that this tree
Continues to be
When there's no one around in the Quad.«
REPLY
Dear Sir:
Your astonishment's odd:
I am always about in the Quad.
And that's why the tree
Will continue to be,
Since observed by
Yours faithfully,
        God.

Die Frage nach dem Baum könnte uns auf die Idee bringen, dass die Vorstellung von George Berkeley die richtige ist. Wenn ein Geräusch abhängig von einem Beobachter ist und Farben desgleichen, dann ist es auch möglich, dass viele andere Dinge im weitesten Sinne ebenfalls von der Existenz eines Beobachters abhängig sind.

Wenn ein Mann im Wald spricht und es keine Frau gibt, die ihm zuhört, irrt er sich dann immer noch.

Schild an einem von Frauen betriebenen Hotdog-Stand

Am dringendsten stellt sich das Problem mit der Abhängigkeit des Beobachteten vom Beobachter vielleicht in den Naturwissenschaften. Besonders in der Physik zeigen Entdeckungen, dass die Rolle des Beobachters nicht aus der Betrachtung der Natur eliminiert werden kann. Worin besteht die Grenze zwischen uns und dem Rest der Natur? Diese Frage lässt sich nicht so einfach beantworten, wie man möglicherweise denken könnte. Auch wenn ich also hier die Antwort schuldig bleiben muss – ich habe zu Anfang des Buches ja schließlich nicht versprochen, auch alle

Fragen, die ich mir anfangs gestellt habe, zu beantworten, sondern ich habe Ihnen lediglich angeboten, sie Ihnen zu präsentieren.

Welche Kraft spielt im Leben die größere Rolle: Rationalität oder Irrationalität, Vernunft oder Unvernunft?

 Keine Frage: Das Irrationale, die Unvernunft ist meistens stärker als rationales, vernünftiges Denken. Sie verleitet uns oft dazu, sehr unvernünftige Dinge zu tun. Nicht rationale Kräfte, d.h. un-vernünftige Antriebe müssen aber nicht per se irrational sein. Unser Herz führt uns auf eine Weise, die der Verstand so zu leisten nicht imstande ist. Gefühle sind mächtiger als die Vernunft. Was den Geist anbelangt, so ist die Vorstellungskraft sehr viel stärker als der logische Verstand.

Ein Pferd aber kann stärker sein als sein Zaumzeug; ein Hund stärker als seine Leine. Und doch ist es so, dass das Pferd und der Hund von der Unterordnung unter der Führung durch Zaumzeug oder Leine profitieren können, eine Führung, die anders nicht herstellbar wäre.

Die Vernunft soll uns Führer und letzte Richtschnur in allem sein.

John Locke (1632-1704)

 Die Logik kann uns im Denken anleiten. Die Vernunft kann uns im Leben führen. Nur die nicht rationalen Kräfte in uns aber sind letzten Endes in der Lage, unser Denken und Handeln zu motivieren, zu inspirieren und den Antrieb zu liefern, mit dessen Hilfe wir schöpferisch unser Leben gestalten können. Ohne die Zügel und Kontrolle durch die Vernunft aber können dieselben Kräfte, die so viel Gutes bewirken, auch zu schrecklichen Tragödien führen. Das Leben ohne das Vermögen zum logischen Denken und Handeln wäre nichts anderes als ein Herumirren in finsterer Nacht. Nur die Vernunft kann unseren Weg erhellen. Zusammen mit unseren seelisch-emotionalen Kräften, die uns die erforderliche Sensibilität und das erhöhte Wahrnehmungsvermögen ermöglichen, müssen wir uns unsere höchsten Ziele im Leben setzen, die über das hinausgehen, was der Verstand alleine in den Blick bekommen kann.

Oft obsiegt die Unvernunft im menschlichen Leben. Das ist jedoch noch kein Grund zu verzweifeln. Es ist vielmehr ein Ansporn für diejenigen von uns, die die Vernunft wertschätzen, dafür Sorge zu tragen, dass wir in unserem täglichen Leben ein Beispiel geben, indem wir die Vernunft den ihr gebührenden Platz im Zentrum unserer Existenz einnehmen lassen.

Stichwortverzeichnis

X

Y

Young, Edward 217

Z

Zenon 158
Ziel des Lebens 132
Zirkelschluss 78, 79

Zukunft
    vorhersagen 153
zwei Ewigkeiten 230
Zweifel 84
    als Anfang der Philosophie 90
    als Prinzip des Wissens 90
    der skeptische 72
    Sinneswahrnehmung 90
zwischenmenschliche Stärke 119